이 책에 쏟아진 찬사!

MALCOLM GLADWELL

★ 말콤 글래드웰은 재능이 많은 작가다. 숨은 뒷이야기를 발견하는 그의 후각에 독자들은 '와, 재미있는데'라는 말을 되뇌게 된다. 그는 진부한 주제와 안이한 설교와 통념을 피히   라고 격려한다. 이 책은 에세이의 ㄱ

  _스티븐 핑커, 《우리 본성

★ 말콤 글래드웰은 논   경지에 올랐다. 그는 15년간 꾸준한 집필활동과 누구도 상상하지 못했던 방식의 감각적 아이디어 발상, 탁월한 사례 분석을 통해 자신이 쓴 책 《아웃라이어》의 진정한 주인공으로 거듭났다. _재닛 매슬린 〈뉴욕타임스〉

★ 이 책은 말콤 글래드웰이 가장 잘하는 분야다. 그는 한 아이디어를 택해 인간 전체의 이야기로 재구성한다. 그리고 결론까지 이끌어가는 동안 기존의 통념을 벗겨낸다. 천재의 본질, 다국적 기업의 결점, 인간의 별난 행위들을 다룬 글래드웰의 자신감 있고 낙관적인 글은 새로운 스승을 갈망하는 사업가들을 사로잡았다. 그의 기술은 무미건조한 학문적 아이디어를 일상생활의 흥미로운 이야기, 가령 우리가 무언가를 사는 이유, 신뢰하기 힘든 생각을 믿는 이유, 인과관계 추론에 형편없는 이유 등으로 바꾸는 데 있다. 그는 우리 코앞의 진실을 지적하는 일에 달인이다. _이언 샘플, 〈가디언〉

★ 말콤 글래드웰은 미국의 가장 독특하고 영리한 기자 중 한 명으로 자리잡았다. 그는 뻔하지 않지만 흥미로운 사건들을 연결하는 데 뛰어나다. 풋볼과 교직 혹은 언론과 대잠수함 전투 간의 연결성을 발견하듯 말이다. 글래드웰의 글을 읽는 것은 십자말풀이와 비슷하다. 도전의식을 북돋는 잘 만든 십자말풀이처럼 정신적 자극이라는 면에서 글래드웰은 좀처럼 실망을 안기지 않는다.

  _포러스 P. 쿠퍼, 〈뉴어크 스타-레저〉

당신이 무언가에 끌리는 이유

WHAT THE DOG SAW: And Other Adventures
by Malcolm Gladwell
Copyright © 2009 by Malcolm Gladwell
Korean translation copyright © 2020 by Gimm-Young Publishers, Inc.
All rights reserved.

Korean edition is published by arrangement with William Morris Endeavor Entertainment, LLC.
through Imprima Korea Agency.

당신이 무언가에 끌리는 이유

1판 1쇄 발행 2010. 3. 26.
1판 18쇄 발행 2010. 5. 16.
2판 1쇄 인쇄 2020. 8. 25.
2판 1쇄 발행 2020. 9. 1.

지은이 말콤 글래드웰
옮긴이 김태훈

발행인 고세규
편집 권정민 디자인 윤석진 마케팅 백선미 홍보 박은경
발행처 김영사
등록 1979년 5월 17일(제406-2003-036호)
주소 경기도 파주시 문발로 197(문발동) 우편번호 10881
전화 마케팅부 031)955-3100, 편집부 031)955-3200 | 팩스 031)955-3111

값은 뒤표지에 있습니다.
ISBN 978-89-349-9079-6 03320

홈페이지 www.gimmyoung.com 블로그 blog.naver.com/gybook
페이스북 facebook.com/gybooks 이메일 bestbook@gimmyoung.com

좋은 독자가 좋은 책을 만듭니다.
김영사는 독자 여러분의 의견에 항상 귀 기울이고 있습니다.

이 도서의 국립중앙도서관 출판예정도서목록(CIP)은 서지정보유통지원시스템 홈페이지
(http://seoji.nl.go.kr)와 국가자료공동목록시스템(http://www.nl.go.kr/kolisnet)에서
이용하실 수 있습니다.(CIP제어번호 : CIP2020031649)

말콤 글래드웰

김태훈 옮김

당신이 무언가에 끌리는 이유

참을 수 없이 궁금한 마음의 미스터리

WHAT THE
DOG SAW

김영사

MALCOLM GLADWELL

제1부 외골수, 선구자, 그리고 다른 마이너 천재들

"고추냉이 속에 사는 벌레에게 세상은 고추냉이가 전부다."

MALCOLM

차례

제2부

이론과 예측, 그리고 진단

"빨대를 통해 보면서 고속도로를 달리는 기분이었습니다."

GLADWELL

일러두기
저자와 협의를 거쳐 목차의 순서 일부를 재구성했습니다.

GLADWELL

내 이야기의 원천

타인, 호기심, 그리고, 삶

그 사람 머릿속에 들어가보고 싶다

어린 시절, 나는 종종 아버지 서재에 몰래 들어가 책상에 놓인 종이들을 훑어보았다. 아버지는 수학자였다. 종이 위에는 연필로 적거나 그린 숫자와 도형들이 가득했다. 나는 의자 끝에 걸터앉아 혼란과 경탄 속에서 종이들을 들여다봤다. 무엇보다 아버지가 낙서처럼 보이는 일을 해서 돈을 번다는 사실이 놀라웠다. 동시에 사랑하는 사람의 머릿속에서 나온 것들을 내가 이해하지 못한다는 사실에 혼란스러웠다.

나중에야 그때 내가 겪은 것이 심리학에서 말하는 '타인의 마음Other Minds' 문제라는 것을 알았다. 한 살배기는 자신이 금붕어 과자를 좋아하면 엄마와 아빠도 당연히 좋아할 거라고 생각한다. 다른 사람의 생각이 자기 생각과 다를 수 있다는 사실을 아직 깨닫지 못했기 때문이다. 물론 좀 더 시간이 흐르면 엄마와 아빠가 반드시 자신처럼 금붕어 과자를 좋아하는 것은 아니라는 사실을 깨닫게 된다. 성장 과정에서 그 순간은 매우 중요한 인지적 이정표 중 하나다.

두 살배기가 못되게 구는 이유는 무엇일까? 그것은 자신에게 즐거운 일이 다른 사람에게도 꼭 즐거운 일은 아니라는 놀랍고도 새로운 사실을 시험해보려 하기 때문이다. 그 놀라운 경험은 어른이 되어도 절대 기억에서 사라지지 않는다.

모임에서 우연히 의사를 만났을 때, 가장 먼저 던지고 싶은 질문은 무엇인가? 물론 "무슨 일을 하시나요?"라는 질문은 아닐 것이다. 우리는 의사가 하는 일을 대충 알고 있다. 우리가 궁금해하는 것은 하루 종일 환자와 함께 있으면 어떤 기분이 드는가 하는 점이다. 그것은 분명 종일 컴퓨터 앞에 앉아 있거나, 학생들을 가르치거나, 자동차를 파는 일과는 다를 것이다. 우리가 이러한 의문을 갖는 것은 멍청한 일도 뻔한 일도 아니다. 타인의 기분이나 생각에 대한 호기심은 인간의 근본적인 충동에서 비롯되기 때문이다. 이 책을 엮게 된 계기도 바로 거기에 있다.

유쾌한 지식 앤솔러지

이 책은 내가 1996년부터 기자로 일하고 있는 〈뉴요커The New Yorker〉에 실었던 글 중 타인의 마음을 들여다보고자 하는 인간의 충동과 관련해 가장 흥미롭고 색다른 이야기를 가려 뽑아 재구성한 앤솔러지다.

1부는 내가 '마이너 천재'라고 부르는 외골수들의 이야기를 다뤘다. 주인공은 아인슈타인이나 윈스턴 처칠, 넬슨 만델라처럼 세계사에 우뚝 선 위인이 아니라, 채소 절단기 찹-오-매틱Chop-O-Matic을 판매한 론 포페일Ron Popeil이나 '염색한 것일까요, 아닐까요? 진실은 미용사만 알 수 있습니다'라는 유명한 카피를 쓴 셜리 폴리코프Shirley Polykoff 같은 사람들이다.

2부는 현상을 받아들이는 방식에 관한 내용이다. 예를 들어 노숙자 문제나 회계 부정, 챌린저호 폭발 같은 재난을 과연 어떻게 받아들여야 할까?

3부에서는 타인을 판단하는 일의 허와 실을 파헤쳤다. 우리가 타인을 나쁘다, 똑똑하다, 혹은 유능하다고 판단하는 근거는 어디에 있을까? 앞으로 설명하겠지만, 나는 그러한 판단에 오류가 있다고 생각한다.

나는 일반인의 생각에는 흥미가 없다. 하지만 노숙자, 케첩, 그리고 회계 부정에 직접 관여한 사람들의 생각을 밝히는 데는 관심이 많다. 사실 나는 챌린저호 폭발에 대해 어떠한 결론을 내려야 할지 잘 모른다. 그 사건은 내게 해독할 수 없는 숫자와 도형처럼 혼란스럽다. 그러나 다른 사람의 눈을 통해, 혹은 다른 사람의 머리를 빌려 그 사건을 바라본다면 어떨까?

그 대표적인 예가 바로 이 책에 실린 '위축되는 것'과 '당황하는 것'의 차이를 분석한 글이다. 나는 1999년 7월에 일어난 존 F. 케네디 주니어의 비행기 추락 사고를 계기로 그 글을 썼다. 초보 조종사였던 그는 악천후 속에서 비행 착각을 일으켜 사고를 당했다. 나는 그 사고를 이해하기 위해 전문 조종사가 모는 같은 기종의 비행기를 타고 악천후 속을 날며 급강하를 경험했다. 그것은 쓸데없는 짓이 아니라 반드시 해야 하는 일이었다. 그래야 비행기 추락이 어떤 것인지 제대로 알 수 있기 때문이다. 단순히 경위를 아는 것만으로는 불충분했다.

'이미지 판독의 허점'은 위성으로 촬영한 이미지를 판독하는 문제를 다룬 글이다. 부시 정부는 이미지를 잘못 판독해 이라크에 대량 파괴 무기가 있다고 판단했다. 내가 이 주제를 선택한 데는 특별한 계기가 있다. 어느 날 오후 나는 방사선과 의사를 만났다. 유방 엑스선 사진을 들여다보던 그가 갑자기 중앙정보국에서 위성사진을 판독하는 사람들도 방사선과 의사들과 비슷한 문제를 겪을 것 같다고 말했다. 순간 나는 중앙정보국 사람들의 머릿속을 알고 싶어 하는 그의 머릿속이 궁금해졌다. 그때 나는 짜릿한 흥분을 느꼈다.

이 책의 제목은 개 심리학자 시저 밀란Cesar Millan을 다룬 글에서 따왔다(이 책의 원제는 'What the Dog Saw'이다). 아무리 흥분한 개도 밀란이 손만 갖다 대면 쉽게 안정을 찾았다. 그때 밀란의 머릿속에서는 어떤 일이 일어날까? 나는 이 궁금증을 풀기 위해 글을 쓰기 시작했다. 그런데 글이 절반쯤 완성되자 더 좋은 의문이 떠올랐다. 밀란이 마술을 부릴 때 개의 머릿속에서는 어떤 일이 일어날까? 나는 그것이 몹시 알고 싶었다. 그 개가 본 것은 무엇일까?

모든 사람과 사물에는 이야기가 있다

내가 지금까지 가장 많이 받은 질문은 '글감, 즉 아이디어를 어디서 구하느냐'는 것이다. 나는 이 질문에 여태껏 한 번도 제대로 대답한 적이 없다. 대개는 누군가에게 들은 이야기라거나 편집장 헨리가 준 책에서 아이디어를 얻었다고 둘러댔고, 아예 대답하지 않은 경우도 있었다. 그런데 이 책에 실릴 글들을 정리하다 보니 어느 순간 그 문제에 대한 답을 구해야겠다는 생각이 들었다.

이 책에는 하인즈에 대적할 케첩회사가 등장하지 않는 이유를 다룬 다소 특이한 글이 있다. 그 아이디어는 식료품 사업을 하는 친구 데이브에게서 얻은 것이다. 우리는 가끔 점심식사를 함께하는데 그때마다 데이브는 재미있는 이야기를 많이 들려준다. 데이브가 멜론에 대한 흥미로운 이론도 들려주었지만, 그 주제는 다음을 위해 아껴두고 있다.

'진정한 색깔'은 염색제 시장을 개척한 여성들에 관한 이야기다. 어느 날 문득 샴푸에 대한 글을 쓰면 재미있겠다는 생각이 떠올랐다 (글감이 어지간히 간절했던 모양이다). 그래서 여러 사람을 인터뷰했는데 그 중 한 광고인이 짜증을 내며 "도대체 샴푸에 대한 글은 왜 쓰는 겁니까! 차라리 염색제가 훨씬 더 흥미롭겠네요"라고 말했다. 나는 군소리 없이 그 말에 따랐다.

아이디어를 찾는 비결은 모든 사람과 사물에는 그들만이 들려줄 수 있는 이야기가 있다고 믿는 것이다. '비결'이라고는 하지만 현실적으로 그런 믿음을 갖기란 매우 어렵다. 우리는 본능적으로 세상,

사물, 사람, 일이 흥미롭지 않다고 가정한다. 그래서 텔레비전 채널을 열 번이나 바꾸다가 열한 번째에 겨우 멈춘다. 서점에 가면 열두 권의 소설책을 뒤적인 후에야 겨우 한 권을 고른다. 우리는 걸러내고 순위를 매기고 판정한다. 사실 이것은 당연한 행동이다. 세상에는 너무도 많은 것이 존재하기 때문이다. 그런데 글을 쓰려면 이러한 본능과 매일 싸워야 한다. 가령 나는 이렇게 생각한다.

'샴푸가 흥미롭지 않다고? 그렇지 않아. 틀림없이 흥미로운 구석이 있을 거야. 설령 그렇지 않다 해도 다른 소재로 이끌어줄 거야.'

아이디어를 찾는 또 다른 비결은 사회적 권력과 흥미로운 지식의 양이 비례할 것이라는 편견을 버리는 데 있다. 이 책에 소개된 사람 중에서 힘 있고 유명한 사람은 소수에 불과하다. 내가 마이너 천재들에게 관심을 보인 이유도 여기에 있다. 이야깃거리를 찾아 꼭대기에서 헤맬 필요는 없다. 그보다는 중간에서 시작하는 게 좋다. 실제로 세상은 중간에 있는 사람들이 움직인다. 케첩에 대해 흥미로운 이야기를 들려준 데이브도 중간에 속한다. 꼭대기에 있는 사람은 지켜야 할 위치와 특권이 있기 때문에 자의식이 강하다. 그 자의식은 '흥미로움'의 적이다.

'주방의 제왕'이라는 글에는 아널드 모리스Arnold Morris의 이야기가 나온다. 어느 여름날, 그는 뉴저지 해안에 있는 자기 집 주방에서 내게 '다이얼-오-매틱Dial-O-Matic'이라는 채소 절단기를 홍보하는 시범을 보였다. "여러분, 이리 오세요. 여러분이 지금까지 경험하지 못했던 멋진 절단기를 보여드리겠습니다"라고 운을 뗀 그는 실물 대신 바비큐 양념봉지를 들고 "이걸 보세요"라고 말했다. 그는 양념봉지를 마치 티파니 꽃병처럼 들어올렸다. 아이디어는 바로 그런 곳에서 나온다. 뉴저지 해안의 주방 같은 곳에서 말이다.

들여다보기의 즐거움

어린 시절, 내 꿈은 변호사였다. 그때까지만 해도 저술가가 될 마음은 없었다. 그러다가 대학교 4학년 때, 광고 일을 하기로 결정했다. 그래서 토론토에 있는 18곳의 광고대행사에 이력서를 보냈지만, 돌아온 것은 순서대로 벽에 붙여놓았던 18장의 불합격통지서였다(지금도 어딘가에 그것들을 보관하고 있다). 대학원에 진학할까 생각했지만, 성적이 좋지 않아 불가능했다. 1년간 해외로 나가는 장학금을 신청했으나 거기에서도 탈락했다.

그로부터 오랜 시간이 흘러 글쓰기도 직업이 될 수 있다는 사실을 알게 된 나는 기자가 되었다. 직업을 갖는다는 것은 내게 심각하고 위압적인 일이었지만, 글쓰기는 재미있었다.

대학을 졸업한 후 나는 6개월간 인디애나에 있는 조그만 잡지사 〈아메리칸 스펙테이터American Spectator〉에서 일했다. 그 뒤 워싱턴으로 이사해 몇 년간 프리랜서로 일하다가 〈워싱턴포스트The Washington Post〉에 들어갔다. 나중에 〈워싱턴포스트〉를 나와 마지막으로 들어간 곳이 〈뉴요커〉다. 그렇게 직장을 옮기는 중에도 나는 글쓰기의 재미에 푹 빠져 있었다. 독자 여러분도 이 책에서 그 신명을 느꼈으면 좋겠다.

누군가가 내 글이나 다른 사람의 글을 읽고 화를 내며 "사지 않겠어"라고 말하는 것만큼 실망스러운 일도 없다. 왜 그들은 화가 났을까? 독자를 설득하는 힘이 있어야만 좋은 글일까? 이 책은 독자를 설득하지 않는다. 나는 독자를 끌어들이고 생각하게 만들고 다른 사람의 머릿속을 들여다보게 할 수 있어야 좋은 글이라고 생각한다. 설사 그 사람의 머릿속이 불쾌하다는 사실을 알게 되더라도 말이다. 따라서 이 책에 실린 글을 읽는 것은 어쩌면 '모험'일 수도 있다. 하긴 내 본래 의도가 그것이니 그냥 모험을 즐기시기 바란다.

WHAT THE DOG SAW

Obsessives, Pioneers, and Other
Varieties of Minor Genius

제 1 부

외골수, 선구자,
그리고 다른
마이너 천재들

"고추냉이 속에 사는 벌레에게 세상은 고추냉이가 전부다."

진정한 색깔

염색제로 본 전후 미국의 숨겨진 역사

자유롭게 금발이 될 권리

셜리 폴리코프는 유명한 카피라이터가 되기 한참 전인 대공황 시절에 조지 할페린George Halperin을 만났다. 그는 정통파 랍비의 아들이었다. 교제를 시작한 지 얼마 지나지 않아 할페린은 그녀를 집에 데려가 가족에게 소개했고, 그녀는 구운 닭과 치메스Tzimmes(당근을 주재료로 만든 전통적인 유태 요리), 스펀지케이크를 대접받았다. 셜리는 따뜻하고 쾌활한 조지의 아버지와 금세 친해졌지만, 머리카락을 바짝 당겨 묶은 조지의 어머니는 뭔가가 마땅치 않은 모양이었다.

　조지와 함께 차를 타고 집으로 돌아오는 길에 셜리는 "나 어땠어? 어머니가 나를 좋아하셔?"라고 물었다. 조지는 "동생이 너를 아주 마음에 들어 하더라"라며 얼버무렸다. 셜리는 "어머니는 뭐라고 하셔?" 하고 다시 물었다. 조지는 잠시 조용히 있다가 "네가 머리를 물들인 것 같다고 하시던데…… 정말이야?"라고 물었다.

셜리의 표정이 어두워졌다. 조지 어머니의 말이 사실이었기 때문이다. 그녀는 코러스걸과 매춘부들만 금발을 선호하던 시절에도 늘 머리를 물들였다. 이미 열다섯 살 때부터 미장원에 가서 갈색이 모두 사라질 때까지 머리를 밝게 만들곤 했다. 그녀는 머리색을 정하는 것은 하느님이 아니라 자신의 권리라고 생각했다.

한번은 광고대행사를 세운 셜리가 메이블린Maybelline에 프레젠테이션을 하기 위해 멤피스로 간 적이 있다. 그때 그녀가 탄 택시가 고속도로 한복판에서 고장이 나고 말았다. 그녀는 곧바로 택시에서 내려 지나가던 펩시콜라 트럭을 세웠다. 트럭운전자는 그녀 같은 사람은 처음 보았다며 혀를 내둘렀다. 크리에이티브 디렉터 딕 휴브너Dick Huebner에 따르면 그녀는 한 번에 세 벌의 옷을 맞춰 입어도 멋져 보였다. 하지만 화려하고 똑똑하며 약간 허영심도 있던 셜리는 그 모든 개성도 갈색머리와는 어울리지 않는다고 생각했다. 셜리의 딸 알릭스 넬슨 프릭Alix Nelson Frick은 엄마에 대해 재미있는 말을 들려주었다.

"엄마에게 유태인인 것이 자랑스러운지 물으면 '그렇다'고 대답할 거예요. 엄마는 무난하게 살려고 하지 않았어요. 열심히 노력하면 교양과 외모를 비롯해 상류층의 삶을 얻을 수 있다는 꿈을 믿었죠. 엄마는 하고 싶은 일을 하며 살아야 한다고 생각했어요. 물론 금발이 되는 것을 포함해서요."

1956년에 풋, 콘앤벨딩Foote, Cone & Belding의 카피라이터로 일한 셜리는 클레롤Clairol(머리 염색약, 헤어스프레이, 샴푸 등의 브랜드. 현재

프록터앤갬블P&G 소유다)의 광고를 맡았다. 클레롤이 출시하려던 제품은 집에서 한번에 샴푸와 린스, 염색까지 할 수 있는 최초의 염색샴푸 미스클레롤Miss Clairol이었다. 과산화수소액에 미스클레롤을 섞어 머리를 감기만 하면 20분 만에 염색을 할 수 있었다. 클레롤 영업팀이 국제미용 쇼에서 미스클레롤을 선보였을 때 미용사들은 감탄을 금치 못했다. 오랫동안 가족과 함께 클레롤을 경영한 브루스 겔브Bruce Gelb는 당시의 일을 회상했다.

"모든 사람이 깜짝 놀랐죠. 미스클레롤은 계산기 세계에 컴퓨터가 일으킨 것과 같은 변화를 염색제 세계에 일으켰습니다. 시연자는 우리가 무대 뒤에서 속임수를 쓰지 않는다는 것을 증명하려고 사람들이 보는 앞에서 모델의 머리를 물로 헹궈야 했습니다."

미스클레롤은 처음으로 여성들이 집에서 쉽고 빠르게 염색할 수 있도록 해주었다. 그러나 아직 난관이 있었다. 그것은 시어머니들의 눈총이었다. 여성은 자유롭게 금발이 될 권리가 있다고 믿은 셜리는 카피를 통해 어떤 메시지를 전할지 곧바로 결정했다. 그녀가 만든 카피는 '염색한 것일까요, 아닐까요? 진실은 미용사만 알 수 있습니다'였다.

1956년 가을, 클레롤은 세계적인 사진 잡지 〈라이프Life〉에 13쪽에 걸친 광고를 실었다. 미스클레롤은 즉시 날개 돋친 듯 팔려나갔다. 하지만 그것은 시작일 뿐이었다. 셜리는 새로운 샴푸형 염색제 나이스앤이지Nice'n Easy가 나왔을 때 '가까이 다가갈수록 더 예뻐 보입니다'라는 카피를 썼고, 크림형 염색제 레이디클레롤이 출시되자 '금발이 더 재미있게 산다는 것이 정말일까요?'라는 카피를 썼다. 또한 '단 한 번 사는 인생이라면 금발로 살게 해줘요!'라는 인상적인 카피를 쓰기도 했다.

여성운동가 베티 프리던Betty Friedan은 자서전에서 셜리의 카피에 완전히 사로잡혀 처음으로 머리를 염색했다고 고백했다. 클레롤은 혁신적인 제품을 만들었고 셜리는 인상적인 카피를 썼다. 셜리가 클레롤 광고를 맡은 1950년대부터 1970년대까지 염색하는 여성의 비율은 7퍼센트에서 40퍼센트로 크게 늘었다.

물론 머리색을 자유자재로 바꾸는 요즘에는 염색제를 마치 립스틱처럼 가볍게 생각한다. 편의점에만 가도 다양한 효과나 성분을 자랑하는 10여 가지의 염색제가 있다. 로레알L'Oreal에서 청소년을 겨냥해 출시한 페리아Feria는 초콜릿 체리와 샴페인 칵테일 색상으로도 나온다. 이러한 색상은 '염색한 것일까요, 아닐까요?'라는 질문을 무색하게 만든다. 이제 염색제는 10억 달러 규모의 시장을 자랑하는 일상용품이 되었다.

사실 얼마 전까지만 해도 머리색은 특별한 의미를 지녔다. 따라서 '염색한 것일까요, 아닐까요?'나 '난 소중하니까요' 같은 로레알의 유명한 카피는 '윈스턴은 담배다운 맛이 납니다' 혹은 '콜라와 함께라면 더 즐거워요' 만큼 즉각적인 인상을 남겼다. 이러한 카피는 광고가 끝난 후에도 오랫동안 살아남아 일상적인 표현으로 자리 잡았다. 말 그대로의 의미보다 훨씬 광범위한 의미를 얻게 된 것이다.

1950년대부터 1970년대까지 새로운 일자리로 진출한 여성들은 여성해방을 위해 싸웠고 피임약을 만들었으며 머리색을 바꿨다. 당시의 염색제 광고를 보면 뜻밖에도 사소한 일과 역사적인 일이 한데 묶여 있다는 사실을 알 수 있다. 그렇다면 전후 여성사를 정리할 때 염색이라는 중요한 주제를 빠트릴 수는 없지 않을까?

시대를 뒤흔든 질문

1956년에 '염색한 것일까요, 아닐까요?' 광고가 처음 나갈 무렵 대부분의 광고는 성적 매력이 넘치는 모델을 썼다. 그러나 셜리는 옆집 여자 같은 이미지를 드러내는 모델을 써야 한다고 주장했다. 그녀는 클레롤에 보내는 글에 '야한 가운이 아닌 블라우스를 입고 캐시미어 스웨터를 걸친, 일반 주부보다 약간 더 예쁘고 일반 가정보다 약간 더 좋은 집에 사는 동네에서 인기 있는 주부'의 느낌이 필요하다고 썼다. 다시 말해서 섹시한 제인 맨스필드Jayne Mansfield가 아니라 밝고 서민적인 외모를 지닌 도리스 데이Doris Day 같은 타입이 필요했다. 그래야만 염색을 보편적인 미용의 일종으로 만들 수 있기 때문이다.

초기에 방영된 '염색한 것일까요, 아닐까요?' 텔레비전 광고에는 부엌에서 파티에 쓸 음식을 만드는 주부가 등장한다. 그녀는 날씬하고 예뻤으며 검은 칵테일 드레스에 앞치마를 둘렀다. 잠시 후 남편이 들어와 입맞춤을 하면서 그녀의 금발을 어루만진다. 그런 다음 남편은 요리를 들고 나가는 아내를 위해 부엌문을 열어준다. 그녀는 팔꿈치로 형광등 스위치를 끄고 거실로 나간다. 이 모든 과정은 정교하게 짜인 무용극처럼 연출되었다.

또한 초기 지면광고에는 어린 딸과 함께 민들레를 손에 든 채 풀밭에 누운 금발 여성이 등장했다. 인상적인 점은 딸의 머리도 어머니와 같은 금발이라는 것이었다. 미스클레롤의 지면광고에는 언제나 어머니와 함께 아이가 등장했다. 그래야 성적인 뉘앙스를 약화시켜 주부도 저항감 없이 염색제를 사용할 수 있을 거라고 판단했기 때문이다. 누가 딸과 머리색이 같은 어머니가 염색을 했다고 생각하겠는가? 또한 모녀의 머리색이 똑같다는 점은 일정한 색을 낸다는 사실을 부각시켰다.

셜리의 광고는 센세이션을 불러일으켰다. 수많은 편지가 클레롤로 날아들었고 그중에는 '제 인생을 바꿔주어 고마워요'라는 것도 있었다. 클레롤은 그 편지를 돌려보고 전국영업회의에서 소개했는데, 편지 내용은 무척 흥미로웠다.

"남자친구인 해럴드와 저는 5년간 교제했어요. 하지만 해럴드는 한 번도 결혼이야기를 꺼내지 않았지요. 너무 불안했어요. 저는 스물여덟 살이거든요. 엄마는 매일 결혼을 서두르라고 닦달했지만 어쩔 수 없었어요. 그러던 어느 날 지하철에서 클레롤 광고를 보고 금발로 염색을 했지요. 덕분에 저는 지금 해럴드와 버뮤다에서 신혼여행을 즐기고 있어요."

클레롤의 마케팅담당자는 셜리에게 '멋진 일이예요'라는 메모와 함께 편지 사본을 보내주었다. 이처럼 셜리는 낭만적인 풍경 속에 나란히 누운 금발 모녀의 모습을 통해 새로운 시대의 아이콘을 창조해냈다.

광고회사를 운영하는 프릭은 솔직하고 애정 어린 말투로 자신의 어머니인 셜리에 대한 이야기를 들려주었다.

"엄마는 그 광고에 나오는 여자가 되고 싶어 했어요. 교외에 살면서 맵시 있게 꾸밀 줄 알고 남편에게 사랑받는 인내심 많은 아내이자 자상한 엄마 말이에요. 엄마는 아이들이 금발이기를 원했어요. 사실 저도 어릴 때는 금발이었어요. 그런데 열세 살 때부터 짙은 색으로 변하더라고요. 그래서 엄마가 염색을 해주기 시작했어요."

물론 셜리는 클레롤 광고에 나오는 여자와 전혀 달랐다. 그녀는 커리어우먼이었고 한 번도 교외에 산 적이 없었다. 프릭은 "광고에 나오는 여자는 여성스럽고 독단적이지 않죠. 절대 남편보다 앞에 나서지도 않아요. 하지만 엄마는 순하고 지적인 아버지보다 훨씬 드센 편이었어요. 항상 화려하고 감성적이고 자기주장이 강했죠"라고 말했다.

셜리가 사망한 후 〈뉴욕타임스〉에 실린 부고기사에 흥미로운 내용이 나왔다. 그것은 아내가 남편보다 많이 벌면 안 된다고 생각한 셜리가 남편 조지가 죽은 후에야 정당한 수준의 급여를 받았다는 내용이다. 하지만 이 내용은 사실이 아니었다.

프릭의 말에 따르면 셜리에게 현모양처의 꿈은 현실만큼 생생한 것이었다. 그녀는 설령 모순적인 면이 있고 실제 삶과 거리가 멀다고 해도 절대 그 꿈을 버리지 않았다. 셜리에게 머리색은 자신이 바라는 여성상과 실제 자신 사이에 존재하는 간극을 이어주는 유용한 허구였다. 27년의 결혼생활 동안 두 자녀를 둔 그녀가 주부로 지낸 기간은 정확히 2주일뿐이었다. 그런데 그 2주일 내내 그녀는 집안 일에 적응하지 못해 문제만 일으켰다. 오죽하면 순한 남편이 타박을 할 정도였다. 결국 그녀는 2주일 후에 다시 일터로 돌아갔다.

'원하는 모습의 일부를 빌리는 유용한 허구'라는 개념은 셜리 세대에게 특별한 의미를 지닌다. 셜리는 십대 시절에 한 보험회사의 경리로 지원했다가 떨어졌다. 그녀는 포기하지 않았고 성을 폴리코프가 아닌 밀러로 바꿔 다른 회사에 지원했다. 그랬더니 이번에는 합격했다.

남편 조지도 이미지의 중요성을 잘 알았다. 그를 처음 만난 셜리는 시사에 밝고 유럽의 낯선 지역들을 잘 알며 좋은 음식과 고급스런 와인을 즐기는 조지의 취향에 홀딱 반했다. 그러나 얼마 지나지 않아 그 모든 것이 〈타임〉을 읽고 배운 내용에 불과하다는 사실이 드러났다. 사실 조지는 낮에는 백화점 지하에서 아르바이트를 하고 밤에는 법대에 다니는 고학생이었다. 셜리가 여성운동의 첫 물결에 휩싸인 1950년대의 여성으로서 자신이 꿈꿔온 모습을 실현하기 위해 작은 허구들을 취한 것처럼 조지 역시 그랬던 것이다.

프릭은 "이민자들은 자신이 누추하게 보일까 봐 걱정했어요. 그래서 많은 사람이 유행을 흉내 내려고 직접 옷을 만들어 입었지요. 미국인의 이미지에 자신을 맞춘 거죠. '옷이 날개'라든가 '첫인상이 중요하다'는 말은 그때 나왔어요"라고 설명했다. 결국 '염색한 것일까요, 아닐까요?'는 본래의 머리색뿐 아니라 본래의 모습을 알 수 없게 된 시대에 던지는 질문인 셈이다. 이 카피가 진정으로 의미하는 바는 '~한 것일까요?'가 아니라 '~일까요?'다. 다시 말해 '그녀는 주부일까요, 아닐까요?'다.

"난, 소중하니까요"

1973년, 일론 스펙트Ilon Specht는 뉴욕에 있는 맥켄에릭슨Mc-Cann-Erickson의 카피라이터로 일했다. 스물세 살의 대학중퇴자인 그녀는 도전적이고 자유로우며 독립심이 강한 성격이었다. 그녀는 자신과 비슷한 성향의 사람들이 모이는 매디슨애비뉴Madison Avenue(맨해튼 동쪽으로 약 10킬로미터에 걸친 거리로 '광고거리'로 불린다)에서 일하기 위해 캘리포니아에서 뉴욕으로 왔다. 스펙트의 오랜 친구 수전 셔머Susan Schermer에 따르면 1970년대에는 일하는 분위기가 지금과 많이 달랐다고 한다. 회사에 깃털이 달린 옷을 입고 오는 사람도 있었다.

스펙트는 이전 직장에서 평화봉사단에 대해 유명한 텔레비전 광고 카피를 썼다. 편집 없이 단일 샷으로 찍은 이 광고에는 해변에 누운 젊은 커플이 등장한다. 그들이 틀어놓은 라디오에서는 '넓고 멋진 세상'에 대한 노래가 흘러나왔다. 반면 내레이션은 중동에서 아동의 절반이 여섯 살 이전에 사망한다는 등의 끔찍한 사실들을 열거했다. 노래가 끝나고 뉴스가 나오자 여자는 라디오 채널을 돌려 버렸다.

당시 동료였던 아이라 마드리스Ira Madris는 "일론이요? 그녀는 함께 일하던 사람들 중에서 가장 정신이 나갔어요"라고 말했다. 그녀에게 '정신이 나갔다'는 말은 칭찬이었다.

"그녀는 똑똑하고 고집 세고 엄청나게 창의적이지요. 그때는 약간 이상한 구석이 있어야 재미있는 사람으로 인정받았어요. 일론은 아주 재미있는 사람이었어요."

일론은 맥켄에서 로레알의 광고를 맡았다. 당시 로레알은 염색제 시장에서 클레롤의 아성에 도전하고 있었다. 최초의 구상은 기술적인 비교를 통해 신제품인 프레퍼런스Preference의 우위를 강조하는 것이었다. 프레퍼런스는 나이스앤이지보다 더욱 자연스럽고 선명한 색을 낼 수 있었다. 그러나 이 구상은 연구가 진행된 곳이 미국이 아니라는 이유로 막판에 취소되었다. 맥켄에서는 난리가 났다. 방송 예정일을 4주일 앞두고 백지상태에서 시작해야 했기 때문이다. 카피라이터 일론과 아트 디렉터 아이라 마드리스를 비롯한 담당팀은 당장 아이디어 회의에 들어갔다.

일론은 당시의 일을 회상했다.

"우리는 넓은 사무실에 모여 광고를 어떻게 만들어야 할지 토론했어요. 로레알 사람들은 창가에 앉은 여성과 바람결에 날리는 화려한 커튼을 담은 광고를 만들자고 제안했지요. 그 여성은 말 한마디 하지 않는 철저한 장식품에 불과했죠. 그들은 도무지 핵심을 이해하지 못했어요. 우리는 몇 시간 동안 열띤 토론을 벌였습니다."

일론은 큰소리로 빠르게 말하며 계속 의자에서 몸을 움직였다. 가끔 지나가던 사람들이 그녀의 주의를 끌려면 그녀만큼 요란해야 한다는 듯 사무실 문을 세게 치면서 인사를 했다. 그녀는 1970년대를 회상하며 여사원들이 모두 모델 같다고 자랑하던 고객사 임원과 나이든 남자들이 장악한 광고계에서 젊은 여성으로서 느꼈던 괴리감, 그리고 '여성'이라는 단어를 썼다가 상사의 지시로 '소녀'로 바꿔야 했던 일들을 들려주었다.

"그때 나는 스물세 살이었어요. 어린 여성이 그런 세계에서 어떤 기분이 들었겠어요? 사람들은 전통적인 여성관을 버리지 못했지요. 나는 남자들을 위한 카피를 쓰고 싶지 않았어요. 그래서 '엿이나 먹어'라는 생각으로 내가 하고 싶은 말을 담아 5분 만에 카피를 썼어요. 개인적인 의미가 강한 카피였지요. 굉장히 흥분한 상태에서 쓴 카피라 지금도 그대로 기억나요."

일론은 움직임을 멈추고 목소리를 낮추더니 카피 내용을 말했다.

"나는 제일 비싼 염색제를 써요. 로레알 프레퍼런스. 나는 돈 몇 푼에 신경 쓰지 않아요. 내가 신경 쓰는 건 내 머리카락이에요. 나는 단순한 색깔이 아닌 멋진 색깔을 원해요. 내겐 머리색이 주는 느낌이 더 중요해요. 부드럽고 윤기나면서 생기 있는 머리카락. 목에 닿을 때마다 기분이 좋죠. 로레알이라면 돈을 더 쓸 수 있어요. 난……"

이 대목에서 일론은 주먹을 쥐고 가슴을 살짝 두드렸다.

"소중하니까요."

처음에 그녀의 카피는 프레퍼런스가 나이스앤이지에 비해 10센트 더 비싼 점을 은근히 정당화시켰다는 이유로 좋은 평가를 받았다. 하지만 얼마 지나지 않아 마지막 줄이 핵심이라는 사실이 명백해졌다. 프레퍼런스는 '난 소중하니까요'라는 카피에 힘입어 클레롤의 시장점유율을 뺏어오기 시작했다. 그리고 1980년대에는 마침내 나이스앤이지를 누르고 가장 많이 팔리는 염색제 브랜드가 되었다. 로레알은 1997년에 '난 소중하니까요'라는 카피를 아예 회사의 슬로건으로 만들었다. 인지도 조사 결과 현재 71퍼센트의 미국 여성이 로레알의 슬로건을 알고 있는 것으로 나타났다. 브랜드명이 아닌 슬로건이 그렇게 높은 인지도를 얻은 것은 전례가 없는 일이었다.

프레퍼런스 광고는 처음부터 특이했다. 클레롤 광고에는 내레이션이 들어간 반면, 로레알 광고에서는 모델이 직접 말을 했다. 또한 셜리의 카피는 '염색한 것일까요, 아닐까요?', '가까이 다가갈수록 더 예뻐 보입니다'처럼 다른 사람의 시각이 주가 되었으나 일론의 카피는 여성의 주관적인 생각을 표현했다. 두 광고는 모델의 선택도 달랐다. 셜리는 신선한 이미지의 옆집 여자 같은 모델을 원했다. 반면 로레알 광고에는 '난 소중하니까요'라는 말에 담긴 강하면서도 예민하고 복합적인 이미지를 대변하는 모델이 나왔다.

1970년대 말에 로레알의 광고모델이던 메러디스 박스터 버니 Meredith Baxter Birney는 〈가족〉이라는 드라마에서 법대에 진학하는 이혼녀를 연기했다. 맥켄은 〈댈러스Dallas〉처럼 독립심 강한 여성들이 나오는 드라마가 방영되는 시간에 로레알 광고를 내보냈다. 1980년대에는 〈블루문특급Moonlighting〉에서 당찬 여주인공 역을 맡은 시빌 셰퍼드Cybill Shepherd가 광고모델이 되었다. 1990년대에는 〈멜로즈플레이스Melrose Place〉에서 강하고 섹시한 이미지를 선보인 헤더 로클리어Heather Locklear가 뒤를 이었다.

로레알의 모든 광고모델은 금발이었다. 그것도 특별한 종류의 금발이었다. 캐나다의 인류학자 그랜트 맥크래켄Grant McCracken은 1995년에 출간한 《헤어스타일: 자기 변신으로의 여정Big Hair: A Journey into the Transformation of Self》에서 금발을 6가지로 나누었다. 그가 나열한 6가지 금발은 섹시한 금발(매 웨스트Mae West, 메릴린 먼로 Marilyn Monroe), 명랑한 금발(도리스 데이Doris Day, 골디 혼Goldie Hawn), 당찬 금발(캔디스 버겐Candice Bergen), 위압적인 금발(샤론 스톤Sharon Stone), 우아한 금발(C. Z. 게스트C. Z. Guest), 차가운 금발(마를리네 디트리히Marlene Dietrich, 그레이스 켈리Grace Kelly)이었다. 로레알은 단순하고 유순하며 순진한 성격의 명랑한 금발과 똑똑하고 과감하며 정열적인 당찬 금발 사이에 새로운 영역을 구축했다.

그 미묘한 이미지를 소화할 모델을 찾기는 쉽지 않았다. 수년간 수많은 배우가 로레알의 광고모델이 되려고 오디션을 봤지만 모두 탈락했다. 마드리스의 얘기에 따르면 브리짓 바르도Brigitte Bardot가 광고모델로 발탁된 적이 있지만, 그녀는 '난 소중하니까요'라는 말을 제대로 표현하지 못해 애를 먹었다고 한다. 진심으로 그 말의 의미를 믿지 않아 목소리에 확신이 실리지 않았던 것이다. 그럴 수밖에 없었다. 바르도는 섹시하긴 했지만 도도하진 않았다.

1980년대에 클레롤은 프레퍼런스에 대응하기 위해 얼트레스 Ultress라는 고급형 제품을 출시하고 린다 에번스Linda Evans를 모델로로 내세웠다. 하지만 그들의 전략은 먹히지 않았다. 〈다이너스티 Dynasty〉에서 사랑스런 아내의 역할을 맡았던 에번스는 너무 명랑한 이미지를 갖고 있었다. 그녀가 드라마에서 했던 가장 힘든 일은 꽃을 새로 배열하는 것이었다.

설사 클레롤이 적절한 이미지를 가진 금발 모델을 찾았다고 해도 여전히 슬로건이 문제로 남았다. 셜리는 1970년대에 미스클레롤 광고를 위해 '나를 위해 택했어요'라는 카피를 썼다. 그러나 이 카피는 '난 소중하니까요'만큼 강한 인상을 주지 못했다. 클레롤이 지난 20년간 완전히 다른 내용의 광고를 내보낸 탓에 더욱더 그랬다. 프릭은 셜리가 '난 소중하니까요'라는 카피가 드센 느낌을 준다고 말했다는 얘기를 들려주었다. 셜리는 언제나 주위 사람들이 자신을 어떻게 생각할지 신경 썼다. 그런 그녀가 머리색과 자존감을 연결시키는 과감한 카피를 쓰는 것은 무리였다.

흉내 내기를 통해 자유를 얻는 셜리의 감성에는 한계가 있었다. 가령 '금발이 더 재미있게 산다는 것이 정말일까요?' 광고는 1973년 당시에 보기 힘든 내용이 담겨 있다. 이 광고에는 호숫가에서 미남 청년이 금발 아가씨를 안고 빙빙 도는 장면이 나온다. 금발 아가씨는 청년의 목에 팔을 두른 채 빨갛게 상기된 얼굴을 하고 있다. 이 광경 위로 '어쩌면 그녀는 남자의 마음을 사로잡았을지도 모릅니다. 하지만 절대 확신하지는 못할 겁니다'라는 저음의 내레이션이 흘러나왔다.

여기서 셜리의 세계가 지닌 문제점이 노출된다. 허구를 통해 원하는 것을 얻을 수는 있지만 결정적인 차이를 만든 것이 자신인지, 아니면 허구인지 확신할 수 없는 것이다. 허구에 집착하다 보면 진정한 자아를 잃어버릴 수 있다. 셜리는 미국식 삶이나 호숫가의 미남 청년, 결혼을 머뭇거리던 해럴드의 마음을 사로잡는 일이 소중하다고 생각했다. 그러나 1960년대 말의 여성들은 자신의 소중함도 알고 싶어 했다.

나는 네가 말하지 않은 욕망을 알고 있다

셜리와 일론의 이야기가 중요한 이유는 무엇일까? 두 사람의 광고를 자세히 살펴보면 이 질문에 쉽게 대답할 수 있다. 그들은 당대 여성운동의 감성을 담아낸 뛰어난 카피라이터였다. 또한 그들은 염색이 계급의식과 여성운동, 그리고 자존감을 반영하던 미국 사회사의 독특한 일면을 대표했다. 나아가 그들의 이야기는 소비자와 상품의 관계, 그리고 그 관계의 심리적 특성을 이해하고 거기에 의미를 부여하지 못하면 소비자에게 다가갈 수 없다는 광고기획자의 느린 깨달음을 보여준다.

셜리와 일론은 소비자의 심리를 완벽하게 꿰뚫어 광고의 한 장르를 만들었다. 전후 광고계에서 일어난 변화는 그것을 정의하고 확장하기 위한 집단적인 노력의 결과였다. 변화를 주도한 것은 소수의 사회과학자였다. 그중에서도 비엔나 대학에서 심리학을 연구한 헤르타 헤르조그Herta Herzog가 핵심 인물이다. 그녀는 '염색한 것일까요, 아닐까요?'나 '난 소중하니까요' 같은 카피가 성공한 이유를 알았다. 그런 의미에서 그녀는 셜리와 일론만큼 중요하다.

헤르타는 잭틴커앤파트너스Jack Tinker & Partners라는 작은 광고 대행사에서 일했다. 당시 광고계에서 이 회사는 야구계의 양키스 같은 대접을 받았다. 설립자 마리온 하퍼Marion Harper는 자신이 운영하던 맥켄-에릭슨이 너무 비대해져 순발력과 창의력이 떨어진다고 생각했다. 이에 따라 소수 정예를 골라 틴커그룹이라는 별도의 회사를 차렸다. 틴커그룹은 월도프타워Waldorf Tower를 거쳐 현대미술관이 내려다보이는 도싯Dorset호텔의 맨 위층에 자리한 고급 사무실에 입주했다.

멋진 경관을 자랑하는 그곳은 넓은 테라스와 베네치아풍 타일을 깐 바닥, 천장이 높은 거실, 백랍 테두리를 두른 프랑스풍 앤틱 테이블이 있는 바, 대리석 벽난로를 갖추고 있었다. 또한 벽, 카펫, 천장, 가구가 모두 밝은 흰색으로 되어 있었고 사기를 북돋우기 위해 정기적으로 전시된 미술품을 교체했다. 원래 틴커그룹은 싱크탱크(두뇌집단) 역할을 할 예정이었지만, 너무 빨리 큰 성공을 거두는 바람에 고객이 문 밖에 줄을 서게 되었다.

그들은 뷰익이 출시한 고급 쿠페형 자동차에 리비에라Riviera, 부로바의 쿼츠 시계에 애큐트론Accoutron이라는 이름을 붙였다. 코카콜라와 액손, 웨스팅하우스를 비롯해 비밀유지 규정 때문에 밝힐 수 없는 많은 대기업이 틴커에 광고를 의뢰했다. 처음에 4명의 파트너와 한 대의 전화기로 시작한 틴커그룹은 1960년대 말에 도싯호텔의

4개 층을 사용하기에 이르렀다.

틴커그룹의 경쟁력은 동기조사Motivational Research라는 특별한 기법에서 나왔다. 이 기법은 1940년대에 비엔나 대학에서 확립돼 미국 광고계로 전파된 것이다. 과거의 시장조사는 단순히 누가 어떤 상품을 사는지 머릿수를 헤아리는 단계에 머물렀다. 하지만 동기조사는 이유를 파고들었다. 사람들은 왜 특정한 상품을 살까? 어떤 동기로 구매를 결정하는 것일까? 조사자들은 프로이트의 역동적 심리학에 기반을 둔 수백 가지 질문을 통해 답을 구했다. 설문뿐 아니라 최면과 로젠츠바이크 그림좌절검사Rosenzweig Picture-Frustration Study 기법도 동원되었다. 초점집단인터뷰Focus Group Interview(6~12명의 소비자와 집중적인 대화를 통해 정보를 찾아내는 조사법)도 동기조사에서 처음 활용됐다.

틴커그룹의 구성원을 보면 우선 폴 라자스펠트Paul Lazarsfeld라는 20세기 사회학의 주요 인물이 있다. 그는 라자스펠트-스탠튼 프로그램 분석기Lazarsfeld-Stanton Program Analyzer라는 작은 기계를 발명했다. 이 기계는 조사대상의 감정적인 반응을 기록한다. 또한 비엔나에서 앨프레드 아들러Alfred Adler의 치료를 받은 적 있는 한스 자이젤Hans Zeisel, 라자스펠트의 제자 어니스트 디히터Ernest Dichter, 그리고 동기조사를 통해 소비자 심리를 분석한 헤르타 헤르조그가 있다.

헤르타는 푸에르토리코에서 제조된 럼 광고를 제작하기 위해 사람들이 술을 마시는 심층적인 이유를 파악했다. 그녀는 먼저 사람들을 초대해 원하는 술을 주문하게 한 다음 심리를 분석했다. 이어 술을 모두 마신 다음에 다시 심리분석을 했다. 요점은 술의 영향으로 사람들의 심리가 어떻게 변하는지 파악하는 것이었다. 또한 그녀는 흡연자들이 시원하고 상쾌한 이미지를 선호한다는 조사 결과에 따라 '오아시스'라는 담배 이름을 짓기도 했다. 당시에 그녀와 함께 일한 허버트 크루그먼Herbert Krugman은 헤르타의 능력을 높이 평가했다.

"헤르타는 품위 있고 다정하고 논리적이었어요. 통찰력도 굉장했지요. 알카-셀처Alka-Seltzer의 광고를 제작하던 때의 일이 생각나는군요. 아이디어 회의를 할 때 그녀가 '지난 광고를 보니 물이 담긴 유리잔에 알카-셀처 한 알을 넣는 장면이 있더군요. 이번에는 두 알을 넣으면 어때요? 그러면 아마 매출이 두 배로 늘 거예요'라고 말했어요. 그녀의 말대로 했더니 실제로 매출이 두 배로 늘었어요. 헤르타는 그만큼 탁월했어요. 모두가 그녀를 존경했지요."

틴커를 그만둔 후 유럽으로 돌아간 헤르타는 독일을 거쳐 고국인 오스트리아에 정착했다. 그녀는 대학에서 커뮤니케이션 이론을 가르치며 〈소사이어티Society〉라는 학술지에 미국 드라마 〈댈러스〉를 분석한 글을 실었다. 또한 비달 사순 반유대주의연구소Vidal Sassoon Center for the Study of Anti-Semitism의 의뢰를 받아 예루살렘에서 홀로코스트에 대한 조사를 진행하기도 했다.

현재 그녀는 인스브루크Innsbruck에서 차로 30분 걸리는 로타시Leutasch라는 산촌에 살고 있다. 지붕이 경사진 그녀의 하얀 집은 그림책에 나올 것처럼 아름답다. 작고 가냘픈 그녀는 머리카락이 희끗해지긴 했지만 여전히 다소곳한 모습을 잃지 않았다. 만약 셜리 폴리코프와 일론 스펙트가 요란한 손짓을 섞어가며 끝없이 토론하는 방에 그녀를 초대하면 아마 구석에 앉아 조용히 듣기만 할 것이다. 헤르타는 거실 의자에 꼿꼿하게 앉아 정성적 조사Qualitative Research에 대해 설명했다.

"마리온 하퍼가 나를 고용한 이유는 정성적 조사 때문이에요. 정성적 조사는 비엔나 대학이 확립한 조사기법이죠. 정성적 조사를 할 때는 직접적인 질문을 던지지 않아요. 대신 연구주제와 관련이 있는 화제를 제시하고 조사대상자가 이야기하게 만들지요. 조사자는 간단한 질문을 하면서 조사대상자가 이야기를 하도록 거들기만 해요. 조사자가 조사대상자에게 영향을 끼치면 안 되니까요. 정성적 조사는 여러 가지 면에서 정신분석과 비슷해요."

알프스의 추위를 견디기 위해 검은 운동복에 두꺼운 갈색 스웨터를 입고 있던 그녀의 뒤에는 영어와 독일어로 된 갖가지 문학서적과 인문서적이 가득한 책장이 놓여있었다. 의자 맞은편에 놓인 긴 소파에는 정신분석학 학회지인 〈사이키psyche〉 최신호가 엎어져 있었다. 그녀는 이야기를 이어갔다.

"나중에 단어 연상 테스트나 이야기가 있는 그림 그리기 등 모든 종류의 심리분석기법을 추가했어요. 가령 연구주제가 '비누'라면 조사자는 그 주제를 제시하고 연상되는 이미지나 구매하는 이유, 좋아하는 점과 싫어하는 점을 묻지요. 그리고 인터뷰 말미에 생각나는 대로 그림을 그리고 어떤 그림인지 이야기해달라고 요청하는 식이 었어요."

헤르타는 이러한 방식으로 조사대상자가 말하지 않은 욕망의 단서를 찾아냈다. 그녀의 조사기법은 사실상 정신분석에 가까웠다. 다만 정신분석은 사람을 알기 위해 물건에 대해 묻는 반면, 동기조사는 상품을 알기 위해 소비자에 대해 물었다.

그녀는 시장조사에 정신분석기법을 활용할 수 있다는 사실을 알았다. 그래서 판매술에 심리치료술을 접목시켰다. '염색한 것일까요, 아닐까요?'와 '난 소중하니까요'라는 카피는 당대 여성의 심리를 대변하는 강력한 메시지를 통해 5달러짜리 염색제에 특별한 의미를 부여했다. 동기조사는 광고계에 종사하는 사람들에게 거의 모든 상품에 같은 기법을 적용할 수 있다는 깨달음을 주었다. 그 결과 상품과 상품에 결부된 메시지는 정신분석의 주제인 인간관계와 감정, 그리고 경험처럼 우리의 삶을 구성하는 심리적 환경의 일부가 되었다. 헤르타는 알카-셀처 광고를 기획하던 일을 들려주었다.

"지금도 그 일을 잘 기억하고 있어요. 조사를 해보니 사람들은 복통뿐 아니라 두통에도 알카-셀처를 쓰더군요. 또한 많은 사람이 자기 잘못으로 복통을 겪는다고 생각했어요. 알카-셀처는 대개 과식에 따른 복통을 고치는 약으로 광고됐지요. 과식은 자기 잘못이지만 두통은 달라요. 두통은 아무런 잘못이 없어도 생기는 거예요."

이러한 사실은 헤르타에게 심리적인 통찰을 제공했다. 알카-셀처 소비자는 자해자와 피해자라는 두 집단으로 나뉘어져 있었다. 그런데 알카-셀처는 피해자를 무시하고 자해자에게만 구애를 해왔다. 헤르타가 깨달은 중요한 사실은 적절한 표현을 찾으면 알카-셀처와 결부된 심리적 딜레마를 없앨 수 있다는 점이었다. 헤르타는 살짝 미소를 지으며 말했다.

"두 집단 모두에게 적용할 수 있는 표현을 찾자고 제안했지요. 그렇게 해서 나온 것이 '불쾌감the blahs'이라는 단어예요. 불쾌감은 복통뿐 아니라 두통도 포함할 수 있으니까요."

헤르타는 아름다운 시구를 읊듯 불쾌감이라는 단어를 한 번 더 반복했다.

머리색과 함께 바뀐 삶

일상적인 제품이 심리적 환경을 구성한다는 말은 다소 파격적이다. 우리는 지금까지 물질적 요소보다 심리적 요소, 상업의 영향보다 예술의 영향을 더 중시했다. 따라서 1960년대에 사회적 영웅으로 불린 사람들은 음악가, 시인, 시민운동가, 운동선수였다.

하지만 헤르타의 관점에서 그러한 인식은 불완전하다. 예를 들어 비달 사순은 어떤가?

그는 기존에 볼 수 없었던 간결하고 날렵한 커팅을 통해 새롭고 다양한 형태의 헤어스타일을 선보였다. 맥크래켄은 "과거의 미용 세계에서 고객은 그저 고정된 헤어스타일을 전시하는 대상에 불과했다"라고 썼다. 그의 표현에 따르면 과거의 헤어스타일은 '파마로 성질을 바꾸고, 헤어롤로 모양을 잡고, 헤어스프레이로 고정시키는 로코코식(18세기 프랑스에서 탄생한 예술 형식) 관목Shrubbery' 같았다. 그러나 사순은 개인의 특징을 잘 살린 커팅을 통해 고정된 헤어스타일에 일대 변화를 일으키며 당대 여성들의 머리를 해방시켰다.

하지만 사람들은 오로지 커팅에만 의존하고, 공을 들이는 시간이 30분밖에 들지 않으며, 그동안 지켜온 이미지를 뒤바꾸며, 한 달이 지나면 다시 손을 봐야 한다는 이유로 사순의 혁신을 과소평가했다. 헤르타의 세계관에서는 바로 그 점에서 비달 사순이 중요하다. 쉽게 적용할 수 없고, 반복할 수 없다면 진정한 혁신이 아니기 때문이다.

'염색한 것일까요, 아닐까요?'와 '난 소중하니까요'라는 카피는 노래와 시와 사회운동이 할 수 없는 즉각적이고 손쉬운 변화의 수단을 제공한 상품과 결부되었기 때문에 힘을 얻었다.

일론 스펙트와 함께 일한 마이클 세노트Michael Sennott는 상품이 어떤 변화를 일으켰는지 설명했다.

"'난 소중하니까요' 광고를 방송한 초기 몇 년간 염색을 처음 하는 새로운 소비자가 크게 늘어났습니다. 그중에는 결정적인 변화를 겪은 사람도 많았지요. 결정적인 변화란 이혼을 의미합니다. 클레롤 사용자보다 로레알 사용자 중에 이혼한 사람이 훨씬 많았습니다. 그들은 아이를 다 키운 후 새로운 변화를 겪으면서 자신을 재발견한 여성들이었습니다."

여성들은 달라진 자신을 발견했고 일론은 그들에게 달라질 수 있는 수단을 안겨주었다. 이 2가지를 분리하거나 어느 쪽이 먼저라고 말할 수 있을까? 그들은 머리색과 함께 삶을 바꿨다. 2가지 변화는 별개가 아니라 하나였다.

제품의 성격은 언제 완성되는가

1970년대 중반, 텔레비전 시트콤 〈사인펠드Seinfeld〉에서 일레인 Elaine을 연기한 줄리아 루이스 드레이퍼스Julia Louis Dreyfus가 나이스앤이지의 광고모델을 맡았다. 그녀는 클레롤의 전통대로 편안한 옆집 여자 같은 이미지가 있는 배우였다. 하지만 광고는 초기의 미스클레롤 광고와 전혀 달랐다. 루이스 드레이퍼스는 광고에서 버스 앞자리에 탄 검은머리의 여성에게 "있잖아요, 금발로 물들이면 훨씬 예뻐 보일 거예요"라고 말한다. 그런 다음 그 자리에서 곧바로 다른 승객들의 감탄과 환호성 속에 나이스앤이지로 머리를 감는다. 이 광고는 셜리 폴리코프의 스타일과 달리 심각하거나 은밀하지 않았으며 오히려 재미있고 공개적이었다.

로레알의 광고도 바뀌었다. 메러디스 박스터 버니는 내용에 걸맞은 진지한 태도로 "난 소중하니까요"라고 말했다. 그러나 시빌 셰퍼드가 모델이 된 1980년대에는 당시의 물질주의적인 분위기 탓인지 이 대사가 한결 가볍게 들렸다. 1990년대의 헤더 로클리어는 관능적이고 자아도취적인 분위기를 풍겼다. 그녀는 최근에 나온 광고에서 "로레알 뉴프레퍼런스. 다른 사람에게도 전하세요. 당신은 소중해요"라고 말했다. 일론이 쓴 카피에서 강조된 '~하니까요'라는 표현은 사라졌다. 드센 느낌을 주는 '난'은 '당신은'으로 바뀌었다.

이처럼 클레롤과 로레알의 광고는 서로를 닮아갔다. 시장조사업체 스펙트라Spectra의 조사 결과를 보면 나이스앤이지와 프레퍼런스 사용자는 연수입 5만~7만 5,000달러, 임대아파트 거주, 날씨 채널 시청, 1년에 6권 이상 책 구입, 프로축구팀 팬, 노조활동자 수에서 거의 비슷하게 나타났다. 두 브랜드 사이에 여전히 남아 있는 차이는 셜리 폴리코프와 일론 스펙트가 남긴 유산이다. 하지만 그 차이는 클레롤파와 로레알파로 나눌 수 있을 만큼 분명하지 않다.

우리는 주위를 둘러싼 사고와 표현, 의식, 제품을 통해 자아상을 형성한다. 쉽게 말해 구매를 통해 사소하지만 의미 있는 방식으로 개성을 만들어가는 것이다. 종교와 듣는 음악, 입는 옷, 먹는 음식이 중요하듯 염색제 브랜드도 중요하다. 로레알의 마케팅부사장 캐롤 해밀턴Carol Hamilton은 초점집단을 보면 클레롤 사용자와 로레알 사용자를 즉시 구분할 수 있다고 말했다.

"로레알 사용자는 더욱 자신감이 있고 더 잘 꾸며요. 머리색뿐 아니라 헤어스타일과 화장에도 시간을 들이지요. 옷도 유행을 앞서가요."

클레롤의 마케팅부사장 잔 맷슨Jeanne Matson도 같은 말을 했다.

"당연히 구분되죠. 클레롤 사용자는 더욱 자연스럽고 미국적인 아름다움을 대표해요. 그 아름다움은 외부에 드러내기 위한 것이라기보다 자신을 위한 것이죠. 로레알 사용자는 약간 쌀쌀한 면이 있어요. 반면 클레롤 사용자는 따뜻하죠. 또 클레롤 사용자는 더 큰 교감을 공유해요. 그래서 같은 제품을 쓰는 사람과 깊은 유대감을 형성해요."

두 브랜드가 대표하는 이러한 성격은 셜리와 일론이 심어놓은 것이 아니다. 더구나 지금은 그들이 활동하던 1956년이 아니다. 셜리의 허구가 지녔던 복잡성은 이제 의미를 잃었다. 일론의 분노 역시 화려함 속에 자취를 감추었다. 최초의 곡조에서 남은 것은 몇 개의 음표뿐이다. 그러나 그것만으로도 '난 소중하니까요'가 '염색한 것일까요, 아닐까요?'와 혼동되지 않도록 하는 데 충분하다.

일론은 말했다.

"'난 소중하니까요'라는 말은 상대방이 내 가치를 인정하지 않는다는 걸 알고 있다는 의미를 담고 있어요. 당시 남자들은 실제로 그랬지요. 그들은 여성을 대상화하기만 했어요. 나는 방어적이고 반항적인 태도를 취했죠. 난 싸우기로 작정했어요. '내가 누군지 말하려들지 마. 그런 말은 지겹게 들었으니까'라고 생각했죠."

그녀는 싸우기로 했다는 말을 하면서 가운데손가락을 세웠다.

셜리는 누구에게도 손가락으로 욕하지 않았을 것이다. 그녀는 한 여성이 금발로 염색한 덕분에 자신을 재발견하고 결혼에 성공해 현모양처로 사는 꿈을 꾸느라 너무 바빴다. 셜리는 1973년에 열린 은퇴파티에서 처음 클레롤 광고가 나간 후 쇄도했던 편지에 대한 이야기를 꺼냈다. 참석자들은 "금발로 염색한 후 결혼에 성공한 여성의 편지를 기억하세요?"라는 그녀의 물음에 모두 고개를 끄덕였다.

그녀는 마침내 털어놓을 수 있어서 속이 시원하다는 듯한 표정으로 "사실은 제가 썼어요"라고 말했다.

1999년 3월 22일

02 그 개는 무엇을 보았나

개를 사로잡는 달인의 몸짓

5분 만에 괴물에서 천사로 변한 개

시저 밀란은 아무런 사전 정보도 없이 슈거의 문제를 해결하러 현장에 나갔다. 시저는 그런 방식을 선호했다. 그가 해야 할 일은 슈거와 포먼의 가족을 화해시키는 것이었다. 슈거는 포먼의 가족처럼 자기 입장을 설명하지 못했기 때문에 한쪽의 말을 미리 들으면 선입견이 생길 수 있었다.

포먼의 집은 로스앤젤레스 북쪽 미션힐스Mission Hills의 이동식 주택단지에 있었다. 어두운 색 나무판을 덧댄 그의 집에는 가죽소파와 폭신한 카펫이 있었고 남캘리포니아 특유의 좋은 날씨였는데도 에어컨이 돌아가고 있었다. 60대의 나이에도 자태가 고운 린다 포먼Linda Forman은 유머감각이 풍부한 여성이었다. 휠체어에 탄 그녀의 남편, 레이Ray는 전직 군인의 느낌을 살짝 풍겼다. 검은색 진 바지에 파란 셔츠 차림을 한 시저는 두 사람의 맞은편에 앉아 "어떻게 도와드릴까요?"하고 물었다. 린다는 "우리 괴물을 착하고 사랑스런 개로 바꿔주세요"라고 대답했다. 그녀는 슈거를 어떻게 소개해야 할지 미리 생각해둔 듯했다.

"슈거는 90퍼센트는 나쁘고 10퍼센트는 사랑스러워요. 잘 때도 껴안고 자요."

슈거는 린다에게 아주 소중한 존재였다.

"하지만 눈에 보이는 건 모조리 부수려고 들어요. 툭 하면 거동을 못하는 남편의 방을 엉망으로 만들어놓죠. 옷까지 찢어놓는다니까요. 카펫도 벌써 엉망이 됐어요. 손자들까지 괴롭히고 문을 열면 바로 도망쳐요."

린다는 소매를 걷고 팔을 보여주었다. 그녀의 팔은 마치 고문이라도 당한 것처럼 할퀴고 물린 흉터로 가득했다. 그녀는 "그래도 우리는 슈거를 사랑해요. 그러니 어쩌겠어요?"라고 말했다.

시저는 그녀의 팔을 보면서 "저런~"하고 가벼운 탄성을 내뱉었다. 30대 중반의 그는 비교적 단신에 미식축구선수 같은 체격과 큰 눈, 가무잡잡한 피부, 하얀 이를 가졌다. 그는 미국에서 14년 동안 살았기 때문에 유창한 영어를 구사했다. 다만 흥분하면 관사를 생략하는 습관이 있었다. 하지만 흥분하는 경우는 드물었다. "저런~"하고 말할 때도 "어떻게 도와드릴까요?"라고 말할 때처럼 조용한 말투였다.

시저는 곧이어 질문을 시작했다. 슈거는 집안에 함부로 소변을 보았고 신문, 리모컨, 플라스틱 컵만 보면 가만히 놔두지 않는다고 했다. 시저는 슈거를 산책시키는지, 슈거가 멀리 돌아다니거나 냄새를 추적하는지 물었다. 그때 그는 개가 냄새 맡는 모습을 놀랍도록 비슷하게 흉내 냈다. 이어 어떻게 혼내는지 물었다.

"가끔 우리에 가둬요. 15분을 넘긴 적은 없어요. 그러면 엎드린 채 조금 고분고분해지죠. 다르게 가르치는 법은 몰라요. 아이들한테 물어보세요."

"혹시 부모님한테 혼난 적 있으세요?"

"혼날 일이 없었어요. 완벽했으니까요."

"그럼 규칙을 세운 적이 없으시군요. 슈거를 쓰다듬어 주시나요?"

"전에는 그랬어요. 지금은 불안해요."

"물리신 것 때문에요?"

"물려고 하는 게 표정에서 보여요."

"누가 대장인지 상기시키는 거예요."

"그런데 또 물고 나면 그 자리를 30분간 핥아줘요."

"사과하는 게 아니에요. 개들은 원래 서로의 상처를 핥아주는 습성이 있어요."

린다는 약간 당황스런 표정을 지었다.

"난 그게 사과하는 것인 줄 알았어요."

시저는 부드러운 목소리로 말했다.

"미안하게 생각하면 아예 물지 않죠."

이제 피고가 들어설 차례였다. 린다의 손자 칼리Carly가 한 마리의 비글Beagle을 아기처럼 안고 들어왔다. 슈거는 귀여웠지만 눈빛이 사나웠다. 칼리는 슈거를 카펫 위에 내려놓았다. 슈거는 거들먹거리며 시저에게 다가가 신발 냄새를 맡았다. 시저는 슈거 앞에 신문과 플라스틱 컵, 그리고 리모컨을 놓았다.

슈거가 신문을 물자 시저는 바로 낚아챘다. 슈거는 다시 신문을 물려고 소파 위로 뛰어올랐다. 시저는 손으로 슈거의 어깨를 세게 움켜쥐었다. 그는 "지금 제 손이 입이고 손가락이 이빨 역할을 하는 거예요"라고 설명했다. 슈거가 소파 밑으로 뛰어 내려가자 시저는 빠르고 유연한 동작으로 슈거를 위에서 잡아 눌렀다. 슈거는 잠시 발버둥을 치다가 힘을 뺐다. 그제야 시저는 뒤로 물러섰다. 슈거는 이번에는 리모컨을 향해 달려들었다. 시저는 슈거를 향해 짧게 '쉿' 소리를 냈다. 슈거는 머뭇거리다 목표를 플라스틱 컵으로 바꿨다. 시저는 다시 '쉿' 소리를 냈다. 순간 슈거는 물었던 플라스틱 컵을 떨어트렸다.

시저는 린다에게 간식통을 들고 오라고 손짓했다. 그는 린다가 가져온 간식통을 바닥에 내려놓고 그 뒤에 섰다. 슈거는 간식통과 시저를 번갈아 보다가 냄새를 맡으며 점점 다가갔다. 마치 슈거와 간식통 사이에 보이지 않는 경계선이 있는 것 같았다. 슈거는 주위를 맴돌기만 할 뿐 절대 1미터 안으로 접근하지 않았다. 슈거가 고개를 돌려 소파 위로 뛰어오를 준비를 하자 시저가 재빨리 막아선 다음 한 발 앞으로 다가섰다. 슈거는 몸을 낮춘 채 방구석으로 물러나 엎드렸다. 시저는 간식과 리모컨, 플라스틱 컵, 신문을 슈거 앞으로 가져갔다. 한때 속수무책이던 슈거는 포기한 듯 눈을 감아버렸다. 마침내 시저가 입을 열었다.

"슈거는 지금까지 아무런 규칙이나 경계 없이 살아왔어요. 가족들은 슈거를 운동시키고 애정을 베풀었지만 버릇을 가르치진 않았어요. 어떤 대상을 사랑하려면 필요한 모든 것을 채워주어야 합니다. 그게 진정한 사랑이죠. 슈거는 진정한 사랑을 받지 못한 겁니다. 이제 산책을 나가죠."

주방으로 들어가 목줄을 가져온 린다는 불과 5분 만에 괴물에서 천사로 변한 슈거를 보고 믿을 수 없다고 말했다.

권위가 느껴지는 휘파람

시저 밀란은 로스앤젤레스 남부의 산업지역에서 애견 심리센터Dog Psychology Center를 운영한다. 그의 센터는 원래 자동차정비소였던 터라 삭막한 창고와 차고가 늘어선 대로를 벗어나 길고 좁은 골목 끝에 자리 잡고 있다. 초록색 철사 울타리 뒤에는 커다란 콘크리트 마당이 있었는데 그곳에는 개들이 가득했다. 개들은 햇볕을 쬐거나, 물웅덩이에서 놀거나, 피크닉테이블 위에 누워 있었다.

시저는 문제견을 받아 최소한 2주일간 무리 속에서 동화시킨다. 그렇다고 그에게 어떤 공식화된 훈련방법이 있는 것은 아니다. 단지 어린 시절에 시날로아Sinaloa에 있는 할아버지 농장에서 배운 지식을 활용할 뿐이다. 어린 시절에 그는 개의 마음을 읽을 수 있을 정도로 열심히 보살폈는데 그 때문에 '개 소년'이라는 별명을 얻었다.

시저는 아침마다 개들을 데리고 4시간 동안 산타모니카의 산으로 산책을 나간다. 산책할 때는 시저가 앞에 서고 핏불, 로트와일러, 셰퍼드처럼 큰 개들이 가방을 등에 지고 뒤에 선다. 그래야 작은 개들이 지치면 큰 개들 등에 태울 수 있기 때문이다. 산책이 끝나면 밥을 먹고 훈련을 한다. 이때 말을 잘 듣는 개들은 그에 따른 보상을 받는다.

현재 애견 심리센터에는 47마리의 개가 있다. 그가 문을 열자 크고 작은 개들이 뛰어왔다. 시저는 그중에서 블러드하운드Bloodhound를 가리키며 "저 아이는 여기 오기 전에 엄청 사나웠어요"라고 말했다. 한 구석에서는 막 휘턴테리어Wheaton Terrier가 목욕을 마쳤다. 시저는 "저 아이는 사람을 믿지 않아 여기 6개월째 머물고 있어요. 주인한테 심하게 맞았거든요"라고 설명했다. 이어 그는 커다란 셰퍼드의 머리를 천천히 긁어주며 "이 아이가 제 여자친구예요. 이름은 뷰티Beauty죠. 이 아이와 주인의 관계도 문제가 많았어요"라며 머리를 흔들었다.

"정말 심각했죠. 마치 영화 〈위험한 정사Fatal Attraction〉의 주인공들 같았어요. 뷰티는 주인을 보면 마구 할퀴고 물었는데 주인은 '나도 사랑해'라고 말하는 식이었어요. 그게 개를 망쳤어요. 저 아이도 그래요. 둘 다 뉴올리언스에서 왔는데 사람을 공격했죠. 저기 테니스공을 갖고 노는 핏불은 베벌리힐스에서 래브라도Labrador(흔히 맹도견으로 쓰이는 큰 개)를 죽였어요. 그리고 이 아이는 싸우다가 한쪽 눈을 잃었어요."

그가 가리킨 개는 불독의 냄새를 맡고 있었다. 베벌리힐스 출신의 핏불은 햇볕을 쬐고 있었고, 사람을 공격한 블러드하운드는 혀를 늘어뜨린 채 피크닉테이블 주위를 어슬렁거렸다. 시저는 개들 사이에 당당한 자세로 섰다. 그곳은 일종의 감옥이었지만, 캘리포니아에서 가장 평화로운 감옥이었다.

"중요한 점은 어떤 경우든 흥분하지 않고 말을 잘 듣도록 만드는 겁니다. 여기 있는 개들은 모두 그렇게 행동하도록 교육받았어요."

시저 밀란은 내셔널지오그래픽 채널에서 방송되는 〈도그 위스퍼러Dog Whisperer〉의 진행자다. 그는 이 프로그램에서 문제견이 있는 가정을 찾아가 평화를 되찾아준다. 그는 마치 교실로 들어서기만 하면 난리를 치던 아이들을 조용하고 예의바르게 만드는 초등학교 선생님을 닮았다. 그 비결이 무엇일까? 아이들은 선생님이 엄해서 그렇다고 대답할 것이다. 하지만 엄하지 않은 선생님도 아이들을 잘 다룬다. 그런 선생님들은 모두 '위엄'이라는 설명하기 힘든 특징이 있다. 말을 듣지 않는 열 살짜리 아이들을 가르치거나 부대를 지휘할 때, 혹은 주인을 괴롭히는 못된 비글의 버릇을 고칠 때는 반드시 위엄이 필요하다. 그렇지 않으면 지고 만다.

시저는 애견 심리센터의 뒤편에 한 블록 크기의 놀이터를 만들었다. 개들은 시저가 뒷문으로 가는 것을 보고 기대감에 들떠 정신없이 달려왔다. 시저의 손에는 테니스공이 담긴 자루가 들려 있었다. 그는 공을 꺼내 부드러운 동작으로 맞은편 창고 벽을 향해 던졌다. 10여 마리의 개가 한꺼번에 공을 쫓아 달렸다. 이어 시저는 다른 방향으로 계속 공을 던졌다. 놀이터는 순식간에 짖고 으르렁거리고 뛰어오르고 달려가는 개들로 난장판이 되었다. 사방에서 멍, 멍, 멍, 멍 하는 소리가 그치지 않았다.

"이렇게 5분이나 10분쯤 놀아요. 때론 15분 정도 노는 경우도 있어요. 놀이를 끝낼 때는 확실하게 그만 놀라고 명령해야 해요. 부탁하듯 하면 안 됩니다."

시저는 말을 끝내고 곧바로 자세를 잡더니 짧게 휘파람을 불었다. 권위가 느껴지는 휘파람이었다. 순간 놀이터는 정적에 휩싸였다. 47마리의 개는 머리를 똑바로 든 채 동작을 멈추고 시저를 바라보았다. 시저가 문을 향해 거의 눈치 챌 수 없을 정도로 살짝 고개를 끄덕이자 개들은 줄지어 마당으로 돌아갔다.

부시가 철들지 않은 소년처럼 보이는 이유

2005년 가을, 시저는 패트리스Patrice와 스콧Scott 부부의 집에서 〈도그 위스퍼러〉의 한 에피소드를 촬영했는데 주인공은 존비JonBee라는 진돗개였다. 그들 부부가 입양하기 전에 존비는 주인 없이 떠돌던 개였다고 한다. 존비는 집 밖에서는 말을 잘 듣고 사랑스러웠지만 집 안에서는 스콧이 버릇을 들이려 할 때마다 사납게 대들었다. 스콧은 시저에게 고통을 하소연했다.

"이 사나운 녀석을 길들이게 도와주세요. 지금까지 2명의 조련사가 시도했다가 실패했어요. 한 명은 존비를 강제로 뒤집어 굴복할 때까지 위에서 꼼짝 못하게 눌렀어요. 그 상태로 족히 20분은 있었을 겁니다. 그런데도 이 녀석은 고분고분해지지 않았어요. 오히려 조련사가 풀어주자마자 네 번이나 물었죠. 그 사람은 양손이 피투성이가 되고 말았어요. 다른 조련사는 아무리 해도 안 되니까 차라리 개를 포기하라고 하더군요."

시저는 존비를 만나러 뒷마당으로 갔다. 그는 계단을 내려가 개 옆에 한쪽 무릎을 꿇고 앉았다. 그는 "제가 혼자 존비를 만나겠다니까 주인들이 약간 불안해하네요. 사실은 겁을 먹거나 당황한 개보다 사나운 개를 다루는 게 더 편해요. 그런 개들이 저를 유명하게 만들어주었죠"라고 말했다.

존비는 그에게 다가와 냄새를 맡았다. 그때 시저는 존비에게 목줄을 걸었다. 존비는 불안한 눈빛으로 시저를 바라보며 주위를 맴돌기 시작했다. 시저가 존비를 데리고 거실로 들어가자 스콧은 존비에게 입마개를 씌웠다. 그런데 시저가 존비를 옆으로 눕히려고 하는 순간 문제가 발생했다. 존비가 빙빙 돌면서 사납게 굴었던 것이다. 어찌나 날뛰었던지 입마개가 벗겨지고 말았다.

존비는 시저를 물더니 사나운 기세로 마구 몸을 비틀었다. 한동안 존비와 시저의 힘겨루기가 이어졌다. 패트리스는 차마 그 광경을 못 보겠는지 손으로 얼굴을 감쌌다. 시저는 그녀에게 방에서 나가달라고 부탁한 뒤 똑바로 서서 목줄을 움켜쥐었다. 그의 모습은 마치 거친 말을 길들이려는 카우보이처럼 보였다. 땀을 뻘뻘 흘리며 한참 씨름한 끝에 시저는 존비를 앉힌 데 이어 옆으로 눕히는 데 성공했다. 지친 존비의 몸은 축 늘어졌다. 시저는 존비의 배를 어루만지며 "그래, 이렇게 하면 돼"라고 말했다.

시저와 존비 사이에 대체 무슨 일이 일어난 걸까? 어쩌면 둘은 우두머리 수컷을 가리는 일전을 겨뤘는지도 모른다. 싸움은 난데없이 시작되지 않는다. 존비는 분명 시저의 모습에 반응을 보였다. 존비는 싸우기 전에 냄새를 맡고 주위를 돌면서 시저를 살폈다. 개가 사람을 관찰하는 행동은 특히 중요하다. 연구 결과에 따르면 개는 다른 동물과 달리 사람의 행동을 학습하기 때문이다.

인류학자 브라이언 해어Brian Hare는 서로 떨어진 2개의 컵 중 하나에 고기를 넣고 개의 반응을 살펴보는 실험을 했다. 개는 컵 안에 고기가 있다는 사실을 알지만 어느 컵인지는 몰랐다. 해어는 고기가 든 컵을 바라보며 손가락으로 두드렸다. 그때마다 개는 해어가 가리킨 컵으로 향했다. 그러나 사람과 유전자의 98.6퍼센트를 공유하는 침팬지에게는 이 방법이 통하지 않았다. 개는 도움이 필요할 때 사람의 행동을 참고하지만 침팬지는 그렇지 않았다.

해어의 설명에 따르면 영장류는 동족의 신호를 잘 활용한다. 만약 해어의 실험에서 같은 침팬지가 신호를 보냈다면 결과가 달라졌을지도 모른다. 그러나 그들은 인간의 신호를 활용하는 데는 서툴다. 그들은 인간이 고기가 있는 곳을 가르쳐주는 이유를 이해하지 못한다. 반면 개는 인간의 행동에 주목하는 특별한 성향이 있으며, 사람들이 정보를 교환하기 위해 하는 행동을 참고할 줄도 안다. 물론 개는 침팬지보다 똑똑하지 않다. 단지 사람에 대한 태도가 다를 뿐이다. 해어는 "개는 사람에게 깊은 관심을 기울입니다. 거의 집착에 가까울 정도지요. 개에게 사람은 걸어 다니는 거대한 테니스공이나 마찬가지입니다"라고 설명했다.

개는 사람이 몸을 앞으로 기울이는지 아니면 뒤로 젖히는지 주의 깊게 관찰한다. 앞으로 기울이는 것은 공격적인 행동이지만, 뒤로 젖히는 것은 다가가지 않겠다는 의도표시Intention Movement로 위협적인 행동이 아니다. 고개를 조금이라도 옆으로 기울이면 개는 경계를 푼다. 하지만 눈을 똑바로 쳐다보면 적대적인 행동으로 해석한다. 개 앞에 설 때 어깨를 펴거나 움츠리는 것이 명령의 수행 여부를 좌우할 수 있다. 심지어 호흡을 조절하는 것으로도 긴장을 풀거나 더할 수 있다. 위스콘신 대학의 동물행동학자 패트리샤 매코널Patricia McConnell은 개의 습성을 들려주었다.

"개는 우리의 눈을 들여다보고 어디를 보는지, 어떤 상태인지 파악하는 것 같습니다. 동공이 확대된 둥근 눈은 공격적인 상태를 의미하지요. 개는 우리의 얼굴이 이완되었는지, 팔은 어디를 향하는지 주의 깊게 살핍니다. 개에게는 턱이나 입의 상태, 팔의 움직임이 중요한 신호이기 때문이지요."

매코널은 《목줄의 반대편The Other End of the Leash(국내에서 '당신의 몸짓은 개에게 무엇을 말하는가?'로 출간됨)》에서 흔하게 볼 수 있는 개의 행동을 설명하고 있다. 예를 들어 개를 산책시키다 보면 다른 개와 마주치는 경우가 많다. 이때 두 마리의 개는 서로 상대를 파악하는 것처럼 보인다. 매코널에 따르면 개는 먼저 주인의 얼굴을 살핀

다고 한다.

"그런 상황에서 주인들은 자기 개가 다른 개와 잘 어울릴지 걱정한다. 그래서 호흡을 멈추고 눈을 크게 뜨며 경계하는 듯한 입 모양을 한다. 이런 행동은 개의 세계에서 공격성을 의미한다. 주인이 의도치 않게 개를 긴장시키는 신호를 보내는 것이다. 이때 주인들은 대개 목줄을 당기는데 그러면 개들은 서로를 공격한다. 생각해보라. 개는 주인이 긴장을 조성하는 가운데 낯선 개와 마주친다. 이런 경우 주인의 굳은 얼굴을 보고 다른 개를 향해 으르렁거리게 된다."

시저가 다가가 옆에 앉았을 때 존비는 그를 유심히 관찰했다. 존비가 본 것은 매우 특별한 방식으로 움직이는 사람이었다. 메릴랜드 대학의 무용과 교수 캐런 브래들리Karen Bradley는 동영상으로 시저의 모습을 보며 움직임을 설명해주었다.

"그의 몸놀림은 아름답고 절도가 있어요. 특히 하체의 움직임이 인상적이군요. 마치 미식축구선수 같아요."

브래들리 같은 동작분석가는 라벤동작분석Laban Movement Analysis을 통해 중심 이동, 유연성과 대칭성, 힘의 세기를 파악한다. 그들은 동작이 직접적인지 간접적인지, 어떤 식으로 주의를 끄는지, 무거운지 가벼운지, 의도가 무엇인지, 절도가 있는지 불안정한지, 얼마나 정확한지, 빠른지 느린지를 분석한다.

말을 강조하고 싶을 때는 손바닥을 내밀 수도 있다. 이때 어떻게 움직이느냐에 따라 상대방이 요점을 해석하는 방식이 크게 달라진다. 이상적인 움직임은 빠르고 절도 있게 손을 내리면서 동시에 머리와 어깨도 낮춰 자세와 동작이 조화를 이룬다. 손을 내리면서 머리와 어깨를 올리거나 손을 무기력하고 불안정하게 내리는 모습을 생각해보라. 이런 움직임은 의도와 달리 억지로 말하는 듯한 인상을 준다. 자세와 동작의 조화를 프레이징Phrasing, 즉 '흐름'이라고 부른다. 의사소통을 잘하는 사람은 전달하려는 의도에 맞게 몸짓의 흐름을 조화시킨다. 또한 그들은 강조할 때 절도 있는 동작이 필요하다는 사실을 안다. 브래들리가 보기에 시저의 움직임은 아름답고 자연스럽게 흐르고 있다.

시저는 패트리스와 스콧 앞에 서서 이야기했다. 그의 손은 가슴 앞에 있었고 강조를 위해 몸을 앞으로 기울였다. 그 다음에 손을 허리 높이로 낮추고 뒤로 당기면서 앞으로 내민 몸과 균형을 맞췄다. 이어 그는 몸을 똑바로 세우면서 손을 들어 빈 공간을 메웠다.

보통 사람이 이러한 움직임을 일일이 인식하기는 어렵다. 그렇지만 상대는 그의 모습을 보고 존중과 확신을 읽을 수 있다. 이렇게 시저는 자연스럽게 의사소통을 했는데, 소리를 죽이고 시저의 모습을 보던 브래들리는 한 장면을 반복해서 보았다. 그 장면에서 시저는 한 가족을 향해 걸어가고 있었다. 그의 오른손이 가슴을 가로질러 우아한 원을 그리며 내려갔다.

"지금 그는 춤을 추고 있어요. 저걸 보세요. 정말 멋져요. 아주 멋진 춤이에요. 그의 몸짓은 각각 길이가 달라요. 어떤 몸짓은 길고 어떤 몸짓은 매우 짧아요. 또 어떤 몸짓은 처음에 강하게 시작했다가 점점 약해지고, 어떤 몸짓은 끝으로 갈수록 강해져요. 이 모든 몸짓이 적절히 구사되고 있어요. 한마디로 그의 모든 몸짓은 매우 다양하고 유연해요."

동작분석가는 흔히 빌 클린턴이나 로널드 레이건을 연구대상으로 삼는다. 두 사람의 몸짓이 좋은 흐름을 보이기 때문이다. 하지만 조지 부시의 몸짓은 그렇지 못하다. 부시는 2006년 연두교서에서 내내 기계적으로 몸을 앞뒤로 흔들기만 했다. 아쉽게도 그의 동작은 뒤에 걸린 커다란 현수막 때문에 크게 두드러지지 않았다. 브래들리의 말에 따르면 그의 동작은 매번 특정한 장소로만 향했다. 부시는 중요한 순간에 흔히 하듯 눈을 찌푸리고 한곳을 바라보며 상체를 앞뒤로 흔들었던 것이다. 브래들리는 이런 몸짓은 다소 원시적이고 퇴행적이라고 말했다. 부시의 표정과 몸짓, 시선이 미성숙한 수준이라는 얘기다. 실제로 사람들은 부시에게서 철들지 않은 소년 같은 인상을 받는다. 물론 소년처럼 움직이는 것이 잘못은 아니지만, 성숙한 모습이 필요한 자리에서 그런 몸짓을 하는 것은 곤란하다.

브래들리는 사람들이 저마다 다른 몸짓의 특성을 보인다고 말했다.

"사람들은 대개 비슷한 몸짓을 해요. 그러나 제 남편처럼 확실히 다른 몸짓을 하는 사람도 일부 있어요. 그는 이야기할 때 줄곧 몸을 뒤로 젖히고 두 팔을 벌리지요. 그 자세로 별로 움직이지 않아요. 다행히 함께 일하는 사람들은 그를 이해해주는 것 같아요."

그녀는 웃으며 비디오테이프에 나오는 시저를 가리켰다.

"우리가 할 일이요? 저런 사람이 고정으로 출연할 수 있는 TV 프로그램을 만드는 것이죠. 정말이에요. 저런 사람의 자세와 동작을 배울 필요가 있어요. 사람은 메시지를 분명하게 전달하는 사람에게 끌리기 마련이에요. 그런 모습에서 권위가 느껴지기 때문이죠."

'사랑해'를 '맞을래?'로 읽는 개의 본능

그러면 다시 시저와 존비가 처음 만나던 장면으로 돌아가 그의 행동을 꼼꼼히 살펴보자. 시저는 계단을 걸어 내려갔다. 그 모습은 47마리의 개를 향해 휘파람을 불던 때와는 달랐다. 이 경우에는 은근한 접근이 필요했기 때문이다. 《춤추는 대화The Dancing Dialogue》의 저자, 수지 토토라Suzi Tortora는 그 장면을 가리키며 "그가 걷는 모습을 보세요. 손을 내리고 몸에 붙였어요"라고 말했다. 춤을 이용해 심리치료를 하는 토토라는 브로드웨이의 사무실에서 나와 함께 시저의 모습을 담은 동영상을 보았다.

"그는 불필요하게 공간을 차지하지 않도록 몸을 일직선으로 세웠어요. 걷는 속도는 늦췄네요. 그는 개에게 '난 혼자 왔어. 너에게 달려들지 않을 거야. 아직 인사를 하지 않았군. 자, 이게 나야. 냄새를 맡아 봐'라고 말하고 있어요."

시저는 존비 옆에 한쪽 무릎을 꿇고 앉았다. 무게 중심을 낮춘 채 완벽한 대칭을 이루는 몸은 넘어뜨릴 수 없을 것처럼 차분하고 안정된 느낌을 주었다. 존비는 우물쭈물하면서 불안한 표정으로 시저를 탐색했다. 시저는 존비가 과민 반응을 보이면 목줄을 당겨 바로잡았다. 그 동작은 상당히 은근하게 이뤄졌기 때문에 주의 깊게 살피지 않으면 놓치기 쉬웠다. 토토라는 그 장면을 다시 보면서 말했다.

"저 동작이 얼마나 율동적인지 보이세요? 목줄을 당기고 놓는 데 리듬이 있어요. 그 흐름이 정말 멋지네요. 그래서 다음 동작을 충분히 예상할 수 있어요. 개는 사방에서 그 리듬을 느끼게 되죠. 그 리듬은 불안하지 않고 적절한 템포가 있어요. 계속 몰아붙이지 않고 개에게 어느 정도 여유를 주는 거죠. 대신 동작은 빠르고 절도가 있어요. 사람들은 대개 존비처럼 사나운 개를 마주하면 무서운 마음에 지나치게 방어적인 태도를 취하죠. 그러면서 오히려 공격적인 힘을 가할 때가 많아요. 하지만 시저는 공격적이지 않으면서도 확실한 힘을 보여주고 있어요."

시저는 개를 데리고 거실로 들어갔고 곧 힘겨루기가 벌어졌다. 토토라의 분석이 이어졌다.

"시저가 개를 다루는 방법을 보세요. 개가 이끌 수 있도록 여유를 주고 있어요."

그 광경은 경호원이 암살자를 땅에 쓰러뜨려 제압하는 것과는 달랐다. 시저는 몸을 똑바로 세운 채 목줄을 쥐고 마구 날뛰는 존비를 제어했다. 존비와 함께 움직이면서 적절한 공격성만 유지했던 것이다. 겉으로는 싸우는 것처럼 보이지만 시저는 결코 싸우는 것이 아니었다. 그렇다면 존비는 어떨까?

아동심리학자들이 즐겨 하는 얘기 중 하나가 조절Regulation에 관한 것이다. 가령 아기를 소음에 자주 노출시키면 나중에는 시끄러워도 잠을 잘 잔다. 아기가 소음에 적응했기 때문이다. 처음에는 소음이 거슬리지만 접하는 횟수가 늘어나면 적응하는 법을 배우게 된다. 다시 말해 자신을 소음에 맞게 조절한다. 짜증을 부리는 아이는 조절에 실패한 것이다. 자극이 견딜 수 있는 한계치를 벗어나면 자신을 안정시키지 못한다.

존비도 마찬가지다. 존비는 싸우는 것이 아니라 짜증을 부렸다. 이해심 많은 시저는 존비가 호흡을 가다듬기 위해 멈추면 같이 멈췄다. 존비가 물면 본능적으로 손으로 막았지만 당황하는 일 없이 부드럽고 안정된 동작을 유지했다. 토토라는 좀 더 세밀하게 그의 행동을 분석했다.

"시저의 몸짓에서는 타이밍이 큰 부분을 차지해요. 지금 그의 몸짓은 복잡하지 않아요. 많은 힘을 들이지 않고도 그는 적절한 타이밍을 살려 개를 다루고 있어요. 덕분에 동작에 들이는 힘의 차이가 크지 않죠. 지금 움직일 수 있는 범위를 좁히네요. 이제 안정시켰군요."

존비가 안정을 찾자 시저는 존비를 쓰다듬었다. 그의 손길은 분명하되 공격적이지 않았고 강도도 세거나 약하지 않고 적절했다. 시저는 가장 평이하고 투명한 언어인 몸짓을 통해 존비에게 안심하라고 말하고 있었다. 존비는 옆으로 누운 채 혀를 늘어뜨렸다.

"개의 표정을 보세요. 패배한 것이 아니라 안심하는 듯한 표정이 보이죠?"

시저는 스콧에게 존비를 안정시키는 방법을 가르쳐주었다. 스콧이 제대로 해내지 못하자 시저는 즉각 행동을 중단시켰다.

"아직 불안해하는 게 보입니다. 확신이 없는 거죠. 그러면 개한테 공격할 빌미를 주게 됩니다."

개를 안정시키는 일은 결코 쉽지 않았다. 부드러운 목소리로 달래며 배를 긁어주는 방법은 존비에게 통하지 않았다. 존비가 상대의 자세와 동작 그리고 손길의 정확한 의미를 읽을 줄 알았기 때문이다. 존비를 안정시키려면 명확하고 확고한 태도가 필요했지만 스콧은 그런 태도를 보여주지 못했다. 토토라는 "스콧의 얼굴에서 긴장과 공격성이 보여요"라고 말했다. 사실이었다. 긴 얼굴에 넓은 광대뼈와 두꺼운 입술이 인상적인 스콧의 동작은 뻣뻣하고 불안해 보였다. 토토라는 스콧의 행동을 보고 날카롭게 지적했다.

"스콧은 긴장해서 너무 서두르고 있어요. 시선도 안정적이지 않고 동작은 복잡해요. 한꺼번에 많은 것을 하려고 하다 보니 시저처럼 동작이 간결하지 않아요. 보는 입장에서는 당연히 혼란스러울 수밖에 없죠."

30년간 성격파 배우로 활동한 스콧은 긴장과 공격성이 몸에 배어 흥미롭고 복잡한 행동이 드러났다. 그러나 그의 개성은 할리우드에서는 통할지 몰라도 문제견에게는 어림없었다. 스콧은 존비를 사랑한다고 말했지만 몸짓으로는 사랑을 전달하는 방법을 몰랐다.

토토라는 심각한 언어장애를 보이는 에릭Eric이라는 자폐아를 오랫동안 치료했다. 그녀는 치료를 시작한 지 4개월 후에 찍은 동영상을 보여주었다. 세 살짜리 에릭은 기저귀를 찬 채 스튜디오 중앙에서 있었고 에릭의 엄마는 벽에 기대 앉아 있었다. 그때 어디선가 에릭이 가장 좋아하는 댄스뮤지컬 〈리버댄스Riverdance〉의 사운드트랙이 흘러나오자 아이는 흥분하기 시작했다.

에릭은 스테레오를 향해 달려가다 다시 반대 방향으로 몸을 던졌다. 토토라는 에릭처럼 바닥에 몸을 던졌다. 그녀는 에릭이 일어나면 같이 일어섰고, 몸을 비틀면 똑같이 비틀었다. 토토라는 에릭의 특징을 들려주었다.

"에릭이 흥분하면 조용한 음악을 틀자고 아무리 말해도 소용없어요. 관심을 다른 곳으로 돌릴 수 없거든요. 에릭은 잠시 흥분했다가 안정을 되찾는 아이들과 달라요. 다른 아이들은 대개 '심호흡을 하고 잠시 생각해봐'라고 설득할 수 있어요. 그러나 에릭 같은 아이에게는 그 방법이 통하지 않아요. 그들은 자신만의 세계에서 살아요. 내가 그 속에 들어가 데리고 나와야 해요."

토토라는 무릎을 꿇고 에릭을 마주보았다. 에릭이 마구 발버둥을 치자 토토라는 에릭의 발을 잡고 천천히 음악에 맞춰 흔들었다. 에릭은 벌떡 일어나 구석으로 달려갔다가 돌아왔다. 토토라는 일어나 에릭을 흉내 냈다. 그렇지만 이번에는 에릭보다 더 유연하고 우아한 몸짓을 했다. 그녀는 다시 에릭의 발을 잡고 엇갈리게 움직였다.

"나는 에릭 위에 곧게 서서 눈을 똑바로 들여다보고 있어요. '난 지금 안정되어 있어. 내가 여기 있어. 난 차분해'라고 말하는 거죠. 나는 무릎을 잡고 분명하게 감각을 입력시키고 있어요. 신체 접촉은 말을 전하는 다른 방식이에요."

그녀는 에릭의 무릎을 옆으로 흔들기 시작했다. 마침내 에릭이 조금 차분해졌다. 에릭은 음악에 맞춰 약간씩 움직임을 바꿨고 다리는 리듬에 따라 보다 자유롭게 움직였다. 이제 에릭의 동작에 약간 질서가 생겼다. 에릭은 엄마에게 달려갔다. 아직 화가 난 듯했지만 울음소리는 한결 작아졌다. 토토라는 에릭 앞에 안정된 자세로 앉아 눈을 들여다보았다. 토토라가 "춤출까?" 하고 묻자 에릭은 작은 목소리로 "응"이라고 대답했다.

토토라가 드럼을 가져와서 치자 에릭의 엄마는 일어나서 아일랜드 춤을 추며 방을 돌았다. 바닥에 누워 있던 에릭의 발이 천천히 박자를 맞추기 시작했다. 이윽고 에릭이 일어났다. 에릭은 구석으로 걸어가 칸막이 뒤로 사라졌다가 다시 의기양양하게 나타났다. 그러더니 피리를 부는 흉내를 내면서 춤을 추었다.

토토라와 에릭을 보면 시저와 존비가 떠오른다. 토토라와 시저는 특별한 능력과 지식, 그리고 위엄을 바탕으로 혼란스런 상황에 침착하게 대응했다. 무엇보다 놀라운 점은 두 사람이 그 일을 어떠한 강압도 없이 부드럽게 해냈다는 것이다. 우리는 위엄이 있는 사람에 대해 주변 사람을 휘어잡는 강한 성격의 소유자로 정의한다. 하지만 토토라와 시저는 상대를 이끌려고 하지 않았다. 반대로 시저는 존비가 이끌게 했고 토토라는 에릭의 행동에 따라 대응했다. 그들의 위엄은 유연한 대응에서 나온다. 진정한 위엄은 끌어당기거나 부탁할 필요가 없다.

애견 심리센터의 개들은 누군가가 언제 시작하고 멈출지 알려주길 원했다. 그렇지 않으면 계속 혼란과 무질서에 빠져 있어야 했다. 에릭은 음악을 즐기고 싶어 했고 토토라는 "춤추자"가 아닌 "춤출까?"라고 물었다.

개는 그저 개이고 사람은 사람이다

시저는 스물한 살에 고향을 떠나 멕시코의 국경도시인 티후아나Tiju-ana로 갔다. 그곳에서 그는 100달러를 내고 밀입국 알선업자의 도움을 받아 국경을 넘었다. 그들은 가슴까지 물이 차오르는 구덩이에 숨었다가 뻘밭을 건너고 쓰레기장을 넘어 고속도로를 가로질렀다. 무사히 국경을 넘자 택시를 타고 샌디에이고로 갔다. 그는 한 달 동안 거리에서 힘들게 생활하다가 애견미용센터에서 겨우 일자리를 구했다. 온갖 궂은일은 그의 몫이었고 잠은 사무실에서 잤다. 얼마 후 로스앤젤레스로 옮겨간 그는 리무진 세차를 하면서 밴을 한 대 장만해 애견 심리치료 사업을 시작했다.

스물세 살 때 당시 열일곱 살의 아름다운 소녀이던 일루전Illusion을 만나 사랑에 빠진 시저는 1년 후에 그녀와 결혼했다. 일루전은 시저와 함께한 초기 몇 년을 그리 즐겁게 회상하지 않았다.

"시저는 세상이 자기중심으로 돌아가는 줄 아는 이기적인 사람이었어요. 남성우월주의자이기도 해서 아내는 무조건 남편 말을 따라야 한다고 생각했어요. 애정표현은 절대 하지 않았고 제 입장을 이해하려는 노력도 하지 않았어요. 그에게 결혼생활이란 아내가 남편을 행복하게 해주는 것이었어요. 그 이상의 의미는 없었죠."

결혼 초기에 일루전은 심하게 앓아 3주일간 병원에 입원했다. 그 3주일간 시저는 딱 한 번밖에 병실을 찾지 않았다. 그것도 채 2시간도 머무르지 않고 가버렸다. 일루전은 개들과 함께 지내는 것을 좋아하는 시저 곁을 떠나고 싶어 했다. 그런 상태에서 돈도 없이 아기를 낳고 별거에 들어갔다. 일루전은 시저에게 심리치료를 받지 않으면 이혼하겠다고 말했다. 한참을 머뭇거리던 시저는 결국 아내의 말을 따라 심리치료를 받기 시작했다.

"치료사는 윌마Wilma라는 강한 성격의 흑인 여성이었죠. 그녀는 '아내가 청소를 하고 수발을 들어주길 원하는군요. 당신 아내도 원하는 게 있어요. 그녀는 당신의 사랑을 원해요'라고 말했어요."

일루전은 시저가 잔뜩 화가 나서 노트에 글을 쓰던 모습을 회상했다.

"나중에 보니 '결국 그런 거야. 여자도 개와 다를 바 없어. 그들도 산책시켜 주고 버릇을 들이고 쓰다듬어줘야 해'라고 썼더군요."

일루전은 웃으며 말했다.

"저는 화를 내면서 시저를 쏘아보았어요. 우리의 관계에 대해 얘기하는데 난데없이 왜 개 이야기를 꺼내느냐고 따졌죠."

시저는 당시에 자신이 어떤 상태였는지 털어놓았다.

"저는 그때 싸우고 있었습니다. 뭐라고 계속 쏘아붙이는 2명의 여자를 상대로 싸우려 들었어요. 마음속에서 싸워야 한다는 생각을 지우려 애썼죠. 아주 어렵더라고요. 그래도 계속 노력한 끝에 문득 중요한 사실을 깨달았어요. 여자는 그들만의 심리를 가졌다는 사실을 알게 된 거죠."

이처럼 사나운 개를 능숙하게 진정시킬 줄 알았던 시저는 아내에 대해서는 가장 단순한 사실조차 이해하지 못했다. 일루전은 "시저는 사람보다 개와 더 유대감을 느껴요. 개들과 함께하는 것을 편안하게 생각하죠"라고 말했다.

멕시코에 있는 할아버지의 농장에서는 개는 그저 개였고 사람은 사람이었다. 서로 자신이 있을 곳을 알았다. 그러나 미국에서 개는 자식 대우를 받았기 때문에 사람과 동물의 위계질서에 혼란이 오고 말았다. 결국 슈거는 린다로 인해, 존비는 스콧으로 인해 문제견이 된 것이었다.

시저는 심리치료사 사무실에서 깨달음을 얻은 그 순간이 인생에서 가장 중요한 때였다고 말했다. 성공하려면 개의 심리뿐 아니라 사람의 심리도 알아야 한다는 사실을 알게 되었던 것이다.

시저는 〈도그 위스퍼러〉를 진행하면서 밴딧Bandit이라는 치와와를 만난 적이 있다. 밴딧의 목에는 '사나이'라고 새겨진 다이아몬드 목걸이가 걸려 있었다. 풍만한 몸매에 얼굴이 갸름한 로리Lori는 손님을 겁먹게 하고 다른 개들을 괴롭히는 통제 불능의 밴딧 때문에 골머리를 앓았다. 시저 이전에 이미 3명의 조련사가 밴딧을 만났지만 버릇을 고치는 데 실패했다. 로리는 거실 소파에 앉아 시저에게 상황을 설명했고 밴딧은 그녀의 무릎에 앉아 있었다. 그녀의 십대 아들 타일러Tyler도 곁에 있었다.

"원래 혈통 좋은 대회출전용 개인 줄 알고 샀는데 알고 보니 강아지 농장에서 태어난 평범한 개였어요. 처음 동물병원을 방문한 지 2주일 후부터 털이 많이 빠지기 시작하더군요. 의사는 옴에 걸렸다고 했지요. 병을 고치려고 3개월을 치료했어요."

그녀는 말하면서 손으로 밴딧을 부드럽게 감쌌다.

"밴딧은 치료받기 싫은지 제 셔츠 속에 숨어 머리를 가슴에 얹고 나오려고 하지 않았어요."

그 말을 하는 로리의 눈가가 촉촉해졌다. 시저는 남편이 도와주었는지 물었다. 남편은 밴딧이 아니라 로리에게 신경 썼다. 시저는 과거와 달리 주인의 심리를 파악하는 일도 게을리하지 않았다.

"밴딧은 우리 자식이나 다름없어요. 너무 겁에 질려 있어서 도움과 보살핌이 필요했어요."

"아직도 밴딧을 불쌍하게 여기세요?"

"그럼요. 보고 있으면 아주 귀여워요. 밴딧은 너무 작아서 도움이 필요해요."

"밴딧이 스스로 도움을 원한다고 생각하세요?"

로리는 여전히 밴딧을 쓰다듬고 있었다. 타일러는 시저와 엄마, 그리고 밴딧을 번갈아 쳐다보았다. 어느 순간 밴딧이 긴장하는 모습을 보였다. 타일러가 손을 내밀자 밴딧은 로리의 품에서 뛰쳐나와 사납게 짖어댔다. 깜짝 놀란 타일러는 뒤로 물러앉았다. 로리는 급히 손을 뻗어 조심스럽게 밴딧을 안아 무릎에 앉혔다. 순식간에 일어난 일이지만 시저는 로리의 행동에서 중요한 단서를 발견했다. 그는 타일러에게 손짓하며 자리를 비켜달라고 말했다.

"사람을 공격하는 개를 막지 않으면 갈수록 이기적으로 변해요. 세상이 전부 자기 것인 줄 알죠. 지금 밴딧은 당신을 지배하고 있어요."

시저는 잔뜩 화가 나 있었다. 그는 단호한 어조로 말하며 분명한 몸짓을 보였다.

"당신의 행동은 개를 아끼는 마음에서 나온 것이지만 방식이 잘못됐어요. 만약 타일러가 밴딧을 찼다면 당신은 타일러를 혼냈을 거예요. 개가 아들을 물려고 하는데 제대로 버릇을 들일 생각을 하지 않고 있어요. 왜 당연한 일을 하지 않는지 이해할 수 없군요."

밴딧은 긴장한 채 소파로 내려서서 짖기 시작했다. 시저가 곁눈질로 날카롭게 밴딧을 바라보자 밴딧이 조용해졌다. 시저는 계속 이야기했고 밴딧이 시저에게 다가왔다. 시저는 벌떡 일어나 "손을 좀 대야겠어요"라고 말했다. 그가 팔꿈치로 약간 세게 밴딧을 밀자 로리가 놀란 표정을 지었다. 시저는 웃으면서 "밴딧은 사람을 건드려도 되는데 우리는 밴딧을 건드리면 안 되는 겁니까?"라고 물었다. 로리는 반박하려는 듯 몸을 앞으로 기울였다. 시저는 목소리를 높였다.

"그게 싫다면 문제를 해결할 수 없어요. 주인이 자식보다 개를 더 아끼니까요. 그러면 문제를 해결하기가 힘듭니다. 저도 개를 사랑합니다. 그래서 개들을 도와주지요. 하지만 저는 절대 아들보다 개를 더 아끼지는 않아요. 제 말뜻을 이해하시겠습니까?"

그는 말을 멈췄다. 할 말을 충분히 했다고 생각했기 때문이다. 사람들은 개를 향해 "사랑한다", "괜찮다"라고 말하지만, 진정으로 사과하는 법, 안심시키는 법은 몰랐다.

로리는 아들 대신 치와와에게 손을 내밀며 "우리 아이"라고 말했다. 로리가 소파에서 거북하게 몸을 뒤척이자 밴딧이 으르렁거렸다. 시저가 개를 향해 "쉿" 하고 말하자 모두가 입을 닫고 꼼짝도 하지 않았다.

2006년 5월 22일

03 케첩 수수께끼
머스터드는 10가지가 넘는데 케첩은 왜 1가지뿐인가

머스터드 혁명기

오래 전에 한동안, 한 가지 머스터드가 모든 슈퍼마켓의 선반을 장악했다. 그것은 플라스틱 병에 담긴 프렌치French's 머스터드다. 사람들은 핫도그와 소시지에 노란색을 띤 프렌치 머스터드를 얹어 먹었다. 프렌치 머스터드는 곱게 간 흰색 겨자씨에 약간의 금속성 맛을 더하는 심황과 식초를 넣어 만든 제품이다. 식료품점의 '특선식품 코너'를 꼼꼼히 살피면 쏘는 맛이 좀 더 강한 갈색 겨자씨로 만든 그레이푸폰Grey Poupon 머스터드를 찾을 수 있다.

1970년대 초만 해도 그레이푸폰의 연간 판매액은 10만 달러를 넘지 않았다. 그레이푸폰의 존재는 물론 그 맛을 알거나 1, 2위 제품인 프렌치와 굴덴Gulden's(갈색) 말고 다른 머스터드를 찾는 사람은 드물었다. 그러던 어느 날 그레이푸폰을 만드는 기업인 휴블레인Heublein사는 놀라운 사실을 발견했다. 시식 결과 상당수가 한 번만 맛을 보면 그레이푸폰으로 머스터드를 바꾸었던 것이다. 식품 세계에서 이런 일은 거의 일어나지 않았다. 아무리 성공적인 브랜드도 그 정도로 구매 전환율을 달성하는 경우는 극소수에 불과했다. 그레이푸폰이 마술 같은 변화를 일으킨 셈이다.

휴블레인은 그레이푸폰을 더 큰 유리병에 담아 프랑스풍 라벨을 붙인 다음(캐나다산 겨자씨와 화이트와인을 재료로 사용하는 그레이푸폰은 코네티컷주 하트포드에서 생산된다), 고급 음식 잡지에 세련된 광고를 실었다. 또한 소규모로 포장해 기내식으로 제공하는 새로운 마케팅도 시도했다. 이어 맨해튼에 있는 광고대행사 로우마샬크Lowe Marschalk에 의뢰해 저렴한 비용을 들여 텔레비전 광고를 제작하게 했다. 로우마샬크가 만든 광고는 단순하면서도 호기심을 끌었다.

한 대의 롤스로이스가 시골길을 달린다. 뒷좌석에는 한 남자가 앉아 있다. 그의 앞에는 소고기 요리가 담긴 은쟁반이 있다. 그가 고개를 끄덕이자 운전기사는 조수석 상자를 연다. 그 안에는 그레이푸폰 병이 들어 있다. 운전기사는 그 병을 뒷좌석으로 건넨다. 이때 다른 롤스로이스가 옆에 선다. 옆 차에 탄 남자는 차창 밖으로 머리를 내밀고 "실례합니다. 혹시 그레이푸폰 있으세요?"라고 말한다.

이 광고가 나가자 그레이푸폰의 판매량은 40~50퍼센트나 늘어났다. 식료품 매장들은 앞다퉈 프렌치와 굴덴 옆에 그레이푸폰을 진열하기 시작했다. 1980년대 말에 이르자 그레이푸폰은 가장 강력한 머스터드 브랜드로 자리 잡았고, 광고를 만든 래리 엘리건트Larry Elegant는 이렇게 말했다.

"광고 카피는 그레이푸폰이 인생에서 누릴 수 있는 즐거움 중 하나라는 내용을 담고 있습니다. 롤스로이스는 그 자체만으로도 색다르고 특별하다는 이미지를 심어 주었지요."

그레이푸폰의 성공은 소비자가 다채로운 맛을 보기 위해 기꺼이 지갑을 연다는 사실을 증명했다. 이 제품은 똑같은 크기에 1.49달러인 일반 머스터드보다 비싼 3.99달러였다. 또한 그레이푸폰은 미각과 문화의 경계가 고정돼 있지 않다는 사실을 보여주었다. 소비자가 예전부터 프렌치 머스터드를 먹어왔다고 해서 계속 그것을 먹는다는 보장은 없다. 그레이푸폰의 영향력은 미국 슈퍼마켓마다 별도의 머스터드 판매대를 마련할 정도로 매우 강력했다.

그레이푸폰의 성공은 다른 측면에서 새로운 변화를 몰고 왔다. 변화의 중심에 선 인물은 짐 위곤Jim Wigon이다. 그는 케첩 시장이 30여 년 전의 머스터드 시장과 같다고 보고 2000년에 케첩 시장에 뛰어들었다. 물론 하인즈Heinz와 헌트Hunt's, 델몬트Del Monte 외에 몇 개의 군소 브랜드가 있었지만 위곤은 케첩 시장의 그레이푸폰을 만들겠다고 결심했다.

보스턴 출신으로 50대의 땅딸막한 체구와 희끗한 턱수염을 가진 위곤은 동업자 닉 시아리치Nick Schiarizzi와 함께 매사추세츠주 노우드Norwood에서 월드베스트 케첩World's Best Ketchup을 시판했다. 그 회사의 제조공정은 붉은 후추, 스페인 양파, 마늘, 고급 토마토페이스트(토마토를 으깨 조미한 식품)를 조합하는 것으로 시작된다. 이때 바질Basil(허브의 일종으로 잎을 요리의 향신료로 씀)은 잎이 상하지 않도록 손으로 자른다. 여기에 하인즈가 쓰는 옥수수시럽보다 당분이 75퍼센트 낮은 단풍나무시럽을 넣는다. 이렇게 만든 월드베스트 케첩은 투명한 유리병에 담겨 하인즈 케첩보다 3배 비싼 가격에 판매된다.

월드베스트는 일반 맛, 단맛, 딜Dill(미나리과 식물) 맛, 마늘 맛, 캐러멜 양파 맛, 바질 맛 등 6가지가 있는데, 지난 몇 년간 위곤은 전국을 돌며 슈퍼마켓과 고급 식료품점에서 월드베스트 케첩을 홍보했다.

2004년 초에는 맨해튼의 어퍼웨스트사이드Upper West Side에 있는 자바스Zabar's 입구에서 제품을 홍보했다. 앞치마를 두른 그는 월드베스트가 새겨진 야구모자에 흰 티셔츠를 입고 시식대에 서서 제품을 알리고자 애를 썼다. 작은 테이블에는 미트볼이 담긴 그릇과 이쑤시개 통, 그리고 10여 개의 월드베스트 케첩 병이 놓여 있었다. 그는 지나가는 사람들에게 "한번 맛보세요! 지금 맛보지 않으면 평생 하인즈 케첩만 먹게 될 겁니다!"라고 소리쳤다.

자바스에는 다른 두 업체의 시식코너도 마련돼 있었고 덕분에 사람들은 닭고기 소시지를 시작으로 프로슈토Prosciutto(향신료가 많이 들어간 이탈리아 햄)를 거쳐 월드베스트를 시식했다. 사람들이 시식대 앞에 멈춰서면 위곤은 이쑤시개에 미트볼을 꽂아 월드베스트 케첩을 찍은 다음 과장된 몸짓으로 건네주었다. 월드베스트는 하인즈보다 토마토 과육을 많이 써서 더 진했고 여기에 단풍나무시럽이 독특한 단맛을 더했다. 사람들은 하나같이 눈을 감은 채 한 번 맛을 본 후 다시 음미했다. 그중에는 약간 당황스러워하며 그냥 가는 사람도 있었고 고개를 끄덕이며 한 병 구입하는 사람도 있었다.

위곤은 특별히 좋은 반응을 보이는 사람에게 억센 보스턴 억양으로 "이 케첩이 왜 그렇게 맛있게 느껴지는지 아십니까? 지금까지 형편없는 케첩만 먹어서 그런 겁니다!"라고 말했다. 그는 더 좋은 케첩을 만들면 그레이푸폰처럼 세상이 그 진가를 알아줄 거라는 단순한 비전에 매달렸다. 그러나 세상은 그리 호락호락하지 않았다.

마음은 혀가 원하는 것을 모른다

월드베스트 케첩 이야기를 제대로 하려면 하워드 모스코위츠Howard Moskowitz로부터 시작해야 한다. 백발의 모스코위츠는 말을 할 때마다 '아~'라는 추임새와 함께 커다란 금테안경이 흔들릴 정도로 강한 고갯짓을 하면서 소크라테스식 자문자답을 즐기는 60대 노인이다. 애완동물로 앵무새를 키우는 그는 하버드에서 정신물리학 분야의 박사학위 논문을 썼으며, 회사의 모든 사무실에 유명한 정신물리학자의 이름을 붙이길 좋아했다.

"로즈 마리 팽본Rose Marie Pangborn이라는 이름을 들어보셨습니까? 아~ 그녀는 데이비스 대학의 교수입니다. 아주 유명하지요. 여기가 팽본 주방입니다."

박학다식한 그는 특히 설득력이 뛰어났다. 만약 대학 1학년 때 그에게서 통계학을 배웠다면, 아마 여러분은 지금 통계학자가 되었을 것이다. 내가 그를 찾아갔을 때, 한창 이야기를 하던 그는 난데없이 가장 좋아하는 저술가가 에드워드 기번Edward Gibbon(18세기 영국의 역사가)이라고 밝혔다. 그는 방금 전까지 나트륨 용해제에 대한 장광설을 늘어놓던 중이었다. 그러다가 갑자기 또 방향을 바꿨다.

"지금은 헤일스Stephen Hales(18세기 영국의 물리학자이자 생리학자) 때문에 비잔틴제국사를 공부하고 있어요. 제기랄! 비잔틴제국 이전까지는 모든 것이 쉬웠어요. 비잔틴제국을 제대로 알기는 불가능해요. 군주들은 서로 죽이기 일쑤였고 모두 5명의 아내나 3명의 남편을 두었어요. 아주 비잔틴스럽죠."

모스코위츠는 1970년대에 사업을 시작했는데 그의 첫 고객은 펩시였다. 인공감미료 아스파탐이 막 상용화된 그 무렵, 펩시는 다이어트펩시 한 캔에 넣을 감미료의 완벽한 양을 알고 싶어 했다. 8퍼센트 미만은 너무 밍밍했고 12퍼센트 이상은 너무 달았다. 연구에 들어간 모스코위츠는 8퍼센트부터 12퍼센트까지 0.25퍼센트씩 감미료 함량을 늘린 샘플들을 만든 다음 수백 명에게 시음하게 했다. 그중에서 사람들이 가장 좋아하는 함량을 찾을 생각이었다. 그런데 조사 결과가 중구난방이라 도저히 유효한 패턴을 찾아낼 수가 없었다.

어느 날 식당에 앉아 곰곰이 생각에 잠겼던 모스코위츠는 문득 그 이유를 깨달았다. 애초에 질문 자체가 잘못됐던 것이다. 세상에 완벽한 다이어트 펩시는 없었다. 오직 완벽한 다이어트 펩시'들'이 있을 뿐이었다. 한마디로 소비자의 다양한 취향을 맞추는 수밖에 없다는 얘기다. 그러나 식품산업이 모스코위츠의 깨달음을 받아들이

기까지는 오랜 시간이 걸렸다. 그는 식품회사로부터 아무런 호응을 얻지 못했고 식품산업 콘퍼런스에서 강연을 해도 청중은 어깨만 으쓱할 뿐이었다. 그래도 그는 확신을 버리지 않았다.

1986년, 모스코위츠는 캠벨로부터 새로운 연구를 의뢰받았다. 그들은 스파게티소스 시장에서 라구Ragú 브랜드에 맞서 프레고Prego의 판매를 늘릴 방법을 찾고 있었다. 토마토 조각을 쓰는 프레고는 토마토퓌레(토마토를 으깨 걸러서 농축한 서양식 조미료)를 쓰는 라구보다 약간 진했고 면에 더 잘 흡수되었다. 그럼에도 프레고는 판매 부진을 면치 못하고 있었다. 캠벨은 간절하게 새로운 아이디어를 구했다.

식품산업은 일반적으로 초점집단인터뷰를 통해 소비자에게 원하는 것을 묻는 방식으로 시장조사를 한다. 그러나 모스코위츠는 아무리 스파게티를 즐겨 먹는 사람도 눈에 보이지 않는 욕구는 알지 못한다고 믿었다. 그가 자주 말하는 것처럼 마음은 혀가 원하는 것이 무엇인지 모르기 때문이다. 그는 캠벨과 협력해 45가지 종류의 스파게티소스를 만들었다. 이는 맵고 달고 시큼하고 짠 정도는 물론 농도, 향, 식감, 비용 등에 따라 가능한 모든 구색을 갖춘 것이었다. 먼저 전문 시식가들에게 깊이있는 분석을 의뢰했다. 그런 다음 뉴욕이나 시카고, 로스앤젤레스 같은 주요 도시에서 25명으로 구성된 표본집단을 선별해 8~10가지 소스를 2시간에 걸쳐 맛보고 1~100까지 점수를 매기게 했다.

그 결과를 차트로 만들자 완벽한 스파게티소스에 대한 개념이 사람마다 조금씩 다르다는 사실이 드러났다. 모스코위츠는 그 자료를 세심하게 분석해 사람들이 대개 3가지 패턴을 선호한다는 사실을 발견했다. 그 3가지는 바로 일반 맛, 매운 맛, 그리고 건더기가 많은 소스였다. 그중에서도 건더기의 양이 가장 중요한 영향을 미쳤다. 왜 그럴까? 당시 슈퍼마켓에서 파는 스파게티소스에는 건더기가 별로 없었기 때문이다.

이후 몇십 년에 걸쳐 새로 개발된 소스들은 캠벨에 수억 달러의 매출을 안겨주었다. 캠벨의 마케팅 수석 본부장인 모니카 우드Monica Wood는 "모스코위츠 덕분에 건더기가 많은 제품을 선호하는 사람들이 존재한다는 것을 알게 되었지요. 그것은 완전히 새로운 시장이었어요"라고 말했다. 그들은 1990년 무렵 건더기를 많이 넣은 신제품을 발매해 대성공을 거두었다.

그로부터 20여 년이 지난 지금은 모든 브랜드가 다양한 종류의 제품을 만들고 있기 때문에 프레고의 변화가 얼마나 획기적인 것이었는지 실감하기 어렵다. 과거에 식품산업에 종사하던 사람들은 맛과 모양이 완벽한 이상적인 제품을 궁리했다. 이를 반영한 라구와 프레고는 이탈리아식으로 묽은 스파게티소스를 만들었고, 이것이 식품업계의 보편적인 기준이었다. 그러나 인간의 다양성을 반영하기 시작하면 낡은 정설은 의미를 잃게 된다. 모스코위츠는 식품업계의 이상주의자들에게 보편적인 기준은 없다고 선언한 셈이다.

그는 아직도 프레고를 변화시킬 때 활용했던 분석모델을 갖고 있다. 그것은 일반인과 전문가의 테스트 결과를 3가지 주요 유형으로 나누고 실제 재료와 연계시킨 것이다. 그는 분석 프로그램을 보여주며 "항공기를 만들 때 컴퓨터 모델링을 하지요. 이건 스파게티소스를 만들기 위한 모델입니다. 보세요. 여기 모든 변수가 있습니다"라고 하면서 평가 내용이 나열된 칸을 가리켰다.

"이건 그에 따른 재료 목록입니다. 자, 하나의 유형을 최적화시킨다고 가정해보죠. 먼저 1유형부터 시작합시다."

그의 분석모델은 3가지 주요 유형으로 나뉘었다. 그는 몇 개의 명령을 입력해 1유형에 속하는 사람들에게 최고점수를 받는 조합을 산출했다. 답은 즉시 나왔다. 답에서 제시한 비율로 소스를 만들면 1유형에 속하는 사람들에게 78점을 받을 수 있었다. 그러나 이 조합은 2유형과 3유형에서는 좋은 점수를 받지 못했다. 각각 67점과 57점에 불과했다. 모스코위츠는 다시 2유형에 속하는 사람들에게 최고점수를 받는 조합을 산출했다. 이번에는 82점을 받았다. 하지만 이 조합은 1유형에서는 68점을 받았다.

"보셨죠? 한 집단을 더 만족시키면 다른 집단의 만족도가 떨어집니다. 제너럴푸드General Foods의 커피를 위해 같은 조사를 한 적이 있습니다. 그 결과 한 가지 제품만 만들면 모든 유형에 걸쳐 얻을 수 있는 최고점수가 60점에 불과했어요. 그것도 모든 사람을 대체로 만족시키는 조합을 찾아낸 경우에나 가능한 점수였습니다. 하지만 특정한 취향에 따라 유형을 나누면 70점, 71점, 72점을 얻을 수 있습니다. 그게 대단하냐고요? 아~ 아주 큰 차이지요. 커피 시장에서 71점은 엄청난 겁니다."

월드베스트 케첩의 짐 위곤은 토마토 과육과 손으로 자른 바질 그리고 단풍나무시럽으로 만든 케첩을 선호하는 소비자가 있을 것이라는 확신을 안고 자바스로 향했다. 이는 모스코위츠 이론에 따른 것이었다. 하지만 이론과 실제는 달랐다. 그날 위곤은 하루 종일 겨우 90병을 팔았다. 더구나 주차위반 스티커를 2장이나 받았고 호텔비를 내야 했기 때문에 실질적으로 번 돈은 없었다. 위곤의 계산으로는 그해에 5만 병을 팔 수 있었지만, 그것은 케첩 시장에서 미미한 숫자였다. 위곤은 미트볼에 이쑤시개를 꽂으며 "5년간 돈을 전혀 못 벌었습니다. 아내가 가만히 있으려고 하지 않을 거예요"라고 말했다. 월드베스트만 고전하는 것은 아니었다. 고급 케첩 시장에는 버몬트의 리버런River Run과 엉클 데이브Uncle Dave's, 캘리포니아의 뮤어글렌오가닉Muir Glen Organic과 미시즈 토마토 헤드 로스티드 갈릭 페퍼콘 Mrs. Tomato Head Roasted Garlic Peppercorn 외에 10여 가지 상품이 있다. 그렇지만 하인즈의 압도적인 시장점유율은 해마다 늘고 있다.

물론 케첩 시장도 롤스로이스를 등장시킨 광고나 숨겨진 욕구를 충족시킬 신제품을 기다리고 있을지도 모른다. 아니면 그레이푸폰과 프레고 스파게티소스, 올리브오일, 샐러드드레싱을 비롯해 슈퍼마켓에서 팔리는 거의 모든 제품에 적용되는 모스코위츠의 법칙이 케첩에는 통하지 않을 수도 있다.

음식의 국제어

토마토케첩은 19세기에 과일과 채소로 소스를 만들던 영국의 식습관과 토마토에 대한 선호가 커져가던 미국의 식습관이 만나 탄생했다. 현재 우리가 알고 있는 케첩은 과거에 벌어진 방부제, 안식향산염에 대한 논쟁의 결과로 나온 것이다.

1883년부터 1912년까지 농업부 화학청장을 지낸 하비 워싱턴 와일리Harvey Washington Wiley는 19세기에 조미료에 널리 쓰이던 안식향산염이 안전하지 않다는 결론을 내렸다. 이에 따라 케첩 업계는 안식향산염을 둘러싸고 양분됐다. 기존의 케첩 제조업체들은 안식향산염을 넣지 않고 케첩을 만들 수 없으며, 케첩에 들어가는 소량의 안식향산염은 위험하지 않다고 주장했다. 반면 신진 케첩 제조업체들은 식품과학으로 방부제 문제를 해결할 수 있다고 주장했다.

19세기의 케첩은 점성을 높여주는 펙틴Pectin(과일 속에 들어 있는 다당류의 하나)이 적은 덜 익은 토마토를 사용했기 때문에 대부분 묽었다. 신진 제조업체들은 익은 토마토를 사용해 쉽게 변질되지 않도록 농도를 높이는 방법을 강구했다. 또한 19세기의 케첩은 강한 토마토 맛에 약간의 식초 맛이 곁들여졌다. 신진 제조업체들은 식초의 양을 늘려 사실상 토마토를 절이면 더 안전하고 순수하며 맛있는 케첩을 만들 수 있다고 주장했다. 그들은 소비자가 좋은 케첩의 진가를 인정해줄 것이라 판단하고, 더 높은 가격을 매기는 대신 상한 케첩에 대한 환불을 보장한다고 내세웠다. 그들의 판단은 옳았다. 이로써 안식향산염을 쓴 케첩은 사라졌고 케첩 시장에 새롭게 등장한 선두주자는 헨리 J. 하인즈Henry J. Heinz였다.

180센티미터 넘는 키에 희끗한 콧수염과 흑발의 곱슬머리를 가진 앤드류 F. 스미스Andrew F. Smith는 초기 케첩 시장의 세계적인 전문가다. 원래 정치학도였던 그는 방향을 바꿔 식품 세계에서 엄정한 학문을 세우려 노력한 인물이다. 2004년 초가을, 나는 소호에 있는 사보이Savoy 레스토랑에서 그와 함께 점심식사를 했다. 우리가 사보이에서 만난 이유는 그곳이 햄버거와 감자튀김이 맛있기로 유명했고 또한 직접 케첩을 만들었기 때문이다.

하얀 접시에 담겨 나온 사보이의 케첩은 색이 짙고 후추 맛이 강했으며 찐득찐득했다. 그때 스미스는 책임편집을 맡은 《옥스퍼드 미국 식음료 백과사전Oxford Encyclopedia of Food and Drink in America》을 위해 크루아상의 기원을 밝히려 애쓰고 있었다. 크루아상은 1683년에 빈 사람들이 처음 만들었다는 설과 1686년에 부다페스트 사람들이 처음 만들었다는 설이 있지만 정확한 내막을 알수 없었다. 두 경우 모두 터키를 물리친 것을 기념하는 의미로 초승달 모양으로 만들어졌다고 한다. 스미스가 참조할 수 있는 자료는 1938년에 나온 《요리백과사전Larousse Gastronomique》뿐이었다. 그는 도무지 결론이 나지 않는다며 고개를 절레절레 흔들었다.

사실 스미스의 전공은 토마토다. 그는 〈음식의 역사Petits Propos Culinaires〉에 실은 '집에서 만든 앵글로-아메리칸 토마토케첩의 역사The History of Home-Made Anglo-American Tomato Ketchup'와 〈코네티컷 역사학회지The Connecticut Historical Society Bulletin〉에 실은 '1830년대의 토마토 약 대전The Great Tomato Pill War of 1830s'에서 토마토를 통해 식문화사의 중요한 부분을 설명할 수 있다고 주장

했다. 스페인의 정복자 에르난 코르테스가 신대륙에서 유럽으로 가져온 이래 토마토는 전 세계 식문화에 스며들기 시작했다. 이탈리아 사람들은 가지를 토마토로 대체했다. 북인도 사람들은 카레와 처트니Chutney(카레 따위에 치는 달콤하고 시큼한 조미료)에 토마토를 넣었다.

스미스는 "현재 세계에서 토마토를 가장 많이 생산하는 나라가 어디인지 아세요?" 하고 물었다. 그는 잠시 뜸을 들인 다음 "중국입니다. 중국 음식에 토마토가 들어갈 거라고 생각하는 사람은 많지 않죠. 10년 전만 해도 그랬어요. 하지만 지금은 달라졌습니다"라고 말했다. 그는 감자튀김을 케첩에 찍어먹더니 진지하게 말했다.

"날것의 맛이 나네요. 신선한 케첩이에요. 토마토 맛이 그대로 납니다."

그는 케첩이 토마토로 만들 수 있는 완벽에 가까운 음식이라고 생각했다. 우선 저렴해서 시장에 확실히 자리 잡을 수 있고 양념이기 때문에 만드는 사람이 아니라 먹는 사람이 원하는 대로 사용량을 조절할 수 있다. 스미스는 엘리자베스 로진Elizabeth Rozin의 글을 소개했다. 로진은 '케첩과 집단무의식Ketchup and the Collective Unconscious'이라는 글을 쓴 음식 이론가다.

"케첩은 미국의 문화적 다양성을 표현하는 유일한 음식이며……(중략)……모든 사람에게 사랑받는 특별한 능력이 있는 음식의 국제어다."

스미스는 그 글의 진수가 이러한 결론에 있다고 말했다. 헨리 하인즈와 안식향산염 전쟁은 그래서 더욱 중요한 의미를 지닌다. 하인즈는 구시대의 제조방식을 극복하는 과정에서 케첩의 맛을 누구나 좋아하도록 바꾸었다.

5가지 맛을 내는 유일한 케첩

사람은 기본적으로 5가지 맛을 느낀다. 그것은 짠맛, 단맛, 신맛, 쓴맛, 감칠맛umami이다. 감칠맛이란 치킨수프나 가공육, 생선 육수, 발효된 치즈, 모유, 간장, 버섯, 김, 구운 토마토 등에서 느껴지는 단백질성의 진한 맛을 말한다. 필라델피아에 있는 모넬 화학감각연구소Monell Chemical Senses Center 소장 게리 뷰챔프Gary Beauchamp는 감칠맛의 기능을 설명해주었다.

"감칠맛은 음식 맛을 더욱 진하게 만듭니다. 수프에 감칠맛을 주면 더 걸쭉하게 느껴지지요. 맛에 무게를 더하는 셈입니다. 그래야 수프가 소금물에서 음식으로 변합니다."

하인즈는 익은 토마토를 쓰고 토마토 알갱이의 양을 늘림으로써 처음으로 케첩을 감칠맛을 내는 양념으로 만들었다. 또한 그는 식초의 양을 크게 늘려 다른 케첩보다 산성을 2배로 높였다. 이로써 케첩은 신맛까지 내게 되었다. 안식향산염을 쓰지 않는 케첩은 설탕이 두 배나 들어가기 때문에 당연히 단맛이 늘어난다. 여기에다 케첩은 원래 짠맛과 쓴맛이 있었다. 이는 사소한 변화가 아니었다. 아기에게 그냥 수프와 MSG(감칠맛을 내는 아미노산염)를 넣은 수프를 주면 언제나 MSG를 넣은 수프를 더 좋아한다.

짠맛, 단맛, 그리고 감칠맛은 우리가 먹는 음식이 지닌 기본적인 맛이다. 이러한 맛은 열량의 정도나 단백질, 아미노산의 함유 여부를 말해준다. 하인즈는 5가지 기본적인 맛을 모두 충족시키는 양념을 만들었다. 하인즈 케첩의 맛은 단맛과 짠맛을 느끼는 혀끝에서부터 시작된다. 이어 신맛을 느끼는 양 옆을 따라 이동해 쓴맛과 감칠맛을 느끼는 뒷부분에서 차츰 강해지는 긴 여운을 남기며 마무리된다. 슈퍼마켓에서 팔리는 식품 중에서 이처럼 다양한 자극을 주는 것은 얼마나 될까?

H. J. 하인즈는 맛뿐 아니라 마케팅에도 상당한 관심을 기울였다. 그 대표적인 예로 그는 소비자의 가정을 방문해 직접 케첩을 소비하는 방식을 관찰하는 대대적인 시장조사를 실시했다. 하인즈의 최고 성장책임자Chief Growth Officer였던 케이시 켈러Casey Keller는 당시의 경험을 들려주었다.

"세 살과 여섯 살 된 자녀를 둔 가정을 방문했던 기억이 납니다. 아이들이 케첩을 원하자 엄마가 113그램짜리 케첩 병을 가져왔어요. 세 살짜리 아이가 병을 쥐려고 하니까 엄마가 말리면서 직접 덜어주더군요. 그 과정이 상당히 번거로워 보였지요."

이러한 조사를 통해 하인즈는 결정적인 아이디어를 얻었다. 일반적으로 다섯 살 아이들은 마흔 살 장년보다 케첩을 60퍼센트나 더 많이 먹는다. 하인즈는 아이들이 쉽게 다룰 수 있는 용기를 만들 필요성을 느꼈다. 켈러의 말에 따르면 네 살배기는 저녁으로 무엇을 먹을지 정할 수 없다. 하지만 케첩을 얼마나 먹을지는 혼자서 정할 수 있다. 케첩이 자신에게 맞춰 음식을 먹는 경험을 제공하는 셈이었다. 결국 하인즈는 물렁한 플라스틱을 써서 쉽게 쥐어짤 수 있는 원뿔형 용기를 개발했다. 그 결과 새 용기를 쓰는 가정에서 케첩 소비가 최대 12퍼센트나 늘었다.

가정방문 조사는 하인즈에 또 다른 교훈도 안겨주었다. 그것은 어린이들이 새로운 것을 무서워하는 경향이 있다는 사실이다. 두 살이나 세 살만 되어도 새로운 맛을 꺼린다. 이러한 경향은 진화 과정에서 습득한 산물이다. 오랜 옛날 인간은 두세 살이 되면서부터 혼자 음식을 주워 먹기 시작했다. 이때 아직 안전하다고 알려지지 않은 음식을 먹은 아이들은 살아남지 못했다. 하지만 오늘날의 아이들은 참치나 양배추를 먹을 때처럼 낯선 맛이 느껴지면 그것을 친숙한 맛으로 바꾸려고 한다. 아이들이 낯선 맛을 줄이기 위해 선택하는 수단은 케첩이다. 여러 가지 양념 중에서 5가지 맛을 동시에 낼 수 있는 것은 케첩뿐이기 때문이다.

머스터드 법칙은 왜 케첩에 통하지 않았나

짐 위곤이 자바스에서 판촉활동을 벌이고 나서 몇 달 후에 캔자스 대학 감각분석연구소 소장인 에드거 체임버스Edgar Chambers는 월드베스트 케첩과 하인즈 케첩을 비교 평가했다. 감각분석연구소에는 학계와 산업계의 의뢰를 받아 맛을 분석하는 17명의 전문 시식가가 있다. 그들은 세계 각지에서 쏟아지는 의뢰를 해결하느라 늘 바쁘게 움직인다. 케첩 비교 평가를 마치자마자 한 팀은 과일 맛을 분석하러 방콕으로, 다른 팀은 콩과 김치 맛을 분석하러 한국으로, 그리고 체임버스의 아내가 이끄는 팀은 아이스크림 맛을 분석하러 이탈리아로 갔다.

케첩 시식은 이틀 동안 4시간에 걸쳐 진행되었다. 우선 6명의 시식가가 회전식 쟁반이 있는 큰 원탁 주위에 둘러앉았다. 각 시식가 앞에는 각각 28그램의 하인즈 케첩과 월드베스트 케첩이 담긴 컵이 놓여 있었다. 그들은 맛과 식감을 14가지 유형으로 나눠 식품업계 표준인 15점 기준으로 평가했다. 맛은 혀가 느끼는 것과 코가 느끼는 것으로 나뉘었다. 가령 잘 익은 복숭아는 단맛과 단 향이 나고 식초는 신맛과 톡 쏘는 향이 난다. 평가에 참고하기 위해 단맛, 쓴맛, 짠맛이 나는 액과 토마토의 농도를 단계별로 대표하는 으깬 토마토, 토마토소스, 토마토주스가 준비되었다.

시식가들은 케첩을 평가하는 요소를 나눈 다음 조화도Amplitude를 측정했다. 조화도는 맛이 균형을 이루는 정도를 말하는 전문용어다. 체임버스의 설명을 들어보면 좀 더 쉽게 이해할 수 있다.

"조화도의 높고 낮음은 피아노를 갓 배운 내 아들과 위대한 피아니스트의 차이만큼 큽니다. 같은 곡도 내 아들의 연주보다 위대한 피아니스트의 연주가 훨씬 조화롭게 들리지요."

페퍼릿지팜Pepperidge Farm의 숏브레드Shortbread 쿠키는 가장 높은 조화도를 가진 것으로 평가받는다. 헬만Hellmann의 마요네즈나 사라 리Sara Lee의 파운드케이크도 마찬가지다. 높은 조화도를 가진 음식의 구성요소는 조화로운 맛을 낸다. 코카콜라나 펩시콜라처럼 조화도가 높은 음식의 요소들을 따로 느끼기는 힘들다. 그러나 군소회사에서 나온 콜라의 경우는 다르다. 센서리스펙트럼Sensory Spectrum의 부사장 주디 헤일먼Judy Heylmun은 그 차이를 잘 표현하고 있다.

"코카콜라와 펩시콜라는 대단합니다. 맛의 모든 요소가 균형을 이루고 있지요. 그렇게 만드는 것은 대단히 어려운 일입니다. 다른 콜라를 맛보면 대개 감귤 맛이 두드러집니다. 그리고 계피 맛이 뒤따르지요. 감귤 맛과 계피 맛은 어둡고 깊은 바닐라 맛에 비해 너무 세고 대단히 불안정합니다. 싸구려 콜라는 아예 강한 계피 맛이 다른 모든 맛을 덮어버리지요."

값싼 케첩도 마찬가지다. 케첩 애호가들은 델몬트 케첩에서 느껴지는 토마토 맛이 일정하지 않다고 불평한다. 토마토는 씨앗과 수확 시기, 토양, 날씨 등에 따라 산도와 당도 그리고 밀도가 다르다. 이 모든 변수를 철저하게 통제하지 않으면 케첩이 너무 밍밍하거나 신맛이 강해진다. 또한 값싼 케첩은 클로버 맛(쓴 맛)이나 마늘 맛이 지나치게 강한 경우가 많다. 유통업체가 자체 브랜드로 만든 값싼 콜라나 케첩은 유난히 두드러져 금세 질리게 만드는 맛을 내는데 모스코위츠는 이런 맛을 '후크Hook'라고 부른다.

다시 하인즈 케첩과 월드베스트 케첩의 비교 평가로 돌아가 보자. 시식가가 먹기 편하도록 감자튀김이 준비되었다. 시식가는 규정에 따라 감자튀김을 끝까지 컵에 넣어 케첩을 찍은 다음 케첩이

묻은 부분을 먹고 맛을 평가했다. 하인즈의 경우 중요한 요소인 신맛, 짠맛, 토마토 맛, 단맛, 쓴맛이 대체로 고르게 느껴지고 잘 조화를 이루었다는 평가가 나왔다. 그러나 월드베스트는 하인즈와 완전히 다른 특성이 있었다. 하인즈의 단맛이 2.5인데 비해 월드베스트는 4.0이었고, 하인즈의 토마토 맛이 5.5인데 비해 월드베스트는 9.0이었다. 이처럼 월드베스트는 두 맛이 훨씬 강한 반면 짠맛은 약했고 신맛은 느끼기 어려웠다. 시식가들은 월드베스트 케첩의 경우 맛의 요소들이 전혀 조화를 이루지 않는다고 평가했다. 당연히 조화도가 낮을 수밖에 없었다. 시식가 중 한 명인 조이스 부크홀츠Joyce Buchholz는 "월드베스트 케첩은 토마토를 가공한 맛이 더 오래 입 안에 남았습니다"라고 말했다.

그렇지만 짐 위곤으로서는 다른 방도가 없었다. 하인즈와 경쟁하려면 옥수수시럽을 단풍나무시럽으로 바꾸거나 토마토 과육을 늘리는 식으로 차별화해야만 했다. 실제로 튀긴 메기를 월드베스트의 딜 맛 케첩에 찍어 먹으면 아주 맛있다. 그러나 월드베스트 케첩은 하인즈만큼 완전한 맛을 전달하지 못한 탓에 조화도에서 커다란 대가를 치러야 했다. 부크홀츠의 평가에 따르면 월드베스트 케첩은 오히려 소스에 가깝다고 했다. 이 평가는 독설이 아니라 냉정한 조언이었다.

이처럼 모스코위츠 법칙에는 예외가 있다. 현재 라구 스파게티소스는 6가지 항목별로 36종류가 나와 있다. 모든 사람의 취향에 거의 최적화된 소스가 구비되어 있는 셈이다. 이는 20여 년 전에 모스코위츠가 직면했던 상황에 비하면 커다란 진전이다.

어떤 의미에서 행복은 우리가 얼마나 인간의 무한한 다양성에 맞는 방향으로 나아갔느냐에 따라 결정된다. 이 말은 때로 우리가 익숙한 것을 즐기는 데서 행복을 찾는다는 사실을 잊게 만든다. 라구는 1970년대에 이탈리아식 케첩을 만들려고 했다가 크게 실패했다. 여기서 하나의 수수께끼가 생긴다. 왜 머스터드에 통하는 법칙이 케첩에는 통하지 않을까? 왜 토마토 과육으로 만들어 단지에 넣은 토마토소스에는 통하는 법칙이 식초와 설탕을 더하고 병에 넣은 토마토케첩에는 통하지 않을까? 모스코위츠는 어깨를 으쓱하며 말했다.

"케첩은 그냥 케첩일 뿐이니까 그렇겠죠."

2004년 9월 6일

04 투자 세계의 이단아

나심 탈레브는 어떻게 재난의 불가피성을 투자전략으로 바꾸었는가

조작된 성공비결

1996년의 어느 날, 월스트리트의 트레이더 나심 탈레브Nassim Taleb
는 빅터 니더호퍼Victor Niederhoffer를 찾아갔다. 니더호퍼는 미국에
서 성공한 펀드매니저 중 한 명으로 코네티컷주 페어필드카운티Fairfield
County에 있는 5만 3,000평방미터 규모의 저택에서 생활하며 일했
다. 탈레브는 입구에서 신분증을 제시한 후 긴 진입로를 따라 차를
몰았다. 니더호퍼의 저택에는 스쿼시 코트와 테니스 코트, 수영장이
있었으며 거대한 알프스식 맨션에는 18세기와 19세기의 미국 민화
들이 빼곡히 들어차 있었다. 당시 니더호퍼는 억만장자 조지 소로스
George Soros와 정기적으로 테니스를 쳤다. 그는 경찰관인 아버지에
게 바치는《투기자 교육The Education of a Speculation》을 막 출간한
참이었다. 집에 다양한 분야의 책들이 빼곡하게 들어차 있는 거대한
도서관을 갖춘 그는 지식에 대해 끝없는 욕구를 보였다.

하버드 대학에 입학해 처음으로 스쿼시를 배우게 됐을 때 그는 '언젠가 최고가 되겠다'고 선언했다. 그리고 얼마 지나지 않아 전설적인 샤리프 칸Shariff Khan을 꺾고 US오픈 스쿼시 챔피언이 되었다. 니더호퍼는 그런 사람이었다. 그는 옵션거래에서 두각을 보인 탈레브에 대한 명성을 듣고 집으로 초대했다. 탈레브는 당시에 그의 초대를 받고 몹시 놀랐다고 말했다.

"니더호퍼는 말이 많은 편이 아니었습니다. 나는 가만히 그의 모습을 관찰했죠. 그가 거래하는 모습을 7시간이나 지켜보았습니다. 사무실에서 일하는 사람은 모두 20대였고 니더호퍼는 50대였지만, 그가 가장 활력이 넘쳤습니다. 일이 끝난 후 그는 테니스 코트로 가서 백핸드로 1,000개의 공을 쳐냈습니다."

탈레브는 그리스 정교를 믿는 레바논 출신으로, 그의 모국어는 프랑스어였다. 그래서 니더호퍼를 약간 이국적인 억양을 넣어 니데호퍼라고 발음했다. 탈레브는 이야기를 이어갔다.

"나는 어린 시절 수천 권의 책이 있는 도서관을 집에 갖추고 싶다는 꿈을 꿨죠. 그런데 내 눈앞에 그걸 이룬 사람이 있었습니다. 나는 탁월한 재능을 보이는 그를 정말로 존경했습니다."

그런데 한 가지 문제가 있었다. 탈레브는 월스트리트의 대표적인 이단아였던 것이다. 탈레브는 니더호퍼를 동경하고 존경했지만, 그와 같은 방식으로 거래하고 싶지는 않았다. 그 생각은 예전이나 지금이나 한 번도 변하지 않았다. 그는 니더호퍼가 누리는 책과 테니스 코트, 민화, 엄청난 재산을 떠올릴 때마다 단지 운이 좋았을 뿐이라는 생각을 떨쳐버릴 수 없었다.

탈레브는 자신의 생각이 얼마나 이단적인지 알고 있었다. 월스트리트는 투자에서 성공하려면 수술이나 골프, 혹은 조종기 전투에 필요한 만큼의 기술과 통찰력이 있어야 한다는 원칙 아래 돌아갔다. 소프트웨어가 현대사회에서 차지할 역할을 미리 꿰뚫어본 사람은 1985년에 마이크로소프트 주식을 사서 엄청난 수익을 올렸다. 또한 투자 거품의 심리학을 이해한 사람은 1999년에 기술주를 팔아치워 나스닥 붕괴의 피해를 입지 않았다.

워런 버핏은 '오마하의 현인'으로 불린다. 하긴 무일푼에서 억만장자가 됐으니 그가 다른 사람보다 현명하다는 것은 틀림없는 사실이다. 버핏이 성공한 데는 나름대로 비결이 있다. 탈레브는 그 비결이 진정한 성공의 토대인지 아니면 나중에 만들어진 합리화인지 의심했다. 조지 소로스가 성공한 데도 비결이 있다. 그는 처음에 '재귀이론Theory of Reflexivity'에 따라 투자했다고 말했지만, 나중에는 대부분의 경우 이론이 너무 취약해서 무시했다고 털어놓았다.

탈레브의 오랜 동료 장-마뉴엘 로잔Jean-Manuel Rozan은 어느 날 오후 내내 소로스와 주식시장에 대해 논쟁을 벌였다. 시장을 엄청나게 비관적으로 본 소로스는 정교한 이론으로 그 이유를 설명했다. 그러나 주가는 그의 예상과 달리 급등했다. 그로부터 2년 후 로잔은 테니스 대회에서 소로스와 마주쳤다. 로잔은 2년 전의 대화를 기억하는지 물었다. 소로스는 "아주 잘 기억해요. 도중에 생각을 바꿔 큰돈을 벌었으니까요" 하고 대답했다. 정교한 이론으로 무장한 소로스조차 자신의 생각을 곧바로 바꿔버린 것이다! 흥미롭게도 소로스의 아들은 아버지를 이렇게 평가했다.

"아버지는 왜 이렇게 혹은 저렇게 투자했는지 여러 가지 이론을 들어가며 설명해요. 저는 어릴 때 그런 아버지를 보면서 적어도 절반은 헛소리라고 생각했어요. 아버지가 시장에 대한 입장을 바꾸는 이유는 단지 등이 아파왔기 때문이었죠. 비결하고는 아무런 상관이 없어요. 아버지는 시장이 예상과 반대로 움직이면 말 그대로 경련을 일으켜요. 그게 초기 위험신호인 거죠."

어떤 사람이 금융 시장에서 성공을 거둔 이유는 탈레브에게 성가신 의문이었다. 그는 머릿속으로 계산했다. 1만 명의 펀드매니저가 있다고 치자. 해마다 순전히 운 때문에 절반은 돈을 따고 절반은 돈을 잃는다. 그러면 돈을 잃은 절반은 밀려나고 살아남은 사람들은 다시 투자게임을 벌인다. 그렇게 5년이 지나면 313명, 10년이 지나면 9명이 순전히 운 때문에 해마다 돈을 번다. 니더호퍼는 버핏, 소로스처럼 명민한 사람이다. 시카고 대학에서 경제학 박사학위를 받은 그는 주가동향을 산술적으로 정밀하게 분석하면 수익을 안겨주는 이상 현상을 발견할 수 있다는 이론을 개척했다. 하지만 그가 단지 운 좋은 9명 중 하나가 아니라고 말할 수 있을까? 11년째에는 운 나쁜 축에 속해 돈을 모조리 잃지 않을 거라고 장담할 수 있을까?

탈레브는 어린 시절에 레바논이 6개월 만에 천국에서 지옥으로 변하는 모습을 똑똑히 목격했다. 그의 가족은 한때 레바논 북부에 커다란 땅을 소유하고 있었지만, 어느 날 느닷없이 몽땅 잃고 말았다. 레바논의 부총리를 지낸 그의 할아버지는 말년을 아테네의 누추한 아파트에서 보내야 했다.

앞날은 불확실하다. 어느 날 갑자기 운이 사라져버릴 수도 있다. 그래서 탈레브는 니더호퍼에게 확실한 교훈만 얻기로 했다. 그는 열성적으로 운동을 하는 니더호퍼를 모방해 자전거로 통근하고 헬스장에 다녔다. 니더호퍼는 "경험할 수 있는 모든 것을 경험해야 한다"고 말하는 철저한 경험주의자였다. 탈레브는 몇 년 후에 시작한 헤지펀드(100명 미만의 투자가로부터 자금을 모아 국제증권 및 외환시장에 투자해 단기 이익을 올리는 민간 투자기금)에 임피리카Empirica(경험)라는 이름을 붙였다. 그가 니더호퍼에게 받은 영향은 그것이 전부였다. 그는 한순간에 돈을 몽땅 날릴 수 있는 투자전략은 추구하지 않았다.

규칙은 언제나 틀린다

40대 초반의 나심 탈레브는 큰 키에 탄탄한 몸매를 자랑하지만, 서서히 대머리가 드러나고 있고 기분의 영향을 많이 받는 편이다. 그래서 마음이 무거울 때는 눈살을 잔뜩 찌푸린 채 매서운 눈매로 변한다. 친구들은 그가 살만 루시디Salman Rushdie(인도 출신의 영국 작가로 '악마의 시'로 유명해졌다)를 닮았다고 말하고, 부하직원들은 이슬람 율법학자처럼 생겼다고 말한다. 하지만 탈레브는 자신이 숀 코너리Sean Connery를 닮았다는 가당치 않은 주장을 굽히지 않는다.

튜더양식으로 지은 그의 집에는 4개의 침실, 26개의 러시아 정교성상, 19개의 로마 두상, 4,000권의 책이 있다. 매일 새벽에 일어나 1시간 동안 글을 쓰는 그는 지금까지 2권의 책을 썼다. 첫 번째 책은 파생상품에 관한 기술적인 분석으로 높은 평가를 받았다. 두 번째 책인 《행운에 속지 마라Fooled by Randomness》는 마틴 루터의 〈95개조 논제〉가 천주교를 비판했듯 월스트리트의 통념을 꼬집고 있다. 그는 가끔 시티 대학에서 철학 강의를 들었고 학기 중에는 저녁에 뉴욕 대학원에서 금융학을 가르쳤다.

탈레브가 운영하는 임피리카캐피털은 코네티컷주 그린위치 외곽의 사무실 밀집지역에 있다. 맨해튼의 스튜디오아파트 크기 정도의 사무실에서 탈레브가 한쪽 구석에 있는 노트북 앞에 앉으면 나머지 팀원들이 그를 둘러싼다. 그의 팀은 책임 트레이더 마크 스피츠나겔Mark Spitznagel, 트레이더 대니 토스토Danny Tosto, 프로그래머 윈 마틴Winn Martin, 대학원생 팔로프 앙수푼Pallop Angsupun으로 구성돼 있다.

마크는 서른 살 정도인 것 같은데 윈과 대니, 팔로프는 고등학생처럼 보인다. 거래실에는 책이 가득한 책장, 소리를 죽인 채 CNBC 채널에 고정된 텔레비전, 2개의 고대 그리스 두상이 있다. 2개의 두상 중 하나는 탈레브의 컴퓨터 옆에, 다른 하나는 버려진 물건처럼 문 옆에 놓여 있다. 벽에는 약간 바랜 그리스 유물 전시회 포스터와 탈레브를 닮은 율법학자의 사진, 철학자이자 임피리카캐피털의 수호성인인 칼 포퍼Karl Popper의 초상화가 걸려있다.

2002년 봄날의 어느 아침, 임피리카 사람들은 무작위적 관측치인

n의 제곱근 그리고 n과 투자심리 사이의 상관관계를 밝히는 까다로운 문제를 풀기 위해 고심했다. 탈레브는 요란하게 매직펜을 휘갈기며 화이트보드 위에서 답을 구했다. 마크와 팔로프는 흥미롭다는 표정으로 그의 모습을 지켜보았다.

중서부 출신의 마크는 탈레브와 달리 침착하고 말수가 적다. 태국 혈통인 팔로프는 프린스턴 대학에서 금융수학 박사과정을 밟고 있다. 탈레브는 누가 듣거나 말거나 하루에도 몇 번씩 "팔로프는 참 게을러"라고 말한다. 하지만 그의 말투에서 느껴지는 애정으로 보아 그 '게으름'은 '천재성'을 의미한다. 팔로프는 컴퓨터를 잘 만지지 않으며 종종 책상을 등지고 앉아 인지심리학 책을 읽는다. 그는 심리학자 아모스 트버스키Amos Tversky와 대니얼 카너먼Daniel Kahneman의 주장이 실망스럽게도 "제대로 정량화되지 않았다"고 말한다.

세 사람은 앞서 말한 문제의 해답을 놓고 설전을 벌였다. 탈레브가 틀린 것처럼 보였지만 해답이 나오기도 전에 장이 열릴 시간이되었다. 책상으로 돌아간 탈레브는 마크와 어떤 음악을 틀지 말다툼을 했다. 피아노와 프렌치 호른을 연주하는 마크는 자칭 임피리카의 디스크자키DJ였다. 그는 교향곡의 명장 구스타프 말러를 틀고 싶어하지만 탈레브는 말러를 싫어했다. 탈레브는 "말러는 변동성과 맞지 않아. 바흐가 좋다니까. 〈마태수난곡〉을 틀어!"라고 소리쳤다. 그는 나를 보며 회색 터틀넥 스웨터를 입은 마크를 가리켰다.

"보세요. 마크는 헤르베르트 폰 카라얀Herbert ven Karajan(오스트리아 출신의 세계적인 지휘자)처럼 되고 싶어 해요. 성에 살고 싶어 하는 사람처럼 말이죠. 우리보다 기술적 분석을 잘하고 스키도 제일 잘 타고 잡담도 안 해요. 그게 마크죠!"

마크는 기가 막힌다는 듯한 표정을 지었다. 그때 탈레브가 닥터 우Dr. Wu라고 부르는 사람이 찾아왔다. 같은 건물의 다른 헤지펀드에서 일하는 닥터 우는 아주 똑똑한 사람이다. 마른 체격에 검은 테 안경을 쓴 그는 곁눈질하는 습관이 있었다. 탈레브가 n의 제곱근을 구하는 문제에 대한 의견을 물었지만 닥터 우는 대답을 거부했다. 그가 돌아간 후 탈레브는 못마땅한 목소리로 말했다.

"닥터 우는 지적 자극을 받거나 책을 빌리거나 마크와 음악 이야기를 하려고 여기에 와요. 그런데 닥터 우도 말러파예요."

임피리카는 특별한 투자전략에 따라 옵션거래를 한다. 옵션은 주식이나 채권 자체가 아니라 주식 및 채권의 가격변동에 대한 투자다. 가령 제너럴모터스 주식이 50달러에 거래되고 있고 여러분이 월스트리트의 주요 투자자라고 가정해보자. 한 옵션 트레이더가 여러분에게 3개월간 제너럴모터스 주식 1주를 45달러에 넘길 수 있는 권리를 팔라고 제안한다. 여러분은 그 권리를 얼마에 팔겠는가? 여러분은 제너럴모터스 주식의 과거 변동내역을 보고 3개월간 10퍼센트 하락하는 경우가 드물다는 사실을 알았다. 만약 주가가 45달러 밑으로 떨어지면 옵션 트레이더는 당연히 주식을 여러분에게 넘길 수 있는 권리를 행사할 것이다. 이때 여러분은 1달러라는 상대적으로 낮은 대가를 받고 45달러에 제너럴모터스 주식을 넘길 수 있는 옵션을 판다. 여러분은 제너럴모터스 주가가 3개월간 비교적 안정될 거라는 데 돈을 건 셈이다. 그 예측이 맞는다면 1달러는 고스란히 수익으로 남는다. 반면 옵션 트레이더는 제너럴모터스 주가가 크게 하락할 가능성에 돈을 걸었다. 실제로 그렇게 될 경우 그는 상당한 수익을 얻는다. 만약 1달러에 100만 계약을 샀고 주가가 35달러로 떨어지면, 그는 35달러에 100만 주를 사서 여러분에게 45달러에 넘길 수 있다. 그러면 그는 돈벼락을 맞고 여러분은 날벼락을 맞게 된다.

이러한 거래형태는 월스트리트 용어로 '할인가옵션Out-of-the-money option'이라고 부른다. 이밖에도 옵션상품은 매우 다양하다. 여러분은 트레이더에게 30달러나 60달러에 되사는 조건으로 제너럴모터스 옵션을 팔 수도 있다. 또한 채권, S&P지수, 외환, 모기지증권을 비롯해 모든 금융상품에 대한 옵션을 사거나 팔 수 있다. 주가 급등이나 급락 혹은 횡보(주가변동 폭이 미미한 가운데 거래되는 상황)에 돈을 걸 수도 있다. 옵션은 방향만 제대로 맞추면 10배를 벌 수 있을 만큼 도박성이 강하다.

다른 한편 옵션은 위험회피 수단으로 활용되기도 한다. 여러분의 연금이 주가폭락으로 한꺼번에 몽땅 사라지지 않는 이유는 옵션으로 보호받기 때문이다. 옵션게임은 모든 거래에 따른 위험을 정량화할 수 있다는 전제 아래 성립된다. 앞서의 경우 제너럴모터스의 과거 주가동향을 분석하면 향후 3개월간 45달러 밑으로 떨어질 확률을 구할 수 있다. 그 과정은 보험회사가 사고통계를 바탕으로 보험료를 책정하는 것과 유사하다. 이에 따라 모든 투자은행은 러시아 출신의 물리학 박사, 중국 출신의 응용수학 박사, 인도 출신의 컴퓨터공학 박사를 고용한다. 월스트리트에서 그들은 시장분석가로 불린다.

나심 탈레브와 그의 팀 역시 시장분석가들이다. 하지만 그들은 기존의 통념을 거부한다. 주식시장이 다른 물리적 현상과 같은 방식으로 움직인다고 생각하지 않기 때문이다. 사망률이나 포커 같은 물리적 현상은 제한적이고 안정된 요소들의 예측 가능한 변수로 구성된다. 통계학자들이 '정규분포Normal Distribution'라고 부르는 종형 곡선을 따르는 이유가 여기에 있다.

그렇다면 주가등락도 종형으로 이루어지는가? 경제학자 유진 파마Eugene Fama는 주가가 정규분포를 따른다면 7,000년마다 한 번씩 평균에서 표준편차 5만큼 급등하는 움직임을 보여야 한다고 지적했다. 그런데 실제로는 그러한 규모의 급등이 3~4년마다 한 번씩 일어난다. 투자자들이 통계적인 질서에 따라 행동하지 않기 때문이다. 그들은 수시로 마음을 바꾸고 멍청한 일을 저지르고 다른 사람을 따라하고 공황상태에 빠진다. 파마는 주가등락을 차트로 그리면 분포곡선의 상단과 하단에서 예외적인 사건이 훨씬 많이 발생하는 '팻테일Fat Tail(종전의 가격으로는 도저히 예측할 수 없는, 혹은 확률적으로 발생 가능성이 아주 작은 일을 의미할 때 쓰인다)'이 될 거라고 결론지었다.

1997년 여름, 탈레브는 롱텀캐피털매니지먼트Long Term Capital Management 같은 헤지펀드들이 팻테일 개념을 이해하지 못해 곤경에 처할 거라고 예측했다. 그로부터 1년 후 롱텀캐피털매니지먼트는 시장이 안정될 거라는 분석 결과를 믿고 엄청난 양의 옵션을 팔았다. 그 후 어떤 일이 일어났을까? 러시아 정부가 국채에 대해 지급불능 선언을 하는 바람에 주가가 폭락했다. 결국 롱텀캐피털매니지먼트는 몇 주일을 버티지 못하고 무너졌다. 마크는 최근에 롱텀캐피털매니지먼트의 중역을 지낸 사람이 과거의 도박을 변호하는 강연을 들었다. 마크의 얘기에 따르면 그는 이렇게 말했다고 한다.

"가을에 차를 몰고 퇴근하면 나무 밑에 낙엽이 흩어져 있는 게 보입니다. 낙엽이 떨어지는 방식에도 통계적 분포가 존재합니다. 저는 그 분포를 정확하게 파악할 수 있습니다. 그런데 하루는 낙엽이 거의 없더군요. 그렇다고 해서 낙엽이 떨어지는 방식에 통계적 규칙이 있다는 제 이론이 잘못된 걸까요? 그렇지 않습니다. 낙엽이 없어진 이유는 누군가가 치웠기 때문입니다."

다시 말해 러시아의 지급불능 선언은 평생에 한 번 있을 법한 '규칙을 깨뜨리는 사건'이라는 얘기다. 하지만 탈레브는 규칙은 언제든 깨질 수 있다고 생각했다. 시장은 물리적 세계와 달라 게임 규칙은 언제든 바뀔 수 있었다. 러시아가 예상치 못한 지급불능 선언을 했듯이 말이다.

탈레브의 초기 멘토 중에 성질 급한 장-파트리스Jean-Partice라는 프랑스 사람이 있었다. 화려한 옷을 좋아한 그는 거의 정신병에 가까울 정도로 위험에 집착했다. 한번은 탈레브에게 사무실이 있는 건물에 비행기가 충돌하면 어떻게 될지 묻기도 했다. 당시 젊었던 탈레브는 그 질문을 말도 안 되는 이야기로 흘려버렸다. 그러나 그는 곧 말도 안 되는 얘기는 없다는 사실을 깨달았다. 탈레브는 데이비드 흄David Hume의 말을 즐겨 인용한다.

"하얀 백조를 아무리 많이 보아도 모든 백조가 하얗다고 단정 지을 수는 없다. 검은 백조가 한 마리만 나타나도 틀릴 수 있기 때문이다."

롱텀캐피털매니지먼트는 검은 백조가 존재하지 않는다고 생각했다. 반면 탈레브는 예측하지 못한 시장을 뒤흔드는 무작위적인 사건, 즉 검은 백조가 존재한다는 가정 아래 투자 철학을 세웠다. 그래서 그는 옵션을 매도하지 않고 매수만 한다. 제너럴모터스 주가가 급락하면 큰돈을 잃을 위험을 감수하기 어렵기 때문이다. 또한 그는 시장의 단기 움직임에 돈을 걸지 않는다. 단기 이익을 노리려면 시장을 충분히 이해해야 하지만 그에게는 워런 버핏만큼의 자신감이 없다. 대신 그는 양방향 매수로 시장이 오르고 내릴 가능성에 모두 돈을 건다.

그는 시장의 작은 변동에도 돈을 걸지 않는다. 그럴 필요가 없기 때문이다. 다른 모든 사람이 드문 사건의 가능성을 과소평가하면 40달러에 제너럴모터스 주식을 팔 수 있는 옵션가격도 과소평가될 것이다. 따라서 탈레브는 할인가옵션을 대량으로 매수한다. 그는 수백 가지 주식에 대한 할인가옵션을 사들였다가 행사가에 도달하기 전에 만기가 지나버리면 추가로 매수한다.

그는 회사 차원이나 개인 차원에서 현물 투자는 하지 않는다. 주식을 사는 것은 옵션과 달리 앞으로 주가가 상승할 거라는 데 돈을 거는 도박이다. 하지만 그렇게 될지 누가 알겠는가? 탈레브는 개인과 회사의 여유자산을 모두 재무부채권으로 관리한다. 월스트리트에서 그처럼 극단적으로 옵션 매수 전략을 쓰는 사람은 드물다. 그러나 주식시장에 비정상적인 사건이 발생해 제너럴모터스 주가가 20달러로 떨어지면 탈레브는 엄청난 돈을 벌게 된다.

2002년 봄, 탈레브는 월스트리트의 프랑스 레스토랑에서 열린 모임에 참석했다. 참석자는 모두 두둑한 호주머니에 셔츠 칼라를 풀어헤치고 숫자로 가득한 백일몽을 꾸는 시장분석가들이었다. 탈레브는 테이블 끝에 앉아 파스티스Pastis(프랑스인이 즐겨 마시는 술)를 마시며 옆 사람과 프랑스 문학에 대한 이야기를 나누었다. 테이블에는 한때 체스 챔피언 아나톨리 카르포프Anatoly Karpov를 가르쳤던 눈부신 백발의 체스 그랜드마스터와 스탠퍼드 대학, 엑손, 로스알라모스 국립연구소, 모건스탠리, 프랑스 투자은행을 두루 거친 화려한 경력의 소유자도 있었다. 그들은 수학과 체스에 대한 토론을 벌였고 잠시 자리를 뜬 사람을 흉보기도 했다.

몇 시간 후 모임이 끝나고 계산서가 나왔다. 계산서는 대형 투자은행에서 위험관리책임자로 일하는 사람에게 전달되었다. 그는 그처럼 단순한 더하기 문제를 접한 적이 언제인지 잊어버린 것 같은 놀라움과 당황스러움이 뒤섞인 얼굴로 계산서를 한참이나 들여다보았다.

사실 테이블에 앉은 사람들이 하는 일은 수학보다 인식론과 더 관련이 많다. 옵션을 사고팔려면 '정말로 아는 것이 무엇인가'라는 의문에 직면하기 때문이다. 탈레브는 자신이 근본적으로 아는 것이 없다고 생각했기 때문에, 보다 정확히 말하면 사람은 실제보다 아는 것이 많다고 착각한다고 믿기 때문에 옵션 매수를 했다. 그러나 다른 참석자들은 옵션 매도도 했다. 그들은 적절한 가격만 매기면 설령 제너럴모터스 주가가 45달러 밑으로 떨어져도 아주 많은 사람으로부터 1달러를 벌 수 있으므로 수익을 내고 빠져나올 수 있다고 생각했다. 그 배경에는 세상은 결국 예측 가능한 패턴대로 돌아간다는 믿음이 있었다.

탈레브와 니더호퍼는 이 상반된 두 진영의 대표 격이었다. 니더호퍼는 19세기 영국의 과학자 프랜시스 골턴Francis Galton을 추앙해 장녀에게 골트Galt라는 이름을 지어주었고, 도서관에는 골턴의 전신 초상화를 걸어놓았다. 골턴은 통계학자, 사회과학자, 유전학자, 기상학자로 경험적 증거와 자료를 모으기만 하면 필요한 모든 지식을 얻을 수 있다고 믿었다. 반면 탈레브의 영웅은 영국의 철학자 칼 포퍼였다. 포퍼는 명제가 옳은지 확실하게 알 수 있는 방법은 없으며 오직 옳지 않다는 사실만 알 수 있다고 주장했다.

탈레브는 니더호퍼에게 배운 점을 최대한 활용했지만, 니더호퍼는 탈레브에게 준 가르침이 헛되이 낭비되었다고 생각했다. 그는 "〈베일리의 럼폴Rumpole of the Bailey(영국의 법정드라마)〉에 신을 믿지 않는 주교가 나오는 편이 있어요. 나심은 경험주의를 믿지 않는 경험주의자예요"라고 말했다. 경험을 믿지 않으면서도 경험에서 배운다고 말하는 것은 모순이라는 얘기였다. 니더호퍼는 옵션 매도를 통해 많은 돈을 벌었고 그가 간혹 옵션을 파는 대상은 탈레브였다. 만약 한 사람이 1달러를 벌었다면 그 1달러는 둘 중 한 사람의 호주 머니에서 나왔을 가능성이 컸다. 스승과 제자가 서로 다른 투자관을 내세우며 먹고 먹히는 싸움을 벌이는 셈이었다.

전통 뒤집기, 생각하고 기다리는 투자

젊은 시절, 탈레브는 투자은행 퍼스트보스턴First Boston에서 일했다. 당시 그는 정신없이 돌아가는 거래장의 분위기에 적응하느라 애를 먹었다. 트레이더들은 매일 주식을 사고팔았으며 실적에 따라 보너 스를 받았다. 만약 몇 주 동안 수익을 내지 못하면 동료들의 눈총을 받았고, 몇 달 동안 수익을 내지 못하면 해고당했다. 트레이더들은 대개 좋은 학벌에 고급 정장을 입었다. 그들은 〈월스트리트저널〉을 꼼꼼하게 읽고 금융 속보에 귀를 기울이면서 다급하게 시장에 뛰어 들었다. 탈레브는 "매일 연방준비은행이 이런 일을 했고 스페인 총 리가 저런 말을 했고 이 수치가 예상보다 높을 것 같다는 등의 뉴스 가 쏟아졌습니다"라고 회상했다. 그가 보기에 도무지 이해할 수 없 는 광경이었다.

1980년대에 프랑스 은행 엥도수에즈Indosuez에서 탈레브와 함 께 일한 하워드 세이버리Howard Savery는 그에 대한 얘기를 들려 주었다.

"탈레브는 언제나 지나치게 개념적으로 일했습니다. 그래서 주문을 넣는 탐을 미치게 만들었지요. 현장거래자들은 선물 100계약을 87포인트에 팔라는 식으로 정확한 수치에 따라 주문을 넣습니다. 하지만 탈레브는 '탐, 좀 팔아'라고 말했어요. 탐이 얼마나 팔아야 하는지 물으면 '적당히'라고 대답했지요. 그건 정확한 수량은 모르지만 하여튼 팔라는 말이나 마찬가지였어요. 그러면 두 사람은 프랑스 말로 고함을 지르며 말다툼을 하다 저녁이 되면 같이 술을 마시며 어울렸어요. 나심과 그의 팀은 투자와 관련된 수치를 아는 데 관심이 없다는 태도를 보였지요. 다른 사람들이 최신 지표에 촉각을 곤두세울 때 나심은 혼자 사무실을 걸어 나갔어요."

임피리카에는 〈월스트리트저널〉이 없다. 실제 거래를 하는 횟수도 미미하다. 컴퓨터가 매수할 옵션을 고르기 때문이다. 그들이 사는 옵션은 시장에 극적인 변화가 있어야 가치를 얻게 된다. 물론 대부분의 경우 그런 일은 발생하지 않는다. 탈레브와 그의 팀이 하는 일은 기다리고 생각하는 것이다. 그들은 거래정책을 분석하고 다양한 전략을 검증하며 보다 정교한 가격결정모델을 만든다. 구석에 앉은 대니는 가끔 컴퓨터에 수치를 입력하고 팔로프는 멍한 눈으로 허공을 응시한다. 마크는 모니터 앞을 들락날락하면서 트레이더들에게 걸려오는 전화를 받고, 탈레브는 이메일을 작성한 후 시카고의 브로커에게 전화를 걸어 레바논 출신의 브루클린 억양으로 인사를 한다. 임피리카의 풍경은 거래장이라기보다 강의실에 더 가깝다.

나는 팔로프에게 대학원에서 어떤 연구를 하는지 물었다. 팔로프는 기운 없는 손짓으로 사무실을 가리키며 "대부분 여기 일이에요"

라고 대답했다. 탈레브는 "아무래도 우리가 대신 답변을 해줘야 할 것 같네요. 팔로프는 너무 게을러요"라고 말했다.

임피리카는 전통적인 투자 철학을 뒤집었다. 기존의 방식대로 투자를 하면 배당이나 이자 혹은 일반적인 주가상승으로 하루 동안 작은 돈을 벌 가능성이 아주 크다. 물론 하루 만에 큰돈을 벌 가능성은 거의 없다. 오히려 시장이 급락할 경우 투자금을 몽땅 날릴 가능성이 있다. 하지만 사람들은 충분히 감수할 만하다고 생각하기 때문에 그러한 위험분포를 받아들인다.

가령 팔로프가 읽고 있는 카너먼과 트버스키의 책에는 간단한 실험에 대한 내용이 나온다. 두 사람은 실험대상자에게 300달러를 가졌다고 가정한 상태에서 (a)그냥 100달러를 더 받는 쪽과 (b)동전을 던져 나오는 면을 맞히면 200달러를 받고 틀리면 아무것도 받지 않는 쪽 중에서 선택하게 했다. 대부분의 사람은 (b)보다 (a)를 선호했다. 두 사람은 두 번째 실험을 했다. 이번에는 500달러를 가졌다고 가정한 상태에서 (c)그냥 100달러를 내는 쪽과 (d)동전을 던져 나오는 면을 맞히면 돈을 내지 않고 틀리면 200달러를 내는쪽 중에서 선택하게 했다. 이 경우 대부분의 사람은 (c)보다 (d)를 선호했다.

흥미로운 점은 두 경우의 선택 결과는 사실상 같다는 것이다. 그럼에도 사람들은 제시되는 방식에 따라 상반되는 선택을 했다. 왜 그럴까? 사람들은 돈을 잃는 조건에서는 기꺼이 도박을 하고, 돈을 얻는 조건에서는 위험을 회피하려는 경향이 있기 때문이다. 그래서 사람들은 모든 것을 잃는 위험이 있더라도 주식시장에서 매일 조금씩 수익을 얻는 쪽을 택한다.

반면 임피리카의 투자전략은 하루 만에 큰돈을 벌 수 있는 확률은 낮지만 현실적인 가능성은 있다. 다만 돈을 몽땅 날릴 가능성이 없는 대신 매일 조금씩 잃을 가능성은 매우 크다. 임피리카가 축적한 1달러, 50센트, 10센트짜리 옵션들 중에서 권리를 행사하는 경우는 드물다. 따라서 손실액은 금세 늘어나기 시작한다. 임피리카의 투자포지션을 보여주는 표의 세로 칸을 보면 그날 얼마를 잃거나 벌었는지 알 수 있다. 가령 내가 방문한 날 11시 30분에 투자액의 28퍼센트를 회복했고, 12시 30분에는 40퍼센트를 회복했다. 즉, 반나절을 넘기기도 전에 이미 수십만 달러의 손해를 본 것이다. 다른 날도 비슷했다. 하루 전에는 투자액의 85퍼센트, 이틀 전에는 48퍼센트, 사흘 전에는 65퍼센트, 나흘 전에는 65퍼센트를 회복했다.

사실 임피리카는 2001년 4월 이후 9·11 직후처럼 특별한 경우를 제외하고 매일 돈을 잃었다. 그러나 탈레브는 "우리는 말라죽을 수는 있어도 한 방에 망할 일은 없어요"라고 말한다. 지속적인 손실의 고통을 감수하는 것은 인간이 본능적으로 피하고 싶어 하는 일이다. 세이버리는 투자심리의 속성을 이렇게 설명한다.

"러시아 국채를 매수한 사람이 있다고 칩시다. 그는 매일 돈을 법니다. 그러다가 어느 날 갑자기 날벼락을 맞고 번 돈의 5배를 잃어요. 그래도 365일 중에 364일은 달콤한 수익을 맛보았지요. 반면 매도 포지션을 잡은 사람은 힘들 수밖에 없습니다. 365일 중에 364일은 손해를 보니까요. 그러면 본전을 찾을 수 있을지, 정말 옳은 판단을 한 것인지, 수익을 내는 데 10년이 걸리면 어떻게 될지, 그때까지 제정신을 유지할 수 있을지 끊임없이 회의하게 되지요."

일반적인 트레이더가 매일 얻는 수익은 앞으로 나아가고 있다는 착각을 심어 주는 일종의 피드백이다. 임피리카는 그런 피드백을 받지 못한다. 마크는 "10년간 피아노를 연습하고도 동요 하나 제대로 치지 못하는 것과 같아요. 그래도 우리의 전략을 계속 고수하게 만드는 유일한 힘은 어느 날 일어나면 라흐마니노프(20세기 초의 탁월한 피아니스트)처럼 연주할 수 있다는 믿음이지요"라고 말한다.

그렇게 계속 손실이 나는 동안 그들이 완전히 틀렸다고 생각하는 니더호퍼가 돈을 버는 것을 받아들이는 일이 쉬울까? 물론 어렵다. 나는 탈레브의 모습을 자세히 관찰하면서 꾸준히 쌓이는 손실이 미치는 영향을 확인할 수 있었다. 그는 자주 블룸버그 뉴스를 흘깃거렸고 책상 위로 몸을 숙인 채 누적 손실을 계산했다.

미신이나 징크스를 믿는 탈레브는 일이 잘 풀리면 매일 같은 장소에 차를 댄다. 그가 말러를 싫어하는 이유도 2001년에 겪은 장기간의 손실을 연상시키기 때문이다. 그래서 마크는 그에게 꼭 필요한 존재다. 마크는 기다려야 할 이유를 상기시켜 모든 것을 포기하고 손실의 고통에서 벗어나려는 인간적 충동에 저항하도록 돕는다. 탈레브에게 마크나 팔로프는 경찰과 같다. 팔로프는 임피리카가 지적 강점을 지녔음을 상기시킨다.

탈레브는 "핵심은 아이디어를 얻는 것이 아니라 아이디어를 실행하는 겁니다. 동기부여는 필요 없어요. 필요한 것은 방법론입니다"라고 말했다. 그의 방법론은 모든 상황에 대한 대응법을 명확히 정한 운용규칙이다.

"우리는 운용규칙을 만들었습니다. 내 말을 듣지 말고 운용규칙을 따르도록 하기 위해서죠. 나에게는 운용규칙을 바꿀 권리가 있지만 또한 운용규칙을 바꾸기 위한 규칙도 있어요. 일을 제대로 하려면 자기 자신에게 엄격해야 합니다. 니더호퍼가 안고 있는 문제를 우리도 갖고 있으니까요."

시장분석가 모임에서 접시에 담긴 롤을 먹어치운 탈레브는 웨이터가 더 주려고 하자 됐다고 소리치며 손으로 접시를 막았다. 웨이터가 와인을 갖고 왔을 때도 손으로 급히 잔을 막았다. 그의 머리와 가슴은 언제나 싸움을 벌였다.

심리학자 월터 미셸Walter Mischel은 한 실험에서 여섯 살배기들을 방에 넣고 큰 쿠키와 작은 쿠키를 앞에 두었다. 아이들은 종을 한 번 치면 바로 작은 쿠키를 먹을 수 있었다. 그러나 큰 쿠키를 먹으려면 최대 20분까지 기다려야 했다. 미셸이 녹화한 동영상에서 아이들은 처음에 잘 참았다. 한 여자아이는 기다리면 큰 쿠키를 먹을 수 있다는 내용의 노래를 부르기 시작했다. 그 아이는 눈을 감았다가 아예 쿠키를 등지고 앉았다. 한 남자아이는 발을 심하게 앞뒤로 흔들다가 종을 들어 유심히 살폈다. 종이 울리면 곧바로 얻을 수 있는 쿠키를 생각하는 일 말고 어떤 것이든 다른 할 일을 찾는 것 같았다. 이처럼 동영상의 초반은 충동을 억제하는 아이들의 자제력이 잘 나타나 있다. 아이들이 쿠키에 대한 유혹을 떨치려고 다른 일을 간절히 찾는 모습은 나심 탈레브를 연상시킨다.

미신과 운용규칙, 자기절제 외에 탈레브가 결의를 다지도록 돕는 요소는 또 있다. 탈레브가 니더호퍼를 찾아가기 1년 전쯤의 일이다. 당시 시카고상품거래소에서 일하던 탈레브는 목이 자주 쉬었다. 처음에 그는 대수롭지 않게 여겼다. 목이 쉬는 것은 거래장에서 고함을 질러야 하는 트레이더들의 직업병이었다. 그러다가 뉴욕으로 옮기고 나서 의사를 찾아갔는데 의사는 낮고 어두운 목소리로 "후두암입니다. 하지만 생각만큼 그렇게 나쁜 상황은 아닙니다"라고 말했다.

탈레브는 멍한 상태로 병원을 나왔다. 밖에는 비가 내리고 있었다. 그는 무작정 걷다가 의학도서관 앞에 멈춰 섰다. 안으로 들어간 그는 빗물을 뚝뚝 흘리며 정신없이 후두암에 대한 책을 읽었다. 그는 책의 내용을 납득할 수 없었다. 후두암은 평생 담배를 피운 사람들에게 주로 생기는 병이었다. 하지만 탈레브는 젊었고 담배를 거의 피우지 않았다. 그가 후두암에 걸릴 확률은 10만 분의 1 정도로 엄청나게 낮았다. 그런데도 그는 검은 백조가 되어 버린 것이다! 현재 암은 완치되었지만 그는 암에 걸렸던 일을 비밀에 붙였다. 한 번 검은 백조가 되어 죽음에 직면했다면 다시 그렇게 되지 말라는 법이 없기 때문이다.

하루를 마감할 시간이 다가오자 탈레브와 그의 팀은 다시 n의 제곱근을 구하는 문제에 매달렸다. 탈레브는 화이트보드 앞으로 돌아왔다. 마크는 그를 지켜보았고 팔로프는 느릿느릿 바나나 껍질을 벗겼다. 탈레브는 "먼저 P1과 P2로 변환해야 해"라고 말했다. 매직펜이 소리를 내며 화이트보드 위를 바삐 날아다녔다.

"가우스분포Gaussian Distribution에서 거래량이 저점인 P21에서 고점인 P22로 움직이면 고유값Eigen Value이 나오지."

그는 인상을 찌푸린 채 계산 내용을 바라보았다. 이제 장은 마감되었고 임피리카는 돈을 잃었다. 니더호퍼는 분명 돈을 벌었을 것이다. 가슴 아픈 일이다. 그러나 손실을 견디는 법을 배우고 언젠가 시장에 예상치 못한 사건이 일어날 거라고 믿으면 그렇게 괴롭지 않다. 탈레브가 풀고 있는 문제는 너무 어려웠다. 그는 눈썹을 치켜 올리며 "닥터 우는 어디 있지? 그 사람을 부를까?"라고 중얼거렸다.

소심한 영웅의 시대

나심 탈레브가 방문한 지 1년 후에 니더호퍼는 돈을 몽땅 날렸다. 그는 주가가 떨어지면 되사는 조건으로 수백만 달러를 받고 S&P지수 옵션을 대량으로 매도했다. 문제는 위험회피 수단을 마련하지 않고 한 방향으로만 돈을 거는 소위 네이키드 매도를 했다는 데 있었다. 큰돈을 잃을 작은 가능성에 맞서 적은 돈을 잃을 큰 가능성에 모든 돈을 건 것이다. 그런데 그는 틀렸다.

1997년 10월 27일, 주가는 8퍼센트나 폭락했고 니더호퍼가 매도한 옵션을 산 사람들은 한꺼번에 폭락 전 가격으로 팔 수 있는 권한을 행사했다. 그가 입은 손실액은 무려 1억 3,000만 달러였다. 그는 소유했던 현금, 저축, 주식을 모조리 날리고도 결제를 다 해주지 못했다. 가장 성공적이던 헤지펀드가 하루 만에 무너진 것이다. 회사 문을 닫은 니더호퍼는 집을 담보로 돈을 빌리고 자식들에게까지 손을 벌려야 했다. 그것으로 모자라 19세기 브라질의 은조각상과 1887년산 티파니 은접시를 비롯해 여러 가지 은제 수집품을 소더비 경매로 팔았다. 그는 아끼던 물건들이 팔려나가는 모습을 차마 볼 수 없어 경매장에 가지 않았다.

내가 니더호퍼를 찾아갔을 때 그는 나에게 "그건 가까운 사람의 죽음만큼이나 제 삶에 일어난 최악의 일이었어요"라고 말했다. 체격이 건장한 그는 어두운 눈빛으로 먼 곳을 바라보며 말을 이었다.

"나는 친구들에게 폐를 끼치고 사업을 망쳤어요. 한때는 엄청난 자금을 굴렸지만 이제 밑바닥에서 다시 시작해야 합니다. 비버가 처음에 댐을 만들면 대개 물살에 휩쓸려버리죠. 그러면 비버는 다시 더 튼튼한 댐을 짓습니다. 나도 그래야 할 것 같습니다. 하지만 또 실패할 가능성을 항상 염두에 둘 겁니다."

그때 누군가가 문을 두드렸다. 찾아온 사람은 밀턴 본드Milton Bond라는 화가였다. 그는 니더호퍼에게 보여주려고 거대한 흰 고래가 포경선(고래를 잡는 배) 피쿼드Pequod호를 들이받는 그림을 들고 왔다. 니더호퍼가 좋아하는 민화 스타일의 작품이었다. 그의 집에는 피쿼드호뿐 아니라 소설《백경》의 모티브가 된 고래잡이배 에식스Essex호를 그린 그림도 있었다. 사무실 벽에는 타이태닉호를 그린 그림도 걸려 있었다. 그는 그 그림들이 자신을 겸손하게 만들어준다고 말했다.

"내가 에식스호에 관심을 갖는 이유는 선장이 낸터컷Nantucket에 돌아오자마자 새 일자리를 얻었기 때문입니다. 고래에게 공격을 당하고도 살아 돌아왔다는 점을 인정받은 거지요. 그는 선주들이 다시 배를 맡겠느냐는 말에 '이론적으로 번개는 같은 곳에 두 번 치지 않소'라고 대꾸하지요. 사실 고래에게 공격을 당해 조난을 당하는 일은 아주 드문 일이에요. 하지만 그가 맡은 두 번째 배도 빙하에 좌초되고 말았지요. 그때 그는 구조를 거부했습니다. 사람들이 강제로 그를 배에서 끌어내려야 했지요. 그는 낸터컷에서 청소부로 여생을 보냈습니다. 월스트리트에서 말하는 허깨비가 된 겁니다. 아시겠어요? 나는 두 번 다시 실패하면 안 됩니다. 그러면 완전히 끝장나는 거예요. 그래서 내게 피쿼드호는 중요한 의미가 있습니다."

니더호퍼가 망하기 한 달 전, 탈레브는 웨스트포트Westport에 있는 레스토랑에서 그와 저녁식사를 했다. 그때 니더호퍼는 탈레브에게 네이키드 매도를 한다고 말했다. 그는 주가가 급락해서 망할 확률이 낮기 때문에 위험을 충분히 감당할 수 있다고 설명했다. 그 말을 들은 탈레브는 검은 백조를 생각하며 머리를 흔들었다. 탈레브는 당시의 심정을 이렇게 전했다.

"니더호퍼와 헤어진 후 마음이 무거웠습니다. 그는 백핸드로 1,000번이나 공을 받아넘기고 마치 목숨이 걸린 것처럼 체스를 두는 사람이었어요. 그리고 한 번 작정한 일은 무엇이든 다른 사람보다 잘 해냈지요. 그는 내 영웅이었습니다."

니더호퍼가 최고의 시간을 보낼 때도 탈레브가 그처럼 되고 싶어

하지 않던 이유가 거기에 있었다. 그는 니더호퍼의 은제 수집품과 저택을 원하지 않았고 조지 소로스와 테니스를 치고 싶어 하지도 않았다. 그 모든 것이 어떤 종말을 맞을지 잘 알고 있었기 때문이다. 그는 마음의 눈으로 니더호퍼가 자식들에게 돈을 빌리고 은제 수집품을 팔고 힘없는 목소리로 친구들에게 폐를 끼쳤다고 말하는 모습을 미리 볼 수 있었다. 그는 그런 가능성을 안은 채 살아가고 싶지 않았다. 니더호퍼와 달리 그는 자신이 무적이라고 생각하지 않았다. 천국 같던 조국이 폐허로 변하는 모습을 지켜보고, 10만 분의 1의 확률로 후두암에 걸린 사람이라면 그럴 수 없었다. 그래서 그는 파국으로부터 자신을 지키기 위해 매일 손실을 견뎌야 하는 고통스런 과정을 묵묵히 감내했다.

이처럼 조심스런 행보는 영웅적으로 보이지 않는다. 오히려 주일학교 선생님이나 회계사의 신중한 처신에 가깝다. 사실 우리는 니더호퍼처럼 되고 싶어 하기 때문에 그런 사람에게 끌린다. 우리는 대실패의 위험을 감수하거나 파국을 맞고도 다시 돌아오는 것을 용기라고 부른다. 그러나 탈레브와 니더호퍼의 사례, 그리고 불안정한 우리 시대의 교훈은 그것이 잘못된 시각임을 말해준다. 오히려 본능적인 충동을 억누르고 불의의 사태에 대비하기 위해 고통스런 과정을 감내하는 것이 더 용기 있고 영웅적인 행동이다.

2001년 가을, 니더호퍼는 시장에 큰 변화가 없을 것으로 보고 대량의 옵션을 매도했다. 그런데 난데없이 두 대의 항공기가 세계무역센터를 들이받았다. 니더호퍼는 머리를 흔들며 "나는 위험에 그대로 노출돼 있었습니다. 그런 일이 생길 줄은 정말 몰랐어요. 완전히 뜻밖의 사건이었습니다"◆라고 말했다.

2002년 4월 22일, 29일

◆ 이후 탈레브는 유명인사가 되었다. 그의 두 번째 책 《블랙 스완》은 베스트셀러에 올랐고 임피리카는 2008~2009년의 금융위기 때 엄청난 돈을 벌었다. 나는 한창 금융위기가 휘몰아치던 2009년 봄, 한 콘퍼런스에서 그와 마주쳤다. 그는 "지금 수십억 달러를 관리하고 있어요. 하지만 아직도 아는 것이 없어요"라고 말했다. 그다운 말이었다. 나는 이 기사를 쓰기 위해 그와 자주 점심식사를 했고 몇 시간 동안 대화를 나눴다. 그러는 동안에도 니더호퍼는 큰돈을 벌고 날리기를 반복했다.

05 주방의 제왕

미국의 주방을 정복한 론 포페일

역대 최고의 주방기구 이야기

쇼타임 로티세리Showtime Rotisserie(집에서 간편하게 바비큐를 즐길 수 있도록 고안된 훈제기)의 특별한 이야기는 네이선 모리스Nathan Morris 로부터 시작된다. 그는 1880년대에 유럽에서 건너와 뉴저지주 애즈베리파크Asbury Park에 정착한 구두공이자 성가대 선창자인 키더스 모리스Kidders Morris의 아들이다. 장사꾼이던 그는 대서양 연안지역을 돌아다니며 애크미메탈Acme Metal의 주방용품을 팔았다. 그러다가 1940년대 초에 샌드위치를 만드는 아이디어 상품인 키키-피 KwiKi-Pi와 모리스 메트릭 슬라이서Morris Metric Slicer라는 채소 절단기를 만드는 N. K. 모리스를 세웠다.

대공황으로 일자리를 구하기가 어려웠는지 아니면 네이선이 설득했는지 모르지만 그때부터 그의 가족이 사업에 참여하기 시작했다. 아들인 레스터 모리스Lester Morris와 아널드 모리스는 판매를 담당했다. 네이선은 제부인 어빙 로젠블룸Irving Rosenbloom도 끌어들였는데, 그는 나중에 플라스틱 주방용품을 만들어 큰돈을 벌었다. 특히 그가 만든 강판은 매우 뛰어났고 네이선은 그것을 모방한 제품을 만들기도 했다.

네이선의 동생, 알도 동업자가 되었다. 알의 아들들은 에드 맥마흔Ed McMahon이라는 덩치 큰 아일랜드 사람과 함께 거리 판매에 나섰다. 전쟁 직전의 여름에 네이선은 조카인 새뮤얼 제이콥 포페일Samuel Jacob Popeil을 조수로 받아들였다. 삼촌에게 커다란 영향을 받은 포페일은 시카고에 직접 포페일브라더스를 차려 다이얼-오-매틱, 찹-오-매틱, 벡-오-매틱Veg-O-Matic 같은 채소 절단기를 만들었다. 포페일은 두 아들을 두었는데 장남인 제리는 어린 나이에 세상을 떠나고 말았다. 차남은 심야에 광고방송을 본 사람이라면 누구나 알 정도로 유명한 론 포페일이다.

전후에 많은 사람이 주방용품 사업에 뛰어들었다. 그들 중 하나가 뉴욕의 클링호퍼 가문이다. 1985년에 아킬레라우로Achille Lauro호가 팔레스타인 테러범들에게 납치되었는데, 이들이 장애인이던 레온 클링호퍼Leon Klinghoffer를 죽인 뒤 휠체어에 태운 채 그대로 바다에 던지는 바람에 미국인의 공분을 사기도 했다. 클링호퍼 가문은 1950년대에 가정용 원형 구이기 로토-브로일400 Roto-Broil400을 만들었고 레스터 모리스도 이 구이기를 팔았다.

나치를 피해 미국으로 건너온 루이스 샐턴Lewis Salton도 이 업계에 뛰어들었다. 그는 아버지가 수집한 한 장의 영국 우표로 시작해

브롱크스Bronx에 가전회사를 세웠다. 이 회사는 전자레인지의 초기 형태인 샐턴핫레이Salton Hotray를 선보였고, 요즘은 조지포먼그릴 George Foreman Grill을 판매한다.

하지만 누구도 미국의 주방을 처음으로 정복한 모리스-포페일 가문에 필적할 수는 없었다. 그들은 큰돈을 벌었고 서로의 아이디어를 훔쳤으며 밤늦도록 양파를 쉽게 자를 수 있는 방법을 고민했다. 활기차고 현명했던 그들은 제품개발과 마케팅을 분리하던 당대의 방식과 달리, 그 2가지가 불가분의 관계에 있다고 생각했다. 상품성이 좋으면 저절로 팔리게 마련이었다. 그들 중에서 단연 돋보인 사람은 론 포페일이다. 그는 아버지에게 버림받고 광야로 쫓겨났다가 거부가 되어 돌아온 요셉 같은 인물이었다. 또한 거리에서 텔레비전으로 진출한 선구자이기도 했다.

모리스-포페일 가문이 만든 많은 주방기구 중에서도 특히 쇼타임 로티세리는 독창적인 디자인과 대중적인 상품성으로 제품과 마케팅이 불가분의 관계라는 이들의 신념을 완벽하게 대변한다. 더구나 이 소형 훈제기는 39.95달러씩 4회 분납으로 살 수 있다는 장점 때문에 가격 대비 가치로 따져 역대 최고의 주방기구로 손꼽힌다.

꿈의 아이디어

60대 중반에 접어든 론 포페일은 우람한 상체와 당당한 풍채를 자랑한다. 뒷마당에 아보카도와 텃밭이 있는 베벌리힐스Beverly Hills의 목조 단층집에 사는 그는 하루에 한두 번 동네 식료품점에서 생선이나 고기를 산다. 특히 그는 일반 슈퍼마켓에서 1달러 49센트에 팔고 있는 닭고기를 99센트에 파는 코스트코를 선호하며 자신이 구입한 식재료를 가지고 직접 주방으로 향한다. 콜드워터Coldwater 계곡이 내려다보이는 그의 집 주방에는 다양한 조리기구와 1,500개의 올리브오일 병, 그리고 한쪽 구석에 가족을 그린 유화가 걸려 있다.

지난 30년간 론은 방탄유리용 소재로 만든 베어링을 장착한 론코 전기 건조기, 포페일 자동 파스타 및 소시지 제조기를 비롯한 일련의 주방기구를 발명했다. 2000년 8월, 그는 갑자기 쇼타임 로티세리의 후속제품에 대한 영감을 얻었는데, 그때 그의 오른팔인 앨런 배커스Alan Backus는 필요한 재료만 넣으면 몇 분 만에 반죽을 만들 수 있는 반죽기를 개발하고 있었다.

최근에 그는 베벌리힐스 호텔의 폴로 라운지에 앉아 당시의 일을 들려주었다.

"앨런은 대량 주문을 받으러 한국에 가 있었습니다. 나는 한국 시간으로 새벽 2시에 전화를 걸어 앨런을 깨웠죠. 그리고는 대뜸 '앨런, 반죽기 건은 일단 중지해. 자세한 얘기는 나중에 할게. 다른 프로젝트를 먼저 해야 해' 하고는 전화를 끊었습니다."

그가 말한 다른 프로젝트란 실내에서 고기 냄새를 풍기지 않고 훈제를 할 수 있는 기구를 의미했다. 그의 집 현관에는 1년 전에 만든 복잡한 구조의 실내 훈제기가 있었는데, 그는 거기에 닭고기를 넣고 요리를 시작했다.

"훈제기로 조리한 닭고기로 만든 샌드위치는 그때까지 맛본 것 중에 최고였어요. 글래드웰 씨, 훈제 칠면조샌드위치나 훈제 닭고기 샌드위치를 얼마나 자주 먹나요? 최소한 반년에 한 번은 먹을 겁니다. 훈제 연어는요? 아마 더 자주 먹을 겁니다. 석 달에 한 번 정도쯤 되겠지요. 훈제 돼지갈비는요? 어떤 식당에서 먹느냐에 따라 달라지겠지요. 훈제 소시지도 마찬가지일 겁니다. 당신은 이처럼 훈제요리를 꽤 자주 먹지만, 집에는 아마 훈제기가 없을 거예요."

쇼타임 로티세리에 대한 아이디어도 같은 방식으로 찾아왔다. 론은 코스트코에 있다가 사람들이 훈제 닭고기를 사려고 길게 줄을 서 있는 광경을 보았다. 그들은 훈제요리를 즐겼지만, 가정용 훈제기를 갖고 있는 사람은 없었다.

집으로 돌아온 론은 배커스와 의논했고 그들은 유리 수조와 모터, 발열선, 쇠꼬챙이, 그리고 다른 부품들을 구입해 연구를 시작했다. 론은 칠면조를 요리할 수 있되 주방 조리대 위에 놓아도 좋을 만큼 작은 크기를 원했다. 또한 그는 온도조절 장치를 빼고 싶어 했다. 계속 껐다 켜기를 반복하면 고장이 잦은 데다 골고루 바삭바삭하고 보기 좋게 굽는 일이 불가능했기 때문이다. 여기에다 쇠꼬챙이를 수직이 아니라 수평으로 설치해야 했다. 수직으로 설치하면 윗부분이 마르는 것은 물론 육즙이 아래로 빠져나갈 것이 뻔했다.

특허 변호사 로드릭 도먼Roderick Dorman은 가끔 주방에서 대여섯 가지의 시제품을 늘어놓고 연구하는 론을 지켜보기도 했다. 론은 제품별로 닭고기를 요리해 육질과 색깔을 비교했다. 또한 회전방식을 조절해 케밥(얇게 썬 양고기를 긴 꼬치에 꿰어 숯불에서 돌리며 굽는 터키의 전통요리)의 속까지 겉만큼 갈색으로 구울 수 있는 방법을 연구했다.

이러한 과정을 거친 쇼타임 로티세리는 동급 제품 중에서 가장 강력한 모터와 청소하기 쉬운 세라믹 받침쟁반을 갖췄고 1미터 높이에서 열 번을 떨어뜨려도 작동할 수 있게 만들어졌다. 론은 쇼타임 로티세리에 대해 20가지가 넘는 특허를 출원했는데, 그는 쇼타임 로티세리가 최고의 닭고기 요리를 만들 수 있다고 확신했다.

곧이어 론은 28분 30초짜리 정보성 광고방송을 만들었다. 청중을 모아놓고 스튜디오에서 찍은 이 방송은 1998년 8월 8일 처음으로 전파를 탔고 이후에도 새벽시간에 소규모 케이블방송에서 부자 되기 비법이나 지난 드라마와 함께 방영되었다. 반응은 엄청났다. 광고를 시작한 지 3년 만에 쇼타임 로티세리는 10억 달러가 넘는 매출을 기록했다.

그렇다고 론이 초점집단인터뷰를 실시하거나 시장조사, 연구개발, 홍보, 광고, 컨설팅을 위해 외부의 도움을 받은 것은 아니다. 그는 모리스-포페일 가문이 1세기 동안 해온 것, 다시 말해 모든 전문가가 아직 불가능하다고 말한 일을 했을 뿐이다. 그것은 새로운 제품에 대한 꿈을 실현하고 직접 판매에 나서는 것을 말한다.

"그는 빈 상자라도 팔 수 있어요"

론 포페일의 종조부 네이션 모리스는 영화배우 캐리 그랜트Cary

Grant와 많이 닮았다. 밀짚모자를 즐겨 쓴 그는 컨버터블을 몰았고 우쿨렐레(기타와 비슷한 현악기로 하와이에서 주로 사용한다)를 연주했으며 피아노로 작곡을 하기도 했다.

그의 회사는 애즈베리파크 근처에 있는 흰색 건물에 있었는데, 그곳의 작은 창고에서 테플론Teflon(음식이 들러붙지 않도록 프라이팬 등에 칠하는 물질)을 이용한 초기 발명이 이루어졌다. 의사 없이는 여행하지 않는 등 유별난 구석이 있던 그는 동생 알과 싸워 애틀랜틱시티로 떠나게 만들었고, 사업을 도와줘도 고마운 줄을 모른다는 이유로 조카 S. J. 포페일과도 심하게 다퉜다. 이들의 싸움은 결국 찹-오-매틱을 둘러싼 법정 공방으로 이어지고 말았다.

특수한 클러치 장치를 써서 W모양의 칼날이 회전하도록 되어 있는 찹-오-매틱은 각종 식재료를 자르는 데 이상적인 도구였다. 이를 모방해 모리스가 로토-찹Roto-Chop이라는 유사제품을 내놓자 S. J. 포페일은 특허권 침해로 삼촌을 고소했다. 그런데 공교롭게도 찹-오-매틱은 스위스 기업이 만든 블리츠해커Blitzhacker라는 제품과 비슷한 점이 많았다. 나중에 S. J. 포페일은 스위스 기업과의 특허권 분쟁에서 패했다.

1958년 5월, 두 사람은 가족이 지켜보는 가운데 트렌튼Trenton 법정에서 맞붙었다. 먼저 네이선 모리스가 원고 측 변호사 잭 도미닉Jack Dominik의 반대심문에 응했다. 도미닉은 조카의 제품을 베낀 행상인이라며 모리스를 몰아붙였는데 그때 갑자기 판사가 끼어들었다. 도미닉은 미출간된 원고에서 당시의 상황을 전하고 있다.

"판사는 손가락으로 모리스를 가리켰다. 그가 한 말을 아마 평생 잊을 수 없을 것이다. 그는 '나는 당신을 알아요. 당신은 행상인이에요. 거리에서 본 적이 있어요'라고 말했다. 그러자 모리스는 발끈하며 외쳤다. '아니오! 나는 제조업자요. 명망 높은 사람들의 자문을 받는 품위 있는 제조업자란 말이오!'(모리스는 함께 일하는 모든 사람이 명망이 높다고 말하고 다녔다) 모리스의 얼굴은 붉어졌고 판사의 얼굴은 더 붉어졌다. 판사는 휴정을 선언했다. 나중에 벌어진 일은 더욱 극적이었다. 모리스는 갑자기 심장마비를 일으켰는데 죄책감에 사로잡힌 S. J.는 흐느끼며 후회했다. 다음날 소송은 합의로 종결되었고 이후 모리스는 기적적으로 회복했다."

다른 가족과 마찬가지로 타고난 연기자였던 네이선 모리스는 마치 공연을 하듯 물건을 팔았다. 네이선의 조카 아치Archie의 말에 따르면 어느 날 오후 네이선이 잘 차려 입은 신사에게 온갖 주방기구를 하나씩 팔았다고 한다. 나중에 아치는 그 신사가 걸어가다가 가방에 가득 든 물건을 들여다보더니 쓰레기통에 모두 버리는 것을 보았다. 그만큼 모리스 가문의 장사수완은 뛰어났다. 론은 "내 조카들은 당신에게 빈 상자도 팔 수 있어요"라고 말했다.

모리스 가문에서 마지막까지 판매사업을 한 사람은 아널드 '나이프' 모리스다. 그는 칼을 능숙하게 다룬 덕분에 나이프라는 별명을 얻었다. 70대 초반으로 머리가 희끗한 그는 둥근 얼굴에 장난기가 가득하고 매우 활달하다. 그의 장기는 토마토를 반듯하게 자른 다음 칼날을 따라 나란히 세우는 것이다. 현재 그는 애즈베리파크 근처의 오션타운십Ocean Township에서 29년간 해로한 아내 필리스Phyllis 와 함께 산다. 얼마 전에 그는 내게 S. J. 포페일이 40여 년 전에 만든 다이얼-오-매틱을 홍보하는 시범을 보여주었다.

"토마토를 이렇게 자르는 사람이 얼마나 많습니까? 자칫 잘못하면 즙이 손을 타고 흐르지요. 다이얼-오-매틱을 쓰면 달라집니다. 그냥 토마토를 대고 밀기만 하세요."

그는 토마토를 고정기 밑에 끼우는 시늉을 했다.

"보세요! 여러분, 보세요! 여러분, 밀기만 하면 계속 나옵니다. 보세요! 씨 하나 흐트러지지 않고 모든 조각이 완벽하게 나옵니다. 이걸로 양배추 샐러드를 만들면 아주 좋습니다. 제 장모님은 양배추를 이렇게 잘랐지요."

그는 상상 속의 양배추를 몇 번 거칠게 잘랐다.

"저는 장모님이 자살하시려는 줄 알았습니다. 속으로 실수하지 않기만을 빌었지요. 오해하지 마세요. 저는 장모님을 사랑합니다. 도무지 알 수 없는 건 그 딸이지요. 이렇게 양배추를 반으로 자른 다음 쓱, 싹, 쉭 밀기만 하세요. 마치 국수처럼 잘립니다."

그 광경은 마치 일인극처럼 보였다. 차이가 있다면 그는 재미를 줄뿐 아니라 판매도 했다는 것이다. 아널드는 "판매자를 훌륭한 배우로 만들기는 쉽지만, 배우를 훌륭한 판매자로 만들기는 어렵습니다"라고 말했다. 판매자는 청중으로부터 박수와 돈을 모두 받아내야 한다. 그리고 엔터테이너에서 비즈니스맨으로 바뀌는 결정적인 순간을 자연스럽게 넘길 줄 알아야 한다.

50명의 청중 가운데 25명이 물건을 사려고 앞으로 나오면 뛰어난 판매인은 20명에게만 물건을 판다. 나머지 5명에게는 "잠깐만요. 보여드릴 것이 있습니다"라고 말한 다음 약간 내용을 바꿔 홍보를 반복한다. 그러면 남은 5명 주위로 다시 사람들이 모여든다. 결정적인 순간을 자연스럽게 넘기려면 기대감을 조성해야 한다. 이를 위해 아널드는 언제나 판매대 위에 파인애플을 두었다.

"40년간 사람들에게 파인애플을 자르는 법을 보여주겠다고 말했지만 한 번도 자른 적이 없어요. 판매자로 일하는 내 친구는 아예 모조 파인애플을 올려두기도 했지요. 왜 돈 아깝게 파인애플을 자릅니까? 그리고 파인애플을 자르고 나면 사람들이 몽땅 가버려요."

한번은 아널드가 판매자들을 고용해 코네티컷주의 지역축제에서 채소 절단기를 팔게 한 적이 있다. 그때 그들의 맥 빠진 모습에 화가 난 그는 직접 시범을 보이겠다고 나섰다. 판매자들은 그가 실패하기를 바랐다. 실제로 이전에 그 모델을 써본 적 없던 그는 채소를 형편없이 잘랐다. 그럼에도 그는 200달러어치나 팔아치웠다. 그는 미소 지으며 당시의 일을 회상했다.

"판매자들의 눈이 휘둥그레지더군요. 그들은 '이해할 수가 없네요. 당신은 이 절단기를 쓰는 법도 모르잖아요'라고 말했지요. 나는 '그래도 당신들보다 잘하는 게 하나 있지. 바로 사람들이 호주머니에서 돈을 꺼내게 만드는 일이야'라고 대답해줬어요. 모든 비밀은 거기에 있어요."

상품을 스타로 만드는 재능

1950년대 중반, 론 포페일은 시카고 맥스웰 거리의 벼룩시장에서 아버지가 만든 주방기구를 팔기 시작했다. 당시 열세 살이던 그는 매일 아침 5시에 시장에 가서 양파, 양배추, 당근, 감자를 수십 킬로그램씩 준비했다. 그런 다음 아침 6시부터 오후 4시까지 장사해서 하루에 최대 500달러까지 벌었다.

덕분에 십대 후반에는 보다 규모가 큰 지역축제에 진출한 데 이어 울워스Woolworth의 주요 지점에 자리를 잡았다.

그곳에서 찹-오-매틱과 다이얼-오-매틱을 팔아 백화점 소유주보다 더 많은 돈을 번 그는 몇 년 후 미시건 애비뉴 919번지에 있는 플레이보이 빌딩으로 옮겨갔다. 대학동창이자 첫 동업자인 멜 코리Mel Korey는 론이 울워스 매장에서 찹-오-매틱을 파는 모습을 처음 보았을 때 받은 인상을 전해주었다.

"그를 보고 있으면 저절로 빠져들 수밖에 없었습니다. 근처 빌딩의 비서들은 점심시간에 잘생긴 그를 보려고 일부러 찾아왔죠. 그는 거침없이 물건을 팔았고 사람들은 계속 몰려들었습니다."

몇 년 전, 론의 친구이자 미라지리조트Mirage resorts의 설립자인 스티브 윈Steve Wynn이 수감 중이던 마이클 밀켄Michael Milken(정크본드의 황제, 내부거래 혐의로 복역함)을 면회했다. 때마침 면회실에 있던 텔레비전에서 론의 광고방송이 흘러나왔다. 론은 "이 상품의 가격은 200달러도 190달러도 180달러도 170달러도 160달러도 아닙니다"라고 말했다. 이는 가격을 제시할 때 흔히 쓰는 수법이다. 원래 판매자는 처음에 일부러 가격을 높게 잡아 실제가격이 싸게 보이도록 만드는 수법을 즐겨 쓴다. 그런데 론은 묘하게도 저항할 수 없는 기대감을 자아냈다. 미국에서 이윤에 대해 누구보다 잘 아는 원과 밀켄조차 론이 가격을 낮출 때마다 "그만해, 론! 거기서 멈춰!"라고 소리쳤다.

론은 최고의 판매자일까? 40여 년 전, 매사추세츠 지역축제에서 칼을 팔던 론과 아널드는 이 의문에 대해 답을 찾고자 했다. 그 당시 나름대로 판매에 일가견이 있던 프로스티 위숀Frosty Wishon이 세 번째 경쟁자로 끼어들었다. 론은 그때의 재미있는 일화를 들려주었다.

"프로스티는 옷을 잘 입고 말을 잘하는 뛰어난 장사꾼이었어요. 그는 자기가 최고라고 생각했죠. 그때 내가 축제가 열리는 열흘간 돌아가면서 장사를 한 뒤 얼마나 팔았는지 서로 비교해보자고 제안했어요."

이 승부의 결과는 지금도 모리스-포페일 가문의 전설로 남아 있다. 론은 아널드를 이겼지만 그 차이는 몇 백 달러에 불과했다. 반면 프로스티는 두 사람에 비해 절반밖에 팔지 못했다. 축제가 끝난 뒤 프로스티는 론에게 "살아 있는 동안 절대 당신과 함께 일하지 않을 거요"라고 말했다고 한다.

프로스티는 분명 나름대로 매력과 수완을 갖춘 사람이었지만 론과 아널드를 당하지는 못했다. 그는 자신이 두 사람보다 유명하지 않아서 진 거라고 생각했다. 하지만 이 생각에는 모순이 있다. 마이클 조던이 맥도날드 햄버거를 홍보할 때는 마이클 조던이 스타다. 그러나 론과 아널드가 찹-오-매틱을 홍보할 때는 찹-오-매틱이 스타다. 그들에게는 상품을 스타로 만드는 재능이 있었던 것이다.

실제로 찹-오-매틱은 채소를 자르고 다지는 다양한 방식을 선보여 요리법에 대한 기존의 고정관념을 깨뜨린 혁신적인 제품이다. 대부분의 혁신이 그렇듯 찹-오-매틱은 과거의 요리법에 강펀치를 날렸다. 대체 어떻게 해야 사람들이 과거의 요리법을 버리도록 설득할 수 있을까? 단순히 환심을 사거나 진심을 담아 호소하는 것으로는 부족하다. 또한 파는 사람의 매력 혹은 유명세에 기대는 것으로도 불가능하다. 소비자에게는 한두 번이 아니라 서너 번에 걸쳐 매번 약간씩 내용을 바꿔 신제품을 설명해야 한다. 나아가 신제품의 작동방식과 원리를 정확히 보여주고 활용법을 알려줘 따라하게 만든 다음, 혁신적이면서도 사용하기 쉽다는 역설적인 사실을 내세워야 한다.

30여 년 전, 당시만 해도 혁신적인 제품이던 비디오카세트가 시장에 등장했다. 비디오카세트가 있으면 방송시간에 구애받지 않고 프로그램을 녹화해서 볼 수 있었다. 그러나 비디오카세트를 녹화용으로 쓰는 사람은 드물었다. 녹화용 기기로 제대로 홍보된 적이 없었기 때문이다. 누구도 소비자에게 녹화하는 법과 그 활용법을 서너 번에 걸쳐 단계별로 설명하지 않았다. 제조사들은 단순히 사용설명서가 든 제품 상자를 건넸을 뿐이다. 장사하는 법을 아는 사람은 그런 방식에 한계가 있다는 사실을 안다.

론은 내게 진정한 홍보가 무엇인지 보여주었다. 얼마 전 우리는 O. J. 심슨 재판을 소재로 삼은 영화에서 로버트 샤피로Robert Shapiro 역할을 맡은 론 실버Ron Silver와 저녁을 먹었다. 론 실버는 샤피로처럼 보이려고 윗머리를 밀어올린 상태였는데 앞머리가 약간 벗겨져 있었다. 그 모습을 본 론 포페일은 "GLH를 쓰세요. 한결 나아보일 겁니다. 촬영할 때는 그냥 씻어내면 돼요"라고 말했다. GLH는 론이 개발한 제품으로 탈모된 부분을 감추는 스프레이였다. 일반적인 판매자라면 이 이야기를 들려주는 선에서 그쳤을 것이다.

그때 우리는 쇼타임 로티세리에 대한 이야기를 나누던 중이었다. 뒤쪽의 조리대 위에는 돼지갈비를 굽는 쇼타임이 있었고 앞에는 파스타 조리기가 돌아가고 있었다. 론은 제품 이야기를 꺼내놓고 그 사용법을 직접 보여주지 않을 사람이 아니었다. 요리에 쓸 마늘을 튀기던 그는 재빨리 건너편에 있는 테이블로 걸어가며 말했다.

"사람들은 항상 GLH라는 이름을 어떻게 지었는지 물어요. 내가 지어낸 겁니다. 멋져 보이는 머리Great-Looking Hair의 줄임말이죠." 그는 테이블에서 GLH를 하나 집어 들었다. "9가지 색상이 있어요. 이건 실버-블랙입니다." 그는 거울을 들고 머리 위로 각도를 맞췄다. "먼저 주변부터 뿌려야 해요." 그는 통을 흔든 다음 정수리 부위에 뿌리면서 말을 이어나갔다. "그 다음에 필요한 부위에 뿌립니다." 그는 머리가 빠진 부분을 가리켰다. "바로 여기 말이죠. 됐어요. 이제 말리면 됩니다. 단 솔질을 잘 해줘야 해요." 그는 열심히 솔질을 했다. 그러자 순식간에 머리가 빠지지 않은 모습으로 바뀌었다. 그는 놀라는 내 모습을 보고 웃었다.

"처음 본 사람들은 모두 감탄하죠. 직접 써본 사람들도 마찬가지고요. 밖으로 나가서……"

그는 이 대목에서 내 팔을 붙잡고 밖으로 이끌었다.

"햇빛을 받으면 머리가 빠진 부분이 있는지 전혀 알 수 없어요. 진짜 머리카락처럼 보이죠. 하지만 알고 보면 스프레이예요. 정말 놀랍죠. 더구나 이것은 일반 샴푸로 쉽게 지울 수 있어요. 이 제품이 꼭 필요한 사람이 누군지 알아요? 앨 고어예요. 어떤 느낌인지 궁금하지 않아요?"

론은 나를 향해 뒤통수를 기울였다. 나는 감탄사를 연발하며 머리를 들여다보았다. 론은 거기서 만족하지 않았고 기어이 뒤통수를 만져보게 했다. 만져보니 감촉도 실제 머리카락 같았다.

그 제품은 왜 날개 돋친 듯 팔렸을까

론 포페일은 네이선 모리스의 장사수완만 물려받은 것이 아니었다. 그는 S. J. 포페일의 아들이기도 했다. 이 사실은 쇼타임 로티세리의 성공을 설명하는 데 아주 중요하다. S. J.는 시카고 중심가의 방 10개짜리 아파트에서 살았고 운전기사가 모는 캐딜락 리무진에 앉아 당시만 해도 보기 힘들던 카폰을 자랑하느라 "지금 차에서 전화하는 거야"라고 말하곤 했다.

그가 주변 사람에게 했던 말을 살펴보면 그의 철학을 알 수 있다.

그는 변호사에게 "그쪽에서 심하게 몰아붙이면 고소해버려"라고 했고, 아들에게는 "얼마나 쓰느냐가 아니라 얼마나 버느냐가 중요해"라고 했다. 그리고 히트상품이 된 휴대용 낚싯대의 효용성을 의심하는 설계자에게는 "이건 쓰는 상품이 아니라 선물하는 상품이야"라고 말했다.

1974년, 그의 아내 엘로이즈Eloise는 S. J.를 죽이려고 2명의 살인 청부업자를 고용했다. 그중 한 명의 이름이 공교롭게도 미스터 필러 Mr. Peeler(껍질 벗기는 사람이라는 뜻)였다. 당시 그녀는 두 딸, 그리고 서른일곱 살의 기계공 남자친구와 함께 뉴포트비치Newport Beach에 있는 포페일 소유의 집에서 살았다. 엘로이즈에 대한 재판에서 S. J.는 아내의 남자친구에 대한 질문을 받고 "아내를 떼어내줘서 좋았습니다"라고 대답했다. S. J.는 그런 사람이었다. 그러나 그는 11개월 후에 출소한 엘로이즈와 재혼했다. S. J.는 그런 사람이기도 했다. 과거에 그와 함께 일했던 동료의 말에 따르면 그는 한마디로 '이상한 사람'이었다.

S. J. 포페일은 아이디어가 떠오르면 닥치는 대로 실험을 했다. 한밤중에 일어나 탁자 위의 종이에 무언가를 정신없이 스케치하는 일도 많았다. 또는 주방에 몇 시간씩 틀어박혀 난장판을 만든 다음 명한 얼굴로 나오기도 했다. 그는 기계공 뒤에 서서 어깨너머로 시제품 만드는 모습을 지켜보는 것을 좋아했다. 그러한 열정으로 그는 1940년대 말과 1950년대 초에 플라스틱 제품에 매달려 정교하고 세련된 주방기구들을 만들었다.

시카고 박물관의 큐레이터, 팀 새뮤얼슨Tim Samuelson은 포페일 가문의 역사에 정통하다. 그는 포페일브라더스가 만든 도넛 제조기를 본 후부터 포페일에게 빠져들었다. 적색과 백색이 조화를 이루는 그 제품에서 아름다움을 느낀 그는 찬사를 아끼지 않았다.

"포페일브라더스에서 만든 플라스틱 밀가루 체도 아주 멋집니다. 그들은 대비되는 색을 사용하거나 투명한 플라스틱을 불투명한 플라스틱과 섞어 독특한 제품을 만들었습니다."

지금도 샐러드를 만들 때 찹-오-매틱을 쓰는 그는 포페일이 만든 제품의 섬세한 기능에 놀라움을 표시한다. 예를 들어 평범해 보이는 계란부침개용 주걱만 해도 손잡이를 쥐면 주걱 부분이 돌아가 쉽게 뒤집을 수 있다. 오랫동안 포페일브라더스에서 일한 설계자 월터 허브스트Walter Herbst는 S. J.를 이렇게 회고했다.

"그는 늘 전체적인 주제를 꺼내놓곤 했죠. 아침에 나를 찾아와 (그는 이 대목에서 S. J.의 거친 목소리를 흉내 냈다) '양배추를 더 쉽게 자르는 방법이 필요해'라고 말하는 식이었습니다. 그는 대단한 열정의 소유자였어요. 하루는 아침에 자몽을 먹다가 갑자기 무슨 생각이 났는지 전화를 걸더니 '자몽을 더 쉽게 자르는 방법이 필요해'라고 말하더군요."

그때 그들은 약간 간격을 둔 2개의 날을 달아 껍질 양쪽을 동시에 자르는 칼을 만들어보자는 아이디어를 떠올렸다.

"회사에서 조금 떨어진 곳에 작은 식료품점이 있었습니다. S. J.는 운전기사를 보내 자몽을 사오게 했죠. 처음에는 6개를 사왔습니다.

그 6개는 12개로 늘어났고 12개가 24개로 늘어나더니 나중에는 하루에 3~40개씩 잘라댔습니다. 그 식료품점 주인은 아마 우리가 무슨 짓을 하는지 궁금했을 겁니다."

S. J. 포페일의 최고 발명품은 1960년에 출시된 벡-오-매틱이다. 이것은 모터가 달리지 않은 만능 절단기로 핵심은 테플론 코팅이 된 2개의 원형 틀에 달린 가늘고 날카로운 칼날이다. 일리노이주 우드스톡Woodstock에서 특별한 알루미늄으로 제작한 이 칼날은 2개의 원형 틀 위아래로 겹쳐졌고, 위쪽 원형 틀을 맞추는 방식에 따라 얇게 썰거나 네모로 썰 수 있었다. 원형 틀은 예쁜 플라스틱 받침대에 설치되었고 위에는 채소를 눌러주는 손잡이가 달려 있었다. 한마디로 벡-오-매틱은 뛰어난 기술로 만들어진 제품이었다. 특히 채소를 누르는 힘을 견딜 수 있는 튼튼한 칼날은 특허를 받았지만 판매에 어려움이 있었다.

당시 포페일브라더스의 판매원들은 하루에 쓸 채소를 갖고 나가 시연을 하며 판매했다. 문제는 벡-오-매틱의 성능이 너무 좋아 채소를 감당하기가 어려웠다는 데 있었다. 포페일브라더스가 계산한 바에 따르면 벡-오-매틱은 1분에 120개의 삶은 계란 조각, 300개의 오이 조각, 1,150개의 감자 조각, 3,000개의 양파 조각을 만들 수 있었다. 이전만 해도 이것은 하루 동안 쓸 수 있는 양이었다. 결국 수지타산을 맞추려면 한 번에 100명이 아니라 10만 명 정도를 상대해야 했다. 그렇다면 텔레비전으로 진출하는 수밖에 없었다. 이러한 사실을 처음으로 간파한 사람이 바로 론 포페일이다.

1964년 여름, 론 포페일은 벡-오-매틱을 출시하자마자 멜 코리와 함께 론코를 세웠다. 이때 500달러를 들여 2분짜리 벡-오-매틱 광고를 찍은 그들은 지역 백화점에 전화를 걸어 재고를 떠안는 조건으로 벡-오-매틱의 입점을 부탁했다. 곧이어 그들은 지역 방송국을 찾아가 광고단가가 가장 낮은 시간대를 2~3주일치 사들였다. 이제 남은 것은 제품이 잘 팔려나가기를 바라는 것뿐이었다.

벡-오-매틱의 도매가는 3.42달러, 소비자가는 9.95달러였다. 반면 재고를 떠안는 조건으로 매장에 넘기는 가격은 7.46달러였다. 따라서 그들에게는 개당 4달러 정도의 여유자금이 있었다. 예를 들어 텔레비전 광고에 100달러를 썼을 경우 25개를 팔아야 본전이 되는 셈이었다. 물론 P&G는 텔레비전 광고만으로도 쉽게 주방용품을 팔수 있었다. 그러나 낯선 채소 절단기를 들고 나온 20대 초반의 젊은 이들은 성공 여부가 불투명했다. 그들은 과감하게 도박을 감행했고 놀랍게도 성공을 거두었다. 당시의 이야기를 들려주는 코리는 여전히 상기된 모습이었다.

"몬태나에 있는 한 상점을 찾아갔던 기억이 나네요. 상점이라고 해봐야 대부분 주점인 데다 3층 건물도 드물던 시절이었지요. 주민은 2만 7,000명에 불과했고 텔레비전 방송국은 하나뿐이었어요. 벡-오-매틱을 들여놓으라고 설득했더니 손님이 많지 않기 때문에 한 박스만 받겠다고 하더군요. 그 다음으로 방송국을 찾아갔습니다. 건물은 낡았고 유일한 영업담당자는 말귀를 알아듣지 못했어요. 어쨌든 방송 일정을 잡았는데 5주일간 광고하는 비용이 350달러였습니다. 그때는 여섯 박스 정도(174개)만 팔았으면 좋겠다고 생각했죠. 그런데 어느 날 몬태나 상점에서 전화가 왔습니다. 한 박스를 다 팔았으니 여섯 박스를 더 보내달라는 거예요. 다음주 월요일에 또 전화가 오더군요. 이번에는 주문이 150개나 밀렸다는 겁니다. 당장 여섯 박스를 더 보내주었죠. 그 후에도 며칠마다 전화가 걸려왔습니다."

코리는 지금도 그때의 일을 믿기 어렵다고 말한다.

"그 도시의 전체 가구가 얼마나 될까요? 잘해야 7,000이나 8,000가구일 겁니다. 그런데 5주일 만에 2,500개나 팔았어요!"

벡-오-매틱은 왜 날개 돋친 듯 팔렸을까? 우선 소비자가 채소를 더 쉽게 자를 수 있는 상품을 원했다. 나아가 벡-오-매틱은 매체(텔레비전)와 메시지(상품)를 완벽하게 결합시켰다. 사실 벡-오-매틱은 매우 단순한 상품이었다. 감자를 틀 위에 놓고 누르기만 하면 감자튀김을 만들 준비가 끝났다. 버튼을 누를 필요도 없었고 숨겨진 복잡한 장치도 없었다. 2분간 쓰는 법을 보여주면 낯선 신제품에 대한 두려움은 금세 사라졌다. 여기에다 채소를 자르는 제품에 카메라를 고정시키기만 해도 단박에 시청자들의 주의를 끌 수 있었다. 결국 텔레비전은 최고의 판매자보다 더 효율적으로 제품을 스타로 만들었다.

단순한, 아주 단순한 성공원리

론 포페일은 쇼타임 로티세리를 위한 광고방송의 첫 부분에서 자신이 아니라 요리 중인 고기와 채소를 보여주었다. 스타는 자신이 아닌 제품이라는 교훈을 잊지 않았기 때문이다. 장면마다 '맛있는 닭고기, 육즙이 많은 오리고기, 입에 침이 고이게 하는 돼지고기' 같은 내레이션이 흘러나왔다.

그 뒤에 편안한 차림으로 등장한 론은 기존의 바비큐 기계는 너무 지저분하고 사용하기 번거롭다는 점을 지적했다. 이어 쇼타임의 문이 얼마나 튼튼한지 증명하려고 망치로 때린 다음, 능숙한 솜씨로 닭고기를 쇠꼬챙이에 꿰어 훈제기에 집어넣었다. 연어나 돼지갈비도 같은 과정으로 요리했다. 그동안 카메라는 쉼 없이 움직이며 쇼타임을 작동하는 그의 손을 보여주었다. 론은 차분한 목소리로 시청자들을 다음 단계로 이끌었다.

"제가 할 일은 이렇게 밀어 넣는 것뿐입니다. 아주 쉽게 들어가지요. 제가 좋아하는 허브와 양념을 조금 뿌려볼까요? 이제 밀어 넣기만 하면 됩니다. 여기 유리문을 올리고 1시간 약간 넘게 조리시간을 맞춘 다음…… 그냥 잊고 있으면 됩니다."

이런 방식이 효과를 발휘한 이유는 무엇일까? 벡-오-매틱과 마찬가지로 쇼타임은 제품 자체가 스타가 되도록 설계되었기 때문이다. 론은 처음부터 전면에 유리문을 달고 약간 뒤로 경사지게 만들어 안에서 돌아가는 고기가 최대한 잘 보이도록 만들었다. 앨런 배커스의 말에 따르면 쇼타임의 첫 번째 버전이 나왔을 때 론은 고기가 골고루 잘 익어야 한다는 점에 집착했다고 한다. 첫 번째 버전의 경우 쇠꼬챙이가 분당 네 번 회전했는데, 론은 주방에서 최적의 회전속도를 찾아낼 때까지 연달아 닭고기를 구우며 실험했다. 그가 찾아낸 최적의 회전속도는 분당 여섯 번이었다.

MBA 출신은 초점집단인터뷰 보고서를 내세우며 론코가 파는 것은 편의성과 건강한 삶이며, 고기를 고르게 익히려고 수십만 달러를 들여 생산라인을 조정하는 것은 멍청한 짓이라고 주장할지도 모른다. 그러나 론은 고르게 익은 고기의 모습이 중요하다는 사실을 알았다. 제품설계는 모든 면에서, 시연하는 동안 제품의 우수성을 명백하고 효과적으로 보여주는 방향으로 진행해야 했다. 제품이 멋지게 보일수록 판매하기가 훨씬 쉽기 때문이다.

만약 론이 비디오카세트를 개발했다면 광고방송에 적합하도록 설계 자체를 바꿨을 것이다. 가장 먼저 디지털시계를 내던질 것 같다. 소비자가 맞출 때까지 깜박이는 시계는 짜증을 유발하는 대표적인 예다. 테이프는 안에 숨기는 방식이 아니라 로티세리 안에서 돌아가는 닭고기처럼 잘 보이도록 노출시켰을 것이 분명하다. 조작 버튼은 더 커지고 눌렀을 때 경쾌한 소리가 나며 녹화는 명확한 단계에 따라 설정한 후 잊을 수 있도록 만들지 않았을까? 디자인도 검은색의 얇은 상자모양이 아니라 적색과 백색, 투명한 소재와 불투명한 소재, 플라스틱과 알루미늄을 섞어 눈에 잘 띄게 하지 않았을까? 론이라면 그럴 가능성이 매우 크다. 나아가 텔레비전 밑이 아니라 위에 놓아 친구가 방문하면 즉시 알아보고 "와우, 론코 테이프-오-매틱이네!"라고 말하도록 했을 것이다.

전통을 초월하다

론 포페일은 행복한 유년시절을 보내지 못했다. 그는 내게 "어릴 때 감자를 구워먹던 기억이 나네요. 아마 네댓 살 무렵일 겁니다. 너무 배가 고파서 감자를 허겁지겁 먹었어요"라고 말했다. 내가 그의 주방에서 막 쇼타임으로 구운 돼지갈비를 먹고 난 후였다. 그는 대개 손을 놀리고 식재료를 자르고 이리저리 왔다 갔다 하면서 쉼 없이 움직였다. 그러나 옛날이야기를 할 때는 움직이지 않았다.

론의 부모는 그가 아주 어릴 때 헤어졌다. S. J.는 시카고로 갔고 어머니는 떠나버렸다. 그와 형인 제리는 뉴욕 북부에 있는 기숙학교로 갔다.

"어머니는 한 번 본 기억이 납니다. 아버지는 열세 살 때 시카고로 이사하기 전까지 본 적이 없어요. 기숙학교 시절에 대해 기억나는 것은 다른 아이들의 부모가 찾아오는 일요일에 우리 부모님은 한 번도 찾아오지 않았다는 겁니다. 나는 부모님이 오지 않을 줄 알면서도 학교 밖으로 나가 길을 바라보았어요. 멀리서 들어오는 차에 부모님이 타고 있길 빌면서 눈물을 흘리며 길 위에 서 있었죠. 하지만 한 번도 찾아오지 않았어요. 기숙학교 시절에 대한 기억은 그게 전부예요."

이 말을 하는 동안 그는 미동도 하지 않았다.

"평생 생일파티를 해본 적이 없습니다. 조부모님이 우리를 데리고 플로리다주로 이사한 기억이 납니다. 할아버지는 나를 침대에 묶어두곤 했지요. 왜냐고요? 내가 머리를 침대에 마구 찧는 버릇이 있었거든요. 왜 그랬는지 나도 잘 모르겠어요. 어쨌든 나는 사지를 벌린 채 침대에 묶여 있었어요. 내가 몸부림을 치면 할아버지가 와서 나를 두들겨 팼습니다."

그는 이 대목에서 잠시 멈추었다가 계속 말을 이어갔다.

"할아버지를 한 번도 좋아한 적이 없습니다. 어머니나 외가 쪽 친척은 아예 몰랐어요. 그게 다예요. 딱히 다른 기억이 없네요. 다른 일은 다 잊었어요."

론은 열세 살 때 조부모와 함께 시카고로 온 후, 아버지가 없는 주말에만 포페일브라더스 공장에서 일했다.

"점심시간에 캔에 든 연어와 흰 빵만 먹고 일했어요. 아버지와는 함께 산 적이 없어요. 조부모님하고 쭉 같이 지냈습니다."

그가 판매자로 일하게 되었을 때 S. J.는 아들에게 신용한도를 늘려주는 단 하나의 특혜만 주었을 뿐이다. 멜 코리는 론과 함께 S. J.의 아파트에 갔던 일을 들려주었다.

"론이 들어섰을 때 S. J.는 침대에 누워 있었습니다. 그가 '론이냐?' 하고 묻더군요. 론은 '예'라고 대답했지요. S. J.는 나와 보지도 않았어요. 다음날 아침에도 론은 아버지 얼굴을 보지 못했어요."

나중에 자기 사업을 시작한 론은 포페일브라더스의 경계를 받았다. 당시 사원의 말에 따르면 론은 포페일브라더스 공장에 발을 들여놓지도 못했다고 한다. S. J.는 철저하게 사업적으로만 론을 대했고 론은 아버지와 인간적인 대화를 나눈 적이 없었다.

아버지와 같은 사업에 뛰어든 론은 아버지를 따라 인생을 살았다. 그는 아버지와 같은 태도로 치열하게 주방기구를 만들었고 아버지의 제품을 팔면서 사업을 시작했다. 그동안 그의 아버지는 어디에 있었을까? 코리는 안타깝다는 듯 머리를 흔들며 말했다.

"만약 두 사람이 힘을 합쳤다면 기적을 이룰 수도 있었을 겁니다. 전에 케이-텔K-tel과 협력 문제를 논의한 적이 있어요. 그쪽에서는 우리가 강력한 무기가 될 거라고 하더군요. 론과 S. J.가 손을 잡았다면 아마 엄청난 힘을 발휘했을 겁니다."

그렇지만 론은 아버지에 대해 섭섭한 감정을 전혀 드러내지 않았다. 그에게 영감을 얻게 해준 사람이 누구인지 물었을 때 처음으로 말한 사람은 친구인 스티브 윈이었다. 그리고 잠시 침묵하다가 "아버지"라고 덧붙였다. 론은 아버지의 모습에서 저항할 수 없는 가치를 지닌 전통을 발견했다. 나아가 그는 아버지가 만든 모든 주방기구보다 더 나은 쇼타임을 창조함으로써 그 전통을 초월했다.

하루는 아널드 모리스가 나를 시 외곽에 있는 유태인 묘지로 데려갔다. 그날은 비가 왔는데 묘지 관리인은 셔츠 차림으로 맥주를 마시고 있었다. 작고 녹슨 문을 지나 안으로 들어간 아널드는 "여기서 모든 것이 시작됐어요"라고 말했다. 넘치는 열정으로 숱한 드라마를 만든 일족이 거기에 묻혔다는 뜻이었다. 우리는 무덤 사이를 걷다가 한 구석에서 모리스 가문의 묘지를 발견했다. 네이선 모리스와 그의 아내 베티Betty의 묘가 나란히 있었다. 몇 줄 위에는 가문의 가장인 키더스 모리스 부부의 묘, 더 몇 줄 위에는 어빙 로젠블룸의 묘가 있었다. 그밖에 못된 짓을 했던 론의 조부모, 아들을 냉대한

S. J., 요절한 론의 형 등 모든 포페일 가문의 묘가 줄지어 자리 잡고 있었다. 아널드는 비석 사이를 느릿느릿 걷더니 갑자기 멈춰 서서 무거운 목소리로 말했다.

"아마도 론은 여기에 묻히지 않을 겁니다."

시간당 백만 달러 매출의 기적

어느 토요일 밤, 론 포페일은 홈쇼핑 채널 QVC의 본부에 도착했다. QVC 본부는 필라델피아 교외의 숲 속에 드넓게 자리 잡고 있었다. 론은 광고방송 외에도 가끔 QVC의 프로그램에 출연했다. QVC는 그날 자정부터 24시간 동안 여덟 번 생방송할 시간을 내주었고, 시작은 자정부터 1시까지 방송될 론코의 특별 방송이었다. 론은 론코의 건조기를 파는 것으로 가업에 발을 들여놓은 딸 섀넌 Shannon을 데려갔다. 두 사람은 하루 종일 번갈아가며 디지털 조그 다이얼jog dial(메뉴를 선택하거나 기능을 조절하는 편리한 수동 회전 다이얼)이 붙은 쇼타임의 새 기종을 팔 예정이었다. 검은색의 새로운 쇼타임은 그날만 129.72달러라는 특별가에 판매되었다.

론은 스튜디오에 18대의 신형 쇼타임을 설치했다. 로스앤젤레스에서 특급으로 보내온 충분한 양의 식재료도 준비되어 있었다. 그것은 7킬로그램짜리 칠면조 8마리, 72개의 햄버거, 8개의 양다리, 8마리의 오리, 50마리의 닭, 연어, 그날 아침 세 군데의 필라델피아 슈퍼마켓에서 구입한 소시지, 기타 양념이었다. QVC의 판매목표는 3만

7,000대로 금액으로는 450만 달러어치였다. 하루 판매량으로는 엄청난 양이었다.

다소 긴장한 듯한 론은 스튜디오를 바삐 돌아다니며 프로듀서와 카메라맨들에게 고함을 질렀다. 그는 훈제기에서 막 꺼낸 요리를 돋보이게 만들기 위해 미리 준비한 요리에 불만을 터트렸다. 으깬 감자 앞에서는 "이건 아니죠. 육즙을 더 끼얹어요"라고 말했다. 부담이 컸던지 약간 절뚝거렸고 피곤해 보였다. 나는 그가 어떻게 해낼지, 여전히 최고일지 몹시 궁금했다.

방송 시작 몇 분을 남기고 론은 스튜디오 옆의 대기실로 갔다. 그는 GLH를 두어 번 뿌린 다음 열심히 솔질을 했다. 곧이어 공동진행자 릭 도메이어Rick Domeier가 큰소리로 그를 찾았다. 요리복으로 갈아입은 론이 나타나자 카메라가 돌아가기 시작했고 그는 양다리를 잘라 안에 넣고 다이얼을 맞췄다. 그런 다음 바삭바삭하게 구워진 오리고기를 음미했다. 조리가 끝난 후 그는 최대 4시간 동안 은근한 열로 보온하는 새로운 기능을 소개했다. 이어 울워스에서 비서들을 사로잡았을 때처럼 자신감 넘치는 태도로 시청자들과 전화로 상담을 했다.

대기실에는 두 대의 모니터가 놓여 있었다. 첫 번째 모니터는 초 단위로 걸려오는 주문전화의 수를 그래프로 보여주었다. 두 번째 모니터는 총 판매액을 합산해서 나타내고 있었다. 론이 방송을 시작하자 사람들이 하나둘 모니터 주위로 모여들었다. 섀넌 포페일이 가장 먼저 모니터 앞에 자리를 잡았는데 그때 시간이 12시 40분이었다. 론은 스튜디오에서 아버지가 만든 다이얼-오-매틱으로 양파를 자르고 있었다. 섀넌은 두 번째 모니터를 보고 낮은 탄성을 질렀다. 40분 만에 판매액이 70만 달러를 넘어서고 있었던 것이다. 12시 48분에 QVC 간부가 들어왔고 판매액은 83만 7,650달러로 늘어났다. 그는 "세상에, 대단하네!" 하고 소리를 질렀다. 뒤이어 2명의 프로듀서가 들어왔다. 그중 한 명이 통화량을 보여주는 첫 번째 모니터를 가리키며 "팍팍 뛰네!"라고 말했다.

이제 몇 분밖에 남지 않았다. 론이 마지막으로 쇼타임의 장점을 강조하자 그래프가 급상승했다. 두 번째 모니터의 숫자는 알아볼 수 없을 정도로 순식간에 바뀌었다. 미국의 소비자들은 론의 이야기에 기꺼이 지갑을 열었다. 누군가가 놀란 목소리로 "이대로 가면 1시간 만에 100만 달러를 기록할 것 같네요"라고 말했다. 론이 최고라는 말을 듣는 것과 직접 눈앞에서 그 증거를 확인하는 것은 완전히 차원이 달랐다. 이윽고 문이 열리고 한 사람이 들어와 미소를 지었다. 그는 최고의 쇼타임 로티세리를 만들어 직접 판매까지 성공시킨 론 포페일이었다. 잠시 정적이 흐른 뒤 모든 사람이 일어나 환호성을 질렀다.

2000년 10월 30일

06 존 록의 잘못

피임약 개발자도 몰랐던 여성의 몸

종교와 과학이 피임을 만났을 때

1890년, 존 록John Rock은 매사추세츠주 말보로에 있는 무염시태無染始胎(성모 마리아가 다른 인간과 달리 원죄를 지니지 않고 세상에 태어났다고 보는 로마가톨릭의 교리 중 하나) 교회에서 세례를 받았다. 그리고 보스턴 교구의 윌리엄 오코넬William O'Connell 추기경이 주례를 보는 가운데 결혼식을 올린 그는 이후 5명의 자녀와 19명의 손자 손녀를 두었다.

성인이 된 그는 거의 매일 아침 7시에 브루클라인Brookline의 성모 마리아 성당에서 예배를 보았는데, 이 때문에 친구들은 그가 교회와 사랑에 빠졌다고 말했다. 아이러니하게도 이처럼 독실한 천주교도인 그는 피임약을 발명한 사람 중 하나다. 그렇지만 그는 신앙과 일 사이에 아무런 모순도 존재하지 않는다고 확신했다. 그는 자신의 생각에 동의하지 않는 사람에게 어린 시절에 사제에게 들었던 말을 들려주었다. 그가 사제에게 들은 말은 "존, 항상 네 양심을 지켜라. 절대 다른 사람의 말에 휘둘리지 마라. 그 사람이 누구든 말이야"였다.

성직자 프랜시스 W. 카니Francis W. Carney가 '도덕적인 강간범'이라 비판하고, 보스턴시티 병원의 산부인과 과장을 지낸 프레드릭 굿Frederick Good이 리처드 쿠싱Richard Cushing 대주교에게 파문을 요청했을 때도 록은 흔들리지 않았다. 피임약 판매가 승인되자 한 여성은 그에게 "나중에 창조주를 만날 일을 걱정해야 할 거예요"라는 내용의 편지를 보냈다. 그는 답장에서 "저는 주님께서 언제나 우리와 함께한다고 배웠습니다. 그래서 제 차례가 되면 굳이 해명할 필요가 없을 거라고 생각합니다"라고 응수했다.

1960년, 미국 식품의약국FDA은 피임약의 판매를 승인했고 이후 록은 온갖 매체에 모습을 드러냈다. 그는 CBS와 NBC에 출연했을 뿐 아니라 〈타임〉, 〈뉴스위크〉, 〈라이프〉, 〈새터데이이브닝포스트Saturday Evening Post〉와 인터뷰를 했다. 또한 쉼 없이 전국을 돌며 자신의 입장을 설명했고 《시간이 되었다: 피임을 둘러싼 논쟁을 끝내기 위한 천주교도 의사의 제안The Time Has Come: A Catholic Doctor's Proposals to End the Battle over Birth Control》을 썼다. 수많은 논란을 불러일으킨 이 책은 프랑스어, 독일어, 네덜란드어로 번역되었다.

192센티미터의 키에 야윈 록은 빈틈없이 예의를 갖추는 사람이었다. 그는 환자를 위해 문을 열어주었고 언제나 존칭을 썼다. 인구

위원회의 셸던 J. 시걸Sheldon J. Segal 박사는 "그는 위엄이 넘치는 분이었어요. 편한 자리에서도 넥타이를 빠트리는 법이 없었지요. 백발이 성성한 나이에도 꼿꼿한 자세를 잃지 않았어요"라고 했다. 록은 하버드 의대에서 30년 넘게 산과학을 가르쳤다. 그는 체외수정술과 정자 냉동보존술을 개척했고 최초로 수정란을 손상 없이 추출하는 데 성공했다. 피임약은 그의 최고의 업적이었다. 공동연구자 그레고리 핀커스Gregory Pincus와 장 밍줴Min-Cheuh Chang는 약리작용을 밝혔고 록은 임상실험을 주도했다.

로레타 맥러플린Loretta McLaughlin은 1982년에 쓴 록의 전기에서 "사람들이 원치 않는 임신을 막아주는 피임약의 효능을 받아들이는 데 그의 명성이 한몫했다"고 썼다. 판매 승인이 난 직후, 록은 FDA로 가서 안정성에 대해 증언했다. FDA의 시험관 파스퀘일 드펠리스Pasquale DeFelice는 조지타운 대학의 산과학 교수로 천주교도였다. 그는 천주교회가 절대 피임약을 인정하지 않을 거라고 말했다. 그 자리에 있던 그의 동료는 록이 침착한 표정으로 드펠리스를 바라보며 "젊은이, 천주교의 이름을 함부로 팔지 말게"라고 하는 말을 들었다. 하지만 천주교는 강경하게 대응했다. 1968년, 교황 바오로 6세는 〈인간생명Humanae Vitae〉이라는 회칙에서 먹는 피임약을 비롯한 모든 인위적인 피임법을 금지시켰다.

당시 거세게 일었던 피임 논쟁은 이제 과거가 되었다. 그러나 신앙과 일을 화해시키는 과정에서 잘못을 저질렀다는 단순한 사실 때문에 록의 존재는 여전히 중요한 의미가 있다. 물론 그것은 의도적인 잘못이 아니었고 그의 사후에 과학이 발달하면서 밝혀진 사실이다. 안타깝게도 그 '잘못'이 피임약의 성격과 효능, 의미에 대한 록의 생각을 결정지었다. 나아가 록의 그러한 생각은 피임약이 세상에 소개되는 방식에 큰 영향을 미쳤고, 피임에 대한 인식을 영원히 바꿔놓았다.

존 록은 피임약이 자연적인 피임 수단이라고 믿었다. 그렇다고 인체에 아무런 반응도 일으키지 않는 것은 아니었다. 초기 피임약은 지금보다 호르몬 함량이 훨씬 높았다. 그래도 록은 피임약이 자연적인 수단을 통해 효과를 발휘한다고 생각했다.

여성은 매달 특정한 기간에만 가임기를 맞는다. 배란이 끝나면 프로게스틴progestin(인체 내의 황체호르몬) 분비가 급증한다. 프로게스틴은 자궁을 착상상태로 만들고 난소가 새로운 난자를 배출하지 못하도록 막는다. 그래서 생리 전후에 안전한 기간이 생긴다. 그런데 임신이 되면 프로게스틴이 계속 분비된다. 그래야 새로운 난자의 배출을 막아, 이미 진행 중인 임신 과정을 방해하지 않기 때문이다. 다시 말해 프로게스틴은 천연 피임제다. 피임약은 프로게스틴을 알약 형태로 만든 것이다. 피임약을 복용하면 프로게스틴이 항상 유지되고 기간이 한정되지도 않는다. 피임약은 프로게스틴을 꾸준히 유지시켜 계속 배란을 차단하는 것이다. 피임약에는 자궁내막을 비롯해 다른 조직들을 안정시키는 에스트로겐이라는 호르몬도 함유돼 있다. 록에게 호르몬을 인위적, 복합적으로 투여하는 것은 문제가 아니었다. 중요한 사실은 피임약 성분이 인체에서 자연적으로 생성된다는 점이었다. 그는 그 사실에 엄청난 종교적 의미를 두었다.

1951년, 교황 비오 12세는 생식을 조절하는 '자연적' 수단이라는 근거로 생리주기법을 승인했다. 생리주기법은 정자를 죽이는 살정제나 자연적인 생식 과정을 방해하는 페서리pessary(정자가 자궁에 들어가지 않도록 막는 피임기구), 혹은 생식기관을 잘라내는 불임수술처럼 인위적인 방법이 아니다. 록은 생리주기법을 잘 알았다. 그는 1930년대에 최초로 생리주기법 클리닉을 열어 천주교를 믿는 부부들을 교육시켰다. 생리주기법은 프로게스틴이 분비되는 안전한 기간에만 성행위를 하도록 하는 것이다.

그런데 피임약은 프로게스틴을 통해 한 달 전체를 안전한 기간으로 만들었다. 피임약은 생식기관을 잘라내거나 자연적인 생식과정을 방해하지도 않았다. 록은 앞서 말한 책에서 "피임약이 안전한 기간을 만들어주는 수단으로 인정받을 것이며, 생리주기법과 같은 도덕적 평가를 받을 것"이라고 썼다. 록에게 피임약은 어디까지나 '자연의 부속물'이었다.

1958년, 교황 비오 12세는 생리통이나 자궁질환의 치료 목적으로만 피임약 사용을 승인했다. 이 조치는 록에게 더욱 용기를 주었다. 피임약을 단기간 복용하면 불규칙한 생리주기를 바로잡을 수 있었다. 그는 생리주기법을 성공적으로 실행하려면 생리주기가 규칙적이어야 하고, 교회가 생리주기법을 승인했으므로 생리주기법을 위해 피임약 복용을 허용해야 한다고 생각했다. 만약 그것이 가능하다면 논리를 한 단계 더 발전시키는 것도 가능했다. 연방판사 존 T.

누난John T. Noonan은《피임Contraception》에서 피임에 대한 천주교의 입장 변화를 정리했다.

"피임을 목적으로 생리주기를 규칙적으로 조절하기 위해 배란을 억제하는 일을 승인한다면, 생리주기를 근거로 들지 않는 다른 배란 억제법을 승인하지 못할 이유가 어디 있는가? 피임약에 생리주기법을 더해 임신을 막을 수 있다면 피임약만 사용하지 못할 이유가 무엇인가? 두 경우 모두 배란 억제가 수단으로 활용됐다. 생리주기법을 더한다고 해서 도덕적으로 달라지는 점이 있을까?"

이러한 주장은 난해하긴 하지만 피임약 발전에 중심적인 역할을 했다. 존 록과 그레고리 핀커스는 피임약을 4주일 주기로 복용하도록 만들었다. 3주일간 피임약을 먹고 4주일째에 약을 끊거나 위약(심리적 효과를 위한 가짜 약)을 먹어 생리를 하는 방식이었다. 사실 반드시 그렇게 해야 할 의학적 이유는 없었다.

가임기 여성의 생리주기는 약 28일이다. 자궁에 에스트로겐과 프로게스틴이 늘어나면 착상이 잘되도록 자궁내막이 두꺼워지고 부풀어 오른다. 만약 난자가 수정이 안 되면 호르몬 수치가 급감해 자궁내막이 생리로 배출된다. 그러나 피임약을 먹으면 배란을 억제하는 작용 때문에 난자가 배출되지 않는다. 또한 피임약은 난소의 활동을 억제하기 때문에 자궁내막을 두껍게 하는 에스트로겐과 프로게스틴의 분비가 크게 줄어든다.

록과 핀커스는 자궁내막에 미치는 영향이 미미해 몇 달간 생리를 할 필요 없이 피임약을 먹어도 된다는 사실을 알았다. 1958년 핀커스는 "생리를 억제하는 피임약의 능력을 감안하면 복용주기를 원하는 대로 설정하는 것도 가능하다"고 인정했다. 그러나 록과 핀커스는 여성들이 피임약을 보다 자연스럽게 받아들일 수 있도록 3주일 복용 후에 생리를 하는 방식을 택했다. 사실 피임약이 생리주기법의 자연적인 변형에 불과하다는 주장을 뒷받침하려면 매달 생리를 하게 만들 필요가 있었다. 생리주기법이 규칙성을 요구했기 때문에 피임약도 규칙성을 만들어내야 했던 것이다.

피임약은 쉽게 알아볼 수 있도록 번호가 새겨져 있는 작고 둥근 플라스틱 용기로 포장했다. 28일 주기를 물리적으로 구현할 생각이 없었다면 그런 용기를 쓸 이유가 있었을까? 록은 콤팩트와 분간하기 힘든 용기에 넣기 위해 둥근 포장을 사용했다고 말했다. 피임약은 지금도 둥근 포장으로 팔리고 있고 28일 주기로 복용한다. 종교적인 이유로, 피임 수단이 가능한 자연적인 성격에 가깝도록 만들려던 존 록의 의도가 여전히 반영되고 있는 셈이다.

이것이 존 록의 잘못이다. 그는 최대한 자연적인 성격을 부여해야 한다는 생각에 지나치게 집착했다. 그가 자연적이라고 생각한 것은 사실 자연적이지 않다. 그래서 그가 세상에 내놓은 피임약은 생각했던 것과 다른 성격을 지니게 되었다. 문제는 존 록의 생각 속에서 종교적 명령과 과학적 원칙이 서로 뒤섞여버렸다는 데 있다. 이제, 우리는 엉킨 실타래를 풀기 시작했다.

피임약의 진정한 가치

1986년 비벌리 스트라스만Beverly Strassmann이라는 젊은 과학자가 아프리카로 가서 말리의 도곤Dogon족과 함께 생활했다. 그녀가 머문 곳은 팀북투Timbuktu에서 남쪽으로 약 190킬로미터 떨어진 사헬Sahel지역의 산구이Sangui라는 작은 마을이었다. 사헬은 우기에는 풀이 우거졌다가 건기에는 불모지로 변하는 사바나였다. 도곤족은 반디아가라Bandiagara의 절벽지대에서 기장, 사탕수수, 양파를 기르고 가축을 키우며 흙벽돌로 만든 집에서 살았다. 그들은 피임을 하지 않았고 조상 대대로 내려온 전통과 종교를 따랐던 터라 생활방식이 여러 가지 면에서 고대인과 크게 다르지 않았다.

스트라스만은 전근대사회 여성의 생리生理를 파악하기 위해 도곤족 여성을 연구했다. 어떤 의미에서 그녀는 존 록과 천주교가 1960년대 초에 씨름했던 문제의 답을 구하려 한 것이나 다름없었다. 자연스러운 것을 정의하는 문제 말이다. 다만 그녀에게 자연스러움은 신학이 아니라 진화와 관련된 것이었다. 자연선택이 인간생태의 기본적인 패턴을 결정짓던 시기에 여성은 몇 명의 자녀를 두었을까? 생리주기는 어땠을까? 언제 초경과 폐경기를 맞았을까? 모유 수유가 배란에 미치는 영향은 무엇일까? 스트라스만 이전에도 이러한 질문에 대한 답을 구하려는 시도가 있었지만 한 번도 확실한 결론을 낸 적이 없었다.

미시건 대학에서 인류학을 가르치는 스트라스만은 호리호리한 체격에 목소리가 부드러웠다. 그녀는 말리에서 보낸 시간이 힘들면서도 재미있었다고 말했다. 그녀가 머문 집은 원래 양우리였다가 나중에 돼지우리로 바뀌었다. 화장실에는 작은 갈색 뱀이 살았는데 가끔 그녀의 목욕 의자에 똬리를 틀고 앉아 있기도 했다. 마을 사람들은 그 뱀이 독사인지 아닌지 확실하게 결론을 내리지 못했다. 그런데 다행히 나중에 독사가 아닌 것으로 밝혀졌다.

한번은 이웃에 살던 친구가 구운 쥐를 대접했다. 그녀는 백인은 쥐를 숭상하기 때문에 먹지 않는다는 핑계를 댔다. 그녀는 아직도 사지를 벌린 채 까맣게 그슬린 쥐의 모습을 생생하게 기억했다. 그녀는 원래 산구이에서 18개월간 지낼 예정이었다. 그러나 그곳에서의 경험이 너무 강렬하고 인상적이라 결국 2년 반을 머물렀다. 그녀는 "엄청난 특혜를 누린다는 생각이 들어 도저히 떠날 수가 없었다"고 말했다.

도곤족은 생리중인 여성을 마을 외곽에 있는 별도의 오두막에 격리시켰다. 산구이에는 그런 생리용 오두막이 두 채 있었다. 침대용 판자를 깐 좁고 어두운 그 오두막에서 최대 3명의 여성이 생활했다. 두 오두막이 꽉 차면 늦게 오는 여성은 바깥에서 지내야 했다. 스트라스만의 말에 따르면 그 오두막은 즐겁게 지낼 만한 공간이 아니었다. 여성들은 해질 무렵 들어갔다가 아침 일찍 일어나 물을 길러갔다. 스트라스만은 소변 샘플을 채취해 그곳에서 지내는 여성들이 생리중이라는 사실을 확인했다. 이어 그녀는 그 마을에 사는 모든 여성의 명단을 작성하고 736일간 오두막에서 지낸 내역을 기록했다.

도곤족 여성은 평균 열여섯 살에 초경을 하고 여덟아홉 번 출산을 했다. 초경부터 스무 살까지 1년에 일곱 번 생리를 했고 이후 스무 살부터 서른네 살까지 15년간 임신과 모유 수유가 반복되면서 생리를 1년에 한 번 정도밖에 하지 않았다. 그리고 서른다섯 살에서 폐경기인 쉰 살 무렵까지는 수정 능력이 급격히 떨어지면서 생리 횟수가 1년에 네 번으로 변했다. 전체적으로 도곤족 여성은 평생 100번 정도 생리를 했다(유아기를 무사히 넘긴 도곤족 사람은 대개 70~80세까지 살았다). 반면 현대의 서구 여성은 평생 350번에서 400번의 생리를 한다.

스트라스만의 사무실은 미시건 대학의 자연사박물관 옆 건물 지하에 있다. 그녀는 이야기를 하는 동안 찌그러진 서류함에서 색 바랜 차트들을 꺼내왔다. 각 장의 왼쪽에는 도곤족 여성들의 이름과 인식번호가 기록돼 있었다. 위쪽에는 30일 단위로 시간이 기록되었고 모든 여성의 생리는 X자로 표기됐다. 산구이 마을에는 2명의 불임여성이 있었는데, 그들은 생리용 오두막에 자주 가야 했다. 스트라스만은 그들의 기록을 찾아 "여길 봐요. 한 명은 2년간 스물아홉 번, 다른 한 명은 스물세 번 생리를 했어요"라고 말했다. 그녀들의 이름 옆으로 쭉 이어진 X자가 보였다. 스트라스만은 서류를 넘기며 이야기를 이어갔다.

"이 여성은 폐경기를 앞두고 있었는데 생리가 약간 불규칙했어요. 가임기를 맞이한 이 여성은 두 번 생리를 한 후 바로 임신했네요. 그 뒤로 한 번도 생리용 오두막에서 그녀를 본 적이 없어요. 이 여성은 아이를 낳은 후 20개월간 생리용 오두막에 가지 않았어요. 모유 수유를 했거든요. 도곤족 여성은 모유 수유를 할 때 평균 20개월간 배란이 되지 않았어요. 이 여성은 두 번 생리를 한 후 임신했다가 유산했어요. 그 뒤 몇 번 생리를 하고 다시 임신했어요. 이 여성은 연구 기간 동안 세 번 생리를 했고요."

스트라스만이 보여준 표에는 X자가 많지 않았다. 대부분의 칸은 비어 있었다. 그녀는 서류를 앞으로 넘겨 특이하게도 매달 생리를 한 두 여성의 기록으로 돌아갔다. 그녀는 "만약 미시건 대학 여학생들의 생리차트라면 모든 기록이 이렇게 되었을 겁니다"라고 했다.

그녀는 이러한 통계가 모든 토속부족에게 적용된다고 주장하지 않았다. 생리 횟수가 식생활이나 기후, 혹은 생활방식(가령 수렵이나 농경)의 영향을 그다지 받지 않는다고 믿기 때문이다. 오히려 그녀는 모유 수유나 임신 횟수 같은 요소가 더 큰 영향을 미친다고 생각했다. 다른 연구 결과도 그녀의 믿음을 뒷받침한다.

그녀는 100년 전에 임신 횟수가 줄어드는 '인구학적 전환'이 있기 전까지는 늦은 초경, 잦은 임신, 오랜 무생리 기간으로 구성되는 기본적인 패턴이 보편적이었다고 말했다. 다시 말해 우리가 정상이라고 생각하는 잦은 생리는 진화적 관점에서는 비정상이다. 스트라스만은 "부인과 의사들이 매달 생리를 해야 정상이라고 생각하는 건 유감스러운 일이예요. 그들은 생리의 진정한 성격을 몰라요"라고 말했다.

스트라스만과 진화의학자들에게 평생 생리 횟수가 100번에서 400번으로 늘어난 것은 대단히 중요한 의미를 지닌다. 이러한 사실은 여성의 몸이 진화가 아닌 다른 영향으로도 변할 수 있다는 것을 말해준다. 피임 분야의 세계적인 권위자 엘시마 쿠티노Elsimar Coutinho와 셸던 J. 시걸은 《생리는 쓸모없는가?Is Menstruation Obsolete?》라는 논쟁적인 책에서 소위 '지속적인 배란Incessant Ovulation'으로의 변화가 여성의 건강에 심각한 문제를 일으킨다고 주장했다. 그렇다고 무조건 생리를 적게 할수록 좋다는 뜻은 아니다. 특정한 상황에서 생리를 하지 않는 것은 문제가 된다. 가령 비만 여성이 생리를 하지 않으면 자궁암을, 운동선수가 생리를 하지 않으면 골다공증을 의심해봐야 한다.

쿠티노와 시걸은 지속적인 배란이 대부분의 여성에게 복통, 우울증, 두통, 자궁내막증, 자궁근종, 빈혈의 위험을 증가시킨다고 말한다. 특히 빈혈은 전 세계 여성들에게 만연해 있다. 가장 심각한 문제는 암 발병 위험이 크게 증가한다는 것이다. 암은 세포가 분열하고 재생하는 과정에서 과도한 증식을 막는 방어기제가 무너졌을 때 발생한다. 대체로 나이가 들수록 암 발병 위험이 높아지는 이유 중 하나가 여기에 있다. 오래 살면 세포가 실수할 시간이 그만큼 늘어나기 때문이다.

세포분열을 촉진하는 모든 변화는 암 발병 위험을 높이는데, 배란 횟수 증가는 그러한 변화 중 하나다. 배란 과정에서 난자는 말 그대로 난소벽을 뚫고 나온다. 이때 난소 세포는 상처를 치료하기 위해 분열과 재생을 거쳐야 한다. 여성이 임신할 때마다 난소암에 걸릴 위험은 10퍼센트 줄어든다. 왜 그럴까? 임신과 모유 수유 기간에 배란이 중지되면서 난소벽이 보호를 받기 때문이다. 자궁내막암의 경우도 마찬가지다. 생리를 할 때 자궁에 있는 에스트로겐이 자궁내막을 자극해 세포분열을 촉진한다. 생리를 자주 하지 않는 여성은 그에 따른 위험으로부터 상대적으로 자유롭다. 난소암과 자궁내막암은 특히 현대에 들어서서 많이 발병하고 있다. 그 이유 중 하나는 여성들이 평생 400번의 생리를 하게 되었기 때문이다.

그런 의미에서 피임약은 진정으로 자연적인 효과를 발휘한다. 피임약에 든 프로게스틴은 새로운 난자가 배출되지 않도록 막아 난소 세포가 분열하는 횟수를 줄여준다. 또한 프로게스틴은 에스트로겐의 작용을 무마해 자궁내막의 세포분열도 억제한다. 10년간 피임약을 복용하면 난소암 발병 확률을 약 70퍼센트, 자궁내막암 발병 확률을 약 60퍼센트 줄일 수 있다. 그러나 여기서 말하는 피임약의 '자연적'인 성격은 록이 의도했던 것과는 다르다. 그는 피임약이 몸의 작동방식을 크게 거스르지 않기 때문에 자연스럽다고 생각했다. 그러나 최근의 연구 결과에 따르면 피임약은 현대적인 변화로부터 난소와 자궁내막을 보호한다는 측면에서 자연스럽다. 록이 28일 주기를 고집했다는 사실 자체가 커다란 오해의 증거다. 피임약의 진정한 가치는 21세기 여성의 생리주기를 유지하는 것이 아니라 바꿀 수 있다는 데 있다.

현재 의학계는 28일 주기 피임약 복용법에 반대하는 목소리를 점점 높이고 있다. 대표적으로 오가논Organon제약은 미르세트Mircette 라는 새로운 피임약을 내놓았다. 미르세트는 위약 복용기간을 7일에서 2일로 줄였다.

텍사스 A&M 대학의 의학자 패트리샤 술락Patricia Sulak은 대부분의 여성이 피임약을 연속으로 복용하면 6주일에서 12주일 후에 생리를 한다는 연구 결과를 발표했다. 그녀는 최근 피임약을 복용할 때 매달 생리를 하도록 유도한 것이 어떤 문제를 일으키는지 정확하게 제시했다. 그녀와 동료들은 〈산부인과학Obstetrics and Gynecology〉에서 피임약을 복용하는 여성이 흔히 겪는 문제를 나열했다. 이에 따르면 위약을 먹는 동안 골반통과 몸이 붓는 증상이 3배, 가슴이 민감해지는 증상이 2배, 두통이 거의 50퍼센트 증가했다. 다시 말해 피임약을 복용하는 일부 여성은 일반적인 생리부작용을 그대로 겪었다.

술락의 논문은 전문연구자들을 대상으로 쓴 학술적인 글이라 짧고 딱딱하다. 그러나 읽다 보면 교회를 만족시키려는 존 록의 시도가 어떤 결과를 불러왔는지 실감하게 된다. 지난 40년간 전 세계에 걸쳐 수백만 명의 여성이 불필요한 고통을 감내해야 했다. 피임약이 단지 생리주기법을 화학적으로 구현한 것에 불과하다고 꾸미려 했던 존 록의 잘못 때문에 말이다.

유방암 발병의 수수께끼

1980년과 1981년에 서던캘리포니아 대학의 의학통계학자 말콤 파이크Malcolm Pike는 6개월간 일본의 원폭피해자위원회Atomic Bomb

Casualties Commission에서 연구활동을 했다. 그는 원자탄의 영향이 아니라 의학 자료를 분석하는 일에 몰두했는데, 그 연구는 10년 후 피임약에 대한 일반적인 이해를 재고하게 만들었다. 그가 초점을 둔 것은 일본 여성의 유방암 발병률이 미국 여성보다 6배나 낮은 이유였다.

1940년대 말, 세계보건기구WHO는 각국의 보건통계를 발표하기 시작했다. 이때 암 전문가들은 미국과 일본의 유방암 발병률에 커다란 차이가 있다는 사실에 주목했다. 일본 여성은 유전적으로 유방암에 잘 걸리지 않는다는 대답은 끼어들 자리가 없었다. 미국으로 이주한 일본 여성의 유방암 발병률이 미국 여성의 유방암 발병률과 거의 같았기 때문이다. 당시 전문가들은 서구에만 존재하는 알려지지 않은 독성물질이나 바이러스가 원인일 거라고 가정했다. 말콤 파이크의 동료 브라이언 헨더슨Brian Henderson의 얘기가 당시의 상황을 잘 보여준다.

"내가 1970년에 관련 분야에 입문했을 때 독성물질과 바이러스에서 원인을 찾기 위한 연구가 한창 진행 중이었죠. 거의 모든 논문이 그 내용을 다룰 정도였습니다. 유방암은 환경과 관련된 알려지지 않은 원인으로 발생한다는 시각이 주류를 이뤘습니다. 문제는 '환경'이라는 개념이 너무 광범위해서 저마다 다른 의미로 해석했다는 겁니다. 식생활, 흡연, 살충제 등 모든 것이 해당됐습니다."

헨더슨과 파이크는 유방암 발병률을 둘러싼 의문을 풀 수 있는 특이한 통계를 발견했다. 우선 유방암 발병률은 30대와 40대에 걸쳐 급격하게 증가했다가 폐경기부터 감소했다. 만약 외부의 독성물질이 원인이라면 해마다 발병률이 증가해야 마땅했다. 그러나 통계적으로 유방암은 여성의 생리작용과 관련된 원인으로 발병하는 것처럼 보였다. 특이하게도 난소 제거 수술을 받은 젊은 여성은 유방암에 걸리는 비율이 아주 낮았다. 다시 말해 매달 에스트로겐과 프로게스틴을 분비하지 않으면 종양이 잘 생기지 않았다. 헨더슨과 파이크는 유방암이 난소암과 자궁내막암처럼 세포분열과 관계가 있다고 확신하게 되었다.

유방은 생식기처럼 호르몬 수치에 민감하다. 유방이 에스트로겐에 노출되면 대부분의 유방암이 발생하는 종말관소엽단위Terminal Duct Lobular Unit에서 활발한 세포분열이 일어난다. 그리고 난소가 대량의 프로게스틴을 분비하기 시작하는 생리주기 중반에서 후반에 걸쳐 종말관소엽단위의 세포분열은 2배로 빨라진다. 결국 유방암 발병 확률은 평생 노출되는 에스트로겐 및 프로게스틴의 양과 관련이 있다고 가정할 수 있다.

사춘기가 시작되면 호르몬이 급증하고 유방세포가 세포분열의 오류에 크게 취약해지므로 초경 연령은 매우 중요하다. 그리고 보다 복잡한 이유로 임신은 유방암 발병을 막아주는 것으로 나타났다. 임신 후반기로 접어들면 유방세포가 변이에 보다 저항력을 갖게 된다. 또한 폐경기와 난소가 분비하는 에스트로겐 및 프로게스틴의 양, 그리고 폐경기 이후의 몸무게도 유방암 발병 확률에 큰 영향을 미친다.

파이크는 히로시마에서 세포분열 이론을 연구했다. 먼저 그는 다른 연구자들과 함께 일본 여성이 초경을 하는 나이를 조사했다. 20세기 초에 태어난 일본 여성의 초경 연령은 평균 16.5세였다. 같은 시기에 태어난 미국 여성의 초경 나이는 평균 14세였다. 파이크의 계산에 따르면 이 차이만으로도 일본 여성의 유방암 발병 확률이 미국 여성보다 낮은 이유의 40퍼센트를 설명하기에 충분했다. 파이크는 히로시마의 자료가 얼마나 중요한 의미를 갖는지 설명했다.

"원폭피해자위원회는 히로시마 여성의 건강에 대해 방대한 자료를 수집했어요. 그래서 한 세기에 걸쳐 초경 연령이 어떻게 변하는지 정확하게 추적할 수 있었죠. 제2차 세계대전의 영향도 뚜렷하게 확인할 수 있었습니다. 당시 영양 부족과 다른 어려운 환경 때문에 초경 연령이 많이 올라갔습니다. 그러다가 전후에 다시 내려가기 시작했죠. 그 자료는 엄청나게 중요했습니다."

파이크와 헨더슨은 뒤이어 다른 위험요소도 조사했다. 두 나라 여성의 폐경 연령, 첫 임신 연령, 자녀의 수는 크게 다르지 않았다. 하지만 몸무게는 달랐다. 폐경기 일본 여성의 평균 몸무게는 45.4킬로그램인 반면 미국 여성은 65.8킬로그램이었다. 이 점이 두 나라 여성의 유방암 발병 확률에 차이가 나는 이유의 25퍼센트를 설명했다.

끝으로 파이크와 헨더슨은 일본과 중국의 농촌지역에 사는 여성의 혈액을 분석했다. 저지방 식습관 때문인지 그들이 분비하는 에스트로겐의 양은 미국 여성의 약 75퍼센트에 불과했다. 결과적으로 이 3가지 요소가 모여 유방암 발병 확률의 차이를 만들어내는 것으로 보였다. 이러한 요소는 미국으로 이주한 아시아 여성의 유방암 발병 확률이 높아지는 이유도 설명했다. 미국식 식습관을 따르면서 그들의 초경 연령이 빨라지고 몸무게가 늘어났으며 에스트로겐 분비량이 많아졌기 때문이다.

파이크와 헨더슨의 연구 결과 덕분에 독성물질이나 고압선, 대기 오염이 원인이라는 주장은 수그러들었다. 파이크는 "우리의 연구 결과가 유방암의 발병 원인 중 극히 일부분을 설명해줄 뿐 결정적인 원인은 여전히 수수께끼라는 주장은 말도 안 됩니다"라고 말했다. 60대의 파이크는 남아프리카 출신으로 헨더슨과 함께 유방암 연구의 권위자로 알려져 있다. 그는 "우리는 유방암을 잘 이해하고 있습니다. 담배와 폐암의 관계만큼 주요 원인과의 관계를 명확히 파악하고 있지요"라고 단언했다.

파이크가 일본에서 발견한 사실은 피임약에 대한 생각으로 이어졌다. 피임약이 배란과 그에 수반되는 에스트로겐 및 프로게스틴을 억제할 수 있다면 강력한 유방암 예방 효과를 기대할 수 있기 때문이다. 그러나 유방은 생식기와 약간 달랐다. 프로게스틴은 배란을 억제함으로써 난소암을 예방하는 것은 물론 에스트로겐의 자극 효과를 막아 자궁내막암도 예방했다. 하지만 유방세포에는 크게 도움이 되지 않았다. 오히려 그것은 세포분열을 일으키는 호르몬 중 하나였다. 결국 수년간 연구를 거듭한 학자들은 피임약이 유방암 예방에 아무런 효과가 없다는 결론을 내렸다. 피임약의 긍정적인 효과가 작용 과정의 부작용으로 상쇄되었기 때문이다.

존 록은 프로게스틴이 몸에서 자연적으로 생성되는 피임 성분이라는 것에 착안해 피임약이 프로게스틴을 활용한다는 점을 강조했다. 그러나 파이크는 유방을 다량의 프로게스틴에 노출시키는 일은 전혀 자연스럽지 않다고 판단했다. 그가 보기에 피임 효과에 필요한 프로게스틴과 에스트로겐의 양은 생식기를 건강하게 유지하기 위해 필요한 양보다 훨씬 많았다. 그 초과분은 불필요하게 유방암 발병 확률을 높였다. 진정으로 자연적인 피임약이라면 프로게스틴 없이 배란을 억제해야만 했다. 파이크는 1980년대 내내 그 방법을 찾으려고 애썼다. 그는 "우리는 피임약의 문제점을 고치려고 밤낮으로 고민했어요"라고 말했다.

파괴된 신화

파이크가 제안한 해결책은 오래 전부터 사용된 시상하부호르몬 유사체GnRHA라는 약물이다. 시상하부호르몬 유사체는 뇌하수체가 보내는 성호르몬 분비 신호를 교란한다. 일종의 회로차단기인 셈이다. 시상하부호르몬 유사체는 여러 가지 용도로 사용된다. 가령 상태를 악화시키는 테스토스테론의 분비를 일시적으로 막기 위해 전립선암에 걸린 남성에게 투여된다. 또한 일곱 살이나 여덟 살, 혹은 그이전에 초경을 하는 조숙증 환자에게 성적 성숙을 늦추는 용도로 사용되기도 한다. 가임기 여성에게 시상하부호르몬 유사체를 투여하면 난소에서 에스트로겐과 프로게스틴이 생성되지 않는다. 기존의 피임약이 임신상태인 것처럼 몸을 속인다면 파이크의 피임약은 폐경기인 것처럼 몸을 속인다.

파이크는 시상하부호르몬 유사체를 투명한 유리병에 넣고 플라스틱 분무기를 달아 코로 흡입하는 방식을 고안했다. 그러면 신속한 흡수가 가능하고 아침에 한 번 흡입하는 것으로도 충분하기 때문이다. 물론 이 방식에도 위험이 따른다. 에스트로겐은 심장과 뼈를 튼튼하게 만들어주고 프로게스틴은 자궁을 건강하게 만들어준다. 따라서 파이크는 기존의 피임약보다 훨씬 적되 몸에 필요한 최소한의 에스트로겐과 프로게스틴을 추가할 생각이다. 가능하다면 에스트로겐의 함량을 다르게 만들어 여성들이 적정량을 선택할 수 있도록 할 예정이다. 프로게스틴은 1년에 4회 12일간 투여될 것이다. 이 방식을 따를 경우 프로게스틴 복용을 중단하면 생리를 하게 된다.

파이크는 종양학자 다르시 스파이서Darcy Spicer, 존 대니얼스John Daniels와 함께 밸런스Balance제약을 설립했다. 이 회사는 산타모니카 산업지구에 있는 작은 건물에 자리 잡고 있는데 현재 소수의 유방암 고위험군 여성을 대상으로 실험을 진행하고 있다. 실험 결과가 기대했던 대로 나오면 FDA에 승인을 신청할 계획이다.

파이크는 회의 테이블에 앉아 "몇 년 전에 다르시가 에스트로겐을 조금씩 추가하면서 유방 엑스선 사진으로 반응을 살펴보자고 제안했어요. 그대로 실험을 했더니 커다란 변화가 있었습니다"라고 말했다. 파이크는 다르시와 함께 〈국립암연구소저널Journal of the National Cancer Institute〉에 발표한 논문을 보여주었다. 거기에는 아직 시상하부호르몬 유사체를 복용하지 않은 젊은 여성의 유방 엑스선 사진이 포함돼 있었다. 사진은 왕성한 세포분열을 가리키는 백색의 커다란 섬유성 덩어리를 드러내고 있었다. 뒤이어 그는 시상하부호르몬 유사체를 1년간 복용한 후의 변화를 담은 사진을 꺼냈다. 그 사진에서는 섬유성 덩어리가 거의 보이지 않았다. 파이크는 "이 사진을 통해 유방 내부의 세포분열이 멈췄다는 사실을 알 수 있습니다. 하얀 부분은 세포분열 활동을 말해주지요. 우리 약이 제대로 작용한 겁니다"라고 말했다. 파이크는 커다란 종이에 빠른 속도로 일련의 숫자를 적었다.

"한 여성이 열다섯 살에 초경을 하고 쉰 살에 폐경을 맞았다고 칩시다. 그러면 유방에서 왕성한 세포분열이 35년간 일어나는 셈입니다. 이 기간을 반으로 줄이면 유방암 발병 확률을 절반보다 훨씬 많이 낮출 수 있습니다. 생리기간을 반으로 줄이면 유방암 발병 확률이 23분의 1로 줄어듭니다. 물론 제로는 될 수 없습니다. 우리 약을 10년간 복용하면 유방암 발병 확률을 최소한 절반으로, 5년간 복용하면 최소한 3분의 1로 줄일 수 있습니다. 이것은 마치 유방이 5년이나 10년 더 젊어지는 것과 같지요. 더구나 우리 약은 난소암 예방 효과도 있습니다."

파이크는 이 말을 동료와 가족, 그리고 투자자들에게도 들려주었지만 그들은 그다지 신뢰를 보내지 않았다. 매일 아침 밸런스가 개발한 약을 흡입해 젊은 여성의 몸을 폐경기상태로 만드는 것은 그야말로 과감한 아이디어였다. 그가 건강을 해치지 않으면서 원하는 효과를 내는 최적의 호르몬 수치를 찾아낼 수 있을까? 프로게스틴이 정말로 유방암에 그토록 중요한 영향을 미칠까? 암 전문가들은 이런 질문을 던지며 회의적인 태도를 보였다. 무엇보다 여성들이 어떻게 받아들일지 알 수 없었다.

존 록은 최소한 구세계의 예절과 위엄 있는 외모, 종교적 합리화를 통해 피임약에 대한 거부감을 줄였다. 그는 피임약이 신체의 자연스런 흐름을 거스르지 않는다는 점을 강조했고, 겉포장도 남의 눈에 띄지 않도록 만들기 위해 애썼다. 반면 파이크는 40년에 걸쳐 유지된 '자연스러움'의 신화를 파기했다. 그는 "여성은 우리 약이 인위적으로 몸을 조절한다는 사실을 알게 될 겁니다. 거기에는 아무 문제가 없어요"라고 말했다. 이야기가 진행될수록 그의 남아프리카 억양이 강해졌다.

"현대의 생활양식은 여성의 생리활동을 크게 바꿔놓았습니다. 여성은 이제 집 밖으로 나가 변호사나 의사뿐 아니라 대통령이 되기도 합니다. 그들은 우리가 하는 일이 결코 비정상적이지 않다는 점을 이해해야 합니다. 약으로 호르몬을 조절하는 일은 과거에 열일곱 살에 초경을 하고 5명의 자녀를 낳으면서 평생에 걸쳐 지금보다 생리를 300번이나 적게 했던 것만큼이나 정상적인 것입니다. 세상은 옛날과 다릅니다. 여성이 임신 횟수를 줄이고 교육 혜택을 누리게 되면서 유방암과 난소암 발병 위험이 높아졌어요. 그 대응방법을 찾아야 합니다. 나도 딸이 3명 있어요. 장녀가 서른한 살일 때 첫 손자를 봤지요. 지금은 많은 여성이 그래요. 열두 살이나 열세 살부터 30대 초반까지 계속 배란을 하지요. 첫 아이를 낳기 전에 20년이나 배란을 한단 말입니다! 이것은 완전히 새로운 현상이에요!"

생명을 막는 약인가, 구하는 약인가

교회는 피임약을 승인받기 위한 존 록의 오랜 싸움을 계속 무시할수 없었다. 존 록의 책이 출간된 1963년 봄, 고위 사제들과 가족계획협회Planned Parenthood 회장 도널드 B. 스트라우스Donald B. Strauss는 바티칸에 모여 회의를 열었다. 뒤이어 노터데임 대학에서 2차 회의가 열려 열띤 공방이 이어졌다. 그러다가 1964년 여름, 교황 바오로 6세는 별도로 위원회를 만들어 피임약에 대한 교황청의 입장을 재검토하겠다고 발표했다.

위원회는 로마에 있는 산호세San Jose 신학교에서 첫 모임을 열었다. 논의 결과 다수가 피임약을 승인하자는 입장에 섰다. 〈내셔널가톨릭레지스터National Catholic Register〉가 입수한 위원회 보고서에따르면 록의 주장이 받아들여질 것으로 보였다. 록은 기쁨을 감추지못했다. 〈뉴스위크〉는 관련 기사를 내보내며 그의 사진을 표지에, 교황의 사진을 속지에 실었다. 그 기사는 "16세기의 지동설 이후로 로마가톨릭교회가 새로운 지식과 그토록 위험하게 부딪힌 적이 없었다"라고 결론지었다.

하지만 교황 바오로 6세는 미동도 하지 않았다. 그는 몇 개월이아니라 몇 년간 결정을 미뤘다. 일각에서는 그가 교황청 보수파의 설득에 넘어갔다는 말이 흘러나왔다. 그동안 신학자들은 록의 주장에 담긴 문제점을 지적하기 시작했다. 1964년, 천주교 잡지 〈아메리카〉는 다음과 같은 내용의 논설을 실었다.

"생리주기법은 가임기에 금욕을 통해 임신을 방지하는 것이다. 그러나 피임약은 배란을 억제해 가임기를 없앰으로써 임신을 방지한다. 아무리 말장난을 할지라도 금욕과 배란 억제는 엄연히 다르다."

1968년 7월 29일, 교황은 〈인간생명〉에서 모든 '인위적인' 피임 수단은 교회의 가르침에 어긋난다고 선언했다. 돌이켜보면 록이 기회를 놓쳤다는 생각이 든다. 피임약을 피임 수단이 아닌 암 예방 수단으로, 다시 말해 생명을 막는 약이 아니라 구하는 약으로 홍보했다면 교회에서 승인했을지도 모른다. 이미 비오 12세는 치료 목적으로 피임약을 써도 된다고 승인하지 않았던가? 록은 피임약에 대해 단지 파이크와 같은 시각을 갖기만 하면 그만이었다. 파이크에게 피임약의 피임 효능은 젊은 여성이 암 예방약을 먹게 만드는 수단에 불과했다.

그러나 록은 상황 변화 가능성을 이해할 수 있을 만큼 오래 살지 못했다. 오히려 그는 1960년대 말에 피임약이 응혈, 발작, 심장마비를 일으킨다는 잘못된 비판에 직면했다. 1970년대 중반부터 1980년대 초반까지 미국에서 피임약을 복용하는 여성의 수는 절반으로 줄었다. 하버드 의대는 록을 생식 클리닉에서 쫓아냈다. 그에게 남은 것은 1년에 75달러인 연금뿐이었다. 저축해둔 돈도 없던 그는

1971년에 집을 팔고 보스턴을 떠나 뉴햄프셔에 있는 농장으로 이사했다. 1983년의 마지막 인터뷰에서 그는 피임약 개발에 대한 기억이 너무 고통스러워 애써 지우려 하는 것처럼 보였다.

그는 가장 행복한 시간이 언제였느냐는 질문에 놀랍게도 "지금입니다"라고 대답했다. 그는 흰 셔츠에 넥타이를 매고 벽난로 옆에 앉아 어빙 스톤Irving Stone이 다윈의 일대기를 소재로 쓴 《기원The Origin》을 읽고 있었다. 그는 책을 덮으며 조용히 말했다.

"가끔 내가 얼마나 운이 좋은 사람인지 생각합니다. 아무런 책임을 질 필요도 없고 원하는 것은 모두 가졌어요. 마음을 다스리니 어떤 일에도 흔들리지 않게 되더군요."

한때 교회와 사랑에 빠졌다는 말을 들은 그에게 인터뷰를 한 사라 데이비슨Sara Davidson은 아직도 내세를 믿는지 물었다. 록은 무뚝뚝하게 대답했다.

"당연히 안 믿어요."

그는 그 이유를 설명하지 않았지만 어느 정도 짐작이 가능하다. 교회는 교리에 맞지 않는다는 이유로 그의 연구 성과를 배척했다. 교회로부터 버림받은 그가 어떻게 계속 신앙심을 유지할 수 있겠는가? 그는 언제나 양심을 지켰다. 하지만 그 양심은 가장 사랑했던 대상으로부터 그를 멀어지게 만들었다. 그것은 그의 잘못도 교회의 잘못도 아니다. 세상에 대한 이해를 진전시키는 과학의 우연적 속성이 저지른 잘못이다. 만약 자연적인 것에 대한 발견의 순서가 바뀌었다면 그의 세계와 우리의 세계는 달라졌을지도 모른다.

록은 "천국과 지옥, 교회 같은 종교적인 것은 모두 사람들에게 위안을 주려고 만들어낸 거예요. 나는 오랫동안 독실하게 천주교를 믿었어요. 그때는 진심으로 모든 것을 믿었어요"라고 말했다. 그는 인터뷰를 한 지 1년 후에 세상을 떠났다.◆

2000년 3월 13일

◆ 때로 글감에 해당하는 아이디어를 듣고 그것을 글로 옮기는 데 아주 오랜 시간이 걸린다. 이 글은 10년이 걸렸다. 10년 전 의대에 다니던 내 친구 크리스 그로버(Chris Grover)가 진화적인 관점에서 현대 여성의 생리현상은 상당히 특이하다는 점을 말해주었다. 19세기 초까지만 해도 가임기 여성은 생리를 거의 하지 않았는데 지금은 매달 한다는 얘기다. 나는 그 말에 상당한 흥미를 느꼈다. 하지만 그 사실을 기초로 글을 쓰는 일은 만만치 않았다. 그때 내가 발견한 사람이 존 록이다.

WHAT THE
DOG SAW

Theories, Predictions,
and Diagnoses

제 2 부

이론과 예측, 그리고 진단

"빨대를 통해 보면서 고속도로를 달리는 기분이었습니다."

01 공공연한 비밀

언론과 첩보, 그리고 정보 과다의 위험

경제사범에게 내려진 역대 최고 형량

2006년 10월 23일 오후, 제프리 스킬링Jeffrey Skilling은 텍사스주 휴스턴에 있는 연방법정에 섰다. 짙은 남색 정장에 넥타이를 맨 그는 쉰두 살이었지만, 그보다 훨씬 늙어보였다. 8명의 변호인단이 그를 둘러쌌고 법원 밖에는 중계차들이 줄지어 서 있었다. 시므온 레이크 Simeon Lake 판사가 재판 시작을 알렸다.

"오늘 우리는 제프리 K. 스킬링 사건, 사건번호 H-04-25의 판결을 위해 여기 모였습니다. 스킬링 씨, 진술을 시작하셔도 좋습니다."

스킬링은 자리에서 일어섰다. 그가 키운 거대한 에너지회사 엔론은 5년 전에 파산했고, 그는 이미 5월에 사기혐의에 대해 유죄를 선고받았다. 이에 따라 합의를 위해 거의 전 재산을 주주보상기금에 넘겨야 했다. 그는 더듬거리며 말을 이어갔다.

"판사님, 지금 저는 더할 수 없는 죄책감을 느끼고 있습니다. 이

번 일로 좋은 친구들이 죽었습니다. 그러나 저는 모든 혐의에 대해 무죄를 주장합니다."

그는 2~3분간 말하고 자리에 앉았다. 레이크 판사는 엔론의 세무부에서 18년간 행정보조로 일한 앤 벨리보Anne Beliveaux를 호명했다. 그녀는 이번 재판에서 진술할 9명의 증인 중 한 명이었다. 그녀는 스킬링에게 "1,600달러로 한 달을 살아야 한다면 어떻게 하겠어요? 지금 내가 그런 처지예요. 스킬링 씨, 그건 다른 어떤 이유도 아닌 당신의 탐욕 때문이에요. 부끄러운 줄 알아요"라고 말했다. 그녀는 회사가 파산하는 바람에 은퇴연금을 모두 잃고 말았다.

다음 증인은 스킬링이 훌륭한 회사를 망쳤다고 했고, 세 번째 증인은 엔론이 경영진의 부도덕한 행동으로 망했다고 말했다. 네 번째 증인은 스킬링을 향해 "저 사람은 거짓말쟁이에다 도둑, 술주정뱅이입니다"라고 쏘아붙였다. 엔론에서 22년간 일한 던 파워스 마틴Dawn Powers Martin은 "스킬링은 저와 제 딸의 꿈을 빼앗았어요. 이제는 저 사람이 마음대로 돌아다닐 자유를 빼앗길 차례입니다"라고 했다. 그녀는 스킬링을 돌아보며 소리쳤다.

"당신이 샴페인에 바다가재 요리를 먹을 때 나와 내 딸은 쿠폰을 모으고 남은 음식을 먹었어!"

그 뒤로도 증인들의 성토가 이어졌다. 판사는 스킬링을 일어서게 한 후 "피고가 반복적으로 엔론 사원을 비롯한 투자자들에게 사업 현황에 대해 거짓말을 했다는 증거가 확인되었습니다"라고 말했다. 판사는 스킬링에게 감옥에서 24년, 즉 292개월을 보내라는 엄한 판결을 내렸다. 한때 〈포춘〉이 선정한 세계에서 가장 존경받는 기업을 이끌던 그는 경제사범에게 내려진 역대 최고 형량을 선고받았다. 감옥에서 죽거나 노인이 된 후에야 나올 수 있는 형량이었다. 스킬링의 변호사 대니얼 페트로첼리Daniel Petrocelli는 판사에게 말했다.

"판사님, 한 가지 요청이 있습니다. 판결 목적을 흐리지 않는 범위에서 형량을 10개월만 줄여주시면 교정국 정책에 따라 덜 험한 감옥에 수감될 수 있습니다. 10개월만 줄여주실 수 없겠습니까?"

스킬링은 살인범이나 강간범이 아니었고 휴스턴 지역사회의 유지였던 터라 형량을 조금만 조정하면 강력범들 사이에서 여생을 보내지 않아도 되었다. 레이크 판사는 단호히 말했다.

"안 됩니다."

퍼즐과 미스터리의 차이

국가안보전문가 그레고리 트레버튼Gregory Treverton은 퍼즐과 미스터리를 구분하는 유명한 말을 했다.

"오사마 빈 라덴의 행방은 퍼즐이다. 우리는 충분한 정보가 없기 때문에 그를 찾지 못하고 있다. 퍼즐을 푸는 열쇠는 아마도 빈 라덴의 측근에게서 나올 것이다. 그러한 정보원을 찾을 때까지 빈 라덴의 은신은 계속될 수밖에 없다. 반면 사담 후세인 정권을 무너뜨린 후 이라크에서 일어날 일은 미스터리다. 미스터리에는 사실에 입각한 단순한 해답이 없다. 미스터리를 풀려면 불확실한 정보를 판단하고 평가해야 한다. 이때는 정보가 적은 것이 아니라 오히려 너무 많아서 어려움을 겪는다. 중앙정보국과 국방부, 국무부, 콜린 파월과 딕 체니, 그리고 수많은 정치학자, 언론인, 연구원은 전쟁 후 이라크가 어떻게 될지 예측했다. 이것은 바그다드의 모든 택시기사 역시마찬가지였다."

이 차이는 사소하지 않다. 가령 9·11테러의 동기와 수단이 퍼즐이라면 논리적인 대응은 알카에다에 대한 정보의 양을 늘리는 것이다. 반면 9·11테러가 미스터리라고 생각한다면 정보량을 늘리는 것이 문제를 더 어렵게 만들 수 있다. 이때는 정보계 내부의 분석을 개선하고 알카에다에 대한 기존 정보를 보다 세밀하게 검증할 사람을 더 배치해야 한다. 또한 중앙정보국과 연방수사국, 국가안보국, 국방부의 대테러담당자들이 서로 만나 정보를 교환해야 한다.

퍼즐을 풀지 못할 경우에는 그 원인이 누구에게 있는지 쉽게 찾을 수 있다. 바로 정보를 감추고 있는 사람이다. 그러나 미스터리를 풀지 못하면 그 원인을 찾는 일이 매우 어렵다. 정보가 잘못되었을 수도 있고 정보를 제대로 해석하지 못했을 수도 있으며 질문 자체가 틀렸을 수도 있기 때문이다. 또한 퍼즐은 만족스런 결론에 도달할 수 있지만, 미스터리는 그것이 쉽지 않다.

제프리 스킬링의 재판을 보면 엔론 사태는 퍼즐에 가깝다. 검찰은 엔론 경영진이 누구도 이해하기 힘든 부정거래를 했다고 말했다. 엔론 경영진은 투자자들에게 핵심 정보를 숨겼고, 부정거래를 기획한 스킬링은 거짓말쟁이에다 도둑, 술주정뱅이였다. 검찰은 전형적인 퍼즐과 마찬가지로 충분한 정보가 주어지지 않았다고 판단했다. 선임검사는 최후진술에서 이렇게 말했다.

"이 사건은 단순합니다. 너무 단순해서 제게 주어진 발언시간을 다 채울 필요조차 없을 것 같습니다. 이 사건은 명명백백한 진실과 거짓에 대한 것입니다. 주식을 산 주주는 진실을 들을 자격이 있습니다. 회사의 임직원은 자신의 이익보다 주주의 이익을 앞세워야 합니다. 또한 회사는 재무상황을 주주에게 사실대로 알려야 합니다. 주주는 정직한 대우를 받을 자격이 있습니다."

하지만 검찰의 시각은 틀렸다. 사실 엔론 사태는 퍼즐이 아니라 미스터리였다.

엔론은 아무것도 숨기지 않았다

2000년 7월 말, 〈월스트리트저널〉의 댈러스지부 기자로 일하던 조너선 웨일Jonathan Weil은 투자업계 소식통에게서 걸려온 전화를 받았다. 그 소식통은 엔론과 다이너지Dynergy(미국의 에너지회사)가 어떻게 수익을 올리는지 조사해보라고 귀띔했다. 제보 내용을 바탕으로 지방판에 '텍사스의 소문'이라는 칼럼을 쓴 웨일은 휴스턴에 있는 다이너지, 엔론, 엘파소El Paso 같은 에너지회사를 주의 깊게 살피기 시작했다.

특히 웨일은 엔론의 소위 시가평가회계Mark-To-Market Accounting에 관심을 기울였다. 시가평가회계는 주로 복잡한 금융거래를 하는 기업이 사용하는 회계처리법이다. 가령 에너지회사가 캘리포니아 주정부와 2016년에 10억 킬로와트의 전기를 공급하는 조건으로 1억 달러를 받는 계약을 맺었다고 가정해보자. 회계장부에 이 계약의 가치를 얼마로 올려야 할까? 2016년까지는 돈을 받을 수 없고 손익 여부도 알 수 없다. 그래도 1억 달러짜리 계약은 분명 실적에 커다란 영향을 미친다. 만약 향후 몇 년간 전력가격이 꾸준히 떨어진다면 이 계약은 엄청난 수익을 올려주는 자산이 된다. 반면 전력가격이 올라가면 수천만 달러를 잃을 수도 있다. 이런 경우 시가평가회계는 계약에 따른 수익을 추정해 그 계약을 회계장부에 반영한다. 물론 시간이 지남에 따라 추정치가 바뀌면 대차대조표를 조정한다.

시가평가회계를 하는 기업이 1억 달러 매출에 1,000만 달러의 순익을 올렸다고 발표할 경우에는 2가지 중 하나를 의미한다. 첫째, 이 기업은 실제로 은행계좌에 1억 달러가 있고 제반비용을 모두 지불하고 나면 1,000만 달러가 남는다. 둘째, 아직 돈이 지불되지 않은 계약을 통해 1,000만 달러를 번다고 추정한 내용을 미리 반영한다. 웨일의 소식통은 엔론이 벌었다고 말하는 돈 중에서 얼마가 '진짜'인지 확인해보라고 제보했다. 웨일은 엔론의 연례보고서와 분기보고서를 입수해 매출과 현금흐름을 비교했다.

"내가 알아야 할 모든 것을 파악하는 데 시간이 좀 걸렸습니다. 족히 한 달은 걸렸을 겁니다. 보고서가 장황해서 특정 사안을 파헤치려면 걸러내야 할 내용이 많았습니다."

웨일은 미시건 주립대학의 회계학과 교수, 토머스 린스마이어Thomas Linsmeier의 자문을 구했다. 린스마이어는 1990년대에 일부 금융기업이 서브프라임 대출에 시가평가회계를 적용했다가 경기 후퇴로 연체자가 늘어나면서 추정치를 심하게 올려 잡은 것이 드러난 사례를 들려주었다. 웨일은 재무회계표준위원회Financial Accounting Standards Board의 회계전문가와 신용평가회사인 무디스Moody's의 애널리스트, 그리고 다른 10여 명의 관계자도 만났다.

이렇게 사전조사를 마친 그는 다시 엔론의 회계자료를 분석했다. 그가 내린 결론은 상당히 충격적이었다. 엔론이 2000년 2분기에 벌었다고 신고한 7억 4,700만 달러는 아직 실현되지 않은 수익이었다. 다시 말해 경영진이 미래에 벌 것이라고 추정한 돈에 불과했다. 이 가상의 수익을 제외하면 엔론은 오히려 2분기에 상당한 손실을 냈다. 엔론은 미국에서 존경받는 대기업 중 하나였고 시가총액 7위를 자랑했지만 사실상 버는 돈이 한 푼도 없었던 셈이다.

엔론의 회계문제를 다룬 웨일의 기사는 2000년 9월 20일자 〈월스트리트저널〉에 실렸다. 며칠 후 제임스 채노스James Chanos라는 투자가가 그 기사를 읽었다. 기업의 주가가 내려가면 돈을 버는 매도옵션에 투자하는 채노스로서는 구미가 당기는 내용이었다. 그는 흥미로운 얘기를 들려주었다.

"그 기사를 읽고 곧바로 엔론의 회계보고서를 찾아 읽었습니다. 읽다가 의심스런 내용이 나오면 동그라미로 표시를 했죠. 그렇게 한번 훑고 난 다음 표시한 부분을 찾아 두세 번 다시 읽었습니다. 아마 몇 시간 동안 읽었을 겁니다."

채노스는 엔론의 순익과 수익률이 급감하고 있음을 확인했다. 기업의 생명줄인 현금흐름도 갈수록 줄어들었고 순익은 자본비용보다 적었다. 9퍼센트 이자로 은행에서 돈을 빌려 이자가 7퍼센트인 저축채권에 투자하는 격이었다. 채노스의 말에 따르면 엔론은 자기자본을 잠식하고 있었다.

채노스는 11월부터 엔론주에 대한 매도옵션을 팔기 시작했다. 그 후 몇 달간 그는 엔론에 문제가 생겼다는 말을 퍼트렸고 〈포춘〉의 기자, 베서니 맥린Bethany McLean에게도 귀띔했다. 맥린은 엔론의 회계보고서를 읽고 채노스와 같은 결론을 내렸다. 그녀는 2001년 3월 '엔론의 주가는 과대평가되었는가?'라는 기사를 실었다. 갈수록 엔론을 주목하는 기자와 애널리스트들이 늘어났고 당연히 주가는 떨어졌다. 급기야 8월에 스킬링 회장이 물러나면서 엔론의 신용등급은 강등되었다. 은행은 엔론에 대한 대출을 꺼렸고 결국 엔론은 12월에 파산신청을 했다.

엔론의 몰락은 엄청나게 많이 다뤄졌지만, 역설적으로 그 특별한 성격은 간과되었다. 가령 엔론을 1970년대의 대표적인 스캔들인 워터게이트와 비교해보라. 당시에 밥 우드워드Bob Woodward와 칼 번스타인Carl Bernstein은 핵심 정보에 접근할 수 있던 '깊은 목구멍 Deep Throat'이라는 익명의 제보자 덕분에 백악관이 숨긴 비밀을 파헤칠 수 있었다. 그 제보자는 두 기자에게 전화가 도청될지도 모른다고 경고했다. 우드워드는 그를 만나야 할 일이 있을 때 아파트 발코니에 붉은 깃발이 꽂힌 화분을 놓았다. 그리고 미행당하지 않기 위해 뒤쪽 계단으로 내려와 몇 번이나 택시를 갈아탄 뒤 새벽 2시에 지하주차장에서 만났다. 다음은 우드워드가 《대통령의 사람들 All the President's Men》에서 깊은 목구멍과 만나는 장면을 묘사한 대목이다.

그는 낮은 목소리로 말했다.

"이건 대단히 심각한 일이오. 백악관과 재선위원회 쪽에서 최소한 50명이 온갖 정치공작을 벌이고 있소. 그들은 정적을 물리치려고 믿을 수 없는 일까지 저지르고 있소."

우드워드가 입수한 정치공작의 수법을 하나씩 보여주자 깊은 목구멍은 고개를 끄덕였다. 거기에는 도청, 미행, 허위사실 누설, 가짜 편지, 유세 취소, 사생활 조사, 첩보원 투입, 문서 절도, 시위 선동 등이 포함돼 있었다. 깊은 목구멍은 "모두 문서에 기록돼 있소. 법무부와 중앙수사국도 그 사실을 알지만 아무런 조치를 취하지 않고 있소"라고 말했다. 우드워드는 충격을 받았다.

"백악관과 재선위원회에서 최소한 50명이 정적을 물리치려 수단과 방법을 가리지 않는다고요?"

깊은 목구멍은 고개를 끄덕였다.

"맞는 표현인지 잘 모르겠지만 백악관이 선거절차 자체를 전복시키려 한다고요? 실제로 그런 시도를 했단 말입니까?"

깊은 목구멍은 다시 고개를 끄덕였다. 그는 역겨운 표정을 지었다.

"그리고 정치공작 요원을 50명이나 고용했다고요?"

"50명이 넘을 겁니다."

깊은 목구멍은 말을 마친 뒤 출구로 걸어 나갔다. 시간을 보니 새벽 6시였다.

워터게이트는 전형적인 퍼즐이다. 우드워드와 번스타인은 감춰진 비밀을 찾아 나섰고 깊은 목구멍은 그들의 길잡이였다. 그렇다면 조녀선 웨일에게 깊은 목구멍 같은 역할을 한 사람이 있었을까? 그렇지 않다. 에너지회사들에 대한 의혹을 귀띔한 투자업계의 소식통은 내부자가 아니었다. 그는 엔론의 회계부정을 밝힐 자료를 말해주지 않았고, 단지 엔론의 회계보고서를 잘 살펴보라고 했을 뿐이다. 또한 우드워드는 꼭두새벽에 지하주차장에서 익명의 제보자를 만났지만, 웨일은 미시건 주립대학의 회계학 교수에게 전화로 자문을 구했다.

기사를 내보낸 후 웨일은 엔론에 전화를 걸어 의견을 물었다. 엔론은 회계책임자를 비롯해 예닐곱 명을 즉각 댈러스로 보냈고 웨일은 〈월스트리트저널〉 텍사스 지국의 회의실에서 그들을 만났다. 엔론 측은 수익으로 잡은 금액이 사실상 희망사항에 불과하다는 점을 인정했다. 웨일은 그들과 미래 수익에 대한 추정이 얼마나 확실한지 토론을 벌였다. 엔론 측은 MIT 박사 출신들이 계산모델을 만들었다고 말했다. 웨일은 "그렇다면 당신들의 계산모델이 올해 캘리포니아 전력가격이 급등할 것을 예측했습니까?"라고 물었다. 엔론 측은 올해는 특별한 경우였다고 둘러댔다. 2000년 9월의 일이다.

웨일은 "이번 대선에서 누가 이길 것 같습니까?"라고 물었다. 엔론 측은 모른다고 대답했다. 웨일은 "환경을 중시하는 민주당 후보와 텍사스 석유기업가 출신인 공화당 후보 중에서 누가 대통령이 되느냐가 전력 시장에 큰 영향을 미치지 않을까요?"라고 재차 물었다. 그들은 아무 대답도 하지 못했다. 그래도 대화는 정중한 분위기에서 진행되었고 숫자에 대한 논란은 없었다. 문제는 그것을 해석하는 방법이었다.

엔론의 회계부정이 드러나는 모든 과정 중에서 이 만남이 가장 이상했다. 검찰은 엔론이 진실을 숨겼으므로 제프리 스킬링을 감옥에 보내야 한다고 주장했다. 최후진술에서 선임검사는 "주주는 회사의 재무상황을 사실대로 전달받을 자격이 있다"고 말했다. 사실 엔론은 숨긴 것이 없었다. 웨일은 엔론의 회계보고서를 보고 모든 사실을 확인했다. 또한 엔론은 웨일이 의견을 물었을 때 회계책임자를 보내 토론까지 했다. 반면 닉슨은 〈워싱턴포스트〉를 찾아가 우드워드와 번스타인을 만난 적이 없다. 그는 백악관에 숨어 있었다.

300만 장의 자료가 주는 재앙

엔론의 회계방식에서 가장 심각한 문제는 특수목적법인Special Pur-pose Entities과의 거래에 지나치게 의존했다는 것이다.

그러면 특수목적법인은 어떻게 활용하는 걸까? 매출이 줄고 부채가 늘면서 어려운 상황에 처한 회사가 있다고 가정해보자. 이 회사는 은행에서 1억 달러를 빌려야 한다. 그러나 빌리기도 어렵고 설사 빌리더라도 엄청나게 높은 이자를 물어야 한다. 다행히 이 회사는 향후 4~5년에 걸쳐 1억 달러를 벌 수 있는 개발임대권을 갖고 있다. 이 회사는 그 권리를 외부 투자자들과 함께 만든 특수목적법인에 넘긴다. 이때 특수목적법인은 은행에서 1억 달러를 빌려 그것을 회사에 준다. 이러한 자금 유통은 커다란 차이를 만든다. 당시에는 이런 거래를 대차대조표에 보고할 필요조차 없었다. 덕분에 기업들은 특수목적법인을 이용해 부채를 늘리지 않고도 자본을 확보할 수 있었다. 물론 은행으로부터 훨씬 낮은 이율로 돈을 빌릴 수 있었다. 이로 인해 특수목적법인은 미국 기업계에서 널리 쓰이는 편법적인 수단이 되었다.

엔론은 특수목적법인을 통해 온갖 편법을 동원했다. 그들은 확실한 수익이 보장된 개발임대권 같은 우량자산뿐 아니라 부실자산까지 특수목적법인에 떠넘겼다. 또한 자산의 가치를 따질 외부 투자자가 아니라 내부 임원에게 특수목적법인의 경영을 맡겼다. 나아가 자산 가치가 떨어질 경우 엔론 주식으로 손실분을 보상한다는 보증을 섰다. 한마디로 엔론은 자산을 외부에 넘긴 것이 아니라 내부에 넘긴 셈이었다. 이런 방식은 불법의 소지가 다분했고 또한 대단히 위험했다. 결국 엔론은 복잡하게 얽힌 특수목적법인과의 채무관계에 발목이 잡혀 쓰러지고 말았다.

엔론이 투자자들을 기만했다는 검찰의 고발은 부분적으로 특수목적법인을 이용한 이면거래를 가리킨다. 검찰은 엔론 경영진이 재무적으로 은밀한 이면거래에 얼마나 많이 의존했는지 밝혀야 한다고 주장했다. 엔론 사태를 조사한 파워스위원회Powers Committee는 엔론이 '회계보고서에 거래의 성격을 명확히 알려야 하는 근본적인 의무를 게을리 했다'고 지적했다. 엔론이 충분한 정보를 공개하지 않았다는 얘기다.

그러나 엔론 사태의 교훈은 그처럼 단순하지 않다. 〈월스트리트저널〉은 2001년 늦여름부터 존 엠슈윌러John Emshwiller와 레베카 스미스Rebecca Smith를 시작으로 몇몇 기자가 쓴 엔론 관련 기사를 내보냈다. 사람들은 그 기사를 통해 특수목적법인의 성격을 알고 있었다. 엠슈윌러 역시 웨일과 채노스처럼 엔론의 회계보고서에서 정보를 얻었다. 다음은 엔론 사태를 다룬 커트 아이헨월드Kurt Eichenwald의 《바보들의 음모Conspiracy of Fools》에서 엠슈윌러가 핵심 정보를 얻는 대목이다.

"스킬링의 사임에 따른 후속 취재를 맡은 존 엠슈윌러는 엔론의 최근 회계보고서를 들여다보았다. 그에게 결정적인 정보를 준 부분은 '관계사 거래'를 기록한 8항이었다. 그는 그 내용을 보고 깜짝 놀랐다. 한 고위임원이 운영하는 협력회사와의 거래규모가 엄청났기 때문이다. 엔론은 그 회사와 거래를 시작한 첫 6개월간 2억 4,000만 달러의 매출을 올렸다고 신고했다."

특수목적법인을 이용한 실적 조작은 엔론 경영진이 얼마나 무능하고 무모한지를 보여주는 명확한 증거였다. 하지만 이들이 이면거래를 감춘 것은 아니다. 오히려 그들은 거래내역을 공개했다. 보다 정확히 말하자면 그들은 특수목적법인에 대한 정보를 '충분히' 공개하지 않았을 뿐이다. 그 충분하다는 것은 대체 어느 정도일까?

엔론은 3,000여 개에 달하는 특수목적법인을 뒀고 각 법인에 대한 종합자료가 1,000장이 넘었다. 설사 엔론이 300만 장의 자료를 공개했더라도 투자자들에게는 도움이 되지 않았을 것이다. 그러면 거래내역만 담은 편집본은 어떨까? 듀크 법학대학원의 스티븐 슈와르츠Steven Schwarcz 교수가 최근에 여러 기업이 신고한 관계사 거래내역 중에서 무작위로 20개를 조사한 결과 평균 분량이 40장이었다. 이는 엔론이 특수목적법인과의 거래내역만 공개해도 12만 장에 달한다는 얘기다.

전체 내역을 종합한 편집본은 어떨까? 엔론의 파산을 심사한 사람들이 만든 편집본은 1,000장이었다. 내용을 좀 더 줄인 축약본도 가능할까? 파워스위원회가 참고하기 위해 거래내역의 핵심만 담아 만든 축약본도 200장이 넘었다. 더구나 그 내용은 복잡하기 짝이 없었다. 그마저도 슈와르츠가 지적했듯 '시간이 지난 후에 최고 법률가들의 도움을 받아' 작성한 것이었다.

퍼즐은 새로운 정보가 추가될수록 단순해진다. 빈 라덴을 찾는 일은 페샤와르Peshawar(파키스탄 북부에 있는 도시)에 숨어 있다는 정보가 확보되면 한결 쉬워지고, 페샤와르 북서쪽에 숨어 있다는 정보가 확보되면 훨씬 더 쉬워진다. 엔론의 경우는 사정이 다르다. 파워스위원회의 보고서에 따르면 엔론 이사진 중 다수는 특수목적법인과의 거래에 따른 경제적 논리와 결과, 그리고 위험을 이해하지 못했다. 이사회에서 특수목적법인과의 거래를 자세히 다뤘는데도 말이다. 아이헨월드는《바보들의 음모》에서 특수목적법인과의 거래내역을 정리한 앤드류 패스토Andrew Fastow 최고재무책임자조차 그 의미를 제대로 이해하지 못했다고 썼다.

엔론 사태와 관련해 많은 글을 쓴 앤서니 캐터나크Anthony Catanach 빌라노바Villanova 경영대학원 교수의 말에 따르면 그 거래는 대단히 정교하고 복잡했다.

"아마 엔론의 회계법인 아서앤더슨Arthur Andersen 담당자들도 그 거래를 완전히 이해하지 못했을 겁니다. 고위임원들이나 알 수 있는 내용이었지요. 회계를 가르치는 저도 파워스보고서를 도표로 풀어내는 데 두 달이 걸렸습니다. 정말 복잡하게 꼬인 거래였어요."

결국 엔론이 특수목적법인과의 거래 정보를 충실히 공개했더라도 투자자들이 이해하기는 대단히 어려웠을 것이다. 하긴 특수목적법인의 성격을 보면 쉽게 이해하지 못하는 것도 무리는 아니다. 기업은 은행이 져야 하는 대출 위험을 보증하기 위해 특수목적법인을 만든다. 이를 위해서는 은행과 투자자들에게 사업의 특정 부문에 대한 정보를 구체적으로 제공해야 한다. 이때 기업이 내용을 자세하게 설명하고 안전장치를 많이 마련할수록 외부인이 거래를 파악하기가 어려워진다. 슈와르츠는 엔론의 정보 공개가 "필연적으로 불완전할 수밖에 없었다"고 썼다.

물론 거래 내용을 단순화해 이해하기 쉽게 만들 수도 있다. 하지만 그렇게 하면 잠재적인 위험을 얼버무릴 위험이 있다. 반대로 모든 잠재적인 위험을 일일이 설명하면 누구도 이해하지 못할 정도로 내용이 복잡해진다. 슈와르츠는 "엔론 사태는 갈수록 금융거래가 복잡해지는 시대에 기업이 정보를 많이 공개할수록 좋다는 생각은 시대착오적이라는 사실을 말해준다"고 꼬집었다.

첩보원의 시대는 가고 분석가의 시대가 온다

1943년 여름, 나치는 독일군이 '초강력 무기'를 개발했다고 선전했다. 즉시 조사에 들어간 연합군은 독일이 비밀 무기 공장을 지었다는 사실을 확인했다. 프랑스 북부에서 찍은 항공사진에는 발사대로 보이는 콘크리트 구조물이 영국을 향하고 있었다. 불안감에 휩싸인 연합군은 의심스런 지역을 폭격하고 영국에 새로운 공격이 가해질 경우에 대비한 계획을 세웠다. 그러나 누구도 초강력 무기가 실제로 존재하는지 알지 못했다. 무기 공장은 있었지만, 안에서 무슨 일이 진행되는지도 알 길이 없었다.

항공사진에 찍힌 발사대는 연합군의 폭격을 유도하기 위한 미끼일 수도 있었다. 독일군의 초강력 무기에 대한 의문은 퍼즐이었고, 연합군은 그것을 풀 만큼 충분한 정보를 갖고 있지 못했다. 나중에 연합군은 훨씬 더 유용한 접근법을 시도했는데, 이는 독일군의 초강력 무기에 대한 의문을 미스터리로 다루는 것이었다.

제2차 세계대전 당시, 미스터리 해독을 맡은 소수의 분석가는 일본과 독일의 선전방송을 듣고 분석했다. 영국의 정보 분석 조직은 제1차 세계대전 직전에 창설됐으며 BBC가 운영했다. 역사학자 스티븐 메르카르도Stephen Mercardo에 따르면 스크루볼Screwball 부서로 알려진 미국의 정보 분석 조직은 1940년대 초에 창설됐다고 한다. 분석가들이 얻는 정보는 단파라디오만 있으면 누구나 들을 수 있는 것이었다. 그들은 하루 종일 나치의 선전방송을 듣고 선전 내용의 이면에 담긴 정보를 파악했다. 가령 러시아를 재공격할 수 있다고 위협할 경우, 실제로 러시아 공격에 대해 어떤 생각을 하는지 추정했다. 당시 한 기자는 분석가들을 '한 조직에 모인 당대 최고의 천재들'이라고 묘사했다. 그들은 나치의 초강력 무기에 대해 확실한 판단을 내렸다.

우선 나치 지도부가 국내 선전방송에서 비밀 무기를 자랑했다는 사실이 중요했다. 국내 선전방송은 사기를 북돋우기 위한 것으로 만약 나치 지도부가 말한 내용이 현실로 나타나지 않으면 신뢰를 잃을 수 있었다. 가령 1943년 봄에 독일의 해군 잠수함 유보트가 갈수록 연합군의 효과적인 대응책에 직면하자 나치의 선전을 책임지고 있던 괴벨스 장관은 악천후가 유보트의 작전 수행을 어렵게 만들고 있다며 우회적으로 나쁜 소식을 알렸다. 그때까지 괴벨스는 국민에게 거짓말을 한 적이 한 번도 없었다. 따라서 그가 비밀 무기를 개발했다고 한다면 사실일 가능성이 컸다.

이런 전제 아래 분석가들은 더 많은 정보를 얻기 위해 나치의 선전방송에 귀를 기울였다. 1943년 11월, 마침내 그들은 의문의 여지 없이 초강력 무기가 존재한다는 결론을 내렸다. 또한 그 무기는 완전히 새로운 종류라 쉽게 대응하기 어렵고 상당한 타격을 입힐 수 있으며 피해 지역 주민에게 충격을 줄 거라고 예측했다. 나아가 이들은 독일군이 1943년 5월에 실험을 끝냈지만 8월에 일어난 사건으로 인해 실전 적용을 연기했을 가능성이 큰 것으로 보았다. 나치가 8월에 신무기에 대한 언급을 열흘간 중단했다가 다시 언급했을 때는 위협의 정도가 덜했다는 데 근거를 둔 판단이었다. 끝으로 분석가들은 신무기가 1944년 1월 중순에서 4월 중순 사이에 실전 배치될 것으로 추정했다. 1943년 말에 선전방송의 내용이 갑자기 구체적이고 진지해졌기 때문이다. 조만간 실행할 수 없다면 국민의 기대를 고조시킬 이유가 없었다. 나중에 밝혀진 비밀 무기의 정체는 V1로켓이었고 분석가들의 예측은 대부분 들어맞았다.

정치학자 알렉산더 조지Alexander George는 1959년에 펴낸《선전분석Propaganda Analysis》에서 V1로켓과 관련된 정보 분석 조직의 활약상을 소개했다. 그 내용에 따르면 정보 분석 조직은 놀라울 정도로 현대적이었다. 제2차 세계대전 당시 첩보원들은 19세기식 전쟁을 수행했지만 정보분석가들은 21세기에 속한 것 같았다. 그들의 분석이 적중했다는 사실은 현대사회의 복잡하고 불확실한 사안을 미스터리로 다뤄야 한다는 교훈을 준다.

가령 과거에 전립선암을 진단하는 일은 퍼즐이었다. 의사는 직장 검사를 통해 전립선 표면에 종양덩어리가 만져지는지 확인했다. 그러나 요즘은 증상이 생기는 단계까지 기다리지 않는다. 의사들은 정기적으로 중년 남성의 전립선특이항원 수치를 검사해 높게 나올 경우 초음파를 찍고 조직 검사를 한다. 그런데 이 과정에서 얻는 정보 중 다수는 비확정적이다. 전립선특이항원 수치가 높다고 해서 반드시 암에 걸린 것은 아니며, 정상인인 경우에도 암에 걸리지 않았다고 확신할 수 없다. 사실 지금도 정상수치에 대한 논란이 진행되고 있다.

조직 검사 역시 절대적인 정보를 제공하는 것은 아니다. 조직 샘플은 나중에 암으로 변할지 모르는 초기 증거이기 때문에 같은 샘플을 놓고 두 의사가 상반되는 진단을 할 수도 있다. 설령 같은 진단을 내릴지라도 전립선암은 대개 진행이 매우 느리기 때문에 치료의 혜택에 대해 다른 입장을 보일 수 있다. 결국 의사는 상반된 결론을 내릴 수도 있는 불확실한 정보를 근거로 판단해야 하는 셈이다.

현대의 의사는 종양의 존재 여부를 확인하는 것이 아니라 암 발생 가능성을 예측한다. 과거의 의사는 종양의 존재 여부라는 확실한 정보를 상대했지만 현대의 의사는 위험성이 높다거나 잠정적인 추정만 가능한 정보를 상대해야 한다. 의학기술의 발달은 H. 길버트 웰치H. Gilbert Welch가 《암 검사는 필요한가?Should I Be Tested for Cancer?》에서 주장한 대로 모든 암에 대한 진단을 퍼즐에서 미스터리로 바꿔놓았다.

정보 계통에서도 같은 변화가 일어나고 있다. 냉전 기간에 미국과 소련을 두 축으로 하는 국제질서는 고정적이었고 예측이 가능했다. 우리가 몰랐던 것은 세부적인 내용이었다. 국가정보위원회 부위원장을 지낸 그레고리 트레버튼은 《정보시대의 국가정보기관 재편Reshaping National Intelligence for an Age of Information》에서 이렇게 썼다.

"과거에 정보기관이 직면한 문제는 근본적으로 핵심 정보만 있으면 명확한 답을 구할 수 있는 퍼즐이었다. 소련의 경제규모는 얼마나 될까? 소련은 얼마나 많은 미사일을 보유하고 있을까? 그들이 기습공격을 감행할까? 냉전 기간 내내 정보기관은 이런 문제와 씨름했다."

트레버튼은 동구권이 몰락하면서 정보 계통이 직면한 상황은 완전히 바뀌었다고 주장했다. 이제 세상은 대부분 공개돼 있기 때문에 정보기관은 첩보원들이 입수한 단편적인 정보에 의존할 필요가 없다. 오히려 이들은 넘치는 정보에 깔려 허우적대는 판이다. 그래도 퍼즐을 푸는 일은 여전히 중요하다. 우리는 아직도 빈 라덴의 은신처와 북한의 핵 시설이 정확히 어디에 있는지 알고 싶어 한다.

물론 갈수록 미스터리가 핵심적인 영역을 차지하고 있다. 동구와 서구의 고정적이고 예측 가능했던 분할은 사라졌다. 이제 정보분석가는 정책결정자들이 무질서한 상황에 대응하도록 도와야 한다. 몇 년 전, 바비 R. 인먼Bobby R. Inman은 의회 청문회에서 미국의 정보 계통을 강화하기 위해 필요한 변화와 관련해 질문을 받았다. 냉전기의 정보 계통을 대표하는 인먼은 퍼즐을 푸는 핵심 기관인 중앙정보국 부국장과 국가안보국 국장을 지냈다. 그의 답변은 정보활동과 전혀 관련이 없는 것으로 보였던 국무부의 역할을 늘리라는 것이었다.

"정보를 공개적으로 구할 수 있는 냉전 이후의 세계에서 필요한 것은 해당 국가의 언어와 종교, 그리고 문화를 이해하는 능력을 갖춘 관찰자입니다."

이는 첩보원보다 분석가들이 더 필요하다는 의미다.

미스터리에 감춰진 진실을 찾지 못한 죄

엔론은 금융계도 같은 변화를 거쳐야 한다는 사실을 보여주었다. 예일대 법대 교수 조너선 메이시Jonathan Macey는 엔론 사태를 다시 생각하게 만든 유명한 논문에서 "적절한 회계 보고 체계를 갖추려면 기업이 금융정보를 공개하는 것만으로는 부족하다. 그 금융정보를 이해하고 해석할 능력이 있는 중개인이 있어야 한다"라고 썼다.

퍼즐은 정보 제공자에게 의존한다. 퍼즐을 풀려면 정보 제공자가 어떤 정보를 제공하느냐가 매우 중요하다. 반면 미스터리는 정보를 제공받는 자에게 의존하는 문제다. 미스터리를 풀려면 정보를 제공받은 사람이 정보를 어떻게 이해하느냐가 중요하다. 메이시는 복잡한 엔론의 사업 관행에 보조를 맞추는 것은 투자계의 책임이라고 주장했다.

콜로라도 법대 교수 빅터 플레이셔Victor Fleischer는 엔론의 재정 상태를 추정하는 핵심적인 단서 중 하나는 파산 전 4~5년간 소득세를 전혀 내지 않았다는 점이라고 지적했다. 엔론은 시가평가회계와 특수목적법인을 이용해 실제보다 훨씬 많은 돈을 버는 것처럼 꾸몄다. 그러나 국세청은 시가평가회계를 인정하지 않았고 소득세는 어디까지나 실제 소득에 따라 부과되었다. 국세청의 입장에서 특수목적법인을 이용한 엔론의 복잡한 자금회전은 실제로 자산을 외부에 팔아 손익이 결정 나기 전까지는 아무런 의미가 없었다. 특수목적법인은 단지 회계적인 허구였을 뿐이다. 국세청의 기준으로 볼 때 엔론은 돈을 벌지 못했기 때문에 소득세를 부과하지 않았다.

이처럼 엔론을 세금의 측면에서 보면 전통적인 회계와 전혀 다른 그림이 나온다. 그런데 이를 파악하려면 세금에 대한 지식으로 무장하고 정확한 질문을 던질 줄 알아야 한다. 플레이셔는 "엔론의 회계보고서에 나타난 소득과 소득세 납부내역에 따른 소득의 격차는 쉽게 확인할 수 있습니다. 그러나 세금과 관련된 세부적인 내용을 파악하려면 특별한 훈련이 필요합니다"라고 말했다.

우드워드와 번스타인은 특별한 훈련을 거치지 않았고 워터게이트 사건이 터질 당시 그들은 20대였다. 두 사람은 자신들의 경험이 부족하다는 사실을 인정했다. 우드워드의 전문분야는 기업 내 정치였고 번스타인은 대학 중퇴자였지만 그런 것은 전혀 문제가 되지 않았다. 퍼즐의 핵심적인 요소인 은폐, 내부 고발, 비밀 테이프, 폭로를 다루는 데는 젊음의 미덕인 끈기와 열정만으로 충분했기 때문이다. 반면 미스터리를 풀려면 경험과 통찰이 필요하다. 우드워드와 번스타인은 결코 엔론 사태를 파헤치지 못했을 것이다. 메이시는 엔론 사태의 특수성을 날카롭게 설명했다.

"과거에는 서류를 허위로 조작하는 기업이 더러 있었습니다. 하지만 엔론은 그런 종류의 범죄형 기업이 아닙니다. 내가 볼 때 엔론은 회계규칙을 지켰습니다. 다만 약간 위험한 선을 넘었을 뿐입니다.

이러한 기만은 애널리스트나 옵션 매도자들이 밝혀내야 할 문제입니다. 진실은 그대로 드러나 있었어요. 회계보고서를 보고 얄팍한 수라고 의심이 가는 부분을 파헤치면 얼마든지 파악할 수 있었습니다. 그러나 누구도 그렇게 하지 않았습니다."

알렉산더 조지는 제2차 세계대전 당시 미국의 분석가들이 나치의 선전방송을 분석한 내용을 검토한 후 무려 81퍼센트가 정확했다는 결론을 내렸다. 물론 조지는 그들이 실패한 부분도 지적했다. V1로켓의 실전 배치에 문제가 생겼다는 사실을 밝힌 것은 영국의 분석가들이었다. 그들은 보복 위협의 내용과 횟수를 체계적으로 분석해 실전 배치의 지연(나중에 연합군의 폭격으로 심각한 피해를 입었다는 사실이 밝혀졌다)과 발사 날짜를 정확히 추정했다.

반면 미국의 분석가들은 그만큼 뛰어나지 못했다. 조지는 그들이 분석기술과 이론을 충분히 발전시키지 않고 인상론적 분석에 의존했다고 지적했다. 물론 분석가 중 한 명이던 조지는 동료들을 변호할 수도 있었다. 그들은 하루 종일 책상에 앉아 나치의 선전방송을 들었다. 가장 중요한 정보원은 거짓말쟁이에다 도둑, 술주정뱅이인 괴벨스였다. 그러나 이러한 변명은 정보 제공자의 역할이 중요한 퍼즐에나 적용될 뿐이다.

퍼즐의 경우 핵심 인물인 회장을 24년간 감옥에 가두면 할 일이 끝난 것처럼 보인다. 하지만 미스터리는 잘못이 한 사람이 아니라 여러 사람에게 있다. 미스터리에 감춰진 진실을 찾지 못하는 것은 정보 제공자뿐 아니라 정보를 제공받는 사람의 잘못이기도 하다.

1998년 봄, 6명의 코넬 경영대학원 학생이 엔론을 기말 프로젝트의 주제로 삼았다. 그들이 수강한 과목은 금융계의 유명인사 찰스 리Charles Lee가 가르치는 회계보고서 분석이었다. 리는 학기 초에 일련의 사례 연구를 통해 회계보고서에 담긴 정보를 이해하는 법을 가르쳤다. 이어 학생들은 팀별로 특정한 기업을 골라 분석 작업을 시작했다. 프로젝트를 진행하는 기간은 학기의 절반에 해당하는 6주일이었고, 분석기법은 경영대학원에서 일반적으로 사용하는 비율분석Ratio-Analysis(항목 사이의 비율을 산출하고 기준 비율이나 과거 실적 혹은 다른 기업의 실적과 비교해 평가하는 것)이었다. 엔론을 주제로 정한 팀원 중에는 에너지 사업에 관심이 많아 엔론에서 인턴으로 일하고자 면접을 본 사람도 있었다. 그는 50개의 비율을 산출해 회사, 사업, 경쟁사 대비 실적을 말해주는 엔론의 모든 정보에 대입시켜 보자고 제안했다.

팀원들은 최대한 자세하게 엔론의 모든 사업 부문에 걸쳐 회계보고서를 검토했다. 검증모델과 지표, 분석법을 비롯한 여러 가지 통계기법을 활용해 엔론의 실적 패턴을 파악한 것이다. 그 결과 엔론의 비즈니스모델에서 많은 의문점이 발견됐다. 엔론은 경쟁사보다 훨씬 위험한 전략을 추구했고 매출을 조작했다. 당시 엔론의 주가는 48달러였다. 그로부터 2년 후 주가는 거의 2배로 뛰었지만 팀원들은 1998년에도 고평가되었다고 생각했다. 그들이 발표한 23장의 보고서는 코넬 경영대학원의 홈페이지에 실렸다. 관심이 있는 사람은 누구나 그 보고서를 읽을 수 있었다. 흥미롭게도 보고서 첫 장에는 굵은 글씨로 '엔론 주식을 팔 것'이라고 적혀 있었다. 지난 몇 년간 금융 부문에서 수조 달러가 증발해버린 오늘날의 기준으로 볼 때 엔론은 금융스캔들 축에도 들지 못한다. 하지만 나는 3부에 소개될 '인재경영의 허울'에서 다시 엔론을 다루고 있다. 내가 보기에 엔론은 정보시대의 패러다임 변화를 말해주는 스캔들이기 때문이다. 역사가 그 점을 말해준다. 우리가 엔론의 교훈을 보다 진지하게 받아들였다면 2008년의 금융위기를 겪었을까?

2007년 1월 8일

02 밀리언 달러 머레이

노숙자 문제의 해법

노숙자에게 들어간 백만 달러의 병원비

해병대 출신인 머레이 바Murray Barr는 182센티미터의 키에 몸집이 거대해 언뜻 곰을 연상시킨다. 매일 거리에 쓰러지는 그를 일으키려면 장정 두세 명이 필요할 정도다. 사람들은 앞니가 거의 없고 피부가 가무잡잡한 그를 스모키Smokey라고 불렀다. 멋진 미소 덕분에 사람들에게 인기가 있는 머레이는 보드카만 마셨다. 그에게 맥주는 '말 오줌'에 불과했다. 그가 사는 리노 중심가에서는 1달러 50센트에 250밀리리터의 싸구려 보드카를 살 수 있었다. 그는 돈이 좀 생기면 750밀리리터를 샀고 돈이 없으면 다른 노숙자처럼 카지노에 들어가 사람들이 남긴 술을 마셨다.

리노 중심가를 담당하는 자전거 순찰 요원 패트릭 오브라이언Patrick O'Bryan에게 거리에 쓰러진 머레이를 일으키는 것은 일상적인 일이었다.

"일단 머레이가 마셔대기 시작하면 하루에도 몇 번이나 일으켜줘야 했어요. 정말 끝도 없이 마셔댔죠. 술에 취해 쓰러졌다가도 두어 시간 지나 술이 깨면 다시 마셨으니까요. 알코올중독에 빠진 노숙자들은 툭 하면 화를 내요. 가끔은 폭력적으로 변하기도 하죠. 그런데 머레이는 성격이 좋고 사람을 잘 웃겨서 우리하고 잘 지냈어요. 화를 내다가도 우리가 '머레이, 우릴 좋아하잖아' 하고 말하면 '그래'라고 대답하면서도 또다시 욕을 퍼부었죠."

오브라이언의 동료 스티브 존스Steve Johns는 "15년간 경찰생활을 하면서 내내 머레이를 일으켜 세우는 일을 했어요. 정말입니다"라고 말했다. 몇 년 전, 머레이는 존스와 오브라이언의 간청으로 알코올중독자 치료프로그램에 참가했다. 사실상 치료센터에 갇힌 것이나 마찬가지였지만 그는 일자리를 얻어 잘 생활해나갔다. 하지만 프로그램이 끝나자 다시 술을 마셨다. 오브라이언은 머레이에게 지시를 내려줄 사람이 필요한 것 같다고 말했다.

"아마도 군대를 다녀온 사람이라 그런 것 같아요. 머레이는 요리를 잘해요. 한때는 착실하게 일해서 6,000달러가 넘는 돈을 모으기도 했어요. 그래서 치료센터는 그를 사회로 내보냈죠. 딱 일주일 만에 그 돈을 다 써버리더군요."

머레이는 때로 너무 심하게 술을 마셔 응급실로 실려 가기도 했다. 성모마리아 병원 응급실에서 일하는 말라 존스Marla Johns는 그를 일주일에 서너 번씩 보았다. 구급차에 실려 온 머레이는 술이 깰 때까지 머물렀다가 유치장으로 옮겨졌다. 말라는 간혹 그를 데려가라고 경찰을 호출했는데 이때 스티브를 만나 부부가 되었다.

"응급실로 실려 온 머레이는 저를 보고 미소를 지었어요. 저를 천사라고 불렀죠. 제가 방으로 들어가면 '오, 나의 천사. 또 만나서 반가워요'라고 말했어요. 우리는 서로 농담을 나누는 사이였어요. 제가 제발 술을 끊으라고 말하면 그는 그냥 웃기만 했죠. 한동안 그가 들어오지 않으면 걱정이 되어서 객사자 명단을 확인하기도 했어요. 그는 우리가 결혼한다는 말을 듣고 결혼식에 가도 되느냐고 묻더군요. 당연히 와야 한다고 생각했지만 농담으로 '술을 마시지 않을 거면 와요. 당신이 마실 술값을 낼 형편이 아니거든요'라고 했어요. 그는 제가 임신했을 때 배에 손을 대고 아이를 축복해줬어요. 머레이는 좋은 사람이었어요."

2003년 가을, 리노 경찰국은 구걸행위에 대한 일제 단속에 나섰다. 지역 언론은 경찰의 단속이 가혹하다며 비판적인 반응을 보였다. 그들은 노숙자는 시의 짐이 아니며 단지 먹고살기 위해 구걸을 하는 것이라고 말했다. 어느 날 아침 출근을 하던 오브라이언은 라디오에서 경찰을 비판하는 말을 들었다. 그는 그렇게 욕하는 사람들은 한겨울에 동사자들을 찾아다녀봐야 실상을 알 거라고 생각했다. 그로서는 화가 나는 일이 아닐 수 없었다.

리노 도심에는 노숙자 급식소가 많았다. 기독교와 천주교에서 운영하는 급식소를 비롯해 맥도날드 같은 가게에서도 노숙자들에게 음식을 제공했다. 노숙자들은 순전히 술을 사기 위해 구걸을 했다. 오브라이언과 존스는 근무시간의 거의 절반을 머레이처럼 만취한 노숙자를 상대하는 데 허비했다. 어떤 경우에는 자신들이 경찰인지 사회복지사인지 헷갈릴 정도였다. 경찰관만 시달리는 것이 아니었다. 만취한 노숙자가 거리에 쓰러지면 구급차가 달려가야 했는데 구급차마다 4명의 구급 요원이 있었다. 술에 취한 채 거리에서 지내는 노숙자들은 대개 건강이 엉망이라 한 번 입원하면 며칠씩 머물렀다. 당연히 그에 따른 비용이 만만치 않았다.

오브라이언과 존스는 지역 병원에 전화를 걸어 현황을 파악했다. 그들은 가장 자주 말썽을 일으키는 3명의 노숙자가 얼마나 많은 비용을 발생시켰는지 알아보았다. 3명 중 1명은 출옥한 지 6개월밖에 되지 않았음에도 그동안 그에게 청구된 병원비가 10만 달러가 넘었다. 그것도 도심에 있는 2개의 병원 중 작은 병원의 병원비가 그 정도였고 큰 병원의 병원비는 더 많을 것이 뻔했다. 다른 1명은 3개월 전에 포틀랜드에서 리노로 왔는데 그동안 그에게 청구된 병원비는 6만 5,000달러였다. 한동안 술을 끊은 나머지 1명에게 청구된 병원비는 5만 달러였다.

3명 중에서 가장 많은 병원비를 청구 받은 사람이 머레이였다. 오브라이언과 존스는 머레이가 거리에서 지낸 10년간의 병원비를 모두 합하면 네바다 주에서 최고 기록이 될 거라고 예상했다. 오브라이언은 "지금까지 머레이를 쭉 같은 상태로 유지하는 데 100만 달러를 들인 셈입니다"라고 말했다.

사회문제를 대하는 우리들의 올바른 자세

로드니 킹Rodney King 구타 사건이 발생했을 때 로스앤젤레스 경찰 국은 곤경에 처했다. 사방에서 인종차별과 기강 해이, 폭력성에 대한 비난이 쏟아졌다. 사람들은 이런 문제가 일선 경찰 사이에 만연해 있을 거라고 우려했다. 일반적인 인식은 로스앤젤레스 경찰들의 성 향이 통계적으로 종 모양의 정규분포곡선을 이룬다는 것이었다. 다 시 말해 양극단에 아주 좋거나 나쁜 소수의 경찰관이 있고 가운데에 문제가 있는 경찰관이 다수 분포할 것이라고 가정했던 것이다. 사회 현상을 접할 때 우리는 자동적으로 정규분포곡선을 가정하는 경우 가 많다.

그러나 워런 크리스토퍼Warren Christopher가 이끄는 위원회 가 특별조사를 한 결과 상당히 다른 양상이 나타났다. 1986년부터 1990년 사이에 체포 과정에서 과도한 폭력을 행사하거나 부적절 한 행동을 해서 고발당한 경찰관의 수는 8,500명 가운데 1,800명이 었다. 대다수는 한 번도 고발당한 적이 없었다. 그중에서 1,400명이 넘는 경찰관이 한두 번밖에 고발당하지 않았다. 더구나 조사기간이 4년이고 아직 혐의가 확정되지 않았으며, 도시에서 경찰업무를 수행 하다 보면 과도한 폭력 행사에 따른 고발을 피할 수 없다는 사실을 고려해야 한다(뉴욕 경찰국의 경우 1년에 3,000건의 경찰관 폭력 신고를 접 수한다). 상위 기록을 보면 183명은 네 번 이상, 44명은 여섯 번 이상, 16명은 여덟 번 이상, 1명은 열여섯 번 고발당한 전력이 있었다. 이 통계를 표로 그리면 종 모양이 아닌 하키 스틱 모양이 된다. 통계학에서는 이처럼 가운데가 아닌 한 극단에 분포가 몰린 모양을 멱함수 분포Power Law Distribution라고 부른다.

크리스토퍼 위원회의 보고서는 문제를 일으키는 경찰관이 극단에 집중된 양상을 드러냈다. 한 경찰관은 과도한 폭력으로 열세 번, 다른 부적절한 행동으로 다섯 번, 부적절한 총기 사용으로 한 번, 동료 경찰관들로부터 스물여덟 번 고발당했다. 다른 경찰관은 과도한 폭력으로 여섯 번, 다른 부적절한 행동으로 열아홉 번, 부적절한 총기 사용으로 세 번, 동료 경찰관들로부터 열 번 고발당했다. 또한 동료 경찰관들로부터 각각 스물일곱 번 서른다섯 번 고발당한 경찰관도 있었다. 내부 고발장을 보면 용의자의 무릎을 꿇게 하고 수갑을 채우는 동안 아무런 이유 없이 총의 개머리판으로 뒷목을 쳤다거나 열세 살짜리 청소년을 구타한 일, 그리고 용의자를 의자에서 밀쳐 쓰러뜨리고 등과 머리를 발로 찼다는 것이 있었다.

여섯 번 이상 문제를 일으킨 44명의 경찰관을 해고하면 로스앤젤레스 경찰국이 하루아침에 달라질까? 물론 아닐 것이다. 다른 한편으로 그들이 계속 문제를 일으켰다는 것은 내부적인 자정체계가 부실하다는 사실을 말해준다.

어쨌든 로스앤젤레스 경찰국의 문제가 정규분포를 이룰 것이라고 잘못 생각할 경우, 더 우수한 사람을 선발하거나 교육을 강화하는 방법으로 중간에 위치한 다수의 수준을 향상시켜야 한다는 처방을 내리게 된다. 하지만 실제로는 중간 집단에 큰 문제가 없고, 정말로 강력한 조치가 필요한 소수의 문제 경찰관에게는 그러한 처방이 충분치 않다.

노숙자 문제가 처음 사회적 이슈로 등장한 때는 1980년대다. 당시 일반적인 인식은 노숙자 문제가 정규분포를 이룬다는 것이었다. 한마디로 대다수 노숙자에게 구제불능의 문제가 있다고 보았다. 이러한 시각은 절망을 낳았다. 그토록 많은 노숙자가 풀기 힘든 문제를 안고 있다면 도울 방법이 막막할 수밖에 없기 때문이다.

그런데 1990년대 초, 이러한 인식을 바꿀 계기가 마련되었다. 보스턴 대학원생 데니스 컬헤인Dennis Culhane은 연구의 일환으로 필라델피아의 한 노숙자보호소에서 7주일을 보냈다. 그때 그는 실제 노숙자의 모습이 일반적인 인식과 많이 다르다는 사실에 깜짝 놀랐다. 그들은 대개 나름대로의 삶을 이어가고 있었던 것이다.

컬헤인은 노숙자들의 보호소 입·출소 기록을 데이터베이스로 만들었다. 그러자 노숙자 문제는 정규분포가 아닌 멱함수분포로 나타났다. 80퍼센트의 노숙자가 입소한 지 며칠 만에 출소했다. 가장 일반적인 재소기간은 하루였고 그 다음은 이틀이었다. 그리고 그들은 보호소로 다시 돌아오지 않았다. 비자발적으로 보호소에 들어온 사람들은 어떻게 해서든 독립할 길을 찾았다.

그러나 컬헤인이 '주기적 재소자'로 부르는 10퍼센트는 달랐다. 그들은 한 번에 3주일씩 머물렀고 특히 겨울이 되면 주기적으로 돌아왔다. 대개 나이가 어렸던 그들은 마약중독에 빠진 경우가 많았다. 컬헤인이 가장 관심을 기울인 집단은 이처럼 극단에 있는 10퍼센트의 노숙자였다. 그들 중 나이가 많은 사람은 수년씩 보호소에서 사는 경우도 있었는데 이들은 보통 육체적, 정신적으로 장애가 있었다. 일반인들이 흔히 사회문제로 생각하는 거리에서 자고 구걸행위를 하며 술에 취해 쓰러지는 노숙자가 바로 그들이었다.

컬혜인의 자료에 따르면 2000년 이후 5년간 뉴욕시에 한때 노숙자가 25만 명이나 있었다고 한다. 그 엄청난 노숙자 중에서 고질적인 노숙자는 2,500명이었다. 그들이 초래하는 의료 및 복지비용은 상상을 초월하는 수준이었다. 컬혜인은 뉴욕시가 2,500명의 고질적인 노숙자를 보살피는 데 해마다 최소한 6,200만 달러를 썼다고 추정한다. 노숙자 1명당 1년에 2만 4,000달러가 넘는 돈을 들인 셈이다.

최근 보스턴의 대표적인 노숙자 지원단체에서 119명의 고질적인 노숙자에게 들어간 의료비용을 산출했다. 그 결과에 따르면 2000년 이후 5년간 33명이 죽고 7명이 양로원에 들어갔는데, 그동안 그들은 1만 8,834번 응급실에 실려가 최소한 1,000달러의 비용을 초래했다. 샌디에이고 대학병원이 조사한 결과에서는 알코올중독에 빠진 15명의 노숙자가 2004년에서 2005년 사이의 18개월간 417번이나 응급실에서 치료를 받은 것으로 나타났다. 그 누적 치료비가 1인당 평균 10만 달러였다. '샌디에이고의 머레이'라고 부를 만한 어떤 노숙자는 응급실에 87번이나 실려 갔다. 샌디에이고 대학병원의 응급실장으로 노숙자의 건강과 관련해 논문을 쓴 제임스 던포드James Dunford는 그들의 상황을 구체적으로 들려주었다.

"그들은 복합 폐렴에 잘 걸립니다. 구토물이 폐에 들어가 농양이 생긴 경우가 많고 비를 맞아 대개 저체온증까지 겹쳐 있지요. 따라서 집중 치료가 필요합니다. 차에 치이는 일도 잦아요. 신경외과적 문제도 잘 일으키죠. 쓰러지면서 머리를 부딪쳐 경막하부에 혈종이 생기는 거죠. 그걸 그냥 두면 죽을 수도 있습니다. 머리를 심하게 다친 경우 수술비가 적어도 5만 달러는 나옵니다. 그게 다가 아니에요. 그들은 술을 마시지 않으면 심한 금단증상을 겪고 간이 손상돼 면역력이 약해요. 이런 문제는 끝이 없습니다. 우리는 사원들에게 노숙자를 상대하는 법을 가르치고 검사비용도 많이 쓰고 있어요. 계속 같은 사람이 들어오는데 하는 일이라고는 걸어서 나가게 만드는 것뿐이라 맥이 빠집니다. 그래서 그만두려고 하는 간호사가 많아요."

노숙자 문제는 로스앤젤레스 경찰국의 문제와 유사하다. 핵심은 소수의 심각한 사례에 있다. 어찌 보면 이것은 좋은 소식이다. 한정된 사례에 집중적으로 대응할 수 있기 때문이다. 나쁜 소식은 그 사례가 아주 풀기 힘든 문제라는 것이다.

노숙자 중에서 심각한 소수는 간질환과 복합 감염, 그리고 정신질환이 있는 알코올중독자다. 따라서 그들을 도우려면 많은 시간과 관심, 돈이 필요하다. 물론 고질적인 노숙자를 방치해도 엄청난 돈이 들기는 마찬가지다. 컬헤인은 그들을 돕는 데 들어가는 돈이 방치로 인해 소모되는 돈보다 적을 것이라고 예상한다. 그 점은 네바다 주에서 가장 많은 의료비를 쓴 머레이의 사례만 봐도 알 수 있다. 차라리 그에게 아파트를 주고 전담 간호사를 붙였다면 사회적으로 비용이 덜 들었을 것이다.

필립 만가노Philip Mangano는 노숙자 문제의 현실을 알리는 일에 앞장서고 있다. 그는 2002년에 노숙자 문제 관계부처 합동위원회의 위원장이 되었다. 이 위원회는 20개 연방기관의 노숙자 관련 사업을 관장한다. 매사추세츠주에서 노숙자 지원운동을 시작한 만가노는 미국 전역을 돌며 노숙자 문제의 진정한 성격을 설명하고 있다. 그는 급식소와 보호소를 운영하는 것은 노숙자를 영원히 노숙자로 머물게 만들 뿐이라고 주장한다. 노숙자 문제의 성격이 정규분포곡선을 그린다면, 다시 말해 자립이 힘든 노숙자가 중앙에 다수 분포한다면 기존의 관리방식이 옳을 수도 있다. 그러나 극단에 있는 소수가 문제라면 관리가 아니라 해결하는 것이 옳다. 지금까지 만가노는 200여 시당국을 설득해 노숙자 정책을 전면적으로 재검토하도록 만들었다.

2005년 6월, 나는 아이다호로 가는 길에 뉴욕에 들른 만가노와 인터뷰를 했다. 그는 최근에 겪은 일을 들려주었다.

"얼마 전까지 세인트루이스에 있었습니다. 거기서 노숙자 지원 사업을 하는 사람들과 이야기를 나누었지요. 그곳에도 아무리 도와주겠다고 해도 찾아오지 않는 소수의 심각한 노숙자가 있더군요. 그래서 차라리 그 사업비로 그들에게 집을 빌려주라고 말했어요. 그들은 내 말대로 했습니다. 그랬더니 한 명씩 도움을 받으러 찾아오더군요. 이 사례에서 알 수 있듯 노숙자를 계속 노숙자로 유지시키는 기존 정책을 재고해야 합니다."

만가노는 집에서 말콤 엑스Malcolm X의 옛 연설을 들으면서 잠이 들기도 하는 역사광이다. 그는 시민운동, 베를린 장벽, 노예해방 운동에 대한 이야기를 자주 인용했다.

"보스턴에 있는 내 사무실 맞은편에 미국 최초의 흑인 부대인 54연대 기념비가 있어요. 윌리엄 로이드 개리슨William Lloyd Garrison과 프레데릭 더글러스Frederick Douglass가 노예제 철폐를 주장했던 역사적인 장소도 근처에 있습니다. 나는 노예제처럼 사회 문제를 관리하는 것이 아니라 아예 끝내야 한다고 생각합니다."

불쾌한 선택

덴버 YMCA는 도심 상업지역의 16번가에 자리 잡고 있다. YMCA 건물은 1906년에 지어진 멋진 6층짜리 석조 건물로 1950년대에 별관을 증축했다. 건물 1층에는 체육관이 있고 위층에는 중앙냉난방 설비와 침실 및 주방을 갖춘 수백 개의 원룸 아파트가 있으며 콜로라도 노숙자연합이 이 아파트를 관리한다.

덴버는 특히 심각한 노숙자 문제를 안고 있는 대도시다. 노숙자들이 겨울에 그다지 춥지 않고 여름에는 이웃 뉴멕시코나 유타보다 덜 더운 덴버로 몰려들기 때문이다. 시당국은 노숙자를 약 1,000명으로 추정하는데 그중에서 300명은 시민중앙공원이나 16번가에서 시간을 보낸다. 중심가 북쪽에는 1년에 2,800명을 치료하는 해독센터가 있으며 환자 중 다수는 술이나 구강청정제를 마시고 거리에 쓰러진 노숙자다. 덴버시 복지국장 록산느 화이트Roxane White의 말에 따르면 최근에 독한 성분의 구강청정제를 마시는 노숙자가 늘고 있다고 한다. 그녀는 "그런 걸 마셔대니 속이 어떻게 될지 생각해보세요."라고 말했다.

2004년 가을, 덴버는 만가노의 조언을 받아들였고 콜로라도 노숙자연합은 연방예산과 시예산의 지원을 받아 106명에게 숙소를 제공했다. 대상자는 주로 머레이처럼 많은 비용을 발생시키는 고질적인 노숙자였다. 그들은 오랫동안 거리생활을 했고 전과가 있었으며 알코올중독과 정신질환에 시달렸다. 콜로라도 노숙자연합의 중독치료국장 레이철 포스트Rachel Post는 숙소에 입소한 두 노숙자의 사례를 소개했다.

"그 노숙자는 60대 초반이었는데 겉으로는 80대로 보였어요. 심한 알코올중독자였죠. 아침에 일어나면 술부터 찾아나서는 게 일과였으니까요. 거리에서 쓰러지는 일도 부지기수였지요. 다른 노숙자는 헤로인중독에 정신질환, 심장기형까지 있었어요. 그는 11년간 수감됐다가 출소한 후 3년째 거리에서 살았죠."

노숙자를 끌어들인 방법은 만가노가 세인트루이스에서 제안했던 것처럼 단순했다. 바로 아파트를 무료로 내주는 것이었다. 입소자는 일정한 규칙을 따르기만 하면 YMCA 건물의 원룸이나 근처 임대아파트에서 지낼 수 있었다. 콜로라도 노숙자연합은 스쿼시 코트가 있던 YMCA 지하에 10명의 복지사가 일하는 상황실을 만들었다. 그들은 매일 아침 노숙자의 상황을 점검했다. 사무실 벽에는 각 노숙자의 치료 일정을 기록한 대형 화이트보드가 걸려 있었다. 포스트는

"사업을 원활하게 운영하려면 노숙자 10명당 1명의 복지사가 필요합니다. 복지사는 담당하는 노숙자가 어떻게 지내는지 확인하지요. 매일 가는 경우도 있고 최소한 사나흘에 한 번은 확인합니다. 현재 15명 정도가 걱정스러운 상황에 있어요"라고 말했다.

이 사업에 들어가는 비용은 노숙자 1인당 1년에 약 1만 달러다. 덴버의 원룸 임대가격은 한 달에 평균 376달러로 1년에 4,500달러가 약간 넘는다. 따라서 1년에 최대 1만 5,000달러면 1명의 노숙자에게 머물 곳을 제공하고 보살필 수 있다. 이 액수는 그들이 거리에서 지내면서 초래하는 비용의 3분의 1 수준에 불과하다. 또한 이 사업으로 안정을 되찾은 노숙자는 일자리를 얻어 차츰 임대비용을 부담하게 된다. 이 경우 연간 비용은 6,000달러 수준까지 내려간다. 덴버 시는 향후 10년간 800채의 임대주택을 추가할 계획이다.

물론 현실은 만만치 않다. 건강이 나쁘고 문제를 많이 일으키는 노숙자를 안정시켜 일하게 만든다는 것이 희망사항에 그치는 경우도 있다. 어떤 노숙자는 정상적인 생활을 할 가능성이 거의 없다. 포스트는 한 가지 사례를 소개했다.

"간경변을 앓는 20대의 노숙자가 한 명 있습니다. 한번은 혈중 알코올 농도가 0.49(도로교통법상 처벌기준은 0.05이다)까지 나오기도 했죠. 그는 아파트에 입주하자마자 친구들을 불러 밤새 파티를 벌이며 난장판을 만들었어요. 다른 아파트를 줬더니 또 같은 짓을 하더군요."

문제의 그 노숙자는 이후 몇 달간 술을 끊는 데 성공했다. 하지만 언제 과거의 모습으로 돌아가 아파트를 엉망으로 만들지 모르는 일이다. 그런 일이 발생하면 노숙자연합은 다음 조치를 고민해야 한다. 뉴욕시의 일부 책임자는 관대한 지원책이 일부 노숙자의 무책임한 행동을 부추기지는 않을지 염려한다. 실제로 일부 노숙자는 그런 모습을 보였다. 하지만 다른 대안이 있을까? 문제의 노숙자를 거리로 돌려보내면 사회적으로 더 많은 비용을 초래하고 만다.

복지정책에 대한 현재의 철학은 수혜자가 의존하지 못하도록 한도를 정해 일시적으로 지원해야 한다는 것이다. 그러나 스물일곱 살의 젊은 나이에 몸을 망칠 정도로 술을 마시는 사람에게는 일반적인 채찍이나 당근이 전혀 통하지 않는다. 포스트의 말에 따르면 가장 어려운 사례는 거리생활에 익숙해져 버린 사람들이다. 그들은 거리에서 지내도 크게 힘들지 않은 여름이 오면 규칙을 따르지 않으려 한다.

먹함수분포를 보이는 사회문제를 해결하려면 정규분포를 보이는 사회문제와 완전히 다른 접근법이 필요하다. 즉, 극단적인 사례에 속하는 대상자는 정부지원에 '의존하게' 만들어야 한다. 그래야 사회체제 밖에서 떠돌던 사람들을 끌어들여 삶을 재건하도록 감독할 수 있다. 사회문제에 대한 정책을 수립하는 일이 까다로운 이유가 여기에 있다. 경제적인 관점에서 이러한 정책은 매우 합리적이다. 그러나 도덕적 잣대를 들이대면 형평성에 어긋나 보인다.

덴버에는 하루 벌어서 하루를 먹고사는 사람이 수천 명이나 있다. 그들이야말로 도움을 받을 자격이 있는 사람들이다. 그러나 그들에게는 공짜로 아파트를 빌려주지 않는다. 오히려 술에 취해 거리에 나뒹구는 노숙자들이 혜택을 누린다. 또한 저소득 싱글맘에 대한 지원은 시한을 넘기면 중단된다. 그런데 망나니 같은 노숙자는 지원해 준 아파트를 부숴도 다른 아파트를 얻는다. 사회적 혜택에는 일정한 도덕적 정당성이 따라야 한다. 장애유공자나 저소득 싱글맘에게 혜택을 주는 일은 정당하다. 하지만 알코올중독에 빠진 노숙자에게 아파트를 주는 일은 또 다른 논리에 기반을 둔다. 그것은 철저하게 효율성을 추구하는 논리다.

사회적 혜택을 분배하는 일은 자의적으로 이뤄지면 안 된다. 저소득 싱글맘이나 장애유공자는 무작위로 선정하는 것이 아니라 공식적인 기준에 드는 사람을 선별해 모두에게 혜택을 줘야 한다. 이러한 공평함은 정부 지원에 도덕적 신뢰성을 더해준다. 하지만 덴버의 노숙자 지원 사업은 모든 노숙자를 돕지 않는다. 주택임대 사업의 경우 600명의 대기자가 있다. 그들에게 모두 아파트를 주려면 몇 년이 걸릴 것이고 일부는 영원히 갖지 못할 것이다. 현실적으로 한꺼번에 모든 노숙자를 도울 돈이 없고 문제의 성격상 모두를 조금씩 돕는 것은 전혀 효율적이지 않다.

일반적인 공정성의 개념을 따른다면 차라리 그 돈으로 모든 노숙자를 위한 급식소와 보호소를 지어야 한다. 그러나 급식소와 보호소로는 노숙자 문제를 해결할 수 없다. 소수의 극단적인 사례의 경우 일반적인 도덕적 원칙은 거의 의미가 없다. 멱함수분포를 보이는 사회문제는 우리에게 불쾌한 선택을 강요한다. 우리는 도덕적 원칙을 고수하거나 아니면 효율적 해법을 적용해야 한다. 2가지를 모두 얻는 길은 없다.

누구에게도 환영받지 못하는 해법

덴버 중심가에서 북서쪽으로 4~5킬로미터 떨어진 스피어Speer 거리에는 지나가는 차량의 배기가스를 측정하는 커다란 전광판이 있다. 배기가스 정화 장치가 제대로 작동하는 차가 지나가면 전광판에 '양호'라는 글자가 뜬다. 반면 기준치를 넘는 오염물질을 배출하는 차가 지나가면 '불량'이라는 글자가 뜬다. 오랫동안 관찰해보면 거의 모든 차가 '양호' 판정을 받는다는 것을 알 수 있다. 가령 20분간 아우디 A4, 뷰익 센추리, 도요타 코롤라, 포드 토러스, 사브 9-5가 양호 판정을 받고 지나간다. 그러다가 낡은 포드 에스코트나 개조한 포르쉐가 지나가면 불량 판정을 받는다. 스피어 거리의 전광판에서 드러나는 배기가스 문제와 콜로라도 노숙자연합의 아침회의에서 듣는 노숙자 문제는 상당히 비슷하다. 배기가스 문제도 멱함수분포를 따른다. 이 역시 소수의 극단적 사례를 보이는 사회문제를 풀기가 얼마나 어려운지 증명한다.

최근에 생산된 차들은 대부분 오염물질을 적게 배출한다. 상태가 좋은 2004년식 스바루의 일산화탄소 배출률은 무시해도 좋을 정도인 0.06퍼센트에 불과하다. 그러나 거의 모든 도로에는 이유가 연식이든 정비 불량이든 불법개조든 일산화탄소 배출률이 10퍼센트를 초과하는 차가 반드시 있다(0.06퍼센트에 비해 200배나 높은 수준이다). 덴버의 경우 5퍼센트의 차량이 55퍼센트의 오염물질을 배출한다. 스피어 거리에 전광판을 세운 사람은 덴버 대학의 화학자이자 배기가스 문제 전문가인 도널드 스테드먼Donald Stedman이다. 그는 배기가스 문제를 이렇게 설명했다.

"15년 된 차가 있다고 칩시다. 당연히 연식이 오래될수록 기계 장치에 문제가 생길 가능성이 큽니다. 사람이든 차든 나이를 먹으면 부실해지게 마련이니까요. 오래된 차는 엔진을 제어하는 기능이 제대로 작동하지 않거나 연료분사 장치가 제때 닫히지 않는 경우가 많고, 촉매 장치가 고장 나는 문제도 자주 발생합니다. 이 경우 오염물질이 많이 배출되죠. 자료를 보면 1마일당 탄화수소를 70그램씩 배출하는 차가 하루에 한 대씩 있습니다. 그 차의 배기가스만으로 혼다 시빅을 몰 수 있을 정도죠. 오래된 차만 그런 것이 아닙니다. 새 차라도 택시처럼 주행거리가 많으면 문제가 생깁니다. 별로 알려지지 않았지만 1990년대에 로스앤젤레스 지방검사가 대단히 성공적인 배기가스 규제조치를 실시한 적이 있어요. 그는 로스앤젤레스 국제공항에서 운행하는 벨 택시가 가장 많은 배기가스를 배출한다는 사실을 알고 차량을 전부 교체시켰습니다. 어떤 택시는 1년간 차체 무게보다 많은 오염물질을 배출하기도 했습니다."

스테드먼이 보기에 덴버 시의 배기가스 검사제도는 매우 불합리하다. 현재 덴버에 거주하는 수백만 명의 운전자는 해마다 배기가스 검사를 받아야 한다. 그들은 합격률이 90퍼센트를 초과하는 검사를 받기 위해 25달러의 검사료와 시간을 낭비한다. 스테드먼은 여기에 이의를 제기하며 "모든 사람이 유방암이나 에이즈 검사를 받지는 않습니다"라고 말했다. 더구나 배기가스 검사는 소수의 문제 있는 차량을 제대로 찾아내지도 못한다. 배기가스를 많이 배출하는 불법개조 차량의 소유주는 검사 전에 개조 장치를 떼기 때문이다. 또한 그들은 배기가스 검사를 하지 않는 지역에 차량을 등록하거나 검사 전에 차를 험하게 몰아 배기가스 수치를 낮추는 편법을 쓰기도 한다. 간혹 엔진상태가 불량해도 간헐적으로 연소가 잘되면 합격하는 경우가 있다. 그래서 스테드먼은 배기가스 검사제도가 대기오염을 막는 데 큰 효과를 내지 못한다고 생각한다.

그는 그 대안으로 이동식 검사를 제안한다. 1980년대 초, 그는 적외선으로 주행 차량의 배기가스를 분석하는 서류가방 크기의 분석기를 개발했다. 스피어 거리의 전광판에 연결된 것이 바로 이 분석기다. 그는 배기가스 분석기를 고속도로 진출입로에 놓고 불합격 판정을 받는 차를 단속해야 한다고 주장한다. 여섯 대의 분석기로 하루에 3만 대를 검사할 수 있다. 스테드먼은 덴버시 운전자들이 배기가스 검사에 쓰는 2,500만 달러를 이동식 검사에 투자하면 해마다 2만 5,000대의 매연 차량을 단속할 수 있다고 추정한다. 이 경우 수년 내에 배기가스 오염을 35~40퍼센트까지 낮출 수 있다. 다시 말해 배기가스 문제를 관리하는 것이 아니라 해결할 수 있는 것이다.

그러면 왜 스테드먼의 방식을 당장 적용하지 않는 것일까? 배기가스 문제에는 도덕적 난관이 없고 경찰은 헤드라이트나 백미러가 잘못되어 있어도 단속을 한다. 그러니 어렵지 않게 매연을 단속 목록에 추가할 수 있다. 하지만 스테드먼의 방식은 대기오염이 모든 사람의 책임이라고 생각하는 사회적 통념에 어긋난다.

우리는 지금까지 집단적인 문제에 대해 신속하고 광범위한 대응 조치를 적용했다. 의회는 법을 통과시켰고 환경보호국은 규제를 정했으며 자동차회사는 오염물질 배출량을 약간 줄인 차를 만들어왔다. 그래야 당장 공기를 조금이라도 정화할 수 있기 때문이다. 그러나 스테드먼은 워싱턴과 디트로이트에서 일어나는 일에 관심이 없다. 그는 대기오염을 통제하려면 법 자체보다 적용이 더 중요하며, 정책 내용이 아닌 단속방식이 핵심이라고 생각한다. 사실 그의 해법은 어딘가 미진하게 느껴지는 구석이 있다. 그는 서류가방 크기의 분석기를 장착한 여섯 대의 밴으로 덴버 시의 배기가스 문제를 해결하려 한다. 대기오염처럼 거대한 문제를 그렇게 사소한 방식으로 해결할 수 있을까?

바로 이런 생각을 하기 때문에 크리스토퍼 위원회의 보고서에 담긴 내용이 불만족스럽게 느껴지는 것이다. 우리는 기존의 관료체제로 해결할 수 없을 것처럼 보이는 문제에 직면하면 특별위원회를 구성한다. 우리가 기대하는 것은 전면적인 개혁이다. 그러나 크리스토퍼 위원회의 보고서에서 그나마 인상적인 내용은 용의자를 여러 차례 때린 경찰관이 상관으로부터 '준법정신을 고취하는 행동을 한다'는 인사평가를 받았다는 것이었다. 상관은 상습구타 경력이 담긴 그의 인사서류를 확인하지 않아 그런 평가를 내렸다. 크리스토퍼 위원회는 인사권자들이 인사서류를 신경 써서 읽도록 권고했다. 보고서가 지적한 바에 따르면 로스앤젤레스 경찰국의 문제는 정책이 아니라 집행에 있었다. 즉 이미 정해진 규칙을 따르기만 하면 되었다. 하지만 전면적인 개혁을 원하는 대중은 그 정도 조치에 만족하지 않는다.

이처럼 먹함수분포를 보이는 문제의 해법은 도덕적 직관뿐 아니라 정치적 직관에도 어긋난다. 우리가 노숙자 대다수를 가망 없는 집단으로 치부하는 이유는 단지 더 나은 해법을 모르기 때문이 아니다. 사실 우리는 더 나은 해법을 알려고 하지 않았다. 과거의 방식이 집행하기에 더 쉽기 때문이다.

먹함수분포를 보이는 문제의 해법은 우파에게 환영받지 못한다. 특별대우를 받을 자격이 없는 사람에게 집중적인 도움을 주는 탓이다. 좌파에게도 환영받기는 어렵다. 공정성보다 효율성을 중시하는 태도가 시카고학파의 냉정한 비용편익분석을 상기시키기 때문이다. 수백만 달러를 아끼고 더 깨끗한 공기를 얻고 경찰국의 문제를 실질적으로 풀 수 있다는 가능성도 그러한 불만을 완전히 상쇄시키지는 못한다.

덴버의 인기 많은 존 히켄루퍼John Hickenlooper 시장은 몇 년간 노숙자 문제를 해결하려 노력했다. 노숙자들이 모여드는 시민중앙공원에서의 시정연설에서 일부러 노숙자 문제에 가장 많은 시간을 할애했고, 지역 라디오 토크쇼에 수차례 출연해 노숙자 문제를 해결하기 위한 시의 노력을 설명했다. 또한 그는 노숙자가 시 재정에 미치는 영향을 조사하는 연구도 진행했다. 그러나 여전히 그를 만나면 게으름뱅이인 노숙자들을 왜 도와주느냐고 비난하는 사람들이 있다.

이름 없는 무덤 앞에서

어느 이른 아침, 말라 존스는 남편 스티브로부터 걸려온 전화를 받았다. 말라는 그날의 상황을 조용히 털어놓았다.

"남편의 전화를 받고 잠에서 깼어요. 남편은 목이 메어 제대로 말도 못하더군요. 처음에는 동료한테 나쁜 일이 생긴 줄 알았어요. 무슨 일이 있느냐고 물었더니 울먹이면서 머레이가 어젯밤에 죽었다고 하더군요."

사인은 장출혈이었다. 그날 아침 경찰관들은 머레이를 위해 묵념을 했다. 말라는 머레이에 대한 이야기를 이어갔다.

"요즘도 가끔 머레이가 생각나요. 특히 크리스마스가 다가오면 더욱 생각이 나요. 전에 조금이라도 추위를 막아주려고 장갑과 외투, 담요를 사줬거든요. 머레이는 마음이 따뜻했어요. 한번은 술 취한 환자가 저에게 달려든 적이 있어요. 그때 들것에 누워 있던 머레이가 벌떡 일어나더니 '내 천사한테 손대면 가만 안 둬'라고 소리치면서 막아줬죠. 치료센터에 있을 때 머레이는 정상적인 생활을 했어요. 술을 끊고 착실하게 일해서 돈을 모았죠. 자신이 해야 할 일은 스스로 알아서 했어요. 노숙자 중에는 누군가가 지켜봐주면 사회의 일원으로서 충분히 잘 살아갈 수 있는 사람들이 있어요. 머레이가 그런 경우였어요."

그러나 리노는 머레이에게 필요한 도움을 주지 않았다. 누군가 비용이 너무 많이 든다고 결정했기 때문이다. 말라는 남편에게 아무도 머레이의 시신을 거두지 않았다면 자신이 거두겠다고 말했다. 그녀는 머레이를 차마 이름 없는 무덤에 눕힐 수 없었다.

2006년 2월 13일

03 이미지 판독의 허점

유방조영술, 항공사진, 그리고 시각의 한계

빨대를 통해 고속도로를 보면 무엇이 보일까

1차 걸프전 초기, 미 공군은 이라크가 이스라엘에 쏘아대던 스커드 미사일을 찾아 파괴하려고 F-15E 2개 편대를 파견했다. 스커드 미사일은 개조한 트레일러에 실려 900평방킬로미터에 이르는 서부 사막의 소위 스커드박스Scud box에서 어두운 밤을 틈타 발사됐다. F-15E 편대는 해가 질 때부터 해가 뜰 때까지 스커드박스를 정찰했다. 스커드가 발사되면 밤하늘에 눈부신 섬광이 지나간다. 그러면 F-15E 조종사는 그 근처로 날아가 LAN-TIM이라 불리는 460만 달러짜리 적외선 촬영장비로 목표물을 찾았다. LAN-TIM은 한번에 7.2킬로미터 넓이의 지역을 고해상도 적외선 영상으로 찍을 수 있다. 더구나 텅 빈 사막 한복판에서 덩치 큰 트레일러를 찾아내는 일은 어려울 것이 없었다.

섬광을 처음 발견한 직후 스커드 발사대를 파괴했다는 보고가 날

아들자 지휘부는 기쁨을 감추지 못했다. 공군 대령 출신인 배리 와츠Barry Watts는 전후 넬리스Nellis 공군기지에서 열린 전과보고 행사에 참석했던 일을 회상했다.

"전시 규모가 대단했습니다. 사막의 폭풍 작전에 참가한 모든 전투기가 도열해 있었죠. 각 전투기 앞에는 전투에서 파괴한 스커드 발사대의 수가 표시되어 있었습니다. 모두 합하니 약 100대더군요."

이 수치는 추정치가 아니었다. 공군은 정확한 숫자를 알고 있다고 확신했다. 460만 달러짜리 적외선 촬영장비는 거의 완벽한 영상을 제공했다.

우리의 의식에는 '사진은 진실을 전달한다'는 생각이 깊이 각인돼 있다. 찰스 로젠Charles Rosen과 앙리 저너Henri Zerner는 "사진은 거짓말하지 않을 뿐 아니라 할 수 없다는 것이 일반적인 믿음이다. 우리는 눈보다 카메라를 더 믿는 경향이 있다"고 썼다. 스커드 발사대 파괴 기록에 대한 확신도 사진에 대한 믿음에서 비롯된 것이다. 그 믿음은 전쟁이 끝난 후 공습의 효율을 측정하기 위한 조사가 진행되기 전까지 전혀 흔들리지 않았다. 그런데 조사팀이 확인한 실제 파괴 대수는 제로였다.

문제는 조종사들이 거리 감각이 떨어지는 밤에 작전을 펼쳤다는 데 있다. LAN-TIM은 어두운 곳의 영상을 찍을 수는 있지만 그 방향이 정확해야 쓸모가 있었다. 밤에는 정확한 방향이 어디인지 판단하기 어려웠다. 조종사는 약 5분 안에 목표물을 찾아내야만 했다. 그렇지 않으면 발사대가 바그다드와 요르단을 잇는 고속도로의 배수로에 숨어 버렸기 때문이다.

조종사가 보는 화면은 가로세로 약 15센티미터에 불과했다. 스커드 발사대 파괴 작전에 수차례 참여한 마이크 드커Mike DeCuir 소장은 "빨대를 통해 보면서 고속도로를 달리는 기분이었습니다"라고 말했다. 스커드 발사대는 스크린으로 어떻게 보였을까? 드커는 작전의 문제점을 지적했다.

"지상에서 발사대를 찍은 첩보 사진은 보았습니다. 하지만 6킬로미터 상공에서 흑백 스크린으로 보이는 모습은 상상에 의존해야 하죠. 당시의 해상도로는 큰 차량은 대충 인식할 수 있지만 자세한 모습을 확인하기는 힘들었습니다."

나중에 밝혀진 바에 따르면 조종사들이 파괴한 목표물의 다수는 낡은 트럭과 남는 미사일 부품으로 만든 미끼였다. 요르단으로 가던 석유수송용 차량이 공격당한 경우도 많았다. 석유수송용 차량은 긴 원통 화물을 끄는 트레일러라 6킬로미터 상공에서 보면 스커드 발사대와 구분하기 힘들었다. 그것은 고질적인 문제였다. 밤에는 영상 장치에 의존해 폭격할 수밖에 없지만, 그 판단이 옳은지는 파악하기가 대단히 힘든 문제였다.

밤에도 사진을 찍을 수 있는 고성능 카메라는 얼마든지 만들 수 있다. 그러나 카메라를 올바른 방향으로 향해야 의미 있는 사진을 찍을 수 있다. 문제는 또 있다. 설사 카메라를 올바른 방향으로 향했더라도 사진 자체만으로는 명확한 판단을 내릴 수 없다. 이때 이미지를 해석하는 절차를 밟게 되는데, 가끔은 사진을 해석하는 일이 찍는 기술을 개발하는 일보다 더 어렵다. 바로 이것이 스커드 발사대 파괴 작전의 실상이 전하는 교훈이다.

사진은 진실을 담지만 종종 혼동을 일으킨다. 존 F. 케네디의 암살 장면을 찍은 자프루더Zapruder의 영상은 오히려 논란을 가중시켰다. 로드니 킹 구타 장면을 찍은 영상은 경찰의 폭력행위에 대한 전국적인 분노를 촉발시켰다. 그런데 배심원들은 그 영상을 보고 경찰관의 폭력 혐의에 대해 무죄 결정을 내렸다. 특히 유방조영술만큼 이미지의 해석 문제를 극명하게 드러내는 것도 없다. 방사선과 의사들은 최첨단 엑스레이 카메라를 개발해 유방암 진단에 활용하고 있다. 그들은 완벽에 가까운 영상기술로 종양을 조기에 발견할 수 있을 거라고 믿었다. 그러나 유방조영술의 효용에 대한 논란은 여전히 이어지고 있다. 혹시 우리가 사진을 지나치게 신뢰하는 것은 아닐까?

사진 판독의 딜레마

뉴욕시에 있는 메모리얼 슬로언-케터링 암센터Memorial Sloan-Kettering Cancer Center의 유방암 검사 책임자 데이비드 더쇼David Dershaw는 배우 케빈 스페이시를 닮은 50대의 활기찬 남자다. 나는 그의 사무실에서 유방 엑스선 사진을 읽는 법에 대한 설명을 들었다. 그는 엑스선 사진을 조명판 위에 놓고 말했다.

"암은 2가지 패턴으로 나타납니다. 먼저 종괴腫塊(조직이나 장기의 일부에 생긴 경계가 분명한 종기)나 석회가 보이는지 살핍니다. 만약 종괴나 석회가 보이면 악성인지 양성인지 판단해야 합니다. 이 사진을 보면 암이라는 것을 알 수 있습니다. 여기 작은 석회가 있어요. 보이세요? 정말 작죠?"

그는 확대경을 작고 하얀 점 위에 놓았다. 그의 설명에 따르면 암세포가 자라면서 유방 조직에 칼슘 성분이 침착돼 석회화가 진행된다. 그래서 석회는 유방암 발생 여부를 판별하는 중요한 단서다. 더쇼는 다양한 모양의 석회를 보여주었다. 그는 둥글고 밝은 석회를 가리키며 "이것은 계란껍질 모양의 석회입니다. 대개 양성이지요"라고 말했다. 혈관 옆으로 철로처럼 나란히 형성된 석회도 있었다. 그것 역시 양성이었다. 더쇼의 설명이 이어졌다.

"팝콘 모양으로 생긴 것도 있어요. 그것은 그냥 죽은 세포라 괜찮습니다. 석회가 액체 속에 떠 있는 경우도 있습니다. 우유형 칼슘Milk of Calcium이라고 부르는 것인데 역시 양성입니다."

그는 새로운 슬라이드도 보여주었다.

"이렇게 불규칙한 모양의 석회들도 있습니다. 밀도, 크기, 형태가 모두 제각각이지요. 이것들은 대개 양성인데 가끔 암을 일으킵니다. 앞에서 본 철로형 석회 기억나시죠? 이것도 유관 내부에 형성된 철로형 석회입니다. 외부 모양이 불규칙하죠? 이건 암입니다."

그의 설명은 갈수록 혼란스러워졌다.

"양성 조직에 생긴 특정한 석회는 모두 양성입니다. 항상 암과 관련된 특정한 석회들도 있지요. 하지만 그런 종류는 소수고 대부분은 양성인지 악성인지 명확하게 가르기가 힘듭니다."

종양 덩어리를 말하는 종괴의 경우도 마찬가지다. 어떤 종괴는 아무 해가 없는 세포덩어리에 불과하다. 양성 종양은 대개 표면이 둥글고 매끄럽다. 악성 종양은 과다한 세포분열로 표면이 거칠고 주변 조직 속으로 파고든다. 그런데 악성 종양처럼 보이는 양성 종양도 있고, 양성 종양처럼 보이는 악성 종양도 있다. 특히 여성의 유방에는 개별적으로 보면 의심스럽지만 보편적으로 나타나는 현상이라 정상으로 간주하는 종괴가 많다. 더쇼는 유방암 검사의 고충을 털어놓았다.

"흉부를 단층촬영으로 찍으면 심장이나 대동맥은 항상 일정한 형태를 보입니다. 그래서 없어야 할 덩어리가 보이면 확실하게 비정상임을 알 수 있죠. 하지만 유방의 경우는 다릅니다. 다른 장기는 통일된 형태가 있지만, 유방에는 그런 표준화된 정보가 없어요. 탓에 유방암 검사에서 악성과 양성을 판별하는 일이 가장 어렵습니다. 정상인에게 공통적으로 나타나는 패턴이 없고 때로는 좌우 양쪽의 패턴도 다르기 때문입니다."

더쇼의 말에 따르면 유방조영술은 사진에 대한 일반적인 기대를 충족시키지 못한다. 사진기가 발명되기 전, 화가들은 달리는 말의 모습을 일정한 자세로 그렸다. 그림 속의 말은 대개 앞발과 뒷발을 쭉 뻗고 있다. 육안으로는 그렇게 보이기 때문이다. 그러다가 1870년대에 에드워드 마이브리지Edward Muybridge가 달리는 말을 연속사진으로 찍는 데 성공했다. 이 일련의 사진이 알려지면서 달리는 말을 그리는 전통적인 방식이 사라졌다. 눈으로 보이는 것과 실제가 다르다는 것이 밝혀진 덕분이다. 이처럼 사진은 현실을 있는 그대로 포착한다는 믿음을 준다.

그러나 유방조영술의 경우는 다르다. 물론 악성 석회 및 종양, 양성 석회 및 종양의 차이를 말로 표현하면 명확하고 모호한 구석이 없다. 그런데 엑스선 사진으로 보면 두 범주 사이의 경계가 대단히 흐릿하다. 워싱턴 대학병원의 유행병 학자 조앤 앨모어Joann Elmore는 10명의 방사선과 의사에게 150장의 유방 엑스선 사진을 보여주고 암 발병 여부를 판단하게 하는 실험을 했다.

150장 중에서 암에 걸린 여성의 사진은 27장이었다. 실험 결과 모두 같은 사진을 봤음에도 판독률이 제각각이었다. 어떤 의사는 암 사진을 85퍼센트 정도 골라냈지만, 어떤 의사는 37퍼센트밖에 골라내지 못했다. 78퍼센트의 사진에서 의심스런 종괴가 보인다고 말한 의사도 있었다. 또 어떤 의사는 절반의 암 사진에서 '국소적 비대칭성 음영Focal Asymmetric Density'이 보인다고 했고, 다른 의사는 모든 사진에서 '국소적 비대칭성 음영'이 보이지 않는다고 말했다. 어떤 사진의 경우 3명은 정상, 2명은 비정상이지만 양성, 1명은 암이라는 판정을 내렸다. 4명은 어느 쪽인지 끝내 결론을 내리지 못했다(실제로는 정상이었다.)

물론 기술의 차이도 판독의 정확성에 영향을 미친다. 경험 많고 열심히 훈련받은 의사가 더 나은 판독률을 보인다는 증거도 있다. 그러나 엑스선 사진에 담긴 대다수 정보는 모호하기 때문에 유방 엑스선 사진을 판독하는 일은 부분적으로 기질의 영향을 받는다. 어떤 의사는 모호한 상황에서 쉽게 양성이라는 판정을 내리지만 다른 의사는 보다 신중한 태도를 취한다.

그렇다면 방사선과 의사는 가능한 신중한 태도를 취해야 할까? 언뜻 그렇게 생각하기 쉽지만 신중한 태도는 또 다른 문제를 일으킨다. 앨모어의 실험에서 가장 높은 판독률을 보인 의사는 건강한 여성의 사진 중 64퍼센트를 보고 조직 검사나 초음파 검사 혹은 추가 엑스선 촬영을 권했다. 실제로 건강한 환자에게 비용과 시간 그리고 고통이 따르는 검사를 불필요하게 권한 의사는 자신의 판단력에 심각한 회의를 느낄 것이다.

유방조영술은 의사가 최대한 신중을 기한다고 해서 정당화되는 치료술이 아니다. 유방조영술은 건강한 사람들을 배제해 환자에게 시간과 주의를 집중하기 위한 검진술이기 때문이다. 따라서 정상인 사례를 제대로 걸러내지 못하면 효용성을 잃는다.

길버트 웰치는 현재의 통계를 감안해 향후 10년간 60세 여성 1,000명당 9명이 유방암으로 사망할 것이라고 예측했다. 만약 1,000명이 해마다 유방암 진단을 받으면 그 수는 6명으로 줄어든다. 다시 말해 총 1만 장의 엑스선 사진을 판독해야 3명의 생명을 구할 수 있다. 이것은 그나마 유방조영술의 효용을 후하게 인정한 것이다.

방사선과 의사가 대부분의 모호한 사례를 정상으로 간주할 수밖에 없는 이유는 실제로 대다수가 정상이기 때문이다. 그런 의미에서 방사선과 의사는 공항에서 화물을 검색하는 사람과 비슷한 일을 하는 셈이다. 과거의 사례를 비춰볼 때 가방 안에 든 검은 물체는 대개 폭발물이 아니다. 만약 모호한 물체가 보일 때마다 확인 절차를 거친다면 비행기를 놓치는 사람이 속출할 것이다. 그렇다고 모호한 물체가 모두 폭발물이 아니라고 단정 지을 수는 없다. 문제는 참고할 수 있는 대상이 충분한 정보를 제공하지 않는 엑스선 영상뿐이라는 데 있다.

인간은 왜 시각만큼 촉각을 신뢰하지 않는가

더쇼는 또 다른 엑스선 사진을 조명판 위에 놓았다. 마흔여덟 살 여성의 유방을 촬영한 것이었다. 유방 엑스선 사진은 조직 밀도의 영향을 받는다. 조직 밀도가 높을수록 엑스선이 더 많이 흡수돼 복잡한 흑백 이미지로 보인다. 지방은 엑스선을 거의 흡수하지 않기 때문에 검게 나타난다. 두터운 유방 조직은 흰 색이나 연한 회색으로 나타난다.

더쇼가 보여준 사진은 뒤쪽에 지방이 많고 앞쪽에 밀도가 높은 조직이 몰려 있었다. 그래서 전체적으로 검은 바탕에 젖꼭지 뒤로 짙고 하얀 구름 같은 부분이 보였다. 왼쪽 유방의 검은 부분에는 하얀 점이 뚜렷하게 찍혀 있었다. 더쇼는 "이 불규칙한 하얀 점은 암처럼 보이는군요. 지름이 약 5밀리미터 되네요"라고 말했다. 더쇼는 점 옆의 하얀 구름 부분을 가리켰다. 점과 구름의 색은 거의 같았다. 그는 "이 종괴는 지방 부분에 생성됐기 때문에 보이는 겁니다. 만약 하얀 색으로 나타나는 부분에 생겼다면 안 보였을 겁니다. 4배나 더 크다고 해도 말이죠"라고 했다. 더 큰 문제는 유방 엑스선 사진이 가장 위험한 종양을 놓치기 쉽다는 데 있다.

페기 포터Peggy Porter가 이끄는 연구팀은 5년간 퓨젓사운드 Puget Sound 집단건강조합Group Health Cooperative에서 유방암 진단을 받은 429건의 사례를 분석했다. 그중에서 279건은 유방 엑스선 사진을 통해 1기에서 발견됐다(암은 진행 단계에 따라 1기, 2기, 3기, 4기로 구분된다). 대부분의 종양은 2센티미터 미만의 작은 크기였다. 의사들은 세포분열 정도를 가리키는 '유사분열수Mitotic Count'를 통해 종양의 등급을 분류한다. 유방 엑스선 사진을 통해 발견된 종양은 거의 70퍼센트가 낮은 등급이었다. 이러한 종류의 종양은 대개 쉽게 치료할 수 있다. 국립보건원 유방암 자문위원을 지낸 레슬리 라우프먼Leslie Laufman은 "대부분의 종양은 아주 느린 속도로 성장하면서 미세 석회를 생성시킵니다. 유방 엑스선 사진은 그 미세 석회를 보여주지요. 그러니까 유방 엑스선 사진은 원래 느리게 성장하는 종양을 발견하는 일을 합니다"라고 설명했다.

그런데 포터가 연구한 사례 중에서 150건은 유방 엑스선 사진에서 발견되지 않았다. 그중에는 조직 밀도가 높은 부분에 숨은 종양처럼 유방 엑스선 사진으로 볼 수 없는 경우도 있었다. 더욱이 대다수는 유방 엑스선 사진을 찍을 당시에 존재하지 않았다. 정기적으로 유방암 검사를 받는 여성들에게 생긴 이들 종양은 그 사이에 급속도로 성장한 것이었다. 단기간에 손으로 만질 수 있을 정도로 커지는 이 종양들은 3기에 속할 가능성이 2배, 유사분열수가 많을 가능성이 3배 컸다. 또한 임파선으로 퍼질 확률도 유방 엑스선 사진으로 확인되는 종양의 18퍼센트보다 높은 28퍼센트였다. 검사 주기 사이에 빠르게 성장하는 이들 종양은 '간격암Interval Cancer'으로 불린다.

대다수 유방암 전문가들은 간격암 때문에 위험군인 쉰 살에서 예순아홉 살 사이의 여성은 보다 자주 유방암 검사를 받아야 한다고 주장한다. 포터가 연구한 사례를 보면 검사 주기가 길면 3년인 경우도 많았다. 3년이면 간격암이 생기기에 충분한 기간이다.

또한 유방암 전문가들은 유방 엑스선 사진 외에 정기적이고 철저한 촉진을 받아야 한다고 강조한다. 촉진은 쇄골에서 갈비뼈 하단까지 한 번에 동전 크기의 넓이로 3단계의 압력을 가하면서 한 쪽당 최소 5분간 손으로 검사하는 것이다. 그런데 1980년대에 캐나다에서 실시한 조사에서는 유방 엑스선 사진을 찍지 않고 정기적으로 촉진만 받은 집단과 정기적으로 유방 엑스선 사진 검사와 촉진을 병행한 집단 사이의 유방암 사망률에 큰 차이가 없었다. 이 조사 결과를 놓고 논란이 벌어졌다. 일부 유방암 전문가는 이 결과가 유방 엑스선 사진의 효용을 과소평가한다고 생각했다. 그러나 이러한 결과가 전하는 기본적인 교훈을 부정하는 사람은 없었다. 그 교훈은 숙련된 의사는 촉진만으로도 유방의 건강상태에 대해 상당한 정보를 파악할 수 있으며, 유방 엑스선 사진을 촉진보다 무조건 우위에 두어서는 안 된다는 것이다.

촉진교육기업 맘마케어MammaCare를 설립한 마크 골드스테인Mark

Goldstein은 "손가락에는 평방센티미터당 수백 개의 감각세포가 있어요. 인간의 손가락만큼 민감도가 높은 기계 장치는 없죠. 손가락은 뛰어난 감각기관입니다. 그런데도 우리는 시각만큼 촉각을 신뢰하지 않습니다"라고 말했다.

보는 것과 이해하는 것은 다르다

1943년 8월 17일 밤, 영국에서 출격한 200대의 미 8공군 소속 B-17 폭격기가 독일 슈바인푸르트Schweinfurt를 폭격했다. 그로부터 2개월 후 228대의 B-17 폭격기가 2차 공습에 나섰다. 제2차 세계대전 중 최대 규모였던 이 폭격은 이미지 판독의 미묘하면서도 심각한 문제점을 노출시켰다. 정확도에 대한 미군의 자신감을 바탕에 두고 이 공습을 기획했음에도 말이다.

스티븐 부디안스키Stephen Budiansky가 최근에 펴낸《공군력Air Power》에서 밝혔듯 제1차 세계대전 동안 영국군은 2~3킬로미터 상공에서 목표물을 맞히는 일이 대단히 어렵다는 교훈을 얻었다. 폭격수는 정신없이 전투가 벌어지는 와중에 조준기를 지상과 평행하게 맞추고 비행기의 속도, 자세, 그리고 바람의 세기를 감안해 폭탄을 투하해야 했다. 순식간에 복잡한 삼각함수를 계산해야 하는 그 일은 사실상 불가능에 가까웠다. 영국군은 기술적 난관을 포함한 여러 가지 이유로 정확성을 포기해버렸다. 대신 그들은 무차별적으로 도시를 폭격해 독일 시민을 살상하고 사기를 떨어뜨리는 지역 폭격 전략을 썼다.

하지만 미군은 폭격의 정확성을 높일 수 있다고 믿었다. 그 수단이 된 것은 바로 노든 조준기Norden Bombsight다. 이 조준기를 만든 사람은 칼 노든Carl Norden으로 그는 기어, 휠, 자이로스코프로 작동하는 마크 15라는 기계식 컴퓨터를 개발했다. 이 컴퓨터는 풍속, 고도, 측풍 등의 요소를 계산해 정확한 투하 시기를 알려주었다. 노든의 동업자는 마크 15를 쓰면 6킬로미터 상공에서 폭탄을 나무통에 넣을 수 있다고 자랑했다. 미군은 노든 조준기를 개발하는 데 핵폭탄 개발비의 절반이 넘는 15억 달러를 들였다. 부디안스키는 "미군은 노든 조준기를 금고에 넣어 보관했고 비행기로 옮길 때는 무장군인들이 경호했으며 이륙하기 전까지 천으로 덮어두었다"고 쓰고 있다.

미군은 노든 조준기가 높여준 정확성에 근거해 핵심 목표물만 선별적으로 타격하는 새로운 공습 전략을 수립했다. 1943년 초, 육군 항공단 사령관 헨리 아널드Henry Arnold 장군은 뛰어난 학자들을 모아 독일의 경제구조를 분석한 다음 중요한 공습목표를 선정하게 했다. 공습자문단으로 불린 이 모임은 비행기 제작에 필수 부품인 볼베어링 공장을 폭격해야 한다는 결론을 내렸다. 독일에서 볼베어링 공장이 밀집한 지역이 바로 슈바인푸르트였다.

그런데 연합군은 2차에 걸친 슈바인푸르트 공습 작전에서 상당한 피해를 입었다. 8월 공습에서는 36대, 10월 공습에서는 62대의 폭격기가 격추당했고 138대가 크게 파손됐다. 그럼에도 연합군은 팽팽하게 맞서던 전황을 감안할 때 슈바인푸르트 공습이 그만한 가치가 있다고 보았다. 아널드는 전과보고서를 받고 "이제 슈바인푸르트를 완전히 정리했군!"하며 기뻐했지만 그것은 오판이었다.

문제는 걸프전 때의 스커드 파괴 작전처럼 목표물을 찾기 어렵다거나 미끼와 구별하기 힘들다는 것이 아니었다. B-17 폭격기는 노든 조준기의 도움을 받아 목표물을 맹폭했다. 하지만 독일군은 이미 충분한 볼베어링 재고를 확보해둔 상태였고 연합군지휘부는 그 사실을 알지 못했다. 더구나 독일군은 스웨덴과 스위스에서 볼베어링을 쉽게 수입할 수 있었고, 약간의 설계 변경으로 비행기 제작에 필요한 볼베어링 개수를 많이 줄였다. 그뿐 아니라 공장 건물이 크게 부서졌음에도 내부의 기계설비는 그대로 남아 있었다. 볼베어링을 만드는 기계는 원래 상당히 튼튼하다. 독일군의 무기생산 책임자였던 알베르트 스피어Albert Speer는 전후에 "볼베어링이 부족해서 탱크나 비행기를 만들지 못한 적은 없었다"라고 밝혔다.

상황을 보는 것과 이해하는 것은 완전히 별개의 문제다. 최근에 고도의 정밀성을 갖춘 장거리 무기들이 개발되면서 슈바인푸르트 공습 작전의 문제점이 더욱 분명해졌다. 주방을 정확히 타격할 수 있다면 집 전체를 부술 필요는 없다. 이 경우 목표물에 투하하는 폭탄의 양을 5분의 1로 줄일 수 있다. 다시 말해 한 대의 폭격기에 실을 수 있는 같은 양의 폭탄으로 5배나 많은 목표물을 폭격할 수 있다. 대신 그만큼 얻어야 할 첩보의 양은 늘어난다. 나아가 첩보는 그만큼 더 구체적이어야 한다. 목표물이 주방이 아니라 침실에 있다면 맞히지 못할 수도 있기 때문이다.

　미군 지휘부는 이라크전에서 이 문제에 부딪혔다. 전쟁 초기에 미군은 사담 후세인을 비롯한 고위 인사들이 숨어 있을 것으로 추정되는 특정 목표물을 50차례에 걸쳐 폭격했다. 이 폭격에 사용된 무기는 GPS를 활용한 유도탄이었다. 이 유도탄의 정확도는 반경 13미터로 대단히 높았다. 미군은 특정 식당이나 지하실을 정확히 타격할 수 있었다. 그러나 모든 폭격은 실패로 돌아갔다. 와츠는 고성능 폭탄의 한계를 지적하며 "문제는 폭탄 투여 위치의 정확도가 아니라 목표물에 대한 정보의 질입니다. 지난 10년간 필요한 정보의 양이 한두 단계 늘어났습니다"라고 했다.

암 검사, 해야 할까?

유방조영술도 슈바인푸르트 공습 작전과 같은 문제를 안고 있다. 특히 모유를 젖꼭지로 나르는 유관 내부에 석회가 생기는 유관 상피내암의 경우 이미지 판독 문제가 두드러진다. 유관 외부로 전이되지 않는 유관 상피내암은 크기가 너무 작아 유방조영술이 아니면 찾아내기 어렵다. 지난 수십 년간 정기적으로 유방 엑스선 사진을 찍는 여성의 수가 늘고 사진의 해상도가 높아지면서 유관 상피내암이 발견되는 사례가 급증했다. 미국에서는 해마다 약 5만 건의 유관 상피내암 진단이 내려지며 이 경우 즉시 제거 수술을 한다.

　이런 변화는 유방암과의 싸움에 어떤 도움을 주었을까? 5만 건의 암을 초기 단계에 발견해 제거했다면 당연히 암세포가 전이되어 생기는 침윤암Invasive Cancer의 발생 건수가 줄어야 한다. 그러나 실제로 그렇게 되었는지는 명확하지 않다. 지난 20년간 침윤성 유방암 발생 건수는 오히려 해마다 조금씩 늘었다.

1987년에 덴마크 병리학자들이 다른 질병으로 사망한 40대 여성들의 유방 조직을 검사한 적이 있다. 사망자별로 평균 275개의 유방 조직 샘플을 검사한 결과 암이 발견된 경우가 거의 40퍼센트에 달했다. 그중 대다수는 유관 상피내암이었다. 여성의 사망원인 가운데 유방암이 차지하는 비율은 4퍼센트 미만이다. 따라서 검사대상자들 중 다수는 더 오래 살았더라도 유방암으로 죽지는 않았을 것이다.

샌프란시스코 대학의 유방암 전문가 칼라 컬리코우스키Karla Kerlikowske는 유전자 단위에서 유관 상피내암을 만드는 변화가 건강에 영향을 미치지 않은 채 자주 일어날 수 있으며, 신체의 자체 조정 기능이 악화를 막는 것으로 보인다고 말했다. 또한 길버트 웰치는 우리가 암 발생의 우연적 성격을 제대로 이해하지 못하고 있으며, 만약 인위적으로 개입하지 않으면 반드시 사망한다고 가정하는 경향이 있다고 지적했다. 웰치는 국제암연구소에서 일하는 한 병리학자의 말을 이렇게 전했다.

"그는 유관 내부에 생기는 종양에 암이라는 이름을 붙인 것부터가 실수라고 말했습니다. 초기 암은 결국 침윤암으로 진행할 거라는 생각을 하기 때문에 의사들은 치료에 나섭니다."

물론 일부 유관 상피내암은 보다 심각한 상태로 진행하기도 한다. 문제는 그 확률에 대한 연구 결과가 일정하지 않다는 데 있다. 아직 확정적인 결론은 나오지 않았다. 확실한 사실은 유방 엑스선 사진만으로 유관 상피내암이 외부로 전이될지를 판정하는 일은 거의 불가능하다는 점이다. 탓에 일부 의사는 유관 상피내암을 무조건 치료해야 한다고 본다. 이에 따라 30퍼센트는 유방절제술을, 35퍼센트는 종양적출술과 방사선 치료를 받는다.

만약 질이 더 좋은 영상을 얻으면 이러한 문제가 해결될까? 그렇지 않을 것이다. 문제는 보이는 대상의 성격을 확실하게 판단할 수 없다는 것이기 때문이다. 볼 수 있는 대상이 늘어나면 그만큼 판단할 일이 많아질 뿐이다. 유방 엑스선 사진은 진정한 정보를 담지 않은 단서만 보여준다. 웰치는 암 검사의 불확실성을 다룬《암 검사는 필요한가?》에서 다음과 같이 밝혔다.

"1980년대 초반 이후 거의 50만 명에 달하는 여성이 유관 상피내암 치료를 받았다. 그 전에는 유관 상피내암으로 진단받는 경우가 거의 없었다. 유관 상피내암 진단이 급증한 것은 유방 엑스선 장비가 발전하면서 유방 내부를 더 잘 관찰할 수 있게 된 결과다. 그러나 유관 상피내암은 차라리 모르는 게 나은 경우가 많다."

과장된 혜택

하지만 유관 상피내암을 진단하고 치료하는 방식은 이제 암에 대한 교과서적인 대응법으로 간주되고 있다. 일반적인 통념에 따르면 최선의 암 치료는 성능 좋은 카메라로 보다 자세한 사진을 찍어 가능한 초기에 종양을 발견하고 즉시 공격적으로 치료하는 것이다. 정기적인 유방암 검사의 필요성에 대한 홍보는 조기 발견이라는 명분을 내세워 큰 성공을 거뒀다. 이 명분은 직관적으로 타당하게 보인다. 우리의 직관은 암의 위험이 시각적으로 드러나고 종양이 클수록 전이될 가능성이 크다는 것이다. 그러나 종양의 실제 성격은 시각적 직관에 어긋난다.

M. D. 앤더슨 암센터 임상통계 및 응용수학부장인 도널드 베리Don-ald Berry는 종양의 길이가 1센티미터 늘어날 때마다 사망률은 약 10퍼센트 증가하는 데 그친다고 한다. 그는 종양의 크기와 위험성 사이의 상관관계를 알기 쉽게 설명했다.

"종양의 위험성을 판단하는 크기 기준이 있다고 칩시다. 문제는 그 경계가 고정돼 있지 않다는 겁니다. 종양의 크기만 보고 이미 전이되었는지 판단할 수는 없습니다. 또한 종양의 크기가 전이에 영향을 미치는지 혹은 크기가 작아도 일정한 수의 세포만 있으면 전이가 시작되는지는 아직 모릅니다. 관찰 기록에 따르면 종양이 클수록 나쁜 경우가 많았습니다. 그러나 현격하게 나쁜 정도는 아니었습니다. 종양의 크기와 위험성 사이의 상관관계는 생각만큼 크지 않습니다."

최근에 실시된 한 연구에서 과학자들은 유방암을 오래 앓은 여성들을 완화된 집단과 악화된 집단으로 나누었다. 그런 다음 환자별로 암 발병 사실이 확정된 직후의 샘플로 유전자를 분석해 향후 변화 과정을 예측할 수 있는 단서를 찾아냈다. 조기 진단은 그러한 예측이 불가능하다는 사실을 전제한다. 그래서 위험해지기 전에 빨리 제거하는 것이다. 하지만 분석 결과 종양이 유방 엑스선 사진으로 드러나기 시작하는 1센티미터 크기만 되어도 향후 진행 방향이 정해진다는 사실이 밝혀졌다. 이 연구에 참여한 머크Merck 유전자발현팀의 스티븐 프렌드Stephen Friend는 "종양 조직의 유전자 분석을 통해 향후 전이 가능성을 상당히 높은 확률로 예측할 수 있다는 사실을 알게 됐습니다. 우리는 작은 종양을 심각하게 받아들이지 않는 경향이 있습니다. 그러나 그 작은 종양 안에서 예후를 결정짓는 많은 활동이 이뤄집니다"라고 했다.

앞으로 혈액 검사를 비롯한 다른 검사를 통해 유전자 수준에서 유방암을 검진할 수 있을 것이다. 그렇게 되면 예측의 불확실성 때문에 과도한 치료가 행해지는 고질적인 문제도 해결할 수 있다. 다른 기관으로 전이될 소수의 종양을 정확히 걸러낼 수 있다면 여성은 조직 절제, 방사선 치료, 화학요법을 받을 필요가 없게 된다. 유전자 표지Gene Signature(바람직한 유전자에 탐침인자나 방사선 동위원소 등을 삽입해 연구 자료로 이용하는 방법) 연구는 많은 의사가 유방암을 물리칠 수 있다고 낙관하는 이유 중 하나다. 이런 진보는 영상기술과 아무런 관계가 없다. 유전자 분석은 영상에 의존하던 방법을 넘어선다.

이제 유방조영술이 수많은 논란에 휩싸인 이유를 이해할 수 있을 것이다. 사진은 분명한 정보를 제공한다고 알려져 있지만 실제로는 그렇지 않다. 실용화된 지 40년이 지난 지금도 위험군에 속하는 여성들이 유방 엑스선 사진으로 얼마나 많은 혜택을 얻는지에 대해 이견이 분분하다. 위험군에 속하지 않는 50대 미만, 70대 이상의 여성에게 정기적인 유방 엑스선 검사가 필요한지에 대해서는 더 많은 이견이 존재한다. 이러한 논쟁을 종식시킬 방법은 없을까? 도널드 베리는 현실적으로 그런 방법을 찾기는 불가능하다고 본다. 유방조영술의 구체적인 혜택을 밝히려면 수십 억 달러를 들여 50만 명이 넘는 여성을 대상으로 임상실험을 해야 하기 때문이다.

유방 엑스선 사진 판독에 내재된 불확실성 때문에 방사선과 의사들은 의료소송에 자주 휘말린다. 변호사 E. 클레이 파커 E. Clay Parker는 최근에 관련 소송에서 승소해 510만 달러의 배상금을 받아냈다. 그는 유방조영술의 실효성에 의문을 제기했다.

"문제는 방사선과 의사들이 환자에게 유방조영술이 실질적인 효용이 있고, 종괴를 조기에 발견하면 생존률이 더 높아진다는 환상을 심어준다는 겁니다. 하지만 그들은 자신을 변호할 때는 종괴를 언제 발견하든 차이가 없다고 말합니다. 그러면 대체 유방 엑스선 사진을 찍어야 하는 이유가 무엇인지 묻지 않을 수 없지요."

이 의문에 대한 답은 유방 엑스선 사진에 한계가 있긴 하지만 그래도 생명을 구하는 데 도움이 된다는 것이다. 신중한 예측에 따르면 유방 엑스선 사진은 유방암으로 인한 사망 위험을 약 10퍼센트 낮춰준다. 이 혜택을 다르게 표현하면 평균적인 50대 여성이 약 사흘을 더 살고, 10시간 동안 자전거를 탈 때 헬멧을 쓰는 것과 같다. 이는 결코 작은 혜택이 아니다. 미국에 사는 수백만 명의 여성이 볼 혜택을 모두 더하면 해마다 수천 명의 목숨을 살리는 셈이다. 또한 유방조영술은 방사능 치료, 수술, 신약을 비롯한 후속 조치와 결합해 유방암 환자들의 예후를 개선시킨다. 유방조영술은 우리가 바라는 만큼 뛰어나진 않지만 없는 것보다는 있는 게 낫다.

더쇼는 "유방조영술의 혜택에 다소 과장이 있다고 생각하는 의사들이 늘고 있습니다. 의도한 것은 아니지만 유방조영술의 가치가 실제보다 대단하다는 인식을 심어줬을 수도 있습니다"라고 했다. 그는 이 말을 하면서 종양이 몇 센티미터만 옆에 위치했어도 보이지 않았을 유방 엑스선 사진을 바라보았다. 나는 그에게 이런 사례가 유방 엑스선 사진에 대한 불안감을 높이는지 물었다. 그는 머리를 흔들며 "기술의 한계를 인정해야 합니다. 제 일은 유방 엑스선 사진으로 찾을 수 없는 것을 찾는 것이 아니라 찾을 수 있는 것을 찾는 것입니다. 그 사실을 받아들일 수 없다면 유방 엑스선 사진을 판독하지 말아야겠죠"라고 말했다.

사진답지 못한 사진

이라크전이 시작되기 직전인 2002년 2월, 콜린 파월 미 국무장관은 유엔 회의에 출석해 이라크가 국제법을 어겼다고 주장했다. 그는 이라크 군부 고위인사들이 대량 파괴 무기 은닉 문제를 논의하는 통화 녹취록과 이동식 생화학무기 설비에 대한 목격담, 그리고 타지Taji 화학무기 공장을 찍은 고해상도 위성사진을 증거로 제시했다. 파월은 먼저 배경 설명을 했다.

"위성사진을 보여드리기 전에 설명할 것이 있습니다. 제가 보여드릴 사진들은 일반인이 해석하기에 힘든 부분도 있습니다. 제 경우도 그랬습니다. 이런 사진을 분석하려면 오랜 경험이 있는 전문가들이 몇 시간 동안 조명판 위에 놓고 들여다보아야 합니다. 지금부터 우리 전문가들이 밝힌 내용을 자세히 설명하겠습니다."

첫 번째 사진은 3개월 전인 2001년 11월 10일에 찍은 것이었다. 파월이 확대시킨 사진에는 직사각형 건물과 그 옆에 주차한 차량의 모습이 보였다.

"왼쪽을 보십시오. 4개의 화학무기 저장고 중 하나를 확대한 것입니다. 2개의 화살표는 벙커 내부에 화학무기를 비축하고 있다는 확실한 증거를 보여줍니다. 상단 화살표가 가리키는 '보안' 표지는 이러한 종류의 저장고에 흔히 붙는 것입니다. 저장고 안에는 화학물질이 새어나가는 것을 막기 위한 감시 장치와 경비 요원이 있습니다."

이어 그는 건물 옆에 있는 차량을 언급했다.

"이 차량은 화학물질이 새어나갈 경우를 대비한 제독용 차량입니다. 이 차량은 작업이 진행되는 4개의 화학무기 저장고 주위를 돌아다닙니다."

파월의 분석은 위성사진으로 차량의 목적을 확인할 수 있다는 사실을 전제했다. 그러나 위성사진에 찍힌 차량의 모습은 그다지 명확하지 않았다. 때로 석유수송 차량이 스커드 발사대처럼 보이는 일도 있다. 사진은 유용한 출발점이지만 실체를 알려면 사진 이상의 정보가 필요하다. 나는 오랫동안 중앙정보국에서 이미지 분석을 해온 패트릭 에딩턴Patrick Eddington과 함께 파월이 증거로 제시한 사진들을 살펴보았다. 에딩턴은 노트북에 띄운 사진을 면밀하게 관찰한 후 "이 차량이 제독용 차량인지 아닌지 파악할 수 있을 정도의 해상도는 되는군요. 제가 보기에는 제독용 차량으로 확인되는 차량은 없습니다"라고 말했다.

　일반적인 제독용 차량은 소련이 만든 박스형 차체의 밴이다. 에딩턴은 사진에 보이는 차량들이 너무 길다고 말했다. 에딩턴은 조언을 구할 다른 전문가로 20년간 중앙정보국에서 분석가로 일한 레이 맥거번Ray McGovern을 소개했다. 맥거번은 부시가 부통령일 때 정보 보고를 담당했었다. 그는 사진을 들여다보더니 "이 차량은 소방차 같군요"라고 말했다.

2004년 12월 13일

04 빌려온 창조
표절 혐의의 엄혹한 대가

영혼을 훔친 사람들

2004년의 어느 봄날, 심리학자 도로시 루이스Dorothy Lewis는 뉴욕에 사는 친구 베티Betty로부터 전화를 받았다. 베티는 영국의 극작가 브라이오니 레이버리Bryony Lavery가 쓴 〈프로즌Frozen〉이라는 연극을 막 보고 온 참이었다. 그녀는 연극에 등장하는 인물이 루이스를 연상시키는 구석이 많다며 꼭 보라고 권했다. 연극 속의 인물도 루이스처럼 연쇄살인범을 연구하는 심리학자라고 했다. 그 말을 들은 루이스는 반드시 보아야겠다고 생각했다.

루이스는 25년간 연쇄살인범을 연구해왔다. 그녀는 신경학자 조너선 핀커스Jonathan Pincus와 공동으로 연쇄살인범들이 일정한 패턴의 심리적, 육체적 장애를 안고 있다는 내용의 논문을 다수 발표했다. 논문 내용에 따르면 연쇄살인범들은 거의 예외 없이 어린 시절에 학대나 성폭행을 당했으며, 뇌 손상 혹은 정신병을 앓고 있었다. 1998년 루이스는 《정신 이상으로 인한 유죄Guilty by Reason of Insanity》라는 회고록을 냈다. 그녀는 테드 번디Ted Bundy가 전기의자에 앉기 전에 만난 마지막 면회자였다. 세상에서 그녀만큼 연쇄살인범들을 많이 생각하는 사람도 드물었다. 그래서 베티가 〈프로즌〉을 보라고 권했을 때 그녀는 직업적인 호기심을 느꼈다.

희한하게도 베티의 전화 이후 계속 같은 내용의 전화가 걸려왔다. 루이스의 지인 중에서 〈프로즌〉을 본 사람은 예외 없이 그녀에게 관람을 권했다. 6월에는 아예 〈프로즌〉을 공연하는 극단 관계자가 전화를 걸어왔다. 그녀는 루이스가 연쇄살인범을 연구한다는 사실을 알고 연극이 끝난 후에 열리는 간담회에 참석할 수 있는지 물었다. 이전에도 비슷한 행사에 참석해본 루이스는 흔쾌히 승낙하면서 대본을 보내달라고 요청했다. 그동안 〈프로즌〉은 격찬을 받으며 토니상Tony Awards(미국 브로드웨이의 연극상으로 연극과 뮤지컬 분야에서 최고의 상으로 꼽힌다) 후보에 올라 있었다.

며칠 후 대본이 도착하자 루이스는 기대에 들떠 읽기 시작했다. 극 초반에 나오는 "그러던 어느 날이었어요"라는 대사가 먼저 눈에 들어왔다. 그녀가 책에서 다룬 연쇄살인범이 같은 표현을 자주 썼기 때문이다. 그녀는 그냥 우연일 거라고 생각했다. 뒤이어 아그네사 고트먼즈도터Agnetha Gottmundsdottir라는 주인공이 비행기에서 데이비드 나브커스David Nabkus라는 신경학자에게 편지를 쓰는 장면이 나왔다. 그제야 루이스는 왜 지인들이 이 연극을 보라고 했는지 깨달았다.

루이스는 대본에서 의심스런 부분에 밑줄을 긋기 시작했다. 주인공은 루이스처럼 뉴욕 의대 출신이었다. 그 주인공과 동료는 루이스와 핀커스처럼 사형선고를 받은 15명의 연쇄살인범이 뇌 손상을 입었는지 연구했다. 루이스가 겪은 일화도 고스란히 나와 있었다. 가령 조지프 프랭클린Joseph Franklin이라는 연쇄살인범을 면담할 때 그가 그녀의 냄새를 맡은 일이나 테드 번디의 뺨에 입을 맞춘 일들이 주인공을 통해 재현됐다. 루이스는 아그네사의 모델이 자신이라고 확신했다. 그녀는 마치 자신을 도둑맞은 듯한 느낌이었다. 영혼의 존재를 믿지는 않지만 누군가가 자신의 본질을 훔쳐간 것 같았다.

루이스는 간담회를 취소하고 변호사를 고용했다. 이어 〈프로즌〉을 관람한 그녀는 주인공이 곳곳에서 자신이 행한 일을 그대로 따라 하는 모습을 보았다. 주인공이 검은 가방을 끌고 집에서 급히 나오는 첫 장면부터 책에 썼던 내용 그대로였다. 책에서 언급했던 어린 시절에 여동생의 배를 물었던 일은 주인공이 비행기에서 스튜어디스의 목을 물어뜯고 싶다고 상상하는 내용으로 살짝 바뀌어 있었다. 연극이 끝나자 배우들이 무대에 올라와 관중의 질문을 받았다. 누군가가 작가는 주인공에 대한 아이디어를 어디서 얻었는지 물었다. 남자 주인공은 미국 의학잡지에서 읽은 것으로 들었다고 대답했다.

작은 체구에 눈이 큰 루이스는 그 일을 회상하면서 눈이 더욱 커졌다.

"전두엽과 대뇌 변연계에 관심이 많은 정신과 의사에 대한 내용이었다면 신경 쓰지 않았을 거예요. 그런 건 일반적인 소재니까요. 〈성범죄전담반Law and Order〉이나 〈CSI〉를 보면 조녀선과 내가 연구했던 주제를 활용하는 내용이 많이 나와요. 그걸 소재로 멋진 이야기를 잘 만들어내더라고요. 그 정도는 얼마든지 받아들일 수 있어요. 하지만 레이버리는 그보다 한참 더 나갔어요. 그녀는 내 삶의 일부를 마음대로 가져다 썼어요. 모욕을 당한 느낌이에요."

루이스는 변호사의 조언대로 레이버리의 연극에서 표절이 의심되는 부분을 구체적으로 정리했다. 다 정리하고 보니 열다섯 장에 이를 만큼 분량이 많았다. 거기에는 《정신 이상으로 인한 유죄》와 〈뉴요커〉에 소개된 내용 중에서 〈프로즌〉에 그대로 옮겨진 부분이 빠짐없이 나열돼 있었다. 1997년 2월 24일자 〈뉴요커〉에 실린 기사의 제목은 '파괴된 사람들Damaged'이었고 작성자는 바로 나였다.

글은 그것을 쓴 사람의 것이다. 이보다 더 단순한 도덕적 개념은 없다. 갈수록 지적 자산을 창조하는 데 많은 에너지와 자원을 들이는 사회에서는 더욱 그렇다. 지난 30년간 지적재산권보호법은 계속 강화됐고 법정에서 지적재산권을 인정하는 사례도 늘고 있다. 또한 영화업계와 음반업계는 불법복제와의 전쟁을 벌이고 있다. 과거에 학계와 출판계에서 무례한 행동 정도로 인식되던 표절은 이제 범죄에 가까운 행동이 되었다. 2년 전 도리스 컨스 굿윈Doris Kearns Goodwin은 다른 역사학자가 쓴 책의 구절을 그대로 베낀 사실이 들통 나는 바람에 퓰리처상 심사위원회에서 물러나야 했다. 이는 당연한 일이었다. 만약 그녀가 물건을 훔쳤다면 다음날 바로 연행됐을 것이다.

1996년 가을, 나는 '파괴된 사람들'을 쓰기 위해 취재활동에 들어갔다. 그때 벨뷰Bellevue 병원에서 도로시 루이스를 만나 연쇄살인 범들과의 인터뷰 장면을 담은 영상을 보았다. 그녀는 시민운동가 버논 조단Vernon Jordan과 성인잡지 발행인 래리 플린트Larry Flynt를 비롯한 여러 사람에게 총을 쏜 조지프 프랭클린의 재판에 증인으로 참석하기도 했다. 그 재판에서 한 방송국과 인터뷰를 하는 프랭클린의 모습이 공개되었는데, 기자는 프랭클린에게 죄를 뉘우치는지 물었다. 다음은 '파괴된 사람들'에 소개된 프랭클린의 답변 부분이다.

"뉘우친다고 말할 수는 없군요. 다만 불법이라는 게 아쉬울 뿐입니다."

기자는 "뭐가요?"라고 물었다. 프랭클린은 기다렸다는 듯 대답했다.

"유태인을 죽이는 거요."

이 대화는 거의 토씨 하나 바뀌지 않은 채 〈프로즌〉에 그대로 사용됐다. 루이스는 프랭클린이 저지른 죄가 온전히 그의 잘못만은 아니라고 생각했다. 그녀가 보기에 프랭클린은 신경장애와 어린 시절에 당한 육체적 학대의 희생자였다. 나는 기사에서 "악인의 범죄는 죄악이고 광인의 범죄는 증상이다"라고 썼다. 이 표현 역시 〈프로즌〉에 두 번이나 나왔다. 나는 다음과 같은 내용으로 브라이오니 레이버리에게 팩스를 보냈다.

"다른 작가에게 영감의 원천이 된 것을 기쁘게 생각합니다. 당신이 사전에 내 글을 인용해도 좋은지 물었다면 기꺼이 허락했을 겁니다. 하지만 내 허락 없이 글을 가져다 쓰는 것은 도둑질입니다."

그런데 팩스를 보내고 나서 생각이 약간 달라졌다. 사실 도둑맞았다는 기분이 들지 않았기 때문이다. 화가 난 것도 아니었다. 오히려 표절 사실을 알고 친구에게 그런 방식이 아니면 내 글이 브로드웨이에 진출할 길이 있겠느냐고 농담처럼 말하기도 했다. 물론 절반은 진심이었다. 어떤 면에서 나는 레이버리의 표절을 내 글에 대한 칭찬으로 받아들였다. 보다 교묘한 작가라면 글의 내용을 조금 바꿔 원문을 알아보기 어렵게 만들었을 것이다. 레이버리가 그렇게 했다면 나에게 득이 될 것은 없었다.

당연한 일이지만 도로시 루이스는 나보다 훨씬 더 많이 화가 나 있었다. 그녀는 소송을 준비했다. 그녀는 승소 가능성을 높이기 위해 내 기사의 저작권을 자신에게 위탁해달라고 부탁했다. 나는 처음에 동의했다가 마음을 바꿨다. 루이스는 나에게 자신의 삶을 되찾고 싶다고 말했지만 그녀의 삶을 되찾는 데 내 글의 일부가 필요하다는 점이 약간 이상하게 느껴졌다.

나는 〈프로즌〉의 대본을 구해서 읽었다. 표절과 별개로 정말 놀라운 대본이었다. 표절 문제를 잊게 할 만큼 훌륭했던 것이다. 내 글을 도둑맞았다는 생각보다 더욱 장대한 이야기의 일부로 쓰였다는 생각이 들 정도였다.

어쨌든 9월 말에 표절 문제가 기사화되었다. 〈타임스〉와 영국의 〈옵저버Observer〉, 그리고 연합통신은 일제히 레이버리의 표절 의혹을 다룬 기사를 실었다. 이어 전 세계의 신문이 그 기사를 옮겼다. 레이버리는 내 기사의 일부 내용을 작품에 가져다 쓴 탓에 작가생명이 위기에 처하고 말았다. 나는 어딘가 잘못됐다고 생각했다.

단순 모방과 창조적 인용의 위험한 줄타기

1981년에 결성된 3명의 백인 밴드 비스티보이스Beastie Boys는 1992년에 'Pass the Mic'이라는 노래를 발표했다. 이 곡에는 재즈 플루트 연주자 제임스 뉴턴James Newton이 1976년에 작곡한 'Choir'의 한 구절이 40회 이상 사용됐다. 뉴턴은 'Choir'에서 가성으로 목소리를 내는 동시에 플루트를 연주하는 다중화성Multiphonics기법을 구사했다. 도, 레플랫, 도로 바뀌는 목소리와 함께 들리는 왜곡된 도 플루트 음은 특이한 소리를 만들어냈다. 'Pass the Mic'에서 6초짜리 'Choir' 샘플은 독특한 효과를 냈다.

음악계에서 지적재산권은 저작권과 저작인접권(실연가, 음반 제작자, 방송 사업자에게 인정되는 녹음, 복제, 이차 사용 등에 대한 권리)으로 나뉜다. 어떤 작곡가가 'Piano Man'의 일부를 쓰고 싶다면 저작권을 소유한 빌리 조엘Billy Joel과 저작인접권을 소유한 음반회사로부터 모두 허가를 얻어야 한다. 'Pass the Mic'의 경우 비스티보이스는 음반회사로부터만 허가를 얻었다. 이때 뉴턴은 저작권 침해 소송을 걸었지만 패소했다. 그가 패소한 이유를 살펴보면 지적재산권 문제에 접근하는 데 많은 도움이 된다.

뉴턴이 제기한 소송의 쟁점은 표절 여부가 아니었다. 알다시피 비스티보이스는 뉴턴의 연주를 그대로 가져다 썼다. 그들은 그 대가로 음반회사에 저작인접권료를 지불해 정당한 권리를 얻었다. 쟁점은 비스티보이스가 뉴턴에게도 저작권료를 지불해야 하는가에 있었다. 다시 말해 'Pass the Mic'에 삽입된 부분이 별도로 저작권을 주장할 만큼 독창적인지가 핵심 문제였다. 법원은 그렇지 않다고 판결했다. 나는 뉴욕 대학 음악과 교수 로렌스 페라라Lawrence Ferrara에게 뉴턴 소송에 대한 견해를 물었다. 그는 한쪽 구석에 놓인 피아노로 걸어가 도, 레플랫, 도를 누른 다음 간단히 말했다.

"이게 다입니다. 비스티보이스는 딱 이 부분만 썼어요. 이건 꾸밈음에 불과하죠. 이런 구절은 지금까지 수도 없이 사용되었습니다. 누구도 자기 것이라고 주장할 수 없어요."

이어 페라라는 4개의 음으로 이뤄진 클래식 음악에서 가장 유명한 구절을 연주했다. 그것은 솔, 솔, 솔, 파플랫으로 이어지는 〈운명 교향곡〉의 첫 부분이었다. 이 구절을 들으면 누구나 베토벤을 떠올린다. 그렇다면 이 구절은 독창적인 것일까?

"이건 좀 더 복잡한 경우입니다. 사실 다른 작곡가도 같은 구절을 썼어요. 베토벤도 피아노소나타에서 같은 구절을 쓴 적이 있습니다. 다만 단단단 단, 단단단 단, 이런 길이로 나가는 구절은 색다르죠. 그게 아니고 솔, 솔, 솔, 파플랫이라는 네 음만 갖고 말한다면 누구도 저작권을 주장할 수 없습니다."

페라라는 종교음악 작곡가 레이 렙Ray Repp이 앤드류 로이드 웨버Andrew Lloyd Webber를 고소한 사건에 증인으로 참석한 적이 있다. 렙은 〈오페라의 유령〉에 나오는 'Phantom Song'에 자신이 작곡한 'Till You'와 유사한 구절이 나온다고 주장했다. 두 노래의 작곡 시기는 각각 1984년과 1978년이었다.

페라라는 두 노래의 시작 부분을 차례로 연주했다. 들어 보니 정말 비슷했다. 페라라는 "두 구절은 거의 같은 진행을 보입니다. 웨버는 완전 4도 음정을 썼고 렙은 6도 음정을 썼다는 것이 유일한 차이죠"라고 말했다. 페라라는 표절 여부를 확인하기 위해 1978년 이전에 웨버가 쓴 곡들을 조사했다. 그는 모든 곡을 확인한 끝에 뮤지컬 〈요셉과 멋진 꿈의 색동옷Joseph and the Amazing Technicolor Dreamcoat〉에 나오는 'Benjamin Calypso'라는 곡에서 단서를 찾았다. 그가 연주한 구절은 쟁점이 된 구절과 아주 흡사했다.

"이 구절은 'Phantom Song'의 첫 구절과 음이 같습니다. 더 재미있는 사실도 있어요. 'Close Every Door'라는 노래도 많이 비슷합니다."

말쑥하고 활기찬 페라라는 잔뜩 상기된 표정으로 렙 소송에 대한 이야기를 이어갔다. 그는 다시 'Phantom Song'을 연주했다. 그의 설명에 따르면 'Phantom Song'의 앞부분은 'Benjamin Calypso', 뒷부분은 'Close Every Door'와 거의 같았다. 들어 보니 렙의 곡보다 'Benjamin Calypso'가 'Phantom Song'과 더 비슷했다. 페라라는 "'Phantom Song'은 다른 곡을 빌려 쓴 것이 맞습니다. 다만 그 곡이 렙의 곡이 아니라 이전에 썼던 자신의 곡이었던 거죠"라고 말했다.

뉴턴 소송의 경우 비스티보이스가 빌려 쓴 부분이 너무 사소해 표절로 볼 수 없었다. 렙 소송은 문제된 부분이 애초에 독창적이지 않아 표절로 보기 어려웠다. 저작권법에서 중요한 것은 단순한 유사성 여부가 아니라 원본의 독창성과 인용한 정도다. 지적재산권의 원칙은 '남의 물건을 탐하지 말라'는 도덕률을 직선적으로 적용하지 않는다. 핵심은 인용의 맥락이다. 가령 지적재산권에는 기한이 있다. 신약 특허의 경우 20년간 지적재산권을 보호받을 수 있다. 그 후에는 누구나 특허 받은 기술을 활용할 수 있다. 이 제도는 의미 있는 발명을 한 사람에게 한시적인 독점을 통해 경제적 인센티브를 주기 위한 것이다. 그러나 모든 사람이 새로운 발명의 혜택을 누리는 일도 중요하기 때문에 20년이라는 기한을 둔다. 그래야 다른 사람들이 기존의 발명을 참고해 더 나은 대안을 만들 수 있기 때문이다. 이러한 보호와 제한의 균형은 헌법에 명기돼 있다. 미국 헌법에는 '저작물과 발명품에 대해 한시적인 권리를 인정하여 예술과 과학의 진흥을 촉진해야 한다'는 내용이 나온다.

하늘 아래 새로운 것은 있는가

그러면 글도 다른 자산과 마찬가지로 쓴 사람에게 속하는 것일까? 사실은 그렇지 않다. 로렌스 레식Lawrence Lessig 스탠퍼드 법학 교수는《무료 문화Free Culture》에서 다음과 같이 주장했다.

일반적인 의미에서 저작권을 재산권으로 부르는 것은 다소 오해의 소지가 있다. 저작권에 속한 자산은 성격이 다르기 때문이다……(중략) …… 가령 내가 당신이 뒷마당에 놓은 피크닉테이블을 가져간다고 가정해보자. 내가 가져가면 당신은 피크닉테이블을 잃는다. 하지만 내가 뒷마당에 피크닉테이블을 놓는다는 아이디어만 빌리는 것은 어떨까? 이때 내가 가져가는 것은 무엇일까?

핵심은 피크닉테이블과 아이디어처럼 취하는 대상의 물성物性이 아니다. 물론 그 차이는 중요하지만 진정한 핵심은 특수한 사례를 제외한 일반적인 경우 세상에 나온 '생각'은 무료라는 것이다. 당신의 패션을 흉내 낸다고 해서 내가 당신에게 빼앗는 것은 없다. 매일 당신과 똑같은 옷을 입는다면 이상하게 보이긴 하겠지만 말이다……(중략)…… 토머스 제퍼슨Thomas Jefferson은 "내게서 아이디어를 얻는 사람은 내 아이디어를 왜곡하지 않고 배움을 얻는 것이며, 내 초에서 불을 빌리는 사람은 내 초를 어둡게 만들지 않고 빛을 빌리는 것이다"라고 말했다. 이 말은 다른 사람의 패션을 흉내 내는 경우에도 적용된다.

레식의 지적에 따르면 최근에 지적재산권과 관련해 개인적 이익과 공적 이익 사이에 줄을 긋는 문제에서 법원과 의회가 개인적 이익 쪽으로 너무 멀리 나아갔다. 그는 대표적인 예로 일부 개발도상국이 병행수입(국내 독점 판매권을 갖고 있는 공식 수입업체가 아닌 일반 수입업체가 다른 유통경로를 거쳐 국내로 들여오는 것)을 통해 서구 제약업체의 약을 저렴하게 수입하려는 노력을 들었다. 그러면 수많은 생명을 살릴 수 있다. 그러나 미국은 서구 제약업체의 이익을 침해할 뿐 아니라 지적재산권을 침해한다는 이유로 반대해왔다. 어차피 개발도상국에는 많이 팔지 못하는 데도 말이다. 레식은 "우리 문화는 균형 감각을 잃었다. 전통과 단절된 소유권 근본주의가 우리 문화를 지배하고 있다"라고 썼다.

그러나 레식이 근본주의자라고 비판하는 사람들도 지적재산권이 한시적이어야 한다는 데는 동의한다. 그들은 개발도상국이 영원히 병행수입을 하지 않아야 한다는 얘기가 아니라, 특허권이 소멸되는 시한까지 기다려야 한다는 것이다. 레식이 지적재산권 근본주의자들에게 제기하는 문제는 빌릴 권리와 보호받을 권리 사이에 선을 긋는 것이 아니라 언제, 어디까지 그어야 하느냐에 관한 것이었다.

하지만 표절은 성격이 다르다. 한 작가가 다른 작가의 글을 어느 정도까지 베낄 수 있는지 결정하는 도덕률은 지적재산권 근본주의자들보다 더 엄격하다. 문학의 경우 남의 글을 베끼는 것 자체가 용납되지 않는다. 얼마 전 로렌스 트라이브Laurence Tribe 하버드 법학교수가 1985년에 쓴 《신이여, 이 고결한 법정을 지켜주소서God Save This Honorable Court》에서 역사학자 헨리 에이브러햄Henry Abraham의 글을 도용한 혐의로 고소당하는 사건이 있었다. 이 사건은 어떻게 전개되었을까? 조지프 보툼Joseph Bottum은 보수 잡지인 〈위클리스탠더드The Weekly Standard〉에 실은 폭로 기사에서 두 글의 비슷한 부분을 나열했다. 그중 대표적인 증거로 제시한 것이 "태프트Taft는 피트니Pitney가 사건을 맡기기에 미덥지 않은 나약한 법관이라고 공언했다"는 문장이었다.

나는 〈프로즌〉의 대본을 읽은 지 얼마 지나지 않아 음반업계에서 일하는 친구를 만나러 갔다. 우리는 어퍼이스트사이드에 있는 그의 집 거실에서 안락의자를 놓고 마주앉았다. 그는 레게 가수 섀기Shaggy가 부른 'Angel'과 스티브밀러밴드Steve Miller Band가 부른 'The Joker'라는 곡을 연달아 틀며 베이스 부분을 잘 들어보라고 말했다. 이어 그는 레드 제플린의 'Whole Lotta Love'와 머디 워터스Muddy Waters의 'You Need Love'가 얼마나 비슷한지 들려주었다. 그의 비교는 계속되었다. 샤바 랭크스Shabba Ranks의 'Twice My Age'와 1970년대 히트곡인 'Seasons in the Sun', 웸Wham의 'Last Christmas'와 배리 매닐로Barry Manilow의 'Can't Smile Without You' 그리고 쿨앤더갱Kool and the Gang의 'Joanna'는 모두 비슷한 구절이 있었다. 내 친구는 틈틈이 설명을 곁들였다.

"록 그룹 너바나Nirvana 노래에서 나지막하게 나가다가 갑자기 폭발하는 부분은 록 밴드 픽시스Pixies에게 영향을 받은 거야. 그래도 커트 코베인Kurt Cobain(너바나 소속 가수)은 자기 식으로 소화해 내 천재 소리를 듣지. 'Smells Like Teen Spirit'도 알고 보면 보스턴Boston의 'More Than a Feeling' 하고 비슷해. 'Smells Like Teen Spirit'을 처음 들었을 때 'More Than a Feeling' 하고 기타 연주 부분이 흡사하다는 걸 알았지. 그래도 두 노래는 달라. 'Smells Like Teen Spirit'은 더 절박하고 멋지고 새로워."

그는 다시 1970년대에 큰 인기를 끈 로드 스튜어트의 'Do Ya Think I'm Sexy'라는 곡을 틀었다. 이 노래의 후렴구는 발표 당시 수많은 사람이 샤워를 하면서 따라 부를 만큼 인상적이었다. 뒤이어 그가 튼 노래는 브라질 가수 호르헤 벤 호르Jorge Ben Jor의 'Taj Mahal'이었다. 내 친구는 DJ를 하던 20대 때 월드뮤직에 관심이 많았다. 그는 살짝 미소를 지으며 "그때 바로 잡아냈지"라고 말했다. 'Taj Mahal'의 도입부는 남미풍이 굉장히 강했다. 그러나 뒤이어 로드 스튜어트의 노래와 매우 흡사한 부분이 나왔다. 음 하나하나가 'Do Ya Think I'm Sexy'의 후렴구와 비슷했다. 나도 모르게 큰 웃음이 터져 나올 정도였다. 물론 비슷하다고 해서 무조건 베꼈다고 말할 수는 없다. 로드 스튜어트가 독창적으로 후렴구를 떠올렸을지도 모른다. 아니면 그가 브라질에 갔다가 'Taj Mahal'을 듣고 마음에 들어 했을 수도 있다.

내 친구는 다른 사례도 얼마든지 있다고 했다. 음악의 계보를 통틀어 모든 영향 관계를 따지려면 몇 시간을 들어도 모자랄 것 같았다. 그는 이러한 사실을 알고 분노했을까? 그렇지 않다. 영향을 받은 곡을 옮기고 비틀고 바꾸는 것이 창작 과정의 핵심이라는 사실을 알았기 때문이다. 물론 정도가 심한 경우도 있었다. 예술가들이 서로의 작품을 베끼면서 억제된 창의성을 발휘하던 시대도 있었다.

창작 과정을 지나치게 감독하는 일은 매우 위험하다. 레드 제플린이 블루스에서 자유롭게 영감을 얻지 못했다면 'Whole Lotta Love'가 탄생하지 않았을 것이고, 커트 코베인이 'More Than a Feeling'을 듣고 마음에 든 부분을 자기 식으로 해석하지 못했다면 'Smells Like Teen Spirit'이 탄생하지 않았을 것이다. 록의 진화 과정에서 'Smells Like Teen Spirit'은 'More Than a Feeling'보다 확실히 한 단계 앞으로 나아갔다. 내 친구는 음악전문가로서 단순한 모방과 창조적인 인용의 차이를 이해해야만 했다. 나는 〈프로즌〉에 대한 표절 논란에서 그 차이가 간과되었다는 사실을 깨달았다. 레이버리가 내 기사를 일부 가져다 쓴 것은 사실이다. 그러나 누구도 그녀가 왜 그랬는지, 가져다 쓴 부분이 더 큰 목적에 기여했는지는 묻지 않았다.

순결한 표절

2004년 10월 초, 브라이오니 레이버리가 나를 만나러 왔다. 50대의 레이버리는 청바지에 헐렁한 초록색 셔츠를 입었고 짧은 금발이 마구 헝클어져 있었다. 그녀는 몹시 지쳐 보였다. 전날 나온 〈타임스〉에는 연극비평가 벤 브랜틀리Ben Brantley가 그녀의 신작 〈지난 부활절Last Easter〉을 혹평하는 내용이 실려 있었다. 원래 그녀는 〈프로즌〉이 토니상 후보작에 오른 영광을 누렸어야 했지만, 〈지난 부활절〉은 브로드웨이에 진출조차 하지 못했다.

　주방 테이블 앞에 힘없이 앉은 그녀는 "그동안 별의별 생각을 다 했어요"라고 말문을 열었다. 말하는 동안 그녀의 손은 담배라도 찾는 듯 불안하게 움직였다.

　"작가들은 절대적인 자신감과 절대적인 불안감 사이에서 일하는 것 같아요. 저 역시 엄청난 자신감과 불안감을 모두 경험했어요. 이

번 작품을 잘 쓸 수 있다고 확신하다가도 다음 순간 불안에 사로잡혔죠. 저기…… 정말 미안해요."

레이버리는 〈프로즌〉을 쓰게 된 경위를 설명했다.

"저는 글을 쓸 때 여러 곳에서 재료를 구해요. 어떤 때는 신문기사에서 무대에 올릴 만한 이야기를 찾기도 하지요. 일단 이야기를 찾으면 그것은 제 안에서 조금씩 굳어져요. 마치 수프를 오래 끓이면 진해지는 것처럼 말이에요. 그러다가 어느 순간 이야기 구조가 만들어져요. 〈프로즌〉을 쓸 때는 천재적인 연쇄살인범이 나오는 《양들의 침묵》을 읽거나 마이라 힌들리Myra Hindley와 이언 브래디Ian Brady라는 아동연쇄살인범들을 다룬 다큐멘터리를 봤어요. 제가 볼 때 살인은 결코 영악한 짓이 아니에요. 오히려 그 반대죠. 살인은 더할 나위 없이 멍청하고 파괴적인 행동이에요. 저는 연쇄살인범들에게 죽을 뻔한 고비를 넘긴 생존자들의 인터뷰를 보면서 그들이 시간속에 '갇혔다Frozen'는 느낌을 받았어요. 그들 중 한 사람은 '저는 관용을 베풀 줄 알지만 그놈이 출옥하면 절대 용서하지 않을 겁니다. 죽여 버릴 거예요'라고 말했어요. 〈프로즌〉에 그런 대사가 나와요. 그런데 그 문제를 고민하던 중에 어머니가 아주 간단한 수술을 받다가 의사의 실수로 돌아가시고 말았어요."

레이버리는 잠시 마음을 추스른 다음 이야기를 이어갔다.

"그때 어머니는 일흔네 살이었지요. 저는 의사를 용서했어요. 실수라고 생각했으니까요. 어머니에게 그런 일이 생긴 건 정말 마음이 아팠지만 실수를 비난할 수는 없었어요."

그러나 레이버리는 자신의 감정에 혼란을 느꼈다. 아주 사소한 일로 몇 년간 앙심을 품은 적도 있었기 때문이다. 그녀에게 〈프로즌〉은 여러 가지 의미에서 용서의 속성을 이해하려는 시도였다. 그녀의 글에는 3명의 주요 인물이 등장한다. 첫 번째 인물은 어린 소녀를 납치해 살해한 랠프Ralph라는 연쇄살인범이다. 두 번째 인물은 죽은 소녀의 어머니인 낸시Nancy다. 세 번째 인물은 랠프를 연구하기 위해 영국으로 가는 뉴욕의 심리학자 아그네사다. 극이 진행되면서 3명의 삶은 서서히 교차한다. 그들은 용서의 진정한 의미를 이해하게 되면서 갇혀 있던 시간 속에서 풀려난다.

레이버리는 랠프라는 인물을 창조할 때 레이 와이어Ray Wyre와 팀 테이트Tim Tate가 쓴 《살해당한 어린 시절The Murder of Childhood》을 참고했다. 낸시의 경우는 연쇄살인범에게 여동생을 잃은 마리안 파팅턴Marian Partington이 〈가디언Guardian〉에 기고한 글을 참고했다. 그리고 아그네사는 영국 잡지에서 옮겨 실은 내 기사를 참고했다. 레이버리는 딸을 죽인 사람을 용서할 수 있는 이유와 연쇄살인은 악인의 범죄가 아니라 광인의 범죄라는 사실을 이해하는 심리학자를 원했다. 그녀는 심리학자에 대해 최대한 정확한 내용을 쓰고 싶었다.

나는 왜 나와 루이스의 글을 참고했다는 사실을 알리지 않았는지, 왜 내용의 정확성은 꼼꼼하게 신경 쓰면서 그 내용에 다른 사람들이 기여했다는 사실은 무시했는지 물었다. 그녀는 대답하지 못했다. 그녀는 부끄러운 듯 어깨를 으쓱하며 "그냥 써도 괜찮은 줄 알았어요. 물어봐야 한다는 생각은 한 번도 해본 적 없어요. 그냥 뉴스라고 생각했으니까요"라고 말했다. 그녀는 답변이 궁색함을 알고 있는 듯 내 기사를 보관하던 자료집을 버밍엄Birmingham에서 초연하던 무렵에 잃어버렸다고 덧붙였다. 물론 이 대답 역시 궁색하기는 마찬가지였다.

이어 레이버리는 마리안 파팅턴에 대한 이야기를 꺼냈다. 이 대목에서 그녀의 이야기는 더욱 복잡해졌다. 그녀는 〈프로즌〉을 쓰는 동안 파팅턴에게 글을 쓰는 데 많은 도움을 받았다는 내용으로 편지를 보냈다. 그리고 〈프로즌〉이 런던에서 공연될 때 직접 만나 대화를 나누기도 했다. 나는 레이버리에 대한 영국 언론의 기사를 읽다가 흥미로운 내용을 발견했다. 다음은 표절 논란이 불거지기 2년 전에 〈가디언〉이 실은 기사의 일부다.

레이버리는 파팅턴의 글에 얼마나 많은 빚을 졌는지 잘 알았고 기꺼이 그 점을 인정했다. 그녀는 "저는 항상 그녀의 글에서 많은 도움을 얻었다고 말해요. 실제로 엄청난 빚을 졌으니까요……(중략)…… 이런 글을 쓸 때는 다른 사람의 파괴된 삶에 대한 이야기를 함부로 가져다 쓰지 않도록 굉장히 조심해야 합니다"라고 말했다.

결국 레이버리는 다른 사람의 지적재산권에 무심한 것이 아니었다. 어디까지나 그녀는 내 지적재산권에 무심했을 뿐이다. 그녀가 판단하기에 나에게 빌린 것은 파팅턴에게 빌린 것과 달랐다. 그녀의 표현에 따르자면 내 글은 그냥 '뉴스'였다. 그녀는 내 글에서 루이스의 동료 조너선 핀커스가 신경 실험을 하는 모습을 묘사한 부분, 오랜 기간 이어지는 심한 스트레스가 신경에 미치는 악영향을 설명하는 부분, 프랭클린이 한 방송국과 했던 인터뷰를 정리한 부분, 학대 당한 아동들에 대한 연구보고서에서 발췌한 부분, 악의 본질에 대한 루이스의 말을 인용한 부분을 가져다 썼다. 그러나 내 생각이나 결론 혹은 글의 구조는 베끼지 않았다.

그녀는 "충동을 조절해 판단과 의사결정을 하고 일상적인 규칙을 준수하도록 만드는 것은 전두엽 아래에 위치한 대뇌피질의 기능이다" 같은 문장을 참고했다. 이런 문장은 저작권을 주장하기 어렵다. 이 문장은 내가 교과서에서 읽은 내용을 풀어쓴 것이다. 레이버리는 파킹턴에게 감사를 표하지 않는 것은 잘못이라는 사실을 알았다. 여동생이 연쇄살인범에게 살해당한 여성의 개인적인 이야기를 빌리는 것은 중대한 일이다. 그 이야기가 저자에게 진정한 정서적 가치를 지니기 때문이다. 레이버리가 말한 대로 그 이야기는 다른 사람의 파괴된 삶을 담는다. 대뇌피질의 기능에 대한 설명이 여동생의 죽음에 대한 글과 같은 가치를 지닐 수 있을까?

레이버리가 내 글을 가져다 쓴 방법도 중요하다. 단순한 모방은 빌려 쓰는 차원을 넘어선다. 도리스 컨스 굿윈이 케네디 가문의 역사를 다룬 글을 쓰면서 다른 역사가의 글을 인용부호 없이 그대로 가져다 쓴 것은 잘못이다. 그러나 〈프로즌〉은 도로시 루이스를 소개하는 내용이 아니다. 레이버리는 한 어머니가 딸을 죽인 살인자와 대면했을 때 어떤 일이 일어나는지 보여주는 완전히 새로운 이야기를 썼다. 그녀는 루이스의 일과 생활에 대해 내가 설명한 부분을 극적 개연성을 높이는 수단으로 활용했다. 원래 창의성은 그런 방식으로 발현되는 것이 아닐까? 새로운 생각을 위해 낡은 말을 활용하는 일은 문제될 것이 없다. 창의성을 억누르는 것은 새로운 말을 낡은 생각에 종속시키는 일이다.

이것이 표절 논란의 두 번째 문제다. 표절 논란은 극단적인 기준을 적용할 뿐 어떤 것이 창의성을 억누르는지 따지는 것처럼 보다 중요한 질문을 던지지 않는다. 한 작가의 권리를 과잉보호하다 보면 다른 많은 작가의 창의성을 억누르게 된다. 연쇄살인범이 등장하는 소설 중에서 《양들의 침묵》에 영향을 받지 않은 작품이 얼마나 될지 생각해보라. 그러나 케이시 액커Kathy Acker는 해럴드 로빈스Harold Robbins의 야한 소설 구절들을 짜깁기한 풍자소설을 썼다는 이유로 표절작가라는 비난을 받고 소송당할 위기에 몰렸다.

신문사에서 일할 때 나는 가끔 〈타임스〉에 실린 기사를 취재하라는 명령을 받았다. 다른 사람이 이미 쓴 이야기를 새 버전으로 옮기라는 얘기다. 그러나 아무리 사소한 내용일지라도 우리가 쓴 기사에서 〈타임스〉 기사와 같은 문장이 나오면 해고당할 수도 있었다. 이렇게 표절 윤리는 사소한 차이에 집착하는 자기도취로 변질돼 버렸다. 특히 기사는 원래 아이디어를 빌려야 하는 속성 때문에 문장의 차이를 중시할 수밖에 없었다.

도로시 루이스는 〈프로즌〉에서 아그네사가 동료인 데이비드와 바람을 피운다는 내용 때문에 가장 큰 상처를 받았다고 말했다. 그녀는 사람들이 자신과 조너선의 관계를 의심할까 봐 걱정했다. 루이스는 "그건 명예훼손이에요. 〈프로즌〉을 보면 내가 모델이라는 사실을 확실하게 알 수 있어요. 이미 많은 사람이 그 연극이 나에 대한 이야기라고 말했어요. 그들이 극중 인물들의 관계까지 사실일지 모른다고 생각하지 않겠어요? 그래서 내가 모욕을 당했다고 느끼는 거예요. 실제 인물을 모델로 삼은 것이 분명하게 드러난다면 바람을 피운다는 내용을 넣으면 안 되죠"라고 말했다.

　루이스가 자신을 모델로 삼은 인물이 극중에서 바람을 피우는 모습을 보고 얼마나 놀랐을지는 쉽게 짐작할 수 있다. 그렇지만 사실 레이버리는 아그네사의 행동을 자유롭게 정할 권리가 있다. 아그네사는 루이스가 아니기 때문이다. 그녀는 루이스를 참고하긴 했지만 가상의 환경과 행동양식을 부여받은 존재다. 현실에서 루이스는 테드 번디의 뺨에 입을 맞추었고 〈프로즌〉에서 아그네사는 랠프의 뺨에 입을 맞추었다. 그러나 루이스가 테드 번디의 뺨에 입을 맞춘 이유는 그가 먼저 그렇게 했기 때문이다. 연쇄살인범의 입맞춤에 반응하는 것과 먼저 시작하는 것 사이에는 큰 차이가 있다. 또한 루이스는 정신없이 집을 떠나면서 머릿속으로 공격적인 상상을 했다. 아그네사도 같은 행동을 하며 무대에 등장한다. 그러나 이 장면의 극적 기능은 아그네사에게 내재된 광기를 드러내는 것이다. 현실의 루이스는 절대 미치지 않았다. 그녀는 냉철한 분석력으로 범죄의 개념을 재조명했다. 루이스는 단순히 레이버리가 자신의 이야기를 빌려 썼다고 해서 분노한 것이 아니다. 그녀는 레이버리가 자신의 이야기를 '바꿨다'는 이유로 화를 냈다. 다시 말해 표절이 아니라 예술(새로운 생각을 위해 낡은 말을 활용하는 것)에 분노한 것이다. 그녀의 감정은 충분히 이해할 수 있다. 예술적 변용도 표절만큼 불만스럽고 고통스러울 수 있다. 그러나 예술은 부도덕한 것이 아니다.

나는 〈프로즌〉에 대한 초기 비평을 읽으면서 비평가들이 인용부호 없이 "악인의 범죄는 죄악이고 광인의 범죄는 증상이다"라고 쓴 것을 보았다. 이 문장은 내가 쓴 것이다. 처음에는 레이버리가 그 문장을 내게 빌렸고 나중에는 비평가들이 그녀에게 빌렸다. 소위 표절 작가가 표절당한 것이다. 이 경우 비평가들은 예술을 내세워 변명할 수 없다. 그 문장을 갖고 새로운 일을 한 것이 없기 때문이다. 그리고 대본은 '뉴스'가 아니다. 그렇다고 내가 그 문장의 소유자라고 할 수 있을까?

간디도 '죄악과 증상'이라는 단어를 쓴 적이 있다. 또한 다른 문학 서적들을 살펴보면 분명히 악인의 범죄와 광인의 범죄를 다룬 내용이 나올 것이다. 앞서 소개한 'Phantom Song' 소송에서 핵심적인 사실은 레이 렙이 웨버의 이전 노래에서 영감을 얻었다는 사실을 깨닫지 못했다는 것이고, 웨버 역시 자신이 이전 노래에서 영감을 얻었다는 사실을 깨닫지 못했다는 것이다.

레식의 말에 따르면 창조적 자산은 오랜 생명력을 지닌다. 아침에 배달되는 신문은 지식을 전달하는 수단이 되었다가 시간이 지나면 생선을 싸는 도구가 된다. 지식이 서너 번의 삶을 거치는 동안 우리는 그 기원을 잊고 나아갈 길도 통제할 수 없게 된다. 지적재산권 근본주의자들은 이러한 영향과 진화의 고리가 존재하지 않으며 작가의 글은 처녀에게서 태어나 불사의 삶을 사는 것처럼 꾸미도록 부추긴다. 나는 내 글이 다른 창작품에 사용된 것에 분노할 수 있었다. 반대로 그 문장과 오랜 인연을 나누었다는 사실에 만족하고 작별을 고할 수도 있었다.

레이버리는 식탁에 앉아 깊은 한숨을 토해냈다.

"그 일로 정말 많이 힘들었어요. 제 자신에 대한 믿음이 흔들릴 정도였어요. 너무나 마음이 아팠어요. 부주의한 제 자신을 얼마나 탓했는지 몰라요. 문제를 바로잡고 싶지만 어떻게 해야 할지 모르겠어요. 그때는 정말 잘못된 일을 하고 있다고 생각하지 않았어요.…… 그러다가 〈뉴욕타임스〉에 기사가 난 후로 온 세상에 알려지더군요."

그녀는 오랫동안 침묵했다. 깊이 상심한 모습이었다. 그녀는 여전히 혼란에 빠져 몇 개의 평범한 표현이 세상을 어떻게 무너뜨릴 수 있는지 이해하지 못하는 것 같았다. 그녀는 울기 시작했다.

"너무 끔찍하고 고통스러웠어요. 아직도 왜 이런 일이 일어났는지 고민하고 있어요. 분명히 거기에는 이유가 있을 거예요. 그게 어떤 이유든 말이에요."

2004년 11월 22일

05 조각 맞추기
정보기구 개편의 역설

모호한 패턴

1973년 가을, 시리아군이 이스라엘과 접한 국경지대에 탱크와 대포, 보병을 대규모로 집결시키기 시작했다. 동시에 남쪽에서는 이집트가 전군의 휴가를 취소하고 예비군을 소집했다. 그들은 대대적인 군사훈련을 전개하면서 수에즈 운하를 따라 대공포를 배치했다.

10월 4일, 이스라엘의 정찰기가 찍은 사진에는 이집트군이 대포를 공격 위치로 이동시킨 것이 보였다. 그날 저녁 이스라엘의 군 정보기관 아만Aman은 포트사이드Port Said(수에즈 운하 북쪽 끝에 있는 항구도시)와 알렉산드리아 근처에 있던 소련군 일부가 해상으로 이동 중이며, 카이로와 다마스커스에 있던 소련 자문단 가족이 피신하기 시작했다는 정보를 입수했다.

10월 6일 새벽 4시, 군사정보를 담당하는 아만 국장인 엘리 제이라Eli Zeira 장군은 가장 신뢰하는 정보원으로부터 급한 전화를 받았다. 그 정보원은 일몰 무렵 이집트와 시리아가 공격을 개시할 거라고 말했다. 이스라엘 정부의 고위 관료들은 급히 회의를 열었다. 그들은 정말로 전쟁이 일어날 것인지 검토했다. 제이라는 여러 증거를 살펴볼 때 그렇지 않을 것이라고 말했지만 그것은 오판이었다. 그날 오후 시리아가 동쪽에서 골란 고원의 빈약한 방어진을 치고 들어왔다. 남쪽에서는 이집트가 포격을 퍼부으며 8,000명의 보병을 수에즈 운하 너머로 진격시켰다. 이스라엘 관료들은 사전 정보를 충분히 수집했음에도 기습공격을 당하고 말았다. 그들은 왜 욤 키푸르 전쟁(제4차 중동전쟁)의 징후를 말해주는 정보 조각들을 맞추지 못한 것일까?

10월 6일 오후부터 거꾸로 거슬러 올라가며 단서를 추적하면 공격 가능성은 명확했다. 어쩌면 이스라엘 정보기관에 심각한 문제가 발생한 것일 수도 있다. 그런데 전쟁 6~7년 전부터 시간순으로 이스라엘 정보기관이 입수한 정보들을 조합하면 전혀 다른 그림이 나온다.

1973년 가을, 이집트와 시리아는 확실히 전쟁을 준비하는 것처럼 보였다. 당시 중동은 언제 전쟁이 터질지 모르는 상황이었다. 이집트 대통령과 국방부 장관은 이미 1971년 가을에 전쟁의 시간이 다가온다고 공언했다. 그 무렵 이집트 군대와 전투 장비는 운하 쪽으로 이동해 공격대형을 갖췄다. 그러나 아무 일도 일어나지 않았다. 1972년 12월에도 이집트군의 이동이 있었다. 그들은 운하를 따라 부지런히 진지를 구축했다. 정보원은 이스라엘 정보기관에 공격이 임박했다고 알렸지만 역시 아무 일도 일어나지 않았다. 그리고

1973년 봄, 이집트 대통령은 〈뉴스위크〉와의 인터뷰에서 "전쟁 재개를 위해 온 나라가 만반의 채비를 갖추는 중"이라고 말했다. 당시 이집트군은 수에즈 운하 근처로 이동해 광범위한 진지를 구축했다. 더불어 대대적인 헌혈운동이 전개됐고 민방위 요원들을 소집했으며 이집트 전역에 소등령이 실시되었다. 이번에도 정보원은 이스라엘 정보기관에 이집트의 공격이 임박했다는 첩보를 전달했으나 공격은 없었다.

1973년 1월부터 10월 사이에 이집트군은 열아홉 번이나 전시체제에 들어갔지만 전쟁은 일어나지 않았다. 이스라엘 정부는 이웃 국가들이 위협할 때마다 동원령을 내릴 수는 없었다. 이스라엘은 다수의 예비군을 둔 작은 나라였기 때문에 동원령을 내리면 경제활동에 지장이 생기고 큰 비용이 발생했다. 또한 이스라엘 정부는 동원령자체가 실제 전쟁을 벌일 생각이 없는 이웃 국가들을 자극할 수 있음을 알고 있었다.

욤 키푸르 전쟁의 다른 징후들도 특별한 점은 없었다. 소련 자문단 가족이 본국으로 돌아간 것은 단지 중동 국가들과 소련의 관계가 악화됐기 때문일 수도 있었다. 물론 정보원은 새벽 4시에 전화를 걸어 공격이 시작될 거라고 알렸다. 그러나 그는 이전에 두 번이나 부정확한 공격 경고를 한 적이 있었다. 더구나 그는 일몰 무렵 공격이 개시될 것이라고 말했기 때문에 공습할 시간이 충분치 않았다.

이스라엘의 정보기관은 실제 공격이 개시되기 전까지 이웃 국가들의 의도를 눈치 채지 못했다. 그들의 행동에 패턴이 없었던 탓이다. 이스라엘 정보기관은 로르샤흐 검사Rorschach Test(다양한 색상과 무늬로 이뤄진 그림을 보고 연상하는 이미지를 통해 심리를 파악하는 검사)처럼 모호한 문제에 직면했다. 돌이켜 보면 명확한 신호였는데 당시에는 전혀 그렇지 않았다. 내가 이 전쟁을 다시 살펴보는 이유는 9·11테러의 책임 소재를 따지는 문제와 어느 정도 연관성이 있기 때문이다.

"내가 그럴 줄 알았어"

9·11테러 이후에 쏟아진 수많은 분석서 중에서 가장 주목을 받은 것은 존 밀러John Miller, 마이클 스톤Michael Stone, 크리스 미첼Chris Mitchell이 쓴 《조직: 9·11테러 계획의 내막과 연방수사국 및 중앙정보국이 저지에 실패한 이유The Cell: Inside the 9·11 Plot, and Why the F.B.I. and C.I.A. Failed to Stop It》다. 이 책은 1990년 11월에 유대방어연맹Jewish Defense League의 창립자 메이어 카하네Meir Kahane를 암살한 엘 사이드 노사이르El Sayyid Nosair에 대한 이야기로 시작된다. 수사관들은 뉴저지에 있는 노사이르의 아파트를 수색해 열여섯 개의 상자를 꽉 채울 분량의 문서를 확보했다. 거기에는 육군특수전학교의 훈련교본, 참모총장에게 발송된 전송문 사본, 폭탄제조교본, 그리고 자유의 여신상과 록펠러센터, 세계무역센터 주변을 담은 아랍어 지도가 포함돼 있었다.

《조직》에 따르면 노사이르는 브루클린에서 암약하는 총기 밀수업자 및 이슬람 과격분자들과 연계돼 있었다. 그들은 2년 6개월 전에 람지 유세프Ramzi Yousef가 주도한 세계무역센터 폭탄테러의 배후세력이었다. 이밖에도 유세프는 마닐라에서 교황 암살을 기도했고 펜타곤과 중앙정보국 건물에 비행기를 충돌시키거나 12대의 여객기를 동시에 폭발시키는 테러를 계획했다. 그는 필리핀에서 모하메드 칼리파Mohammed Khalifa, 왈리 칸 아민-샤Wali Khan Amin-Shah, 이브라힘 무니르Ibrahim Munir의 도움을 받았다. 그들이 충성을 맹세한 사람이 바로 베일에 싸인 사우디아라비아의 백만장자 오사마 빈 라덴이다.

텔레비전 기자로 일하는 밀러는 10년 가까이 테러리스트들을 취재한 경험을 《조직》에 담았다. 감각이 뛰어난 그는 첫 번째 세계무역센터 폭탄테러가 일어났을 때 대시보드(자동차의 계기판)에 경광등을 놓고 응급차들을 따라 도심으로 달렸다. 많은 기자가 현장에서 그의 뒤를 따라다녔다. 그가 책임자들과 나누는 대화를 엿듣는 것이 상황을 파악하는 데 최선이었기 때문이다. 나도 그중 한 명이었다.

연방수사국 대테러팀 책임자 닐 허먼Neil Herman이나 존 오닐John O'Neill 같은 사람과 친분이 두터웠던 그는 알카에다에 깊은 관심을 보였다. 그는 알카에다가 USS콜호에 폭탄테러를 했을 때 연방수사국 조사팀과 함께 예멘으로 가기도 했다. 1998년에는 이슬라마바드 메리어트호텔에서 악타르Akhtar를 만났는데 그는 아프가니스탄 국경을 넘어 오사마 빈 라덴과의 만남을 주선했다.

《조직》은 1990년부터 9·11테러까지 알카에다가 진화하는 과정을 자세히 묘사하고 있다. 저자들은 첫 장에서 '왜 이런 일이 일어났을까?'라는 질문을 던진다. 그들은 그 답을 찾으려면 카하네 암살에서 9·11테러로 이어지는 '선'을 따라가야 한다고 주장했다. 그들의 설명에 따르면 지난 10년간 일어난 사건에는 명확한 '반복적 패턴'이 있었다.

상원정보위원회 부위원장인 리처드 셸비Richard Shelby도 2002년 12월에 발표한 9·11테러 조사보고서에서 같은 주장을 펼쳤다. 명쾌하고 강력한 내용을 담은 이 보고서에서 셸비는 9·11테러를 암시하는 신호들을 놓치거나 잘못 해석한 사례를 꼼꼼히 지적했다. 중앙정보국은 칼리드 알-미드하르Khalid al-Mihdhar와 나와프 알-하즈미Nawaf al-Hazmi라는 2명의 알카에다 요원이 미국으로 입국한 사실을 알았다. 그러나 그들은 연방수사국이나 국가안보국에 그 사실을 알리지 않았다. 또한 연방수사국 피닉스지부의 한 요원은 본부에 '오사마 빈 라덴이 학생들을 미국 민간항공학교에 보내고 있다'는 내용의 보고서를 올렸다. 하지만 연방수사국은 테러리스트들이 항공기를 무기로 활용할 것이라는 정보를 입수했으면서도 아무런 조치도 취하지 않았다. 그뿐 아니라 연방수사국은 비행학교에서 수상한 행동을 한 자카리아스 무사위Zacarias Moussaoui를 체포했음에도 대규모 테러 음모와의 연관성을 찾지 못했다.

셸비의 보고서는 "가장 근본적인 문제는 우리의 정보기관들이 9·11테러의 단서가 담긴 정보 조각들을 확보하고도 전체 그림을 맞추는 데 실패했다는 것이다"라고 지적했다. 이 보고서에는 '조각 맞추기'라는 표현이 자주 등장하고 있다. 돌이켜 보면 분명한 패턴이 있었지만 세계 최고로 평가받는 미국의 정보기관들은 그것을 알아채지 못했다.

흥미롭게도 9·11테러 이후에 나온 분석서 중에서 어떤 것도 욤키푸르 전쟁이 제기한 질문에 대답하지 못했다. 그 질문은 '공격 이전에도 지금 보이는 것만큼 정보의 패턴이 명확했는가'라는 것이다. 심리학자들은 사태 발생 전후의 판단 차이에 깊은 관심을 기울였다. 한 예로 심리학자 바루크 피쇼프Baruch Fischhoff는 닉슨의 역사적인 중국 방문을 앞두고 실험대상자들에게 결과를 예측하게 했다. 그는 미국과 중국이 영구적인 외교관계를 맺을지, 닉슨이 마오쩌둥毛澤東을 만날지, 닉슨이 중국 방문을 성공적으로 평가할지 물었다.

실제 방문은 외교적 승리로 마무리되었고 피쇼프는 같은 사람들에게 방문 결과를 어떻게 예측했는지 물었다. 그들은 실제보다 훨씬 낙관적인 결과를 예상했던 것으로 기억했다. 닉슨과 마오의 만남이 성사되지 않을 거라고 예상했던 사람조차 모든 신문에 두 정상의 만남을 다룬 기사가 대서특필된 후에는 만날 가능성이 크다고 예상했던 것으로 기억했다. 피쇼프는 이러한 현상을 '사후판단 편향 Creeping Determinism'라고 불렀다. 사후판단 편향은 사태가 벌어진 후 뒤늦게 그 불가피성을 확신하는 경향을 말한다. 사후판단 편향 때문에 사람들은 예상치 못했던 사태를 예상할 수 있었던 것처럼 인식한다. 피쇼프는 "사태가 발생하고 나면 재구성 과정에서 발생 확률이 높았던 것으로 인식하기 때문에, 사전에 예상했던 것보다 발생 확률을 더 높게 잡았던 것으로 생각한다"고 썼다.

셸비의 보고서나 《조직》을 읽고 나면 중앙정보국과 연방수사국이 사전에 입수한 정보들을 조합해 9·11테러를 충분히 예측할 수 있었을 것으로 생각하게 된다. 이러한 판단에 따른 비판은 정당한 것일까 아니면 사후판단 편향의 사례에 불과할까?

지나고 나서야 보이는 단서

1998년 8월 7일, 2명의 알카에다 요원이 케냐의 미국 대사관 근처에서 차량을 이용한 폭탄테러를 감행했다. 이 테러로 213명이 사망했고 4,000명 이상이 부상을 당했다. 《조직》의 저자들은 이 테러가 정보조합 실패를 보여주는 교과서적인 사례라고 주장한다.

중앙정보국은 테러가 발생하기 훨씬 이전부터 알카에다 조직이 케냐에서 활동 중이라는 것을 알고 감시하고 있었다. 폭탄제조자를 의미하는 '기술자들'이 곧 케냐에 올 거라고 쓴 알카에다 요원의 편지도 입수했다. 주케냐 대사 프루던스 부시넬Prudence Bushnell은 워싱턴에 보안을 강화해달라고 요청했다. 한 케냐 의원의 얘기에 따르면 케냐 정보기관은 6~7개월 전에 테러 계획이 진행되고 있다는 것을 미 정보기관에 경고했다. 심지어 1997년 11월에는 오사마 빈 라덴 소유의 회사에서 일하는 무스타파 마흐무드 사이드 아흐메드Mustafa Mahmoud Said Ahmed라는 사람이 미 대사관을 찾아와 폭탄 테러 계획을 알려주었다.

그러면 미국의 정보기관은 어떻게 대응했을까? 미국 시민인 케냐 조직의 우두머리를 강제로 송환한 후 감시활동을 중지했으며, 알카에다 요원의 편지를 무시했다. 또한 케냐 정보기관의 경고를 이스라엘 비밀정보기관인 모사드Mossad에 알리고 의견을 물었다. 모사드가 회의적인 입장을 보이자 미국 정보기관은 아흐메드를 심문한 후 신뢰할 수 없다는 결론을 내렸다.《조직》에 따르면 폭탄테러가 발생한 후 국무부 고위관료가 부시넬에게 전화를 걸어 "어떻게 이런 일이 생겼습니까?"라고 따졌다. 부시넬의 마음을 짓눌렀던 공포는 곧바로 분노로 바뀌었다. 그토록 많은 단서가 있었음에도 무시한 것은 바로 워싱턴의 정보기관이 아닌가. 그녀는 "제가 편지로 위험을 알렸잖아요"라고 맞받아쳤다.

　케냐의 폭탄테러에 대한 정보기관의 사전대응을 보면 비판 받아 마땅한 구석이 많다. 하지만 그 비판 역시 사후판단 편향 범주에 속하는 것은 아닐까? 그렇지 않다고 말할 수 있는 근거는 없다. 우리가 아는 케냐 폭탄테러의 사전 정보는 과거의 축약본에 불과하다. 우리는 미국의 정보기관이 감시하던 사람들로부터 어떤 정보를 입수했는지, 다른 경고는 얼마나 많이 받았는지, 쓸모없는 것으로 드러난 제보는 얼마나 되는지 알지 못한다. 정보수집의 핵심적인 문제는 '잡음Noise'이다. 언제나 쓸모없는 정보가 쓸모 있는 정보보다 많게 마련이다. 셸비의 보고서는 연방수사국의 대테러부서가 1995년부터 6만 8,000건의 유력한 단서를 입수했지만 적절한 후속조치를 취하지 않았다고 지적했다. 그중에서 쓸모 있는 정보는 200~300건에 불과할 것이다.

결국 정보분석가들은 입수한 단서들을 선별해야 한다. 이러한 사실을 감안하면 케냐 폭탄테러와 관련된 결정이 불합리하게 보이지 않는다. 케냐 조직에 대한 감시활동은 중단됐지만, 우두머리를 미국으로 송환했다. 또한 부시넬의 경고를 받긴 했어도 사실 아프리카에서는 폭탄테러의 위험이 일상적으로 존재했다. 모사드 역시 케냐 측이 제공한 정보가 모호하다고 판단했다. 구체적인 정보가 아니면 섣불리 의견을 제시하기 어려운 것도 사실이다. 끝으로 폭탄테러를 제보한 아흐메드는 거짓말 검사를 통과하지 못했고 이전에도 다른 대사관에 근거 없는 제보를 한 적이 있다. 당연히 미국 정보기관으로서는 그의 제보를 신뢰할 수 없었다.

《조직》의 저자들은 2001년 8월에 이탈리아 정보기관이 입수한 자료를 인용할 때도 같은 실수를 했다. 그 자료는 알카에다 요원 에스 사예드Es Sayed와 힐랄Hilal로 알려진 사람 사이의 대화 녹취록이다. 저자들이 9·11테러를 예측할 수 있는 단서라고 말한 녹취록의 내용은 다음과 같다.

힐랄 비행기 조종을 배우고 있어요. 신의 가호가 있다면 다음에 만날 때 기념이 될 만한 거라도 하나 갖다드리고 싶네요.

사예드 네? 성전 계획이 있습니까?

힐랄 나중에 뉴스를 듣거든 '위쪽'이라는 말을 기억하십시오. 내가 말하는 건 예멘이 아닙니다. 다른 나라에서 절대 잊지 못할 공격이 있을 겁니다. 사방에서 무시무시한 일들이 벌어질 겁니다. 그 계획을 세운 사람은 미쳤지만 천재예요. 놈들은 엄청난 충격을 받을 겁니다.

이 대화는 놀라운 내용을 담고 있다. 지금 들어 보면 힐랄이 말하는 공격이 9·11테러라는 사실을 확실히 알 수 있다. 하지만《조직》의 저자들은 어떤 점에서 이 대화를 듣고 9·11테러를 '예측'할 수 있는 단서라고 말한 것일까? 힐랄은 시기, 장소, 수단, 목표에 대해 구체적으로 밝히지 않았다. 그의 말에서 알 수 있는 것은 비행기로 큰일을 벌이려는 테러범이 있다는 사실뿐이다. 이 사실만으로는 그들에게 주목할 이유를 찾기 어렵다. 지난 30년간 그런 테러리스트가 많았기 때문이다.

현실 세계의 첩보는 예외 없이 모호하다. 의도를 말해주는 정보는 구체성이 결여돼 있고 구체적인 정보는 의도를 파악하기 어려운 경우가 대부분이다. 가령 1941년 4월, 연합군은 대규모의 독일군이 러시아 전선으로 이동했다는 사실을 알았다. 정보 내용은 확실했다. 실제로 이동한 독일군 부대를 확인할 수 있었다. 그렇다면 이 사실이 의미하는 것은 무엇일까?

처칠은 히틀러가 러시아를 공격할 것이라는 결론을 내렸지만, 스탈린은 최후통첩의 조건을 지키면 히틀러가 공격하지 않을 거라고 생각했다. 영국의 외무상 앤서니 이든Anthony Eden은 히틀러가 러시아의 양보를 더 많이 얻어내려고 위협하는 것이라고 짐작했다. 영국 정보기관은 처음에 히틀러가 러시아의 공격에 대비하려고 동부

전선을 강화한 것으로 판단했다. 이처럼 상반된 해석이 분분한 가운데 확실한 결론을 내리려면 힐랄과 사예드의 대화처럼 의도를 말해주는 정보가 필요했다. 마찬가지로 힐랄과 사예드의 대화가 명확한 의미를 지니려면 독일군의 부대 이동처럼 구체적인 정보가 필요했다. 그러나 정보기관이 두 종류의 정보를 모두 얻는 경우는 드물다. 정보분석가들은 독심술사가 아니다. 그런 능력은 사태가 발생한 이후에나 얻을 수 있다.

《조직》은 9·11테러가 발생하기 한두 달 전부터 워싱턴이 걱정에 휩싸였다고 쓰고 있다.

"정보분석가들은 2001년 초여름부터 알카에다 요원들의 통화량 급증과 정부에 협조하기 시작한 알카에다 요원의 제보를 근거로 빈 라덴이 대대적인 작전을 계획하고 있음을 확신했다. 한 통신 첩보에 따르면 빈 라덴은 히로시마 수준의 거사를 조만간 감행할 예정이었다. 중앙정보국은 여름 내내 백악관에 공격이 임박했다고 경고했다."

이러한 우려는 우리를 보호해주지 못한다. 그것은 정보기관의 능력이 아니라 정보의 효용에 한계가 있기 때문이다.

거짓말쟁이 양치기 소년의 부활

1970년대 초반, 스탠퍼드 대학 심리학 교수 데이비드 L. 로젠한David L. Rosenhan은 화가, 대학원생, 소아과 의사, 정신과 의사, 주부, 3명의 심리학자를 대상으로 실험을 했다. 그는 실험대상자들에게 가명으로 정신병원을 찾아가 이명현상(외부의 소리 자극이 없는데도 몸 안에서 소리가 들리는 현상)을 겪었다고 말하도록 시켰다. 실험대상자들은 지시대로 이상한 단어들이 들린다고 말한 다음, 다른 질문에는 평상시처럼 정상적으로 대답했다. 진료가 끝날 무렵 그들은 이명현상이 사라졌다고 분명하게 밝혔음에도 하루 평균 8명이 입원 조치됐다. 1명은 거의 2개월이나 병원에 입원했다. 실험 목적은 정신과 의사가 가짜 환자를 눈치 채는지 알아보는 것이었는데, 실험 결과 누구도 알아채지 못했다.

이 실험은 전형적인 정보처리 과정의 문제를 보여주고 있다. 정보분석가(정신과 의사)는 잡음으로 가득한 공간(정신병원)에서 신호(가짜 환자의 증상)를 해독해야 한다. 그들은 예외 없이 실패했다. 입원한 8명의 가짜 환자는 모두 2,100알의 약을 처방받았다. 그들을 담당한 의사는 환자들의 정신을 분석하고 행동을 관찰했다. 물론 실험대상자들은 로젠한의 지시에 따라 치료받은 내용을 기록했다. 그런데 그 행위 자체가 증상의 일부로 받아들여졌다. 한 간호사는 관찰일지에 '기록행위에 집착함'이라고 적었다. 일단 환자로 낙인찍힌 실험대상자는 잘못된 진단으로부터 벗어날 수 없었다. 그냥 심심해서 복도를 왔다 갔다 했을 뿐인데도 불안증상을 보인다는 평가를 받았다.

만약 정신과 의사들이 멀쩡한 사람이 입원할 가능성을 염두에 둔다면 어떻게 될까? 로젠한은 한 정신병원을 찾아가 3개월 안에 1명 이상의 가짜 환자를 보낼 거라고 미리 알렸다. 그러자 이번에는 3개월간 그 병원에 입원한 193명 중에서 41명이 도중에 멀쩡한 사람으로 판정받았다. 의사들은 이번에도 틀렸다. 사실 로젠한은 가짜 환자를 한 명도 보내지 않았다. 의사들은 과잉진단이라는 정보 오독 문제를 해결하려다 오히려 문제를 일으키고 만 셈이다. 여기에는 사후 판단 편향이 초래하는 보다 심각한 문제가 있다. 과거의 문제를 바로잡는 데 집착하다 다른 미래의 문제를 만들어내는 것이다.

가령 진주만 공습을 예측하지 못한 것은 조직구조의 문제로 간주되었다. 미군은 일본군의 공격을 예측할 수 있는 충분한 증거를 확보했지만 그 신호들은 여러 정보기관으로 분산되고 말았다. 이때 육군과 해군은 서로 다투고 경쟁했을 뿐 정보를 취합할 생각은 하지 않았다. 이에 따라 1947년에 모든 정보를 모으고 분석할 단일기구로 중앙정보국이 창설됐다.

그로부터 20년 후 미국은 피그만Bay of Pigs에서 정보 문제로 다시 치명적인 실패를 경험했다(미국이 쿠바에서 미국으로 망명한 1,300여 명의 쿠바인을 훈련시켜 피그만을 공격한 사건). 케네디 정권은 쿠바의 전투력을 과소평가했다가 체면을 구겼다. 이번에는 문제의 성격이 완전히 달랐다. 어빙 L. 재니스Irving L. Janis는 '집단사고Group Think'에 대한 연구에서 논쟁과 경쟁의 여지가 없는 소규모 단일집단이 작전을 수행하는 바람에 피그만 침공에 실패했다고 결론지었다. 즉, 피그만 침공의 경우에는 중앙집중화가 문제였던 것이다. 저명한 사회학자 해럴드 윌렌스키Harold Wilensky는 루스벨트가 '건설적인 경쟁'을 장려한 점을 높이 평가했다. 루스벨트 정부가 대공황을 극복할 수 있었던 이유를 그 점에서 찾은 그는 1967년에 쓴《조직적 지능

Organizational Intelligence》에서 이렇게 쓰고 있다.

루스벨트는 한 정보원의 정보를 다른 정보원의 정보와 경쟁시켰다. 그는 성격이 강한 사람을 뽑아 서로 경쟁시켰다. ……(중략)…… 가령 외교 분야에서는 몰리Moley와 웰러스Welles에게 헐Hull 국무장관과 영역이 겹치는 일을 주었고, 전력 분야에서는 이케스Ickes와 월러스Wallace에게 같은 일을 주었다. 복지 분야에서는 이름마저 헷갈리는 공공사업국과 공공사업촉진국을 각각 이케스와 홉킨스Hopkins에게 맡겼으며, 정치 분야에서는 팔리Farley를 다른 자문들과 경쟁시켰다. 그 결과 치열한 논쟁이 벌어졌고 루스벨트는 그러한 논쟁을 통해 걸러진 대안들 중에서 최선의 선택을 할 수 있었다.

9·11테러 이전에 미국의 정보기관은 이러한 철학에 따라 조직되었고, 연방수사국과 중앙정보국은 이케스와 월레스처럼 서로 경쟁해야 했다. 이제 우리의 생각은 바뀌었다. 셸비는 연방수사국과 중앙정보국이 서로 논쟁하고 경쟁한다고 비판했다. 그의 보고서는 "정보기관들이 신속하고 효율적으로 정보를 공유하지 않아 9·11테러라는 엄청난 사태를 초래했다는 사실을 교훈으로 삼아야 한다"고 결론지었다. 그는 그 해결책으로 중앙집중화와 협력을 강조했고 "논쟁을 일삼는 관료조직들 위에서 국가적인 지식을 축적할 독립적인 중앙기구"를 만들어야 한다고 주장했다. 나아가 정보 업무는 소규모의 단결된 집단이 관장해야 하므로 연방수사국을 대테러활동에서 완전히 배제해야 한다고 했다.

연방수사국은 의사결정을 위해 불완전하고 산발적인 정보를 바탕으로 개연성 있는 추론을 하기보다 범죄행위를 밝히는 증거를 확보하는 일을 더 중시하는 사람들이 운용한다.……(중략)…… 법 집행 기관은 정보기관과 다른 방식으로 정보를 다루고 결론을 내린다. 무엇보다 생각하는 방식이 다르다. 정보분석가가 뛰어난 경찰관이 될 수 없는 것처럼 경찰관은 뛰어난 정보분석가가 될 수 없다.

부시 대통령은 2003년 연두교서에서 셸비가 바라던 대로 연방수사국과 중앙정보국의 대테러 업무를 전담할 통합테러위협대응센터 Terrorist Threat Integration Center를 설립하겠다고 발표했다. 한때 정보 세계에서 존중되던 다양성에 기반을 둔 조직 철학은 이제 폐기되었다.

그러나 과거 체제를 옹호하는 논리도 어렵지 않게 내세울 수 있다. 연방수사국이 중앙정보국과 다른 방식으로 생각하는 것은 오히려 이점으로 작용하지 않을까? 사실 9·11테러 발생 이전에 수사단계에서 가장 핵심에 근접했던 것은 연방수사국이었다. 연방수사국 미니애폴리스지부는 자카리아스 무사위의 집에 대한 비밀 수색영장을 신청했고, 피닉스지부는 본부에 테러리스트들의 비행훈련에 대한 보고서를 올렸다. 두 경우 모두 개연성 있는 추론을 통해 큰 그림을 그리는 전통적인 정보 분석과는 다른 가치가 있는 활동이었다. 연방수사국 요원들은 한 가지 사례를 깊이 파고들어 범죄행위를 밝히는 증거를 확보했고, 그러한 증거는 알카에다의 테러 가능성에 대해 많은 것을 말해주었다.

경쟁의 문제도 마찬가지다.《조직》에는 필리핀 경찰이 람지 유세

프와 공모자 압둘 하킴 무라드Abdul Hakim Murad가 함께 머물던 아파트를 수색한 후 일어난 일이 묘사돼 있다. 급히 마닐라로 날아간 연방수사국 대테러팀은 중앙정보국 대테러팀과 맞닥뜨렸다. 그들은 서로 무라드를 조사하겠다고 다투다가 어쩔 수 없이 공조했다. 그러나 경쟁심과 불신 때문에 제대로 협력이 이뤄지지 않았다. 그렇다고 이러한 경쟁이 반드시 잘못된 것일까?《조직》의 저자들이 말한 대로 연방수사국이 중앙정보국과 협력하기를 원치 않은 이유는 절차와 아무런 관계가 없었다.

연방수사국 대테러팀 책임자 닐 허먼은 중앙정보국이 람지 유세프를 찾는 일에 도움이 안 될 거라고 생각했다. 허먼은 "중앙정보국이 화장실에서 사람을 찾는 일을 할 수 있을 거라는 생각이 들지 않았어요. 솔직히 화장실도 찾지 못할 거라고 생각했습니다"라고 말했다. 정보기구 통합을 추진한 사람들은 연방수사국과 중앙정보국의 경쟁이 근본적으로 잘못된 결혼처럼 시너지를 낼 수 없다고 가정했다. 그러나 시각을 달리하면 경쟁기업들이 더 열심히 노력해 보다 나은 제품을 만들어내듯 생산적인 구도로 볼 수도 있다.

완벽한 정보체계는 존재하지 않으며 모든 개선 노력에는 대가가 따른다. 2002년 말 캐나다에서 잡힌 공문서 위조범이 미국으로 입국시켜 준 중동인 5명의 이름과 사진을 경찰에 제공했다. 연방수사국은 12월 29일에 그들의 이름과 사진을 홈페이지에 올리고 경보를 발령했다. 부시 대통령도 특별히 관심을 보이며 그들이 왜 미국에 잠입했는지, 지금 어떤 일을 꾸미고 있는지 알아내라고 명령했다. 나중에 알고 보니 그것은 공문서 위조범이 모두 꾸며낸 이야기였다. 연방수사국 간부는 '만전을 기하기 위해' 사진을 공개했다고 말했다.

우리의 정보기관은 늘 촉각을 곤두세우고 있으며 거기에는 그만한 대가가 따른다. 정치학자 리처드 K. 베츠Richard K. Betts가 〈분석, 전쟁, 그리고 결정: 왜 정보 실패는 불가피한가Analysis, War, and Decision: Why Intelligence Failures Are Inevitable〉라는 논문에서 말한 대로 경보체제를 민감하게 만들면 기습공격을 당할 위험은 낮아지지만 오경보의 확률은 높아지며, 오경보는 다시 민감도를 떨어뜨린다. 정부가 처음 화학공격 경보를 발령하면 사람들은 급히 테이프로 창문 틈을 막는다. 그러나 아무 일도 일어나지 않는 가운데 경보가 몇 주간 이어지면 경보의 신빙성에 의문을 보인다.

진주만에 있던 태평양 함대는 일본의 공격이 임박했음을 알려주는 신호에 왜 그토록 둔감했을까? 1941년 12월 7일 이전의 일주일간 일본 잠수함이 인근 지역에 나타났다는 보고가 일곱 번 있었지만 모두 잘못된 것으로 드러났기 때문이다. 로젠한의 실험에서도 정신과 의사들은 정상인을 입원시켰다가 그 사실을 알고 난 후에는 입원한 사람들을 정상인으로 보기 시작했다. 이러한 변화는 발전과는 거리가 멀다.

모호성 앞에서 초라해지는 인간의 예측력

욤 키푸르 전쟁을 치르고 난 후 이스라엘 정부는 특별조사위원회를 구성했다. 이들은 아만 국장 제이라 장군을 출석시켜 전쟁이 일어나지 않을 거라고 판단한 이유를 물었다. 그의 대답은 간단했다.

"참모총장은 명확한 결정을 내려야 합니다. 아만 국장은 객관적인 시각에서 분명한 추론을 제시해 참모총장을 도와야 합니다. 추론이 분명할수록 실수도 명확히 드러나게 마련입니다. 그 점은 아만 국장으로서 짊어져야 할 위험입니다."

역사학자 엘리엇 A. 코언Eliot A. Cohen과 존 구치John Gooch는 《군사적 재난Military Misfortunes》에서 제이라의 분명한 추론이 문제였다고 주장했다.

"1973년 9월과 10월 동안 아만 간부들이 저지른 잘못은 이집트가 공격하지 않을 거라고 추정한 것이 아니라 그 추정을 지나친 확신과 함께 전달해 의사결정자들의 오판을 초래했다는 것이다. 그들은 수상과 참모총장 그리고 국방상에게 상황의 모호성을 있는 그대로 알리지 않고 전날까지 전쟁은 일어나지 않을 것이라고 확언했다."

그러나 제이라는 정부와 국민의 요구 앞에서 분명한 답변을 제시해야 했다. 누구도 모호한 답변을 원하지 않는다. 연방수사국은 간혹 상황에 따라 단계별 경보를 발령하고 테러 요원들 사이의 통신 건수가 늘어났다는 발표를 한다. 이러한 정보는 너무 모호해서 우리를 화나게 한다. 우리는 통신 건수가 늘어났다는 사실이 아니라 예측을 원한다. 우리는 정보기관이 조각 맞추기를 통해 적의 의도를 명확한 그림으로 보여주기를 바란다. 하지만 그 정도로 종합적이고 명확한 분석이 가능한 경우는 드물다. 적어도 사태가 발생한 후에 열성적인 조사위원회나 기자들이 보고서를 내기 전까지는 말이다.

2003년 3월 10일

06 실패의 두 얼굴

위축과 당황의 차이

노보트나의 어이없는 실수

1993년 윔블던 여자테니스 결승에서 마지막 3세트를 맞은 야나 노보트나Jana Novotna는 절대 지지 않을 것처럼 보였다. 그녀는 3세트를 4 대 1로 앞선 데다 서브권을 가진 상황에서 마지막 게임을 40 대 30으로 이기고 있었다. 이제 한 포인트만 따내면 세트스코어는 5 대 1이 되고 거기서 한 세트만 더 이기면 테니스 선수들이 열망하는 윔블던 우승을 성취할 수 있었다. 그녀는 스테피 그라프Steffi Graf가 넘긴 공을 백핸드로 받아쳤다. 공은 네트를 스치고 날아가 코트 끝에 떨어졌다. 그라프는 황당한 표정으로 그저 바라볼 수밖에 없었다.

경기가 벌어진 센터 코트의 관람석은 대만원이었다. 켄트 공작인 조지 왕자 부부도 로열박스에서 경기를 관람했다. 하얀 유니폼을 입고 금발을 뒤로 묶은 노보트나는 침착하고 자신감 넘치는 모습이었다. 그런데 갑자기 뜻밖의 상황이 전개되었다. 노보트나의 첫 번째 서브가 네트에 걸렸던 것이다. 그녀는 잠시 호흡을 고른 후 두 번째 서브를 넣었다. 이번에는 더 엉망이었다. 몸의 반동을 이용하지 않고 팔 힘만 쓴 탓에 스윙이 부자연스러웠다. 결국 더블폴트Double Fault(주어진 두 번의 서브 기회를 모두 실패하는 것)로 점수를 맥없이 내주고 말았다.

다음 포인트에서 그녀는 높게 튄 공을 제때 때리지 못하고 쉬운 기회에서 형편없는 실수를 저질렀다. 게임 포인트에서도 머리 위로 날아온 공을 그대로 네트에 꽂고 말았다. 결국 실수하지 않았으면 5 대 1이 되었어야 할 점수가 4 대 2로 바뀌었다. 이제 서브권은 그라프에게 넘어갔다. 그라프는 손쉽게 서브게임을 따내 세트스코어를 4 대 3으로 만들었다. 그래도 노보트나는 서브권을 가진 유리한 상황이었다. 이때 그녀는 공을 충분히 높게 던지지 않았고 머리를 숙인 채 눈에 띄게 느려진 모습을 보였다. 그녀는 네 번이나 더블폴트를 저질렀다. 또한 그라프가 짧게 공을 받아쳤을 때 반대편으로 높게 넘겨 시간을 벌지 않고 곧바로 낮게 넘겨주고 말았다. 결국 세트스코어는 4 대 4가 되었다.

어느 순간 그녀는 우승을 눈앞에 뒀다는 사실을 의식한 것일까? 한 번도 메이저대회에서 우승한 적이 없다는 사실을 떠올린 것일까? 그녀는 문득 상대가 당대 최고 선수인 스테피 그라프라는 사실을 깨달은 것일까?

베이스라인에서 그라프의 서브를 기다리는 노보트나는 확실히 불안해 보였다. 그녀는 앞뒤로 몸을 흔들거나 뜀뛰기를 하면서 혼잣말을 했고 그녀의 눈동자는 코트를 이리저리 훑었다. 그러는 사이 그라프는 완벽하게 5 대 4로 역전에 성공했다. 마치 슬로모션으로 움직이는 듯한 노보트나는 한 포인트도 따내지 못했다. 노보트나는 사이드라인에서 수건으로 얼굴과 손가락 그리고 라켓을 닦았다.

다음 게임은 노보트나가 서브를 넣을 차례였다. 쉬운 발리vol-ley(상대편이 친 공이 땅에 떨어지기 전에 받아치는 일)를 코트 밖으로 멀리 날려버린 그녀는 머리를 흔들며 혼잣말을 했다. 다음 서브도 두 번 만에 겨우 성공했다. 이어진 랠리에서는 백핸드로 받아넘기다 공을 하늘로 날려버렸다. 그때 노보트나는 정상급 선수가 아니라 다시 초보자 시절로 돌아간 것 같았다. 그녀는 압박감을 견디지 못했다. 그녀는 왜 그렇게 속절없이 무너졌을까? 압박감은 대개 아드레날린을 분비시켜 최고의 모습을 끌어내지 않던가? 우리는 압박을 받을 때 더 노력하고 집중하며 잘하려고 노력한다. 도대체 노보트나에게 무슨 일이 생긴 것일까?

매치포인트match point(경기의 승부를 결정짓는 마지막 1점)에서 노보트나는 낮은 로브lob(공을 높이 쳐서 상대편의 머리 위로 넘겨 코트의 후방에 떨어뜨리는 일)로 공을 넘겼다. 그라프는 도저히 받을 수 없는 강력한 오버헤드스매싱을 날렸다. 그것으로 경기는 끝났다. 노보트나는 충격을 받은 모습으로 네트로 걸어갔고 그라프는 노보트나의 뺨에 두 번 입맞춤했다. 시상식에서 공작부인이 노보트나에게 작은 은쟁반으로 만든 준우승 트로피를 건네면서 귓속말을 했다. 그 말에 지쳐 있던 노보트나는 무너지고 말았다. 그녀는 우아한 백발에 진주목걸이를 한 공작부인에게 몸을 기울였고 공작부인은 노보트나를 안아주었다. 노보트나는 공작부인의 어깨에 얼굴을 파묻고 흐느꼈다.

당황과 위축의 심리적 차이

인간은 압박을 받으면 대개는 흔들린다. 그래서 조종사들이 추락 사고를 내고 잠수부가 익사한다. 상황이 급박해지면 농구선수는 슛을 놓치고 골프선수는 스윙을 망친다. 이 경우 우리는 그들이 당황했다거나 위축됐다고 말한다. 2가지 말의 정확한 의미와 차이는 무엇일까?

2가지 모두 부정적인 의미다. 당황하거나 위축되는 것은 포기하는 것만큼이나 나쁜 의미로 받아들여진다. 그렇다면 모든 실패의 양상은 똑같을까? 혹시 실패의 양상이 그 사람의 본성과 사고방식을 말해주는 것은 아닐까? 우리는 성공에 집착하는 시대에 살고 있다. 그래서 재능 있는 사람들이 난관을 극복한 이야기에 많은 관심을 기울인다. 그러나 재능 있는 사람들이 실패한 이야기를 통해서도 많은 것을 배울 수 있다.

'위축'은 모호하고 두루뭉술한 개념처럼 보이지만 사실은 매우 구체적인 현상이다. 심리학자들은 운동 기능을 시험할 때 간단한 게임을 즐겨 활용한다. 가령 실험대상자는 4개의 상자를 차례로 보여주는 모니터 앞에 앉는다. 키보드에는 각 상자에 해당하는 버튼이 있다. 실험대상자는 특정한 상자에 X자가 나올 때마다 그에 맞는 버튼을 눌러야 한다. 버지니아 대학의 심리학자 대니얼 윌링엄Daniel Willingham이 실험한 결과, 미리 X자가 나오는 패턴이 있다는 사실을 알려주면 반응 속도가 엄청나게 빠르다고 한다. 실험대상자들은 초반에는 신중하게 버튼을 누르다가 순서를 알게 되면 점점 빠르게 누른다. 윌링엄은 이를 '명시적 학습Explicit Learning'이라고 부른다. 하지만 미리 알려주지 않으면 한동안 게임을 한 후에도 X자가 나오는 패턴이 있다는 사실을 모르는 경우가 많다. 그래도 반응속도는 빨라진다. 무의식적으로 순서를 배우는 것이다. 윌링엄은 이를 '묵시적 학습Implicit Learning'이라고 부른다. 묵시적 학습은 의식 바깥에서 이뤄진다. 이 2가지 학습방식은 뇌의 다른 부분에서 진행된다.

우리는 백핸드나 오버헤드로 공을 넘기는 방법처럼 새로운 내용을 배우면 의식적이고 기계적인 사고를 통해 받아들인다. 그러다가 익숙해지면 묵시적 체계가 작동한다. 이때는 의식하지 않아도 자연스럽게 백핸드를 구사하게 된다. 부분적으로 묵시적 학습이 이루어지는 기저핵(대뇌핵, 본능적 욕구와 직접적인 관계가 있다)은 힘과 타이밍을 결정한다. 따라서 묵시적 학습체계가 본격적으로 작동하면 어렵고 정밀한 샷이나 강력한 서브를 날릴 수 있다. 윌링엄은 묵시적 학습이 점진적으로 이뤄진다고 말한다. 포핸드(라켓을 쥔 손의 반대쪽으로 스윙해 공을 치는 것)를 수천 번 연습하면 동작을 의식하는 정도가 차츰 줄어들다 나중에는 거의 자동으로 하게 된다.

그런데 압박을 받으면 때로 명시적 학습체계가 몸을 지배한다. 이때 우리 몸은 위축된다. 야나 노보트나는 지난 실수를 곱씹다 경기를 망치고 말았다. 그 과정에서 그녀는 정교함과 자연스러움을 잃어버렸고, 힘과 타이밍 조절에 가장 민감한 서브와 오버헤드샷에서 연거푸 실수를 했다. 한 번 흔들린 이후로 그녀는 완전히 다른 사람처럼 보였다. 움직임이 초보자처럼 느리고 소심했던 것이다. 그 이유는 어떤 의미에서 실제로 초보자가 되었기 때문이다.

그녀는 어린 시절에 서브, 오버헤드샷, 발리샷을 배운 이후로 사용하지 않던 명시적 학습체계에 의존했다. 뉴욕 양키스의 2루수 척 노블락Chuck Knoblauch에게도 같은 일이 일어났다. 그는 알 수 없는 이유로 1루에 공을 제대로 던지지 못했다. 4만 명의 관중 앞에서 경기하는 압박감에 짓눌린 그는 명시적 학습체계로 퇴행해 갓 야구를 배운 어린아이가 되어 버렸던 것이다.

'당황'은 위축과 성격이 좀 다르다. 나사NASA에서 인간적인 요소에 의한 사고를 연구하는 에피미아 모퓨Ephimia Morphew는 내게 자신이 겪은 일을 들려주었다.

"그 일은 10년 전 캘리포니아 몬테레이베이Monterey Bay에서 다이빙을 하던 중에 일어났어요. 저는 열아홉 살이었고 다이빙을 시작한 지 2주일째였죠. 그날 강사 없이 처음으로 친구하고 둘이 바다에 들어갔습니다. 우리는 비상호흡기로 숨쉬는 연습을 하기 위해 12미터 아래로 내려갔어요. 친구가 먼저 연습하고 제 차례가 되었습니다. 저는 호흡기를 떼고 비상호흡기를 문 다음 배운 대로 먼저 숨을 내쉬었어요. 이어 숨을 들이마시는데 물이 들어오더라고요. 저는 엉겁결에 물을 들이마셨습니다. 그때 산소탱크에 연결된 호스가 떨어져

나가더니 제 얼굴로 산소를 뿜어냈습니다. 저는 곧바로 친구의 호흡기로 손을 뻗었습니다. 무의식중에 나온 행동이었어요. 제 손이 멋대로 움직이는 것 같았죠. 저는 제 자신과 싸웠습니다. 아무리 생각해도 도무지 방법이 떠오르지 않았습니다. 기억나는 것은 혼자 감당할 수 없는 상황이 되면 친구가 돕도록 기다리라는 교육 내용이었죠. 그래서 저는 손을 거두고 가만히 서 있었습니다."

모퓨가 겪은 일은 전형적인 당황의 사례다. 문제가 생긴 순간 모퓨의 생각은 정지됐다. 그녀는 자신에게 호흡기가 하나 더 있고 친구의 호흡기를 뺏으면 둘 다 위험해진다는 사실을 잊어버렸다. 그녀의 머릿속은 기본적인 본능인 숨을 쉬어야 한다는 생각뿐이었다. 이처럼 스트레스는 단기 기억을 지워버린다. 경험 많은 사람들은 스트레스로 단기 기억이 지워져도 몸에 밴 습관 덕분에 당황하지 않는다. 하지만 모퓨 같은 초보자에게는 의지할 경험이 없다. 그녀 말대로 아무리 생각해도 도무지 방법이 떠오르지 않는다. '당황'은 심리학에서 말하는 인식 제한Perception Narrowing을 초래한다.

1970년대 초반, 수중 18미터 깊이와 같은 압력으로 조정된 여압실(공기의 압력을 높여 놓은 방)에서 시력 측정을 하는 실험이 진행되었다. 실험대상자들은 주변 시야에서 작은 빛이 반짝일 때마다 버튼을 눌러야 했다. 실험 결과 여압실에 들어간 실험대상자들은 스트레스로 인해 일반인보다 훨씬 심장박동수가 높았다. 또한 시력 측정에서는 별다른 문제를 보이지 않았지만 주변 시야에서 반짝이는 빛을 감지하는 능력이 일반인의 절반 수준으로 떨어졌다.

모퓨는 스트레스를 받으면 한 가지 일에 의식이 고정되기 때문에 그런 일이 발생한다고 설명했다. 그녀는 한 예로 유명한 항공기 추락 사고를 들었다. 당시 조종사들은 표시등이 고장 나는 바람에 랜딩기어가 내려갔는지 알 길이 없었다. 온통 랜딩기어에만 정신이 팔린 조종사들은 자동조종 장치가 풀렸다는 사실을 인식하지 못했고, 결국 추락 사고를 내고 말았다. 마찬가지로 모퓨가 친구의 호흡기를 뺏으려고 했던 이유는 눈에 보이는 것이 그것뿐이었기 때문이다.

그런 의미에서 당황은 위축의 반대다. 위축은 생각이 너무 많아 생기는 문제고 당황은 생각이 나지 않아 생기는 문제다. 또한 위축되면 본능을 잃고 당황하면 본능으로 되돌아간다. 겉으로는 같아 보이지만 사실은 전혀 다른 것이다.

케네디의 비행기가 추락한 이유

당황과 위축을 꼭 구분해야 할까? 어떤 경우에는 그러한 구분이 별다른 의미가 없다. 박빙의 테니스 경기에서 졌다면 당황했든 위축됐든 어쨌든 진 것이다. 그러나 가끔은 실패의 양상이 원인을 이해하는 데 핵심적인 경우도 있다.

존 F. 케네디 주니어의 비행기 추락 사고가 그 대표적인 예다. 이 사고의 세부적인 내용은 잘 알려져 있다. 1999년 7월의 어느 금요일 저녁, 케네디는 아내와 처제를 태우고 마서스비니어드Martha's Vineyard로 향했다. 그는 지상의 불빛을 이정표 삼아 코네티컷 해안선을 따라 날았다. 그러다가 로드아일랜드의 웨스털리Westerly에서 좌측으로 선회해 로드아일랜드 사운드Rhode Island Sound를 지났는데 이후 어둠과 안개 속에서 길을 잃고 헤매기 시작했다. 그는 우측으로 선회해 멀리 바다로 나갔다가 다시 좌측으로 기수를 돌렸다. 상승과 하강, 가속과 감속을 거듭하던 비행기는 결국 목적지를 4~5킬로미터 앞두고 바다로 추락해버렸다.

기술적인 추락 원인은 수평을 유지하지 못했기 때문이다. 비행기가 한쪽으로 기울면 그 방향으로 회전하면서 양력(운동하는 물체에 운동 방향과 수직으로 작용하는 힘)을 일부 잃는다. 기울기가 급할수록 회전 각도가 커지는데 그 정도가 심하면 비행기는 나선을 그리며 지상으로 추락하게 된다. 조종사들은 이 현상을 '무덤 강하Graveyard Spiral'라고 부른다. 케네디는 왜 하강을 멈추지 않았을까? 시야가 나쁘고 압박감을 느끼는 상황에서는 수평을 유지하거나 심지어 나선형 강하를 하고 있다는 사실을 깨닫는 일조차 엄청나게 어렵기 때문이다. 케네디는 압박감의 무게를 견디지 못했다.

케네디가 낮이나 달빛 밝은 밤에 비행을 했다면 문제가 없었을 것이다. 이 경우 조종석에서 정면을 바라보면 수평선에 맞춰 날개의 평형상태를 확인할 수 있다. 하지만 어둠 속에서는 기준으로 삼을 수평선이 사라진다. 지상에서는 어두워도 내이(속귀)의 평형기관 덕분에 수평감각을 유지할 수 있다. 그러나 나선형 강하를 하는 비행기에 타고 있으면 가속력의 영향으로 수평상태를 착각하기 쉽다. 이륙 후 30도 각도로 기운 여객기 안에서 무릎에 놓은 책이 미끄러지지 않고 바닥에 놓인 펜이 아래로 구르지 않는 이유도 가속력 때문이다. 역학적으로 비행기가 선회하는 동안 기체 안에 있는 사람은 평형상태에 있다고 느끼게 된다.

이러한 개념을 이론적으로 확실하게 이해하기는 어렵다. 그래서 나는 《하늘 속에서Inside the Sky》를 쓴 윌리엄 랑게비쉐William Langewiesche와 함께 비행기를 타고 나선형 강하를 체험해보기로 했다. 우리는 실리콘밸리의 억만장자들이 개인 항공기를 보관하는 산호세공항의 제트센터Jet Center에서 만났다. 짙게 그을린 피부가 인상적인 40대의 랑게비쉐는 미남 조종사의 이미지에 딱 맞는 사람이었다. 해가 질 무렵 이륙한 우리는 몬테레이 반도로 향했고 웨스틀리에서 케네디가 날았던 항로를 따라 좌측으로 선회했다. 수평선은 어둠 속에 잠겨 보이지 않았다.

랑게비쉐는 부드럽게 비행기를 좌측으로 기울인 다음 조종간에서 손을 놓았다. 나는 바깥을 보아도 상황을 전혀 알 수 없었기 때문에 계기판을 주시했다. 비행기의 앞쪽이 아래로 내려가기 시작했다. 자이로스코프는 비행기가 15도, 30도, 45도로 차츰 급하게 기울어지고 있음을 보여주었다. 랑게비쉐는 침착한 말투로 나선형 강하가 시작되었다고 말했다. 항속이 180, 190, 200노트로 조금씩 빨라졌다. 고도계의 바늘은 계속 내려갔고 비행기는 분당 3,000피트씩 하강하고 있었다. 희미하던 엔진소리와 바람소리가 조금씩 높아졌다. 그러나 조종석 안은 대화를 나눌 수 있을 정도로 조용했다. 조종석의 압력이 조절되지 않았다면 수직으로 하강을 시작할 때 귀가 엄청나게 아팠을 것이다. 그 외에는 아무런 이상도 느껴지지 않았다. 나선형 강하를 하는 동안에도 몸으로 느끼는 부하는 정상이었다. 랑게비쉐는 비행기가 원래 나선형 강하를 좋아하는 것 같다고 말했다. 우리가 하강한 시간은 6, 7초를 넘기지 않았다. 랑게비쉐는 신속하게 날개를 수평으로 맞추고 조종간을 당겨 하강을 멈추었다. 그제야 몸을 내 자리로 밀어붙이는 부하가 느껴졌다. 랑게비쉐의 말에 따르면 비행기를 기울일 때는 아무런 부하를 느끼지 못하기 때문에 초보자가 혼란을 겪기 쉽다고 한다.

나는 나선형 강하를 얼마나 더 계속할 수 있었는지 물었다. 그는 "그 상태로 5초만 더 떨어졌어도 비행기가 견디지 못했을 겁니다"라고 대답했다. 그때 강하를 멈추면 기체에 너무 많은 부하가 걸려 부서질 수 있었다. 나는 계기판에서 눈을 뗀 다음 이번에는 알려주지 말고 나선형 강하를 해달라고 부탁했다. 그런데 의자에 몸을 기댄 채 약간 시간이 흘렀는데도 아무런 변화가 느껴지지 않았다. 내가 막 아무 때나 나선형 강하를 해도 된다고 말하려는 순간 갑자기 몸이 내 자리로 내던져졌다. 그는 "방금 1,000피트를 하강했어요"라고 말했다.

이처럼 비행기의 상태를 감지할 수 없다는 사실 때문에 야간 비행에는 큰 압박감이 따른다. 케네디는 웨스틀리에서 좌측으로 선회해 해안선의 불빛을 뒤로 했을 때 그런 압박감을 받았다. 그날 저녁 마서스비니어드 상공을 비행한 한 조종사는 국립교통안전위원회 National Transportation Safety Board 밑으로 빛이 전혀 보이지 않아 정전된 줄 알았다고 말했다. 케네디는 장님이나 다름없는 상황이 얼마나 위험한지 깨달았어야 했다. 그는 계기비행 경험이 별로 없었다. 그가 마서스비니어드로 날아갈 때는 대개 수평선이나 지상의 불빛을 볼 수 있었다. 추락 직전의 혼란스러운 움직임은 케네디가 안개를 헤치고 시야를 확보할 수 있는 곳을 정신없이 찾았다는 사실을 말해준다. 그는 마서스비니어드의 불빛을 보고 잃어버린 방향 감각을 회복하려고 했다. 국립교통안전위원회의 보고서를 읽어 보면 케네디의 다급한 심정을 느낄 수 있다.

약 21시 38분에 비행기는 우측으로 선회해 남쪽을 향했음. 약 30초 후 비행기는 2,200피트 상공에서 하강을 멈추고 30초 동안 상승함. 이때 선회가 중지되었으며 항속은 약 153노트 감소하였음. 약 21시 39분에 비행기는 2,500피트에서 수평을 되찾고 남동쪽으로 향했음. 약 50초 후, 비행기는 좌측으로 선회하면서 2,600피트로 상승하였음. 비행기가 좌측으로 선회를 계속하면서 분당 900피트 속도로 하강하였음.

케네디는 당황했을까, 위축되었을까? 이 사고에서 2가지 상태를 구분하는 것은 상당히 중요한 의미가 있다. 만약 위축되었다면 그는 명시적 학습상태로 돌아가 움직임이 느리고 둔했을 것이다.

그래도 그가 처음 비행을 배울 때 알게 된 내용들을 의식적, 기계적으로 적용했다면 사고를 피할 수 있었을지도 모른다. 그는 생각을 하면서 계기판에 집중해 시야가 좋을 때 활용했던 본능적인 행동에서 벗어났어야 했다.

하지만 그는 당황하고 말았다. 자신이 배운 계기비행법을 기억해야 할 시점에 그의 머릿속은 잠수 사고를 당한 모퓨의 경우처럼 텅 비어버렸다. 그는 계기판을 확인하지 않고 한 가지 일에만 집중했다. 그것은 마서스비니어드의 불빛을 찾는 일이었다. 그런 상황에서는 여압실에 들어간 실험대상자들의 주변 시야가 크게 제한되었듯 계기판이 눈에 들어오지 않는다. 그는 몸으로 느껴지는 본능에 의존했지만 어둠 속에서 감각이 말해줄 수 있는 것은 없었다.

국립교통안전위원회의 보고서에 따르면 비행기가 마지막으로 수평을 유지한 시간은 9시 40분 7초였고 추락한 시간은 약 9시 41분이었다. 추락을 초래한 결정적인 시간은 채 1분이 되지 않았다. 9시 40분 25초에 비행기는 55도 이상 기울었다. 그래도 조종석에서는 이상이 느껴지지 않는다.

케네디는 분명 어느 시점에서 점점 커지는 바람소리나 엔진소리를 들었을 테고 그때 본능적으로 기체를 상승시키려고 조종간을 당겼을 것이다. 수평을 맞추지 않은 상태에서 조종간을 당기면 더욱 빨리 하강할 뿐이다. 어쩌면 그는 비행기가 수면에 부딪히는 순간까지도 정신없이 불빛을 찾았을지도 모른다. 때로 조종사들은 나선형 강하를 벗어나려는 시도조차 하지 않는 경우가 있다. 랑게비쉐는 그것을 '끝까지 1G로 추락한다'고 표현했다.

압박의 칼날

케네디에게 일어난 일은 당황과 위축의 두 번째 차이를 보여준다. 당황은 일반적인 실패의 양상으로 우리는 누군가 실패했을 때 암묵적으로 당황했을 거라고 이해한다. 케네디는 계기비행법이 떠오르지 않아 당황했다. 1년만 더 비행경력을 쌓았어도 당황하지 않았을지도 모른다. 이러한 추측은 경험이 쌓일수록 실력이 늘고 열심히 노력하면 압박감을 극복할 수 있다는 일반적인 믿음을 따른 것이다.

반면 위축은 직관적인 판단에 어긋나는 속성을 지니고 있다. 노보트나는 다른 테니스선수들처럼 훌륭한 교육과정을 거쳤으며 훈련을 게을리 하지도 않았다. 그러나 경험은 그녀에게 별다른 도움이 되지 않았다. 그녀는 1995년에 열린 프랑스 오픈 3라운드에서도 심하게 위축된 모습을 보이며 5 대 0으로 앞서가던 3세트를 내주고 말았다. 그녀가 무너진 이유는 윔블던 결승에서 무너진 이유와 크게 다르지 않다. 그녀는 5 대 0으로 여유 있게 이기는 상황에서 두어 번 실수를 거듭하자 질 수도 있겠다는 생각에 사로잡혔다. 당황이 일반적인 실패의 양상이라면 위축은 역설적인 실패의 양상이다.

최근에 스탠퍼드 대학의 심리학자 클로드 스틸Claude Steele은 압박감이 능력에 미치는 영향을 관찰하는 실험을 했다. 그녀의 실험은 위축이 이상한 현상인 이유를 보여준다. 스틸은 학생들에게 문제를 제시하면서 지능 검사를 위한 것이라고 말했다. 그 결과 백인 학생이 흑인 학생보다 훨씬 나은 성적을 기록했다. 그런데 단순한 실험 자료라고 했을 때는 백인 학생과 흑인 학생의 성적이 거의 같았다.

스틸은 그 이유를 '고정관념의 압박Stereotype Threat'에서 찾았다. 흑인 학생들은 자신이 속한 집단에 대한 고정관념과 관련된 상황에 직면하자 압박감 때문에 제 실력을 발휘하지 못했다.

스틸은 부정적인 고정관념을 안고 있는 모든 집단에서 같은 현상을 발견했다. 가령 여학생들에게 수학문제를 내면서 계산 능력을 측정하기 위한 것이라고 말하자 수학 실력이 비슷한 남학생들보다 훨씬 나쁜 점수를 냈다. 그러나 계산 능력에 대한 언급 없이 단순한 실험 자료로 문제를 제시했을 때는 남학생들과 비슷한 점수를 냈다.

스틸의 제자이자 터프츠Tufts 대학의 심리학 교수인 훌리오 가르시아Julio Garcia도 비슷한 실험을 했다. 그는 백인 운동선수들을 모아 백인 교사의 인솔 아래 높이뛰기, 멀리뛰기, 팔굽혀펴기 등 일련의 체력 측정을 두 번 받게 했다. 이때 두 번째 측정에서는 모든 선수가 첫 번째보다 약간 더 나은 성적을 기록했다. 이어 가르시아는 두 번째 집단 학생들에게 체력 측정을 시켰는데, 이번에는 두 번째 측정을 할 때 교사를 흑인으로 바꾸었다. 그 결과 두 번째 측정에서도 높이뛰기 기록은 나아지지 않았다. 가르시아는 두 번째 측정을 한 흑인 교사보다 훨씬 덩치가 큰 흑인 교사를 시켜 세 번째 집단 학생들을 실험했다. 그러자 두 번째 측정에서 오히려 높이뛰기 기록이 낮아졌다. 흥미로운 사실은 팔굽혀펴기 기록은 세 경우 모두 큰 차이가 없었다는 점이다. 그 이유는 백인이 흑인보다 팔굽혀펴기를 못한다는 고정관념이 없기 때문이다. 반면 백인은 잘하지 못한다는 고정관념이 있는 높이뛰기에서는 고정관념의 압박이 결과에 영향을 미쳤다.

물론 흑인 학생이 백인 학생보다 성적이 나쁘다거나 백인 학생이 흑인 학생보다 높이뛰기를 못한다는 사실은 새로울 것이 없다. 문제는 압박감 때문에 어려움을 겪는 사람들을 보고 언제나 당황했다고 단정한다는 데 있다. 성적이 나쁜 선수나 학생들에게 어떤 말을 하는가? 초보 조종사나 다이버에게 하는 것처럼 더 열심히 노력하고 진지하게 임하라고 말한다. 그러나 스틸의 말에 따르면 고정관념의 압박을 받는 흑인 학생이나 여학생은 당황한 학생처럼 생각을 정리하지 못하는 것이 아니다. 오히려 그들은 지나치게 신중한 자세를 보이면서 생각을 거듭한다. 고정관념의 압박을 받으면 실수하지 않으려는 의식이 강해진다. 이러한 의식상태는 시험에서 좋은 성적을 내는 데 그리 유리하지 않다. 신중해질수록 신속한 정보처리가 어려워지기 때문이다. 그래서 자신은 잘했다고 생각하지만 실제로는 그렇지 못한 경우가 많다. 이러한 양상은 당황하는 것이 아니라 위축되는 것이다.

가르시아와 스틸의 실험에 참가한 학생들은 케네디가 아니라 노보트나와 같은 문제를 겪었다. 자신이 얼마나 잘할 수 있을지에 신경 쓰는 사람은 고정관념의 압박을 받는다. 그러므로 더 열심히 노력하고 진지하게 임하라는 일반적인 조언은 문제를 악화시킬 뿐이다.

더욱 중요한 것은 위축의 경우 당사자보다 상황에 더 신경 써야 한다는 점이다. 노보트나가 위축되지 않기 위해 할 수 있는 일은 없었다. 3세트의 결정적인 순간에 그녀를 구하는 유일한 길은 방송 카메라를 끄고 조지 왕자 부부가 자리를 뜨고 관중이 밖에서 잠시 기다리는 것뿐이다. 물론 스포츠 경기에서 그렇게 하는 것은 불가능하다. 위축은 스포츠 경기에서 드라마를 만들어내는 핵심적인 요소다. 챔피언이 되려면 관중이 지켜보는 가운데 압박감을 이겨낼 수 있어야 한다. 하지만 삶의 나머지 부분에도 그처럼 엄격한 기준을 적용할 필요는 없다. 우리는 부진한 결과가 능력 부족이 아니라 압박감 때문일 수 있으며, 나쁜 학생은커녕 오히려 좋은 학생이기 때문에 부진한 성적을 낼 수 있다는 사실을 알아야 한다.

"그냥 안아주고 싶었습니다"

1996년 마스터스골프대회 초반 3라운드에서 그렉 노먼Greg Norman은 2위로 쫓아오던 닉 팔도Nick Faldo보다 월등하게 앞서 나갔다. 별명이 '백상어'인 그는 세계 최고의 골퍼였다. 금발에 어깨가 넓은 그렉은 힘겨워하는 캐디를 데리고 페어웨이Fairway〔티(tee, 공을 치는 위치)와 그린(green, 컵을 향해 공을 치기 위한 잔디밭) 사이의 긴 잔디밭〕를 힘차고 빠르게 걸었다. 마지막 날에 이르자 승부는 이미 결정된 것처럼 보였다. 그러다가 운명의 9번 홀에서 노먼과 팔도가 맞붙었다. 둘 다 첫 샷은 성공적이었다. 이제 남은 일은 공을 그린에 올리는 것이었는데 핀 앞에는 급경사가 있었다. 따라서 비거리가 짧으면 공이 다시 굴러 내려올 수 있었다. 먼저 시도한 팔도는 컵을 훌쩍 넘겨 안전하게 공을 그린에 올렸다.

이제 노먼의 차례였다. 그가 공 앞에 서자 해설자는 핀 앞의 급경사를 조심해야 한다고 말했다. 그런데 스윙을 한 노먼은 그대로 굳어 버렸다. 그의 골프채는 공을 따라 공중으로 날아갔고 공은 급경사에 떨어지고 말았다. 노먼은 30야드나 굴러 내려오는 공을 굳은 표정으로 지켜보았다. 이 실수는 그의 평정심을 뒤흔들어 버렸다.

노먼은 10번 홀에서 훅hook(타구가 왼쪽으로 휘어져 나가는 일)을 내며 공을 왼쪽으로 날렸고, 3타에서 컵을 많이 넘겼으며 충분히 넣을 수 있는 파 퍼팅(시도한 퍼팅이 홀에 들어갔을 때 파를 기록한다는 뜻)을 놓쳤다. 11번 홀에서는 지금까지 한 번도 실패한 적 없는 1미터짜리 파 퍼팅을 하게 되었다. 그는 긴장을 풀려고 클럽을 쥐기 전에 팔과 다리를 흔들었지만 공은 빗나갔다. 3연속 보기bogey(1홀에서 기준 타수보다 1타 많은 타수로 공을 홀에 넣는 것)였다. 재난은 계속되었다. 12번 홀에서는 공이 물에 빠졌고 13번 홀에서는 솔잎더미 위로 떨어졌으며 16번 홀에서는 동작이 너무 뻣뻣하고 부자연스러워 스윙을 할 때 엉덩이가 뒤로 빠졌다. 공은 다시 호수로 들어갔다. 순간 그는 클럽을 낫처럼 크게 휘두르며 화를 냈다. 그 실수로 평생에 한 번 있는 기회를 놓친 것이 명확해졌기 때문이다.

팔도는 노먼에게 6타 뒤진 채 마지막 라운드를 맞았다. 그러나 길게 늘어선 갤러리gallery(관중)를 이끌고 18번 홀에 도착했을 때는 4타 앞선 상태였다. 그는 살짝 고개를 끄덕여 인사한 후 천천히 걸어 마지막 홀에 섰다. 그날 무슨 일이 일어났는지 잘 알았던 그는 위축된 상대에 대한 예의로 기뻐하는 모습을 보이지 않았다. 그가 거둔 것은 진정한 승리가 아니었고 노먼이 당한 것은 진정한 패배가 아니었다.

경기가 끝난 후 팔도는 노먼을 끌어안고 "무슨 말을 해야 할지 모르겠네요. 그냥 안아주고 싶었습니다"라고 속삭였다. 그리고 "이렇게 되어 정말 안타깝군요. 미안합니다"라고 덧붙였다. 이 말은 위축된 사람에게 해줄 수 있는 유일한 것이었다. 두 사람은 누가 먼저랄 것도 없이 함께 울기 시작했다.

2000년 8월 21일, 28일

07 위험의 총량
챌린저호 폭발 사고의 또 다른 진실

거대한 우주왕복선을 날려버린 고무패킹

첨단기술을 달리는 오늘날 대형 사고가 발생하면 마치 의식을 치르듯 진행되는 일이 있다. 비행기가 추락하거나 화학공장이 폭발하면 비틀어진 금속과 부서진 콘크리트 같은 물리적 증거물은 집착의 대상이 된다. 조사반은 꼼꼼하게 증거를 찾고 위치를 표시하며 꼬리표를 달고 분석해 그 결과를 조사위원회에 넘긴다. 그러면 조사위원회는 인터뷰와 토론을 거쳐 결론을 내린다. 이러한 일련의 과정은 한 사고에서 얻은 교훈은 다른 사고를 막는 데 도움이 된다는 원칙에 근거해 위안을 얻기 위한 의식이다. 스리마일 섬Three Mile Island에서 방사능 누출 사고가 일어난 후에도 원자력 발전소가 그대로 가동되고, 비행기가 추락한 후에도 항공여행을 포기하지 않는다는 것은 그러한 의식이 효과가 있다는 증거다.

1986년 1월 28일, 우주왕복선 챌린저호가 폭발했을 때는 그 어느 때보다 극적인 재난 의식이 진행됐다. 폭발 55분 후 마지막 파편이 바다로 떨어질 무렵 수거선들이 현장에 도착했다. 그때부터 3개월에 걸쳐 역대 최대 규모의 인양 작업이 전개되었다. 수거선들은 50만 평방킬로미터가 넘는 지역을 샅샅이 훑어 떠다니는 파편을 모았고 잠수함은 폭발 현장 주위의 해저를 수색했다. 이들 인양팀은 1986년 4월 중순에 결정적인 증거가 될 불에 탄 금속 조각들을 발견했다. 이것은 그때까지 의심되던 폭발 원인을 규명해주었다. 챌린저호는 로켓 부스터에 들어간 불량 오링O-Ring(물 등이 새지 않도록 밀봉하기 위한 단면이 원형인 고리. 고무패킹) 때문에 불꽃이 외부 연료탱크로 옮겨 붙어 폭발한 것이었다.

6월이 되자 특별조사위원회는 제조사인 머튼티오콜Morton Thiokol의 부실한 공정과 나사의 느슨한 감독이 사고의 근본 원인이라는 결론을 내렸다. 비난 세례를 받은 나사는 머리를 싸매고 설계부터 다시 시작한 끝에 32개월 만에 새롭게 설계한 디스커버리호를 선보였다. 디스커버리호가 처음 발사되던 날 승무원들은 간단한 기념식을 열었다. 프레드릭 H. 호크Frederick H. Hauck 선장은 7명의 챌린저호 승무원을 기리며 "여러분의 희생을 거울삼아 오늘 우리는 새 출발을 합니다"라고 말했다. 이 말과 함께 챌린저호 폭발 사고 후 치러진 긴 의식이 마무리되었다. 나사는 일상으로 돌아갔다.

하지만 재난 의식을 합리화하는 우리의 가정이 틀렸다면 어떨까? 이미 벌어진 재난에 대한 원인 규명이 미래의 재난을 피하는 데 도움이 되지 않는다면 어떨까? 지난 몇 년간 일부 학자가 항공기 추락이나 방사능 유출 같은 사고 후에 행해지는 의식은 단지 위안을 얻기 위한 자기기만에 불과하다는 불편한 주장을 내세웠다. 그들은 첨단기술 분야의 사고에는 명확한 원인이 없을 수도 있다고 말한다. 원인이 시스템 자체의 복잡성에 내재돼 있을지도 모른다는 얘기다.

사회학자 다이앤 본Diane Vaughan은 이런 시각을 바탕으로 챌린저호 폭발 사고를 분석한 《챌린저호 발사 결정The Challenger Launch Decision》을 썼다. 일반적인 관점에서 챌린저호 폭발 사고는 나사가 일을 제대로 하지 않아 생긴 예외적인 사건이다. 그러나 본은 정반대의 결론을 내렸다. 그녀는 나사가 해야 할 일을 했기 때문에 사고가 났다고 주장했다. 사고를 초래한 특정한 결정이 있었던 것이 아니라 오히려 일련의 무해한 결정들이 쌓여 파국을 초래했다는 의미다.

물론 이런 분석은 논란의 여지가 많지만 설사 그녀의 주장이 일부만 맞을지라도 그 의미는 깊다. 우리는 원자력 발전소, 핵무기 저장고, 공항 등이 안고 있는 위험을 충분히 관리할 수 있다고 가정한다. 그러나 복잡한 시스템의 정상적인 기능 속에 재난 위험이 내재돼 있다면 그 가정은 잘못된 것이다. 이 경우 위험 혹은 사고는 쉽게 관리하거나 피할 수 없으며 재난에 뒤따르는 의식은 의미를 잃는다. 처음에 챌린저호의 이야기는 비극이었다. 그러나 오늘날 다시 살펴보면 그 이야기는 진부한 내용으로 가득하다.

그 섬에서 있었던 일

본의 주장을 이해하려면 먼저 1979년 3월에 발생한 스리마일 섬의 방사능 누출 사고부터 살펴봐야 한다. 이 사고를 조사한 위원회는 발전소 운영 인력의 잘못으로 발생한 인재人災라는 결론을 내렸다. 그러나 그 사고를 새로운 관점에서 파악한 사람들은 사고의 진실이 그보다 훨씬 복잡하다고 주장했다. 우리는 그들의 주장을 자세히 살펴볼 필요가 있다.

스리마일 섬 사고는 냉각수를 거르는 거대한 필터가 막히면서 시작됐다. 사실 이 문제는 드물게 발생하는 것도, 심각한 것도 아니었다. 그러나 필터가 막히면서 습기가 공조시스템으로 새어 들어가 2개의 밸브를 작동시키는 바람에 냉각수가 차단되면서 문제가 커지고 말았다. 당시 스리마일 섬 발전소에는 이러한 상황에 대비한 비상 냉각시스템이 있었지만 그날은 웬일인지 비상 냉각시스템을 작동시키는 밸브가 열리지 않았다. 더구나 밸브가 닫혔음을 알리는 표시등이 그 위에 있던 스위치에 달린 수리 기록표에 가려져 있었다. 그래도 세 번째 안전장치인 압력조절밸브가 작동했다면 사고는 일어나지 않았을 것이다. 공교롭게도 압력조절밸브는 고장 나 있었다. 닫혔어야 할 압력조절밸브는 계속 열려 있었고 그 사실을 알리는 계기마저 제대로 작동하지 않았다. 엔지니어들이 상황을 파악했을 때는 이미 원자로가 융해되기 일보직전이었다.

이처럼 스리마일 섬 사고는 5가지 이상의 문제가 겹치면서 일어났다. 그럼에도 통제실에서는 문제를 하나도 발견하지 못했다. 심각한 실수나 나쁜 결정이 사태를 악화시킨 것도 아니었다. 또한 5가지의 문제는 개별적으로는 사소한 문제에 지나지 않았다. 그 사소한 문제들이 예상치 못한 상호작용을 통해 거대한 문제를 일으킨 셈이다.

예일 대학의 사회학자 찰스 페로Charles Perrow는 이러한 종류의 재난을 '정상 사고Normal Accident'라고 불렀다. 여기서 말하는 '정상'이란 자주 발생한다는 뜻이 아니라 복잡한 시스템의 일반적인 작동 과정에서 발생할 수 있다는 의미다. 첨단기술을 적용한 시스템은 모든 상호작용을 예측할 수 없는 수천 가지 부품으로 구성된다. 페로는 이러한 복잡성을 감안할 때 사소한 이상 조합이 파국을 초래할 가능성을 회피하기는 불가능하다고 주장한다. 그는 1984년에 발표한 논문에서 잘 알려진 항공기 추락 사고, 기름 유출 사고, 화학공장 폭발 사고, 방사능 누출 사고 사례를 통해 대다수 사고가 '정상 사고'의 특징을 보인다는 것을 밝혔다. 영화 〈아폴로 13〉을 보면 가장 유명한 정상 사고가 일어난 과정을 생생하게 확인할 수 있다. 아폴로 13호는 산소탱크와 수소탱크에 생긴 이상이 겹치고, 표시등이 승무원들의 주의를 엉뚱한 곳으로 돌리는 바람에 심각한 위험에 처했다.

만약 아폴로 13호의 위기가 하나의 커다란 실수로 초래되었다면 훨씬 시시한 이야기가 되었을 것이다. 이 경우 사람들은 난리를 피우며 죄인을 찾는 일에 열중한다. 스릴러 영화에서는 언제나 그런 수색전이 벌어진다. 그러나 〈아폴로 13〉은 독특한 분위기를 풍긴다. 분노가 아니라 당혹감이 주된 정서이기 때문이다. 그 당혹감은 거의 드러나지 않는 사소한 이상으로 엄청난 문제가 발생한 데 따른 것이다. 아폴로 13호의 경우에는 비난할 사람도 파헤칠 비밀도 대체할 장치도 없었다. 승무원들이 할 수 있는 일은 즉흥적으로 새 장치를 만드는 것뿐이었다. 그래서 정상 사고는 다른 사고보다 무섭다.

규칙을 따랐기 때문에 벌어진 대형 재난

챌린저호 폭발은 과연 '정상 사고'였을까? 보다 냉정한 기준을 적용하면 그렇지 않다. 스리마일 섬 사고와 달리 챌린저호 폭발 사고는 가스 누출 방지용 오링의 파손이라는 하나의 치명적인 이상으로 일어났다. 그러나 본은 불량 오링은 그저 증상에 불과하다고 주장한다. 그녀가 지적한 진정한 원인은 나사의 문화였다. 나사가 정상 사고의 궤적을 따르는 일련의 결정을 내리면서 챌린저호 폭발 사고를 초래했다는 얘기다.

핵심은 나사가 오링과 관련된 문제들을 판단한 방법이다. 얇은 고무 밴드인 오링은 진공용기의 뚜껑에 붙은 고무패킹처럼 부품을 외부로부터 차단한다. 사실 오링과 관련된 문제는 이미 1981년부터 여러 가지로 제기됐다. 오링이 위험할 정도로 손상돼 자칫하면 뜨거운 가스가 누출될 뻔한 일도 있었다. 기온이 내려가면 고무가 딱딱해져 기밀성이 떨어진다는 지적도 있었다.

1986년 1월 28일 아침, 발사대는 얼음에 덮여 있었고 발사 당시 기온은 0도를 약간 넘었다. 머튼티오콜의 엔지니어들은 발사를 연기하자고 했다. 그러나 머튼티오콜과 나사의 상부는 그 조언을 묵살했고 사고 이후 이 결정은 심각한 오판으로 질타당했다.

본은 이 결정이 잘못됐다는 주장에 이의를 제기하지 않는다. 그러나 수천 장에 달하는 나사의 내부문서와 조사보고서를 살펴봐도 정치적, 편의적 이유로 안전을 등한시하거나 희생시킨 증거는 없었다. 나사가 저지른 실수는 정상적인 진행 과정에서 발생한 것이었다. 가령 지금은 날씨가 추우면 오링이 쉽게 손상된다는 사실을 확실히 알고 있다. 당시에는 그렇지 않았다. 이전 비행에서는 오링이 더 심하게 손상된 상태에서 23도의 더운 날씨에 발사가 진행됐다. 다른 이유로 취소되긴 했지만 나사가 5도의 추운 날씨에 발사를 추진할 때도 머튼티오콜은 추위에 따른 위험에 대해 아무 말도 하지 않았다. 따라서 나사로서는 발사에 반대하는 머튼티오콜 엔지니어들의 의견을 자의적인 것으로 받아들일 수밖에 없었다.

또한 발사 전날 엔지니어와 관리자들 사이에 논쟁이 벌어지긴 했지만, 나사에서 논쟁은 흔한 일이었다. 조사위원회는 나사가 내부 논의에서 로켓 부스터(보조 추진용 로켓) 이음새에 대해 '수용 가능한 위험Acceptable Risk'이라는 표현을 자주 사용했다는 점을 지적했다. 하지만 우주왕복선을 다루는 과정에서 수용 가능한 위험은 언제나 존재했다. 실제로 우주왕복선과 관련된 수용 가능한 위험의 목록은 6권 분량이나 된다. 본은 자신의 저서에서 이렇게 쓰고 있다.

"오링의 손상을 예측하지는 못했지만 대규모 시스템 내에서 부품 손상은 예견된 일이었다. 나사에게 문제 발생은 일상적인 일이다.……(중략)……우주왕복선 프로그램 전체가 편차를 완전히 막을 수는 없지만 관리할 수 있다는 가정 아래 프로젝트가 진행되었다."

나사는 편차를 정상적으로 받아들이는 폐쇄적인 문화를 만들어냈다. 그 결과 외부의 시선으로 보면 의문스러운 결정도 나사 내부에서는 합리적으로 받아들여졌다. 《챌린저호 발사 결정》은 나사의 결정 과정을 정밀히 추적해 매우 충격적인 사실을 밝혀냈다. 발사에 이르는 일련의 의사결정은 스리마일 섬의 사고처럼 개별적으로 보면 사소하다. 그래서 어느 시점부터 문제가 심각해졌는지, 재발을 방지하려면 어디를 개선해야 하는지 정확하게 알기가 어렵다. 본의 설명은 일반적인 관점을 뒤집는다.

"챌린저호 발사에 이르는 결정은 규칙에 기반을 둔 것이었다. 그런데 과거에 한 번도 잘못된 적 없던 문화, 규칙, 절차, 규범이 이번에는 문제를 일으키고 말았다. 챌린저호 폭발 사고는 간부들이 비도덕적인 계산을 하기 위해 규칙을 어겨서 일어난 것이 아니라 규칙을 따른 끝에 일어난 것이었다."

안전한 것이 위험한 것이다

관점을 바꿔 인간이 위험을 대하는 방식을 살펴보는 것은 어떨까? 우리는 위험요소를 파악하고 제거하면 시스템이 더 안전해진다고 가정한다. 가령 구형보다 나은 부스터 이음새를 만들면 폭발 사고가 재발할 확률이 줄어들 것으로 생각한다. 이 논리는 아주 단순해서 의문을 가질 여지조차 없다. 그러나 일부 학자는 '위험 항상성Risk Homeostasis'이라는 이론을 들어 의문을 제기한다. 학계에서는 위험 항상성 이론을 얼마나 넓게 적용할 수 있는가를 놓고 격렬한 논쟁이 진행되고 있다. 캐나다의 심리학자 제럴드 와일드Gerald Wilde가 《목표 위험Target Risk》에서 명쾌하게 풀이한 위험 항상성 이론의 핵심 명제는 아주 단순하다. 그것은 특정 상황에서 시스템이나 조직을 더 안전하게 만드는 것으로 보이는 변화가 실은 그렇지 않다는 것이다. 왜 그럴까? 인간은 한 분야에서 위험이 낮아지면 다른 분야에서 더 큰 위험을 감수하는 경향이 있기 때문이다.

몇 년 전, 독일에서 이 이론과 관련된 유명한 실험이 진행됐다. 실험대상은 뮌헨의 거리를 달리는 택시였다. 연구진은 다른 조건이 모두 동일한 택시들 중 일부에 미끄러운 노면에서 제동 능력을 크게 향상시키는 잠김 방지 제동 장치를 달았다. 그리고 3년간 잠김 방지 제동 장치를 단 차량을 모는 운전기사들의 행동을 몰래 추적했다.

일반적으로 제동 성능이 뛰어나면 운전이 더 안전해질 거라고 생각하기 쉽다. 그러나 현실은 정반대였다. 잠김 방지 제동 장치를 달아도 사고율에는 변화가 없었다. 오히려 잠김 방지 제동 장치를 단 차량을 모는 기사들이 더 위험하게 운전했다. 그들은 과속은 물론 급하게 회전했고 차선을 무시하기 일쑤였으며 잦은 급정거에다 앞차에 바짝 붙어서 달렸다. 이에 따라 다른 택시보다 더 사고를 낼 뻔한 위험에 처한 적이 많았다. 결국 잠김 방지 제동 장치는 사고를 줄이는 데 기여하지 못했다. 운전기사들은 강화된 안전장치를 사고위험을 높이지 않고 더 빨리 더욱 무모하게 운전할 수 있는 방편으로 삼았다. 경제학의 개념으로 말하자면 줄어든 위험을 저축하지 않고 소비해버린 것이다.

위험 항상성이 모든 경우에 적용되는 것은 아니다. 일단 착용하면 다소 험하게 차를 몰아도 착용하지 않는 것보다 훨씬 안전한 안전벨트처럼 방만한 행동이 추가된 안전성을 부분적으로만 상쇄하는 경우가 많다. 그러나 위험 항상성이 적용되는 경우가 자주 발생하기 때문에 진지하게 고려할 필요가 있다. 왜 횡단보도가 없는 도로보다 있는 도로에서 보행자 사망 사고가 더 많이 발생하는 걸까? 이는 보행자가 횡단보도가 제공하는 안전한 환경을 믿고 조심성 없이 길을 건너기 때문이다. 왜 유아들이 열기 힘든 약병이 개발된 이후 유아들의 약물 사고가 더 늘어났을까? 부모들이 이전보다 약병을 부주의하게 보관하기 때문이다.

위험 항상성은 정반대 효과를 내기도 한다. 1960년대 말에 스웨덴은 주행 방향을 좌측통행에서 우측통행으로 바꿨다. 이 조치로 교통사고가 급증할 거라는 우려가 많았지만 실제로는 오히려 교통사고가 줄어들었다. 주행 방향을 바꾼 이후 12개월간 교통사고 사망률은 17퍼센트나 감소했다. 이는 운전자들이 더욱 조심스럽게 운전했기 때문이다. 이후 교통사고 사망률은 차츰 과거 수준으로 되돌아갔다. 그래서 와일드는 반농담조로 교통사고를 줄이고 싶은 국가는 주기적으로 주행 방향을 바꾸라고 조언했다.

이제 위험 항상성이 챌린저호 폭발 사고에 어떻게 적용되는지 쉽게 이해할 수 있을 것이다. 노벨 물리학상 수상자로 조사위원회에서 활동한 리처드 파인먼Richard Feynman은 나사의 의사결정이 일종의 '러시안 룰렛' 같았다는 유명한 발언을 했다. 오링이 잦은 문제를 일 으켰지만 아무런 사고도 일어나지 않자 나사는 위험이 그리 크지 않 다고 보았다. 그들은 지금까지 아무 문제가 없었으니 안전기준을 약 간 낮춰도 상관없을 거라고 판단했다. 따라서 설령 오링을 개선했더 라도 위험을 감수하는 일은 계속되었을 것이다. 나사가 오링과 같은 정도의 위험도를 적용한 부품 목록은 자그마치 6권 분량이었다. 만 약 오링이 개선됐다면 나사는 다른 부품으로 러시안 룰렛을 했을 수 도 있다.

이러한 사실은 우울한 결론을 안겨준다. 안전에 대한 강조와 재 난을 처리하는 의식은 언제나 위선을 감추고 있었다는 것 말이다. 그렇다면 우리가 진정으로 원하는 것은 가장 안전한 세상일까? 최근 몇 년 사이에 이뤄진 항공기와 운항 시스템의 비약적인 발전은 항공 사고율을 크게 낮추는 데 기여했다. 그러나 소비자들은 낮은 위험이 아니라 더 저렴하고 규칙적이며 편리한 항공여행을 원했다. 결국 개 선된 안정성은 나쁜 날씨에도 이착륙을 하고 복잡한 교통상황에서 운항하는 것으로 소비되고 말았다.

챌린저호 폭발 사고가 주는 교훈은 우리가 만든 이 세상에는 첨 단기술 실패로 인한 재난의 위험이 일상적으로 존재한다는 것이다. 언젠가 또 다시 최선의 의도로 일을 진행했음에도 사소한 이유들이 겹치면서 우주왕복선이 폭발하는 사고가 일어날지도 모른다. 이젠 우리는 이러한 사실을 인정해야 한다. 만약 그것이 어렵다면 유일한 선택은 우주왕복선을 완전히 폐기하는 것뿐이다.

1996년 1월 22일

WHAT THE DOG SAW

Personality, Character,
and Intelligence

MALCOLM GLADWELL

제 3 부

인격, 성격,
그리고 지성

"그는 단추가 두 줄로 달린 정장을 입고 있을 겁니다.
단추는 끝까지 채웠을 것이고요."

01 대기만성형 예술가들

조숙성은 천재성의 필수 조건인가

어느 신진 작가 이야기

로스쿨을 졸업하고 법무법인에서 몇 년간 부동산 분야를 담당하던 벤 파운튼Ben Fountain은 평소에 늘 하고 싶던 소설을 쓰기로 작정했다. 그때까지 그가 쓴 글은 법률 학술지에 실은 논문밖에 없었다. 글쓰기 훈련도 대학시절에 문예창작 과목을 수강한 것이 전부였다. 처음에는 퇴근한 후에 글을 쓰려고 했지만 너무 피곤해서 제대로 되지 않았다. 그는 회사를 그만두기로 했다.

"그때는 엄청나게 두려웠습니다. 낙하산이 제대로 펴질지 모르는 상태로 절벽에서 뛰어내리는 기분이었죠. 누구도 인생을 낭비하고 싶어 하지 않지요. 변호사 일도 그럭저럭 잘 해내고 있었습니다. 계속 일을 했으면 아마 좋은 경력을 쌓았을 겁니다. 부모님도 나를 자랑스러워했습니다. 특히 아버지가 그랬죠. 한마디로 내가 미쳤던 겁니다."

2월의 어느 월요일 아침, 그는 새 인생을 시작했다. 작업계획은 이미 세워져 있었다. 그는 매일 아침 7시 30분부터 점심시간까지 글을 쓰고 20분간 누워 머리를 식힌 다음 서너 시간 더 작업할 생각이었다. 그는 변호사 출신답게 엄격하게 원칙을 지켰다. 집필 분량을 채우지 못하면 마음이 불편해서 견딜 수 없었다. 그래서 절대 미루는 일 없이 반드시 그날 정한 집필 분량을 채웠다. 돈이 되든 되지 않든 글을 쓰는 일은 그의 직업이었다. 첫 소설은 내부자정보를 이용해 부도덕하게 돈을 번 주식중개인의 이야기를 담은 단편이었다. 3개월간 60쪽을 쓴 그는 첫 소설을 탈고한 후 곧바로 다음 이야기를 써내려갔다.

전업작가가 된 첫해에 파운튼은 2편의 단편소설을 팔았다. 자신감을 얻은 그는 장편소설에 도전했지만 내용이 그다지 마음에 들지 않아 그냥 서랍에 넣어두었다. 그때부터 '어둠의 시기'가 찾아왔다. 그는 기대를 낮춰 다시 글 쓰는 일에 매달렸고 얼마 후 〈하퍼스 Harper's〉에 단편소설을 실었다. 다행히 한 에이전트가 그 소설을 보고 계약을 제의했다. 그는 그동안 써놓은 단편소설들을 묶어 《체 게바라와의 짧은 만남Brief Encounters with Che Guevara》이라는 단편집을 냈다. 대단한 호평이 쏟아졌다. 〈타임스〉는 서평에서 '마음을 저민다'고 평했다. 《체 게바라와의 짧은 만남》은 헤밍웨이재단에서 주는 상을 받았고 베스트셀러 순위에 올랐으며 베스트셀러협회, 〈샌프란시스코 크로니클San Francisco Chronicle〉, 〈시카고 트리뷴Chicago Tribune〉, 〈커커스리뷰Kirkus Review〉가 뽑은 올해의 책에 선정됐다. 파운튼은 그레이엄 그린Graham Greene, 이블린 워Evelyn Waugh, 로버트 스톤Robert Stone, 존 르 카레John le Carré와 비견되는 평가를 받았다.

벤 파운튼의 경우와 마찬가지로 무명작가가 혜성처럼 문학계에 등장하는 이야기는 별로 새로울 것이 없다. 그러나 그의 성공은 결코 갑작스런 것이 아니다. 그는 1988년에 다니던 법무법인을 그만두었다. 초보 작가 시절에는 투고하는 소설마다 적어도 서른 번은 퇴짜를 맞았다. 또한 발표도 못하고 서랍에 넣어둔 장편을 쓰는 데 4년을 바쳤다. 1990년대 후반 5년간은 어둠의 시기를 견뎌내야 했다. 그가 《체 게바라와의 짧은 만남》으로 빛을 본 것은 작가로서의 인생을 시작한 지 18년이 지난 2006년이었다. 마흔여덟 살의 나이에 비로소 촉망받는 '신진' 작가라는 이름을 얻은 것이다.

시가 젊은 천재들의 세계라는 착각

우리는 일반적으로 천재성은 조숙성과 불가분의 관계가 있다고 생각한다. 또한 젊음의 신선함과 열정에서 뛰어난 창의성이 나온다고 여긴다. 영화감독이자 배우인 오손 웰스Orson Welles는 스물다섯의 나이로 〈시민 케인Citizen Kane〉이라는 불후의 명작을 만들었다. 허먼 멜빌Herman Melville은 20대 후반부터 《백경》을 집필하기 시작해 서른두 살에 탈고했다. 모차르트는 스물한 살 때 〈피아노협주곡 5번〉을 작곡했다.

특히 시의 경우에는 조숙성이 절대적인 요소다. T. S. 엘리엇은 몇 살 때 '나는 늙어가네…… 나는 늙어가네I grow old... I grow old'라는 구절이 들어간 〈J. 앨프레드 프루프록의 연가The Love Song of J. Alfred Prufrock〉를 썼을까? 불과 스물세 살이다. 창의성을 연구하는 제임스 카우프먼James Kaufman은 "시인들은 일찍 늙는다"고 지적했다. 《몰입Flow》을 쓴 미하이 칙센트미하이Mihály Csíkszentmihályi도 "가장 창조적인 시구는 어린 나이에 나온다"고 썼다. 창조성 연구의 대가인 하버드 대학의 하워드 가드너Howard Gardner 교수 역시 "시는 재능이 일찍 발견돼 눈부시게 빛나다 빨리 지는 분야다"라고 말했다.

몇 년 전, 시카고 대학의 경제학자 데이비드 갈렌슨David Galenson은 창조성과 조숙성의 관계에 대한 가정이 옳은지 밝히는 작업에 착수했다. 그는 1980년 이후 출간된 47편의 대표 시선집詩選集에 가장 많이 실린 시를 골랐다. 물론 문학적 업적은 계량할 수 없다는 반론을 제기할 수 있다. 그러나 갈렌슨은 비평가들이 당대에 가장 중요하다고 생각한 시들을 선정 횟수별로 집계해보고 싶었다. 가장 많이 선정된 상위 11개 작품은 순서대로 T. S. 엘리엇의 〈J. 앨프레드 프루프록의 연가〉, 로버트 로웰Robert Lowell의 〈스컹크의 시간Skunk Hour〉, 로버트 프로스트Robert Frost의 〈눈 내리는 저녁, 숲에 들르다Stopping by Woods on a Snowy Evening〉, 윌리엄 카를로스 윌리엄스William Carlos Williams의 〈빨간 손수레Red Wheelbarrow〉, 엘리자베스 비숍Elizabeth Bishop의 〈물고기The Fish〉, 에즈라 파운드Ezra Pound의 〈강 따라 도는 상인의 아내The River Merchant's Wife〉, 실비아 플라스Sylvia Plath의 〈아빠Daddy〉, 에즈라 파운드의 〈지하철역에서In a Station of the Metro〉, 로버트 프로스트의 〈담장 수리Mending Wall〉, 월레스 스티븐스Wallace Stevens의 〈눈사람The Snow Man〉, 윌리엄 카를로스 윌리엄스의 〈춤The Dance〉이었다.

이 시들을 지을 당시 시인의 나이는 각각 스물세 살, 마흔한 살, 마흔여덟 살, 마흔 살, 스물아홉 살, 서른 살, 서른 살, 스물여덟 살, 서른여덟 살, 마흔두 살, 쉰아홉 살이었다. 이러한 사실을 근거로 갈렌슨은 시가 젊은 천재들의 세계라는 증거는 없다고 결론을 내렸다. 최고의 작품을 젊은 시절에 쓰는 시인도 있었지만 40대 이후에 쓰는 시인도 있었다. 50대 이후에 쓴 작품이 시선집에 포함된 비율을 보면 프로스트는 42퍼센트, 윌리엄스는 44퍼센트, 스티븐스는 49퍼센트였다.

갈렌슨은 《늙은 대가와 젊은 천재들: 예술적 창의성의 두 인생 주기Old Masters and Young Geniuses: The Two Life Cycles of Artistic Creativity》에서 영화의 경우도 마찬가지라는 점을 지적했다. 오손 웰스는 스물다섯 살에 감독으로서 최고의 작품을 남겼다. 반면 앨프레드 히치콕은 쉰네 살에서 예순한 살 사이에 〈다이얼 M을 돌려라Dial M for Murder〉, 〈이창Rear Window〉, 〈나는 결백하다To Catch a Thief〉, 〈해리의 소동The Trouble with Harry〉, 〈현기증Vertigo〉, 〈북북서로 진로를 돌려라North by Northwest〉, 〈사이코psycho〉라는 명작을 연달아 만들었다. 또한 마크 트웨인은 마흔아홉 살 때 《허클베리 핀의 모험Adventures of Huckleberry Finn》을, 대니얼 드포Daniel Defoe는 쉰여

덮에 《로빈슨 크루소Robinson Crusoe》를 발표했다.

　하지만 갈렌슨은 피카소와 세잔의 특별한 사례를 머리에서 지울 수 없었다. 그림을 좋아한 갈렌슨은 두 사람의 이야기를 잘 알고 있었다. 대단한 신동, 피카소는 스무 살 때 그린 〈초혼: 카사헤마스의 매장Evocation: The Burial of Casagemas〉이 명작으로 평가받으면서 대예술가로서의 경력을 시작했다. 그는 스물여섯 살 때 그린 〈아비뇽의 처녀들Les Demoiselles d'Avignon〉을 비롯해 다수의 명작을 남겼다. 피카소는 그야말로 일반적인 천재의 이미지에 딱 들어맞는 예술가였다.

　세잔은 달랐다. 파리 오르세미술관에 전시된 그의 최고 작품들은 모두 말기에 그려진 것이다. 갈렌슨은 두 화가의 작품이 경매에서 팔린 가격과 그린 나이의 상관관계를 따져보았다. 피카소의 경우 20대 중반에 그린 작품들이 60대에 그린 작품들보다 평균적으로 4배 비쌌다. 반면 세잔의 경우 60대 중반에 그린 작품들이 젊은 시절에 그린 작품들보다 최대 15배 비쌌다. 청춘의 신선한 감각과 넘치는 열정은 세잔에게 큰 도움을 주지 못했다. 한마디로 그는 대기만성형 예술가였다. 천재성과 창조성에 대한 일반적인 이야기는 세잔과 같은 사람들이 설 자리를 빼앗는다.

마음이 원하는 답을 탐색하는 방식

작가로서 첫발을 내디딘 벤 파운튼은 순조롭게 글을 써내려갔다. 이미 시작 부분에 대한 구상은 끝난 상태였다. 그런데 이튿날이 되자 거의 미칠 지경이 되어 버렸다. 배경을 묘사하는 문장이 도저히 풀리지 않았던 것이다. 마치 초등학생으로 돌아간 듯한 기분이었다. 머릿속으로 아무리 건물, 방, 간판, 머리모양, 옷 같은 사물의 기본적인 이미지를 떠올려도 글로 옮길 수가 없었다. 할 수 없이 그는 그림이 그려진 사전을 구입해 소재와 관련된 분야를 공부하기 시작했다.

관심 있는 분야의 기사를 모으다 아이티에 매료된 그는 아이티에 대한 소설을 쓰기로 결정했다. 처음 한두 달은 상상만으로 글을 썼다. 그러다 결국 한계를 느낀 그는 아이티에 직접 가보기로 했다. 1991년 4월 무렵, 그는 아는 사람도 없고 언어도 통하지 않는 아이티로 향했다.

"해외여행은 그때가 처음이었어요. 호텔에 도착해 계단을 걸어서 올라가는데 끝에 어떤 사람이 서 있더군요. 그는 '제 이름은 피에르입니다. 가이드가 필요하시죠?'라고 물었습니다. 나는 당연히 필요하다고 했죠. 피에르는 아주 솔직했어요. 그는 내가 여자도, 마약도 원치 않는다는 걸 곧바로 알아채고 진짜 아이티를 보여주겠다고 했지요. 그때부터 나는 아이티에 푹 빠졌습니다. 그곳은 내게 거의 연구실이나 다름없었어요. 아이티는 지난 500년간 식민주의, 인종, 권력, 정치, 생태계 파괴 등 온갖 문제들이 압축된 역사를 지나왔어요. 그런 점이 무척 흥미로웠지요. 무엇보다 그곳에 있으면 마음이 편했습니다."

이후로 그는 가끔 아이티로 날아가 1~2일간 머물렀다. 나중에는 아이티에서 사귄 친구를 댈러스의 집으로 초대하기도 했다.

"아이티 사람을 집에 초대해본 적이 없다면 절대 그 즐거움을 모를 겁니다. 나는 아이티와 사랑에 빠졌습니다. 그냥 떠나올 수가 없었어요. 내 안에서 이성으로 설명할 수 없는 일들이 일어났습니다. 내 소설은 구체적인 시대를 다룬 것이라서 필요한 정보도 정해져 있었어요. 하지만 다른 일들에 대한 관심이 사라지지 않았어요. 그곳에서 어린이보호재단에서 일하는 사람을 한 명 알게 되었죠. 그는 버스로 12시간 걸리는 중앙고원 지역에 있었어요. 사실 딱히 갈 이유가 없었는데 이상하게 가고 싶더라고요. 고생 끝에 힘들게 찾아갔습니다. 소설과 아무 상관없는 여행이었지만 그래도 도움이 되었어요."

《체 게바라와의 짧은 만남》에는 아이티를 다룬 4편의 단편이 실렸다. 이들 작품은 매우 강렬한 인상을 안겨준다. 외부인이 안을 들여다본 것이 아니라 내부인이 밖을 바라보는 것 같은 내용을 담은 그 글을 읽다 보면 아이티가 느껴진다. 파운튼은 "그 글을 쓰고 난 후에도 아직 할 이야기가 남았다는 생각이 들었습니다. 그래서 계속 파고들었습니다. 파고들 때마다 아이티에는 항상 나를 위한 이야기가 기다리고 있었습니다. 지금까지 적어도 서른 번은 방문했을 겁니다"라고 말했다.

갈렌슨의 설명에 따르면 피카소 같은 천재는 그런 종류의 막연한 탐험을 거의 하지 않는다. 그들은 개념적으로 창작 작업을 한다. 다시 말해 처음부터 가고 싶은 곳에 대해 명확한 아이디어를 가지고 작업을 시작한다. 피카소는 비평가 마리우스 드 자야스Marius de

Zayas와의 인터뷰에서 "나는 사람들이 조사를 중시하는 걸 이해할 수 없어요. 조사는 그림과 아무런 상관이 없는 일이에요. 중요한 것은 깨달음입니다. 내가 그림을 그리는 방식은 알려지지 않은 대상을 향한 단계적 진화가 아닙니다. 나는 절대 실험을 하지 않아요"라고 말했다. 그러나 대기만성형 예술가는 다른 방식으로 작업한다. 그들은 실험하듯 그림을 완성해나간다. 갈렌슨은《늙은 대가와 젊은 천재들》에서 다음과 같이 썼다.

대기만성형 예술가의 목표는 명확하지 않다. 따라서 거기에 이르는 과정이 잠정적이고 점진적이다. 목표가 명확하지 않기 때문에 달성했다는 느낌을 갖기 힘들다. 그 결과 그들의 경력은 간혹 하나의 목표를 추구하는 일로 점철된다. 그들은 같은 주제를 반복적으로 그리면서 시행착오를 통해 조금씩 방법을 바꾼다. 작업이 단계적으로 진행되기 때문에 처음부터 구체적인 밑그림을 그리고 시작하는 경우는 드물다. 그들에게 밑그림 작업은 하나의 이미지를 찾기 위한 조사 과정이다. 그들은 그림을 완성하는 것보다 그 과정에서 배우는 것이 더 중요하다고 생각한다. 그러므로 오랜 세월에 걸쳐 점점 실력을 갈고닦으면서 그림을 발전시킨다. 그들은 자신의 부족한 능력을 수없이 탓하며 쉼 없이 노력하는 완벽주의자다.

피카소는 조사하지 않고 깨닫기를 원했지만 세잔은 그림 속에서 답을 찾아 헤맸다. 실험에 의지하는 작가는 파운튼처럼 아이티를 서른 번 방문한다. 그런 방식으로 마음이 원하는 답을 탐색하는 것이다. 세잔은 비평가 귀스타브 제프루아Gustave Geffroy의 초상을 그릴 때 3개월간 80번 넘게 작업한 후 결국 실패했다고 말했다. 그러나 그 초상화는 오늘날 걸작으로 이름을 날리며 오르세미술관에 걸려 있다. 또한 화상 앙브로와즈 볼라르Ambroise Vollard를 그릴 때는 아침 8시부터 11시 30분까지 한 번도 쉬지 않고 그리는 작업을 150번이나 하고도 작품을 버렸다. 풍경화 역시 다시 그리기를 수없이 반복했다. 그리다가 끝내 답이 나오지 않으면 캔버스를 갈기갈기 찢어버리기도 했다.

마크 트웨인도 마찬가지였다. 문학평론가 프랭클린 로저스 Franklin Rogers는 트웨인의 작법에 대해 이렇게 말했다.

"그는 이야기 구조에 대해 약간의 계획을 세우고 집필에 들어갑니다. 그러다가 문제에 봉착하면 새로운 이야기 구성을 추가하고 그때까지 쓴 부분을 고친 다음 다른 문제가 나타날 때까지 써 나갑니다. 글이 완성될 때까지 이런 과정이 계속 되풀이됩니다."

트웨인은《허클베리 핀의 모험》을 뜯어 고치고 포기하기를 수십 번 반복한 끝에 거의 10년 만에 겨우 완성했다. 세잔은 집중력 혹은 야망이 부족하거나 성격에 문제가 있어서 늦게 빛을 본 것이 아니다. 시행착오를 거쳐 답을 찾는 작업방식 자체가 결실을 보려면 오랜 세월이 걸릴 수밖에 없다.

《체 게바라와의 짧은 만남》에 실린 최고의 단편은 〈중앙산맥의 멸종 위기의 새들Near-Extinct Birds of the Central Cordillera〉이다. 콜롬비아 반군에게 인질로 잡힌 조류학자 이야기를 담은 이 소설은 파운튼의 다른 작품들처럼 쉽게 읽힌다. 그러나 창작 과정은 결코 쉽지 않았다. 파운튼은 "그 소설은 정말 힘들게 썼습니다. 나는 항상 너무 많은 것을 이야기에 담으려고 해서 문제예요. 그 소설의 내용을 이리저리 바꿔가며 쓴 분량이 족히 500쪽은 될 겁니다"라고 했다. 그는 지금 신작을 집필 중이다. 원래는 벌써 출간됐어야 하지만, 언제나 그렇듯 탈고가 늦춰졌다.

뚝딱 해치우기와 꾸역꾸역 해내기

창의성을 개념적인 것과 실험적인 것으로 나누는 갈렌슨의 분류는 중요한 의미를 지닌다. 가령 우리는 대기만성형 예술가들이 늦게 출발했다고 생각한다. 즉, 쉰 살이 될 때까지 어떤 소질을 가졌는지 모르다가 뒤늦게 꽃을 피웠다는 것이다. 그러나 사실은 그렇지 않다. 세잔은 피카소만큼이나 어린 시절부터 그림 그리기를 시작했다. 다른 한편으로 그들이 늦게 발견되었다고 생각하는 사람도 있다. 세상이 그들의 재능을 빨리 알아차리지 못했다는 얘기다. 이 2가지 생각은 신동과 대기만성형 예술가가 근본적으로 같으며, 다만 세상이 대기만성형 예술가의 진가를 늦게 발견했다고 가정한다. 하지만 갈렌슨은 거기에 동의하지 않는다. 그는 대기만성형 예술가는 경력 후반기에 이를 때까지 뛰어난 경지에 오르지 못하는 탓에 늦게 성공한다고 주장한다.

영국의 위대한 회화평론가 로저 프라이Roger Fry는 세잔의 초기 작품에 대해 이렇게 평가한다.

"그가 내면에 품은 비전은 그림으로 담아낼 이야기 속의 등장인물들에게 충분한 사실성을 부여하지 못해 제대로 구현되지 않았다. 그는 상업미술학교에 다니는 학생들보다 묘사 능력이 떨어졌다. 그래서 내면의 비전을 높은 수준으로 구현하는 데 어려움을 겪었다."

한마디로 젊은 시절의 세잔은 그림을 그릴 줄 몰랐다는 것이다. 프라이는 세잔이 서른한 살 때 그린 〈연회The Banquet〉에 대해 다음과 같이 설명한다.

"세잔이 그림을 그릴 줄 몰랐다는 사실은 부인하기 어렵다. 보다 재능 있고 성격이 안정된 사람은 별다른 어려움 없이 자신을 조화롭게 표현한다. 그러나 세잔처럼 다채롭고 성격이 복잡한 사람은 오랜 발효 과정이 필요하다."

세잔은 수십 년간 자신을 갈고닦은 후에야 어렵기만 하던 그림에 통달할 수 있었다. 문학계에 이름을 알리기 위한 파운튼의 오랜 노력 역시 애처로운 교훈을 전해준다. 대기만성형 예술가는 뛰어난 성취를 이루기까지 비슷한 실패를 겪는다. 그들이 절망과 분노 속에서 몇 번이나 다시 시도하는 작품은 전혀 빛을 볼 가능성이 없어 보인다. 반면 신동은 처음부터 천재성을 드러낸다. 신동이 뚝딱 해치우는 일을 대기만성형 예술가는 꾸역꾸역 해낸다. 그래서 그들에게는 인내와 믿음이 필요하다. 다행히 세잔은 고등학교 때 진로상담 교사로부터 그림을 그리지 말고 회계를 배워 보라는 조언을 듣지 않았다. 세잔의 사례는 대기만성형 예술가가 주위 사람들의 섣부른 판단 때문에 얼마나 많이 좌절했을지 생각하게 만든다. 그러나 우리가 할 수 있는 일이 없다는 사실도 받아들여야 한다. 싹수가 보이지 않는데 언제 꽃을 피울지 어떻게 알겠는가?

나는 벤 파운튼을 만난 지 얼마 되지 않아 베스트셀러《모든 것이 밝혀졌다Everything Is Illuminated》를 쓴 조너선 사프란 포어Jonathan Safran Foer를 찾아갔다. 파운튼은 호리호리한 몸매에 머리가 희끗하고 몸가짐이 단정하다. 친구의 말에 따르면 그는 골프장 강사 같은 인상을 풍긴다. 반면 30대 초반의 포어는 이제 막 성인이 된 것처럼 동안이다. 또한 파운튼과 대화하다 보면 오랜 고생이 내면의 날카로움을 모두 무디게 만든 듯 푸근함을 느낄 수 있지만, 포어는 한창 이야기에 열을 올릴 때 몸에 손을 대면 감전될 것 같은 생각이 든다. 포어는 솔직했다.

"저는 뒷문으로 문학계에 들어섰어요. 아내도 소설가예요. 그녀는 어릴 때 매일 일기를 썼고 부모님이 불을 끄라고 하면 이불 밑에서 손전등을 켜놓고 책을 읽었다고 합니다. 하지만 저는 다른 사람들보다 훨씬 늦은 나이에 책을 읽기 시작했어요. 관심이 없었거든요."

프린스턴 대학에 입학한 포어는 1학년 때 조이스 캐롤 오츠Joyce Carol Oates가 가르치는 문예창작 과목을 들었다. 단지 다양한 강의를 듣고 싶어 즉흥적으로 선택한 것이었다. 그 전에는 한 번도 소설을 쓴 적이 없었다. 문예창작 과목은 1주일에 15장씩 1학기에 한 편의 소설을 완성하는 일정으로 진행되었다. 그는 "솔직히 글을 열심히 쓰지도 않았어요. 그러던 어느 날 다른 때보다 일찍 강의실에 도착했더니 교수님이 제 글을 좋아한다고 말씀하시는 거예요. 그 말은 저에게 진정한 계시였어요"라고 말했다. 오츠는 포어에게 작가적 자질이 있다고 칭찬했다.

"댐에 금이 가면 물이 콸콸 쏟아져 나오잖아요. 제 안에도 그런 것이 들어 있었나 봐요. 속에서 거센 압력이 느껴졌어요."

포어는 2학년 때 다시 문예창작 과목을 들었고 그해 여름에 할아버지가 살던 우크라이나의 시골마을을 방문했다. 돌아오는 길에 프라하를 여행한 그는 그곳에서 카프카를 읽은 후 노트북을 열었다. 그는 당시의 경험을 들려주었다.

"저도 모르게 글을 쓰기 시작했어요. 책을 쓰려는 생각은 없었어요. 무작정 썼더니 10주일 만에 300쪽짜리 글이 완성돼 있더라고요. 그때는 정말 무아지경으로 글을 썼어요. 그전까지 그런 적이 없었죠."

그 글은 포어를 촉망받는 작가로 만들어준《모든 것이 밝혀졌다》의 초고였다. 그 내용은 할아버지가 살던 우크라이나의 시골마을을 방문하는 조너선 사프란 포어라는 소년에 대한 것이었다. 당시 그는 열아홉 살이었다. 포어는 수년간 고통스럽게 갈고닦으며 글을 쓰는 것에 대해 "저는 절대 그런 방식으로는 쓸 수 없어요. 글은 독창적이어야 하는데 어떻게 독창성을 발휘하는 법을 배울 수 있겠어요?"라고 했다. 그의 표정은 혼란스러워 보였다. 아무래도 실험적인 방식으로 이뤄지는 작업을 이해하지 못하는 것 같았다. 그는 우크라이나를 방문했던 이야기를 들려주었다.

"할아버지가 살던 트라침브로드Trachimbrod라는 유대인 마을에

갔어요. 소설에도 그 이름이 그대로 나와요. 재미있는 사실은 소설을 쓰면서 유일하게 조사한 내용이 마을 이름 하나뿐이라는 거예요. 첫 문장은 마음에 들었는데 그것을 써놓고 이야기를 어떻게 이어갈지 일주일 내내 고민했어요. 결론은 마음 가는 대로 이야기를 지어내자는 것이었죠. 그러자 마음이 해방되는 듯한 느낌이었어요. 그때부터는 일사천리였지요."

《모든 것이 밝혀졌다》를 읽으면 《체 게바라와의 짧은 만남》을 읽을 때처럼 소설 속의 세계로 빨려들어 가는 듯한 느낌을 받는다. 두 작품은 모두 흡인력 넘치는 독창적인 세계를 만들어냈다. 하지만 파운튼과 포어의 작품활동에는 엄청난 차이가 있다. 파운튼은 아이티를 서른 번 방문했지만 포어는 트라침브로드에 딱 한 번 갔을 뿐이다. 포어는 "사실 가지 않은 것이나 마찬가지예요. 거기서 경험한 게 아무것도 없어요. 단지 제 소설의 도약대가 되었을 뿐이죠. 나머지는 물을 채워야 하는 텅 빈 수영장 같았어요"라고 말했다. 그가 소설의 영감을 얻는 데 들인 시간은 단 사흘이었다.

만들어진 천재

벤 파운튼이 혼자였다면 전업 작가가 되기로 결심하는 일은 쉽지 않았을 것이다. 그에게는 듀크 로스쿨에서 만난 아내, 샤론Sharon이 있었다. 파운튼과 다른 법무법인에서 세무분야를 담당한 그녀는 책임자로 진급하기 위한 경로를 밟고 있었다. 두 사람은 1985년에 결혼해 1987년 4월에 아들을 낳았다. 샤론은 4개월의 출산 휴가를 마치고 직장으로 복귀했고, 그해 말에 책임자가 되었다. 샤론은 당시의 상황을 이렇게 회고했다.

"출근할 때 아이를 시내에 있는 어린이집에 맡겼다가 번갈아 가면서 데리고 왔어요. 저녁 8시에 아이를 목욕시키고 재운 후에야 저녁을 먹을 수 있었죠. 한두 달 그런 생활을 하고 보니 얼마나 더 해야 할지 막막하더군요. 다른 맞벌이 부부들은 어떻게 생활해나가는지 신기할 지경이었어요. 우리는 무언가 방법을 찾아야 한다고 생각했어요. 벤이 먼저 저에게 회사를 그만두고 집에 있고 싶으냐고 묻더군요. 저는 아니라고 했죠. 직장생활에 매우 만족하고 있었거든요. 하지만 벤은 그렇지 않았어요. 그러니 제가 직장을 그만두는 건 전혀 합리적인 일이 아니었죠. 게다가 저는 법률회사 일 이외에 다른 일은 생각해본 적도 없지만, 벤은 달랐어요. 그래서 아이를 오전에만 어린이집에 맡기고, 그동안 벤이 집에서 글을 쓰기로 했죠."

파운튼은 샤론이 아이를 데리고 출근하는 아침 7시 30분부터 정오까지 글을 썼다. 그리고 오후에는 아이를 데려오는 길에 쇼핑을 하거나 집안일을 했다. 1989년에 파운튼과 샤론은 두 번째 아이를 낳았다. 이번에는 딸이었다. 그 후로 파운튼은 완전한 주부가 되었다.

파운튼과 샤론은 작가의 길이 맞는지 실험하는 기간으로 10년을 잡았다. 샤론은 '10년'이라는 시간이 천직을 찾기에 적당하다고 생각했다. 그러나 10년은 12년, 14년, 16년으로 늘어났고, 그동안 아이들은 고등학교를 졸업했다. 그래도 샤론은 용기를 북돋아주었다. 15년이 넘도록 소설 한 편 출판하지 못했지만, 파운튼의 글이 나아지고 있다고 확신했기 때문이다. 그녀는 파운튼이 아이티를 여행하는 일도 개의치 않았다. 소설에 배경이 되는 장소를 가보지 않는 것은 말이 안 된다고 생각했기 때문이다. 한번은 파운튼과 함께 아이티를 방문한 적도 있었다. 샤론은 "제가 돈을 충분히 벌었기 때문에 맞벌이를 할 필요가 없었어요. 물론 둘이 벌면 더 좋겠지만, 저 혼자 버는 돈으로도 얼마든지 생활할 수 있었죠"라고 말했다.

샤론은 차분한 성격을 지녔다. 그녀는 파운튼의 아내이면서 과거의 개념을 빌리자면 후견인이기도 했다. 지금은 예술가들이 재능만 있다면 시장에서 돈을 벌 수 있다고 생각하기 때문에 '후견인'이라는 단어가 다소 경멸적인 의미를 지니게 되었다.

하지만 시장은 첫 작품으로 각광받은 조너선 사프란 포어나 스무 살 때 처음 파리에 도착했을 때 곧바로 눈부신 재능을 알아본 화상으로부터 한 달에 150프랑을 주겠다는 제안을 받은 피카소 같은 예술가들에게만 문을 열어준다. 따라서 실험과 시행착오를 거쳐 작품을 완성하는 예술가들에게는 빛을 볼 때까지 오랫동안 옆에서 도와줄 사람이 필요하다.

그런 의미에서 세잔의 삶을 다룬 모든 전기는 분명한 교훈을 준다. 그의 삶에 대한 이야기는 대부분 주위 사람들을 중심으로 전개된다. 그중에서 가장 먼저 등장하는 인물은 죽마고우인 작가, 에밀 졸라Emile Zola다. 졸라는 세잔을 파리로 불러들여 오랫동안 후견인 역할을 했다. 다음은 프로방스에 머물던 세잔에게 졸라가 보낸 편지의 일부다. 그 내용을 보면 친구라기보다 마치 아버지가 쓴 글처럼 느껴진다.

이상한 질문을 하는군. 당연히 의지만 있으면 여기가 아니라 다른 어느 곳에서도 일할 수 있지. 파리는 다른 곳에서는 찾을 수 없는 이점이 있어. 우선 11시부터 4시까지 박물관에서 명작들을 보고 배울 수 있어. 시간을 이렇게 나누면 될 거야. 6시부터 11시까지는 화실에서 모델을 놓고 그림을 그려. 그 다음에 점심을 먹고 12시부터 4시까지는 루브르나 룩셈부르크에서 마음에 드는 명작들을 따라 그리는 거지. 그러면 하루에 9시간 연습하는 셈이 돼. 그 정도면 충분할 거야.

졸라는 이어 한 달에 125프랑으로 살아가는 방법까지 구체적으로 가르쳐주었다.

이제 돈을 어떻게 써야 하는지 가르쳐줄게. 방세가 한 달에 20프랑이고 점심과 저녁 두 끼를 먹는 데 하루 2프랑이 드니까 한 달에 60프랑이 필요해. 거기에 화실 임대비용을 내야 해. 제일 싼 곳이 한 달에 10프랑일 거야. 캔버스와 붓, 물감을 사는 데 10프랑을 잡으면 한 달에 모두 100프랑이 들어. 나머지 25프랑은 세탁비, 전기세, 잡비로 쓰면 돼.

세잔의 삶에서 두 번째로 중요한 인물은 카미유 피사로Camille Pissarro다. 피사로는 세잔에게 그림 그리는 법을 가르쳐주었다. 두 사람은 시골로 가서 한동안 함께 지내며 그림을 그렸다. 이어 세잔의 삶에 등장한 인물은 앙브로와즈 볼라르다. 그는 세잔이 쉰여섯 살일 때 처음으로 개인전을 열어주었다. 사실 그는 피사로, 르느와르, 드가, 모네의 성화에 못 이겨 엑상프로방스로 가서 세잔을 찾았다가 그곳에서 세잔이 창 밖으로 버린 정물화가 나무에 걸려 있는 것을 보았다. 그는 마을을 돌면서 세잔이 그린 그림을 찾는다고 알렸다. 필립 캘로Philip Callow는《잃어버린 땅: 세잔의 삶Lost Earth: A Life of Cézanne》에서 그 후에 일어난 일을 소개했다.

얼마 지나지 않아 한 사내가 보자기에 싼 그림을 들고 볼라르가 머물던 호텔로 찾아왔다. 볼라르는 150프랑을 주고 그 그림을 샀다. 그러자 사내는 볼라르를 데리고 집으로 가서 세잔의 다른 그림들을 보여주었다. 볼라르는 그 그림들을 몽땅 사는 조건으로 1,000프랑을 지불하고 돌아서다가 사내의 아내가 다락방에서 밖으로 내던진 그림에 머리를 맞을 뻔했다. 다락방으로 가보니 수많은 그림이 먼지투성이가 된 채 쓰레기더미에 반쯤 묻혀 있었다.

나중에 볼라르는 아침 8시부터 11시 30분까지 한 번도 쉬지 않고 150번이나 세잔이 결국 포기한 그림의 모델이 되어 주었다. 그는 회고록에서 어느 날 졸다가 의자에서 떨어진 적이 있다고 회고했다. 세잔은 그에게 "정물화를 그릴 때 사과가 움직이는 걸 봤소?"라며 핀잔을 주었다. 두 사람은 그런 식으로 우정을 나누었다.

끝으로 은행가이던 세잔의 아버지, 루이 오귀스트Louis-Auguste가 있다. 오귀스트는 세잔이 스물두 살 때 고향을 떠난 이후 돈벌이 없이 방탕한 생활을 하는 동안 생활비를 대주었다.

세잔은 졸라가 없었다면 은행가의 불만투성이 아들로 머물렀을 것이고, 피사로가 아니었다면 그림 그리는 법을 배우지 못했을 것이다. 또한 볼라르가 없었다면 많은 작품을 농가 다락방의 쓰레기 더미 속에서 잃고 말았을 것이며, 묵묵히 지켜봐준 아버지가 아니었다면 오랜 습작기간을 지속할 수 없었을 것이다. 결국 세잔은 후견인들 덕분에 만년에 화가로서 꽃을 피울 수 있었다. 졸라와 피사로, 볼라르는 세잔이 아니더라도 유명한 사람들이었다. 또한 그의 아버지는 세상을 뜨면서 40만 프랑을 유산으로 남겼다. 이처럼 세잔은 단순히 도움을 받은 정도가 아니라 예술가 지망생이 꿈꿀 수 있는 최고의 후견인을 거느리고 있었다.

대기만성형 예술가의 성공 여부는 주위 사람들의 노력에 크게 좌우된다. 세잔의 전기에서 루이 오귀스트는 아들의 천재성을 몰라보는 속물로 등장하지만 사실 그는 아들을 끝까지 후원했다. 루이 오귀스트는 아버지로서 아들에게 제대로 된 직업을 찾으라고 강요할 수도 있었다. 우리는 남편과 자식 혹은 친구를 위해 돈을 대주는 세속적인 일은 천재의 예술과 아무런 관계가 없다고 믿고 싶어 한다. 그러나 때로 천재는 태어나는 것이 아니라 20년간 머리를 싸맨 끝에 만들어지기도 한다.

2008년 10월 20일

02 성공의 이면

그가 진짜로 잘하는 게 뭐야

도대체 누구를 어떻게 뽑아야 할까

미주리 대학과 오클라호마 주립대학의 중요한 미식축구 경기가 열리던 날, 스카우터인 댄 숀카Dan Shonka는 미주리의 한 호텔방에서 휴대용 DVD 플레이어를 보았다. 그는 수비수 출신으로 세 번의 무릎 수술 끝에 은퇴한 후 코치를 거쳐 세 프로팀의 스카우터로 일하는 중이었다. 그동안 그의 몸무게는 선수시절보다 45킬로그램이나 빠졌다. 그가 하는 일은 프로팀이 대학 졸업생들 중에서 누구를 뽑을지 결정할 수 있도록 해마다 800명에서 1,200명 사이의 대학팀 선수를 평가하는 것이었다. 지난 30년간 그는 어느 누구보다 많이 미식축구 경기를 보았는데, 그가 보는 DVD 플레이어에는 앞서 미주리 대학이 네브래스카 대학을 상대한 경기의 편집본이 담겨 있었다.

숀카는 경기를 찬찬히 살펴보면서 눈길을 끄는 장면이 나올 때마다 멈춤과 되감기를 반복했다. 그가 주목한 선수는 미주리 대학팀의 리시버(공격 시 쿼터백이 던지는 공을 받는 선수)인 제레미 매클린Jeremy Maclin과 체이스 코프먼Chase Coffman이었다. 든든한 수비수 윌리엄 무어William Moore도 좋아보였다. 그러나 가장 관심이 가는 선수는 듬직한 체구에 강한 어깨를 자랑하는 4학년생 쿼터백, 체이스 대니얼Chase Daniel이었다.

손카는 달려가는 리시버의 속도에 맞춰 정확히 공을 던지는 대니얼의 능력을 높이 평가했다. 손카의 옆에는 평가표가 놓여 있었다. 그는 경기를 보면서 대니얼이 공을 던질 때마다 점수를 매겼다. 그가 대니얼을 평가하는 기준은 예리했다.

"정확성 다음으로 중요한 것이 판단력입니다. 상황이 여의치 않으면 무리하지 말고 다음 기회를 엿볼 줄 알아야 합니다. 또 달려드는 상대편 수비수를 보고 위축되지 않는지, 태클당하기 직전에도 공을 잘 던지는지, 우리 편 수비수가 주위에서 지켜줄 때 더 잘 던지는지, 달릴 때 정확성이 떨어지지 않는지 살펴봅니다. 체력도 중요합니다. 경기가 끝날 때까지 힘과 투지를 유지할 수 있어야 해요. 그뿐 아니라 큰 경기에서 떨지 않는 담력, 팀을 이끌고 경기 막판에 점수를 낼 수 있는 리더십, 경기장을 넓게 보는 시야를 갖춰야 합니다. 팀이 많이 앞서고 있을 때는 상관없어요. 중요한 것은 팀이 밀리고 있을 때 어떤 모습을 보여주느냐 하는 겁니다."

그가 말을 끝내고 화면을 가리켰을 때 대니얼이 정확하게 공을 던진 후 상대편 수비수가 정면으로 그를 들이받는 장면이 나왔다.

"방금 보셨죠? 이 선수는 상대편 수비수가 달려드는 데도 똑바로

서서 공을 던졌어요. 담력을 갖췄다는 얘기죠."

183센티미터의 키에 몸무게가 102킬로그램인 대니얼은 우람한 상체를 갖췄고 동작에서 오만하게 보일 정도로 넘치는 자신감이 느껴졌다. 그는 공을 빠르고 부드럽게 던지는 것은 물론 견제를 유연하게 피했으며 간결하고 짧은 패스와 정확하고 긴 패스를 두루 잘 구사했다. 그 경기에서 그는 78퍼센트라는 놀라운 패스 성공률을 기록했다. 덕분에 네브래스카는 53년 만에 홈에서 최악의 패배를 당했다. 숀카는 "공을 제대로 던질 줄 아네요. 정확히 던져야 할 곳에 공을 전달해요"라고 말했다. 숀카는 전국 대학팀의 유망한 쿼터백을 빠짐없이 관찰하고 평가했지만 그중에서도 대니얼이 단연 돋보인다고 했다. 그가 보기에 대니얼은 대학 선수들 중에서 정상급의 쿼터백이었다.

그러나 대학시절의 유망주가 프로팀에서 반드시 성공하는 것은 아니다. 숀카는 1999년에 필라델피아 이글스Philadelphia Eagles에서 있었던 일을 들려주었다. 그해에 이글스는 1라운드 드래프트에서 5명의 쿼터백을 뽑았고 5명 모두 대니얼만큼 촉망받는 선수들이었다. 그러나 기대를 충족시킨 선수는 도노반 맥냅Donovan McNabb 한 명뿐이었다. 나머지는 초반에 반짝하다 평범한 선수로 전락하고 말았다. 결국 2명은 캐나다 리그로 밀려났고 2명은 곧바로 선수생활을 접었다.

1998년에는 라이언 리프Ryan Leaf라는 유망주가 같은 길을 걸었다. 샌디에이고 차저스San Diego Chargers는 그를 드래프트 전체 2위로 뽑아 계약 보너스로 1,100만 달러를 안겨주었지만, 리프는 프로 무대에서 형편없는 모습을 보였다. 2002년의 유망주이던 조이 해링턴Joey Harrington도 마찬가지였다. 오레곤 대학에서 활약하던 해링턴은 드래프트 전체 3위로 선발됐다. 숀카는 조이가 실패했다는 사실을 아직도 믿지 못하는 듯했다.

"나는 조이가 뛰는 모습을 직접 봤습니다. 공이 정말 정확했어요. 던지기 힘든 상황에서도 공을 제대로 던질 줄 알았죠. 거기에 어깨, 체격, 지능까지 나무랄 데가 없었어요."

그 말을 하는 동안 숀카는 덩치 큰 수비수 출신답지 않게 감상적인 모습을 보였다.

"조이는 피아노 실력도 엄청났습니다. 대단한 아이였어요. 나는 정말로 조이를 좋아했습니다."

그러나 디트로이트 라이온스Detroit Lions에서 뛰던 조이는 별다른 활약을 하지 못한 채 잊혀진 선수가 되었다. 숀카는 화면으로 눈길을 돌렸다. 대니얼은 팀을 이끌고 운동장을 종횡무진 누볐다. 숀카는 그 모습을 보면서 "프로팀에서도 저런 능력을 보여줄까요?"라고 말했다. 그는 머리를 천천히 흔들며 짧게 탄식했다.

그나마 선수가 뛰는 모습을 확인할 수 있는 숀카의 경우는 나은 편이다. 대부분의 회사는 채용된 후 어떤 모습을 보일지 전혀 알 수 없는 상황에서 사원을 뽑아야 한다. 그러면 도대체 어떻게 누구를 뽑아야 하는 걸까? 최근에 다양한 분야에서 이 문제에 대한 연구가 진행되었다. 그중에서 사회적인 파급력이 가장 큰 분야는 교육이다.

현대 교육학에서 중요한 평가도구 중 하나는 부가가치분석Value Added Analysis이다. 부가가치분석은 특정 교사가 담당한 학급이 한 학기 동안 얼마나 많은 성적 향상을 이뤘는지 평가한다. 가령 브라운 선생과 스미스 선생이 각각 학기 초에 치른 수학시험에서 50백분위수(백분위수는 전체 분포에서 차지하는 상대적 위치를 가리키며, 50백분위수는 중간에 해당함)를 기록한 3학년 학급을 맡았다고 가정하자. 학기 말에 치른 시험에서 브라운 선생이 맡은 학급은 성적이 70백분위수로 올라갔고, 스미스 선생이 맡은 학급은 40백분위수로 내려갔다. 부가가치분석에 따르면 이 변화는 브라운 선생의 교수법이 스미스 선생의 교수법에 비해 얼마나 효율적인지 보여주는 의미 있는 지표다.

물론 이 평가방식은 정밀하지 않다. 학업 성적이 교사의 책임만은 아니며 시험 성적이 교사가 학생에게 전달하는 모든 가치를 반영하는 것도 아니다. 그러나 3~4년간 스미스 선생과 브라운 선생을 관찰하면 앞으로 그들이 맡은 학급의 성적이 어떻게 변할지 예측할 수 있다. 즉, 충분한 기록이 쌓이면 실력이 좋은 교사와 나쁜 교사를 구분할 수 있다. 교육계에 충격을 준 사실은 뛰어난 교사와 형편없는 교사의 차이가 아주 크다는 것이다.

스탠퍼드 대학의 경제학자 에릭 하누섹Eric Hanushek은 형편없는 교사가 가르치는 학급은 평균적으로 한 학기 동안 교육목표의 절반밖에 배우지 못한다고 추정했다. 반면 뛰어난 교사가 가르치는 학급은 1.5배의 내용을 배웠다. 결과적으로 두 학급이 배우는 내용은 한 학기 분량이나 차이가 난다. 교사가 미치는 영향은 학교가 미치는 영향보다 훨씬 크다. 나쁜 학교에서 좋은 선생에게 배우는 학생이 좋은 학교에서 나쁜 선생에게 배우는 학생보다 더 잘 배운다. 또한 교사는 학급 규모보다 훨씬 큰 영향을 미친다. 평균적인 교사가 85백분위수에 속하는 교사만큼 학습 효과를 내려면 학급 규모를 거의 절반으로 줄여야 한다. 학급 규모를 절반으로 줄이려면 교실과 교사 수를 2배로 늘려야 하지만 뛰어난 교사와 평균적인 교사를 고용하는 비용은 같다.

최근에 하누섹은 교사의 자질에 대한 기본적인 투자를 통해 미국의 교육 수준을 얼마나 높일 수 있는지 계산했다. 전 세계 학생들의 학업 성적 순위를 매기면 미국은 평균을 약간 밑돈다. 미국 학생들의 학업 성적은 캐나다나 벨기에처럼 상대적으로 학업 성적이 뛰어난 국가보다 0.5표준편차(전체 자료의 분산 정도를 나타내는 지표에서 평균으로부터 0.5만큼 떨어진 것을 말함) 밑에 위치한다. 하누섹의 계산에 따르면 미국은 하위 6~10퍼센트의 공립학교 교사를 평균적인 수준의 교사로 바꾸면 그 격차를 줄일 수 있다.

오랫동안 교육 예산, 학급 규모, 교과목 개선 같은 사안에 집중하던 교육 개혁가들은 마침내 좋은 교사가 될 잠재력이 있는 인력을 찾는 것이 최선이라는 결론을 내렸다. 그러나 여전히 문제는 남았다. 누구도 좋은 교사가 될 잠재력이 있는 사람을 가려내는 방법을 몰랐다. 이제 학교도 프로 미식축구팀과 같은 문제에 부딪힌 것이다.

지능도, 경력도 뛰어넘는 프로의 세계

미주리 대학과 오클라호마 주립대학의 미식축구 경기는 저녁 7시에 시작되었다. 경기를 치르기에 더없이 좋은 날씨였다. 하늘에는 구름 한 점 없었고 선선한 가을바람이 불었다. 차들이 긴 행렬을 이루며 경기장으로 몰려들었다. 많은 차량이 뒤에 미주리 대학팀의 상징인 호랑이 꼬리를 달고 있었다. 미주리 대학팀에게 그것은 아주 중요한 경기였다. 그들은 그때까지 무패를 기록했기 때문에 대학선수권전에서 우승할 기회가 있었다. 숀카는 언론석에 자리를 잡았는데 그곳에서는 경기장에서 뛰는 선수들이 마치 체스판의 말처럼 잘 보였다.

경기는 미주리 대학팀의 공격으로 시작됐다. 체이스 대니얼은 공격진의 선봉인 센터 뒤 7야드 지점에서 공을 잡았다. 전방에는 5명의 리시버가 있었다. 왼쪽에서 2명, 오른쪽에서 3명이 일정한 간격을 두고 달려갔다. 상대팀 수비수의 라인맨lineman(공격의 최전방에서 상대팀 수비를 저지해 공격을 원활하게 해준다)도 넓게 자리 잡고 있었다. 대니얼은 몇 차례에 걸쳐 안정된 자세로 공을 잡아 대각선 방향으로 7~8야드 거리에 있는 리시버들에게 전달했다.

미주리 대학팀은 확산대형Spread으로 공격을 전개했다. 정상급으로 손꼽히는 쿼터백이 속한 대학팀은 모두 확산대형을 취했다. 확산대형에서는 라인맨과 리시버들 사이에 넓은 간격을 두기 때문에 쿼터백이 공을 받기 전에 상대팀 수비진의 의도를 파악하기 쉽다. 이때 쿼터백은 수비라인을 '읽고' 어디로 공을 던져야 할지 판단할 수 있다. 대니얼은 고등학교 때부터 확산대형 공격방식을 경험했기 때문에 이미 익숙한 상태였다. 숀카는 "대니얼이 얼마나 빨리 공을 전방으로 보내는지 보세요. 상대팀 수비수가 얼마 전진하지 않았는데 벌써 공이 날아가요. 어디로 가야 할지도 정확히 알고 있군요. 공격진이 저렇게 넓게 퍼지면 수비진이 속임수를 쓰기가 힘들어요. 쿼터백은 수비진의 움직임을 바로 읽고 쉽게 결정을 내릴 수 있어요"라고 설명했다.

그러나 현장에서 직접 활약하는 것을 보면서도 숀카는 고민에 빠져 있었다. 대니얼이 프로팀에서도 계속 뛰어난 모습을 보여줄지 예측하기 힘들었기 때문이다. 프로팀 경기는 더 빠르고 복잡했다. 더구나 대학팀들이 확산대형 전법을 쓰면서 대학시절의 경기 능력과 프로팀에서 선보일 경기 능력과의 상관관계가 거의 사라져버렸다. 프로팀은 확산대형을 쓰지 않는다. 아니, 쓸 수가 없다. 프로팀 수비수는 대학팀 수비수보다 훨씬 빨라 순식간에 쿼터백을 덮쳐버리기 때문이다.

프로팀에서는 공격진이 밀집된 형태를 취한다. 만약 대니얼이 프로팀에서 뛰게 된다면 전방에 5명의 리시버를 둘 수 없다. 대개는 3명이나 4명의 리시버가 그의 공을 받게 된다. 또한 센터 7야드 뒤에서 안정된 자세로 공을 잡아 어디로 던져야 할지 쉽게 판단할 수 있는 상황도 주어지지 않는다. 그는 센터 바로 뒤에 웅크리고 앉아 공을 전달받은 다음, 즉시 뒤로 몇 발자국 물러서서 던질 자세를 잡아야 한다. 이때 상대팀 수비수는 생각할 틈을 주지 않고 사방에서 달려든다. 공격진이 밀집돼 있기 때문에 쿼터백은 수비진의 전략을 확인할 수 없다. 즉, 수비진이 속임수를 쓸 여지가 있다. 한마디로 대니얼은 공을 전달받기 전에 수비진의 의도를 미리 읽을 수 없다. 공격이 시작된 후 몇 초 안에 수비진이 어떻게 움직이는지 보고 순간적으로 판단해야 한다. 숀카의 설명이 이어졌다.

"확산대형에서는 많은 선수가 전담하는 수비수 없이 전방에 나가 있습니다. 하지만 프로 경기에서는 리시버가 전담 수비수 없이 자유롭게 달리는 경우가 아주 드물어요. 그래서 조금만 조준을 잘못해도 공을 수비수한테 뺏기기 쉽습니다. 그만큼 엄청난 신체적 능력이 요구되지요."

숀카가 말하는 동안 대니얼은 팀을 이끌고 전진했다. 그러나 대개는 직접 공을 갖고 달리기보다 대각선으로 빠르게 던지는 편이었다. 프로 경기에서는 그렇게 쉬운 패스를 하기 힘들다. 수비수를 피해 훨씬 길고 높이 던져야 한다. 대니얼이 그런 패스도 잘할까? 숀카로서는 알 길이 없었다. 대니얼의 키도 걸림돌이었다. 확산대형에서는 간격이 넓어 183센티미터라도 충분히 경기장 상황을 살필 수 있지만 프로 경기에서는 그런 공간이 주어지지 않는 데다 190센티미터가 넘는 거구의 수비수를 상대해야 한다.

"대니얼이 새로운 공격대형에서도 경기장 상황을 잘 볼지, 계속 지금 같은 패스 성공률을 보일지, 수비수가 어떻게 대처할지 궁금해요. 확산대형이 아닌 상황에서 어떻게 수비진을 읽는지, 센터 뒤에서 곧바로 공을 잡고도 잘 던지는지, 같은 팀 선수들이 주위를 둘러쌌을 때는 어떤지, 후방에서 20야드나 25야드 거리를 던질 수 있는지 보고 싶군요."

손카는 수비수 무어나 리시버 매클린, 코프먼에 대해서는 그만큼 고민하지 않았다. 물론 프로 경기의 양상은 다르지만 쿼터백의 경우만큼 큰 차이는 아니기 때문이다. 그들은 힘세고 빠르고 기술이 좋았기 때문에 미주리 대학팀에서 뛰어난 모습을 보여주었다. 이러한 장점은 프로 경기에서도 통할 수 있었다.

반면 프로팀에 들어가는 쿼터백은 완전히 새로운 경기방식을 익혀야 한다. 손카는 1999년 드래프트에서 1위로 뽑힌 팀 카우치Tim Couch의 사례를 소개했다. 카우치는 켄터키 대학팀의 쿼터백으로 해마다 신기록을 세웠다. 그는 경기장 맞은편에 놓인 쓰레기통에 정확하게 공을 넣을 수 있을 정도로 뛰어난 패스 능력을 자랑했다. 그러나 프로팀에서는 실패했다. 물론 프로팀 쿼터백에게도 정확한 패스 능력은 필요하지만 관건은 실제 경기상황에서 어느 정도로 정확하게 던질 수 있느냐에 있었다.

프로팀에 선발되는 쿼터백은 모두 지능 검사를 받는다. 이는 고도의 사고 능력을 요구하는 프로 경기에서 성공하려면 지능이 뛰어나야 한다는 논리에 따른 것이다. 그런데 경제학자 데이비드 베리David Berri와 롭 시몬스Rob Simmons가 분석한 바에 따르면 지능 검사는 전혀 쓸모가 없었다. 1999년에 드래프트 1순위로 뽑힌 5명의 쿼터백 가운데 유일하게 명예의 전당에 오를 기회를 얻게 된 도노반 맥넵은 지능이 가장 낮았다. 역대 최고의 쿼터백으로 손꼽히는 댄 마리노Dan Marino와 테리 브래드쇼Terry Bradshaw의 지능도 도노반 맥냅과 비슷한 수준이었다.

예측을 할 때 우리는 보통 과거의 사실을 돌아보고 더 나은 지표를 찾는다. 예를 들어 의사가 환자의 입장에 공감하고 의사소통을 잘하는 능력을 갖춰야 한다는 의식이 강해지면서, 의대는 입학시험 성적만큼이나 대인관계 기술을 중시해야 한다는 압력을 받고 있다. 의대 입학생을 잘 뽑을 수 있다면 당연히 좋은 의사가 많이 배출될 것이다.

프로팀의 신인 쿼터백을 선발하는 경우는 다르다. 숀카는 선수들을 분석할 때 핵심적인 요소를 결코 빠트리지 않았다. 그러나 대니얼이 프로팀에서 어떤 성적을 올릴지 짐작하게 해주는 보다 효과적인 지표는 존재하지 않는다. 쿼터백을 선발하는 일이 어려운 이유는 대니얼의 성적을 예측할 방법이 없기 때문이다. 쿼터백은 매우 특별하고 전문적인 능력이 요구되는 역할이라 누가 성공하고 실패할지 알 길이 없다. 베리와 시몬스의 연구 결과에 따르면 드래프트 순위와 프로 성적 사이에는 아무런 상관관계도 존재하지 않았다.

대니얼이 뛰는 동안 후보 선수 체이스 패튼Chase Patton은 경기장 밖에서 묵묵히 경기를 지켜보았다. 패튼은 경기에 출장하는 일이 드물었다. 미주리 대학팀에서 4년을 보냈지만 모두 26회의 패스를 기록했을 뿐이다. 그렇지만 일부 스카우터는 프로팀에서라면 패튼이 대니얼보다 좋은 쿼터백이 될지도 모른다고 생각했다. 미주리 대학과 오클라호마 주립대학의 경기가 열린 주에 스포츠 전문지 〈ESPN〉은 표지에 두 선수를 나란히 싣고 '체이스 대니얼은 하이즈만트로피

(최고 대학선수상)를 안을지 모르지만 그의 후보 선수는 슈퍼볼을 안을지 모른다'라는 제목을 달았다.

사람들은 왜 패튼에게 관심을 가질까? 이유는 명확하지 않다. 그가 연습경기에서 좋은 모습을 보였을 수도 있고, 현재 프로팀에서 잘하고 있는 쿼터백이 대학팀에서 후보 선수였을 수도 있다. 아무 이유 없이 선수를 표지에 싣지는 않을 것이다. 어쩌면 이 경우는 쿼터백 선발 문제가 극단적으로 드러난 것인지도 모른다. 대학팀에서 올린 성적이 아무 의미가 없다면 굳이 후보 선수와 주전 선수 사이에 격차를 둘 이유도 없지 않은가?

놀라운 피드백

버지니아 대학의 교육학자 밥 피안타Bob Pianta의 연구팀은 한 유치원 교사가 둥글게 둘러앉은 7명의 아이에게 알파벳을 가르치는 모습을 담은 동영상을 보여주었다. 30초가 지난 후 피안타는 동영상을 멈추고 오른쪽에 앉은 2명의 여자아이를 가리켰다. 유별나게 활동적인 두 아이는 자꾸만 원 안으로 들어가 책을 건드리려고 했다. 피안타가 동영상을 설명했다.

"교실 분위기가 상당히 활발하죠? 교사가 그런 분위기를 만들고 있어요. 그녀가 일반 교사와 다른 점은 아이들이 원 안으로 들어가 책을 만지도록 허용한다는 점이예요. 아이들을 억지로 제자리에 앉히지 않아요."

피안타의 연구팀은 교사와 학생 사이의 상호작용과 관련된 다양한 역량을 평가하는 체계를 만들었다. 그중에 '학생의 관점 존중 Regard for Student Perspective'이라는 항목이 있다. 이 항목은 학생들이 자기 방식대로 학습에 참여할 수 있도록 허용하는 유연성을 평가한다. 피안타는 동영상을 재생해 그 교사가 활발하면서도 절대 난장판이 되지 않도록 교실 분위기를 이끄는 모습을 확인했다. 피안타는 "일반적인 교사는 아이들이 책 쪽으로 다가가는 것을 버릇없는 행동으로 간주합니다. 이때 대개는 가만히 앉아 있으라고 제지하죠. 그러면 분위기가 경직되고 말지요"라고 말했다. 피안타의 동료 브리짓 햄리Bridget Hamre가 말을 받았다.

"이 아이들은 세 살, 네 살이에요. 그 나이 때는 관심을 보이는 방식이 어른과 달라요. 아이들은 몸을 앞으로 기울이거나 조금씩 다가가죠. 뛰어난 교사는 그것을 버릇없는 행동으로 오해하지 않아요. 초보 교사한테 이 사실을 인식시키기가 참 힘들어요. 아이들의 관점을 존중하다 보면 교실 분위기를 통제하지 못할 거라고 생각하거든요."

피안타는 다시 동영상을 보면서 교사가 수업 내용을 친숙하게 만드는 법을 지적했다. 교사는 "C는 카우Cow"라고 가르치면서 일전에 농장을 방문했던 일을 이야기했다. 햄리는 "아이들이 어떤 이야기를 할 때마다 이 교사는 거기에 응답해줘요. 우리는 그런 능력을 민감성Sensitivity이라고 부르지요"라고 설명했다.

이어 교사는 이름이 C로 시작하는 아이가 있는지 물었다. 한 아이가 "캘빈Calvin이요"라고 대답하자 교사는 고개를 끄덕이며 "맞아요, 캘빈은 C로 시작해요"라고 되풀이했다. 그러자 가운데 앉은 여자아이가 "저요!"라고 소리쳤다. 교사는 그 아이에게 몸을 돌리며 "네 이름은 베니샤Venisha지. V로 시작해. 베.니.샤."라고 또박또박 설명해주었다.

이 장면은 상당히 중요한 의미가 있다. 버지니아 대학 연구팀이 조사한 모든 역량 중에서 학업 성과에 가장 큰 영향을 미친 것은 피드백이었다. 피드백은 교사가 학생의 말에 직접적이고 개인적으로 응답하는 것을 말한다. 동영상의 교사는 떠들썩한 와중에도 베니샤가 외치는 "저요!"라는 말을 놓치지 않았을 뿐 아니라 적절하게 응답해주었다. 햄리는 "사실 저건 뛰어난 피드백은 아니에요. 좋은 피드백은 의사소통을 통해 더 깊은 이해로 이어져야 해요"라고 말했다. 그 상황에서 완벽한 피드백은 베니샤의 이름표를 꺼내 V자를 가리키며 C와 어떻게 다른지 보여주고, 전체 아이들이 따라서 발음하게 하는 것이다. 그러나 교사는 다른 아이에게 정신이 팔렸는지 아니면 거기까지 신경 쓰지 못했는지 그렇게 하지 않았다. 햄리는 이야기를 이어갔다.

"다른 교사는 여자아이의 말을 무시하거나 틀렸다고 말하는 경우가 많아요. 대부분의 피드백은 옳고 그름을 지적하죠. 그런 피드백은 거의 아무런 학습 효과가 없어요."

피안타는 유사한 상황을 담은 다른 동영상을 보여주었다. 이번에는 수업 내용이 행복한 감정과 슬픈 감정을 파악하는 방법이었다. 교사는 헨리에타Henrietta와 트위글Twiggle이라는 강아지 인형을 가지고 짧은 상황극을 보여주었다. 헨리에타가 수박을 나눠주지 않아 트위글이 슬퍼한다는 내용이었다. 햄리는 날카롭게 지적했다.

"이 교사는 다른 사람의 표정을 보고 행복한지 아니면 슬픈지 알 수 있다는 점을 가르치고 있어요. 흔히 이 나이 때 아이들은 다른 사람에게 일어난 일을 보고 감정을 알 수 있을 거라고 생각합니다. 강아지를 잃어서 슬프다는 식이죠. 사실 아이들은 이 수업 내용을 이해하기가 힘들어요. 그래서 교사가 애를 먹고 있네요."

교사는 "어떤 일을 하고 나서 표정을 지을 때가 있죠?"라고 말한 다음 눈과 입을 가리켰다. "행복한 사람은 얼굴로 행복하다고 말해요." 아이들은 멍한 얼굴로 교사를 바라보았다. "잘 봐요." 교사는 밝게 웃는 표정을 지었다. "이건 행복한 거예요! 내가 행복한지 어떻게 알까요? 내 얼굴을 봐요. 내가 행복할 때 어디가 변하는지 말해봐요. 안 돼요. 그만하고 내 얼굴을 봐요." 옆에 앉은 여자아이가 "눈이요"라고 외쳤다. 교사로서는 중요한 내용을 전달할 수 있는 기회였다. 그러나 교사는 아이의 말에 아무 반응을 보이지 않았다.

그녀는 다시 "내 얼굴에서 어디가 변하죠?"라고 물으면서 웃고 찡그리기를 반복했다. 피안타는 동영상을 멈추었다. 그는 헨리에타가 트위글에게 수박을 나눠주어 행복하게 만들었다는 내용은 교육목표를 제대로 반영하지 못했다고 지적했다.

"이 내용을 더 잘 가르치는 방법은 먼저 아이들에게 '어떨 때 기분이 좋아요?'라고 묻는 겁니다. 아이들이 각자 대답하겠죠. 그러면 '그때 어떤 표정을 지어요?'라고 다시 물어요. 그런 방법으로 슬픈 표정까지 가르치면 아이들이 표정 변화를 인식하게 돼요. 저런 방법은 효과가 없어요."

하지만 동영상 속의 교사는 "내 얼굴에서 어디가 변했어요?"라고 몇 번째인지 모를 질문을 반복했다. 한 소년이 교사를 바라보며 몸을 앞으로 기울였다. 수업에 관심을 갖기 시작했다는 신호였다. 그러나 교사는 "똑바로 앉아야지!"라며 쏘아붙였다.

교사들의 다양한 모습을 담은 동영상을 보다 보니 몇 가지 뚜렷한 경향이 드러나기 시작했다. 한 교사는 받아쓰기 시험을 보면서 '나는 어제 결혼식에 갔습니다'처럼 자신과 관계있는 문장만 말했다. 학생들의 흥미를 끌 수 있는 기회를 스스로 날려버린 것이다. 다른 교사는 수업 도중 파워포인트 슬라이드를 보여주려고 하다가 아직 컴퓨터를 켜지도 않았다는 사실을 뒤늦게 깨달았다. 컴퓨터가 켜지는 동안 교실은 난장판이 되었다.

한 교사는 유난히 인상적인 모습을 보였다. 그는 청바지에 초록색 폴로셔츠를 입은 젊은 고등학교 교사였다. 그는 칠판 앞에 서서 2개의 삼각형을 그린 다음 학생들에게 말했다.

"오늘은 특수 직삼각형에 대해 살펴봅시다. 그냥 편하게 생각하면서 몇 가지 문제를 풀어볼 겁니다. 이 변의 길이를 한번 구해보세요. 계산이 되지 않으면 그냥 생각만 해보세요. 조금 있다가 같이 풀어볼 거니까요."

그는 말과 행동이 유난히 빨랐다. 피안타는 어려운 삼각법을 설명하기에 좋지 않은 모습이라고 지적했다. 그러나 그의 열정이 교실

전체에 영향을 미치는 것 같았다. 그는 문제를 낼 때마다 모르는 사람은 도와주겠다는 말을 잊지 않았다. 교실 한 구석에 벤이라는 학생이 있었다. 그 학생은 수업 내용을 제대로 따라가지 못했다. 벤이 질문에 대답하지 못하자 교사는 그의 옆으로 가서 찬찬히 푸는 방법을 설명해주었다. 그제야 벤도 혼자 계산을 하기 시작했다. 이어 교사는 옆자리 학생이 문제를 푸는 모습을 보면서 칭찬해주었다. 그는 그런 식으로 교실을 돌며 학생들을 하나하나 살폈다. 다른 교사가 컴퓨터를 켜느라 허비한 2분 30초 동안 그는 문제를 내고 거의 모든 학생이 제대로 푸는지 살핀 후, 다음 문제로 넘어갔다.

피안타는 "일반적인 교사는 칠판 앞에서 혼자 떠들고 말아요. 누가 답을 알고 누가 모르는지 신경 쓰지 않죠. 하지만 이 교사는 개인별로 피드백을 주고 있어요. 그 부분은 단연 돋보이네요"라고 했다. 팀원들도 놀라운 표정을 지으며 그의 모습을 지켜보았다.

뒤에 눈이 달린 교사는 누구인가

교육 개혁은 대개 교사의 자질을 높이기 위한 노력으로 시작된다. 다시 말해 교사를 선발하는 성적 기준을 최대한 엄격하게 만든다. 그러나 교육 현장의 모습을 담은 동영상을 통해 효과적인 교육요소가 얼마나 복잡한지 알게 되면 예비교사의 시험 성적을 중시하는 방향이 잘못됐음을 알 수 있다. 알파벳을 가르친 유치원 교사는 아이들의 필요에 민감하게 반응했고, 교실의 전체 분위기를 해치지 않는

선에서 아이들이 자유롭게 움직이도록 허용했다. 또한 삼각법을 가르친 고등학교 교사는 2분 30초 만에 모든 학생에게 일일이 관심을 쏟았다. 이러한 자질은 사고 능력과 아무런 관계가 없다.

하버드 대학의 교육학자 토머스 J. 케인Thomas J. Kane, 다트머스 대학의 경제학자 더글러스 스타이거Douglas Staiger, 미국진보센터Center for American Progress의 정책분석가 로버트 고든Robert Gordon은 교사자격증이나 석사학위가 있는 교사를 임용하면 교육의 질을 높이는 데 도움이 되는지 조사했다. 거의 모든 교육구에서 교사가 이 2가지 자격을 갖추려면 많은 시간과 비용이 들어갔다. 그러나 학습 효과와는 별로 상관이 없었다. 교육 능력과 깊이 관련된 것처럼 보이는 시험 성적, 대학원 성적, 자격증은 대학팀 쿼터백이 멀리 있는 쓰레기통에 공을 넣는 능력만큼이나 실질적인 효용과 거리가 멀었다.

교육학자 제이콥 쿠닌Jacob Kounin은 교사가 잘못된 행동을 제지하는 사례를 분석했다. 한 사례에서 메리가 제인에게 몸을 기울여 무슨 말을 속삭였다. 두 소녀는 서로 키득거렸다. 그러자 교사가 "거기 두 사람, 조용히 해!"라고 제지했다.

흥미로운 사실은 제지 방법, 즉 말투나 태도 혹은 표현은 교실 분위기를 바로잡는 데 아무런 차이를 드러내지 않는다는 것이다. 왜 그럴까? 쿠닌이 동영상으로 관찰한 바에 따르면 메리가 제인에게 속삭이기 전에 루시가 존에게 먼저 속삭이기 시작했다. 그 모습을 보고 로버트가 끼어들어 옆에 있던 제인을 웃게 만들었다. 이어 제인은 존에게 무슨 말을 했다. 메리가 제인에게 속삭인 것은 그 후였다. 교실 전체에서 일탈행위가 연쇄적으로 이뤄진 것이다.

중요한 문제는 교사가 연쇄적 일탈을 어떤 방식으로 제지하느냐가 아니라 처음부터 연쇄가 시작되지 않도록 제지할 수 있느냐다. 쿠닌은 그런 능력을 장악력withitness이라고 부른다. 장악력은 '말로 표현하지 않고도 뒤에 눈이 달린 것처럼 학생들이 하는 일을 항상 알고 있다는 느낌을 주는 능력'을 말한다. 뛰어난 교사가 되려면 장악력이 있어야 한다. 하지만 실제로 학생들 앞에 세워보지 않고 어떻게 장악력이 있는 사람인지 알 수 있단 말인가?

교육자보다 비즈니스맨을 뽑는 일에 정성을 쏟는 사회

쿼터백 선발 문제의 의미를 가장 심각하게 받아들이는 분야는 바로 투자업계다. 역설적으로 투자업계에서 일어난 일은 교육계에 유용한 지침을 제공한다. 투자업계에는 대학졸업 외에 정해진 입문 요건이 없다. 특히 금융서비스회사는 학점이나 석사학위 소지 여부 혹은 다른 일련의 조건을 따지지 않는다. 어떤 사람이 뛰어난 실적을 올릴지 미리 알 수 있는 방법은 없다. 그래서 투자업계는 기회의 문을 활짝 열어젖혔다. 노스스타리소스 그룹North Star Resource Group의 공동회장 에드 도이치랜더Ed Deutschlander의 채용방식은 매우 흥미롭다.

"인력을 채용할 때 보통 하루를 어떻게 보내는지 묻습니다. 만약

5시 30분에 일어나 운동하고 도서관에 들른 다음 수업을 듣고, 아르바이트를 마친 후 11시까지 과제를 한다고 말하면 채용될 가능성이 있습니다."

2007년, 노스스타리소스 그룹은 면접을 본 1,000여 명 중에서 49명을 합격시켰다. 지원자 20명당 1명을 채용한 셈이다. 1차 면접을 통과한 사람들은 4개월간 실제 투자상담가와 같은 일을 했다. 이 기간에 이들은 최소한 고객 10명을 확보해야 했다. 도이치랜더는 "10명의 고객을 확보해 1주일에 최소한 열 번 고객을 만난다면 100번 넘게 영업을 했다는 의미가 됩니다. 그 정도면 이 바닥에서 일할 수 있을 만큼 행동이 빠르다고 보죠"라고 말했다.

1차 면접을 통과한 49명 중에서 23명이 2차 기준을 만족시켰고 그들은 견습 투자상담가로 채용되었다. 진정한 시험은 그때부터 시작됐다. 도이치랜더는 상당히 예리했다.

"인턴 기간에 최고의 실적을 기록했을지라도 투자업계에서의 성공 여부를 보려면 3~4년이 걸립니다. 처음에는 그저 수박 겉핥기 정도일 뿐입니다. 지금부터 4년 후에는 아마 30~40퍼센트가 살아남을 겁니다."

도이치랜더 같은 사람은 흔히 게이트키퍼Gatekeeper(취사선택을 하는 수문장)로 불린다. 그들은 특정한 직업 세계의 관문에 서서 입문자들을 가려낸다. 도이치랜더는 자신의 역할이 문을 지키는 동시에 가능한 넓게 열어두는 것이라고 생각한다. 따라서 그는 10명의 투자상담가를 뽑기 위해 1,000명을 면접한다. 만약 프로 미식축구팀이 같은 방식을 쓴다면 대학팀의 최고 쿼터백이 누군지 파악하기를 포기하고 서너 명의 우수한 선수를 시험할 것이다.

이것은 교육계에 더 깊은 의미가 있다. 이러한 방식을 적용하려면 우선 교사가 될 수 있는 자격 요건을 높이지 않아야 한다. 뜻있는 대학졸업생에게 모두 기회를 주고 현장에서의 활동에 따라 평가해야 하는 것이다. 다시 말해 노스스타리소스 그룹처럼 시험 기간을 둬야 한다는 얘기다. 예비교사는 이 기간 동안 엄격한 심사를 거치게 된다.

케인과 스타이거는 좋은 교사와 나쁜 교사의 차이가 엄청나기 때문에 1명의 교사를 뽑기 위해 4명의 후보를 시험해야 한다고 주장한다. 이 경우 지금처럼 임기를 보장할 수 없다. 또한 교사의 능력을 평가하고 제대로 반영하려면 경직된 임금구조도 바꿔야 한다. 아직 능력이 검증되지 않은 예비교사는 인턴 수준의 임금을 받는 반면, 한학기에 1.5배의 학습목표를 달성하는 교사는 후한 임금을 받아야 한다. 그래야 우수한 교사를 붙잡아둘 수 있고 안정성이 떨어지는 직업에 도전하는 예비교사에게는 동기를 부여할 수 있다.

그러면 이러한 해결책을 적용하는 것이 정치적으로 가능할까? 아마도 납세자들은 1명의 좋은 교사를 찾기 위해 4명의 예비교사를 시험하는 데 드는 비용을 못마땅해 할 것이다. 교사노조 역시 현재의 임기제도를 조금만 바꾸려 해도 격렬히 저항할 것이다. 그러나 교육개혁을 바라는 사람들은 교육계가 노스스타리소스 그룹 같은 기업이 오랫동안 활용한 방식을 받아들이길 바란다.

도이치랜더는 투자업계에서 성공하는 데 필요한 역량을 갖춘 인재를 찾기 위해 많은 돈을 쓴다. 그의 설명에 따르면 투자회사는 일반적으로 견습 투자상담가가 일을 배우는 3~4년간 직간접 비용을 합해 1년에 10~25만 달러를 들인다. 물론 대부분의 경우 그런 투자는 헛되이 소비된다. 그러나 인내심을 갖고 투자하면 매우 뛰어난 투자상담가를 육성할 수 있다. 도이치랜더는 자랑스럽게 자신의 결실을 들려주었다.

"현재 우리 회사에는 125명의 투자상담가가 있습니다. 2007년에 71명이 100만 달러 원탁회의에 들어갔어요. 125명 중에 71명이 업계 최고 수준에 오른 겁니다."

아이들을 가르치는 사람보다 돈을 관리하는 사람을 뽑는 데 더 많은 정성을 들이는 사회는 어딘가 잘못된 것이 아닐까?

커다란 파이의 한 조각

미주리 대학은 4쿼터 중반에 위기에 빠졌다. 그해 처음으로 경기 후반에 점수가 뒤진 것이다. 빨리 점수를 내지 않으면 대학선수권전 우승의 꿈이 날아갈 수도 있었다. 대니얼은 센터가 건네준 공을 받은 다음 던지기 위한 자세를 잡았다. 리시버들은 모두 상대팀 수비수의 견제를 받고 있었다. 대니얼은 직접 공을 들고 달리기 시작했다. 수비수들이 그를 향해 달려들었다. 대니얼은 드물게 수비수들로부터 전면적인 압박을 받는 상황에 처했다. 당황한 그는 서둘러 공

을 던지다가 수비수에게 안겨주고 말았다. 숀카는 그 장면을 보고
펄쩍 뛰었다.

"대니얼답지 않군요. 저렇게 공을 던진 적이 없었는데 말이죠."

숀카 옆에 앉은 다른 스카우터도 실망한 표정을 지으며 "절대 수
비수가 뺏기 쉬운 공을 던지는 선수가 아닌데 이상하군요"라고 말했
다. 대니얼의 실수는 결정적인 단서가 될 수도 있었다. 그는 압박을
받는 상황에서 약점을 노출한 것이다. 프로팀 쿼터백이 되면 그런
상황에 수없이 처하게 된다. 하지만 프로팀 쿼터백은 시켜보지 않으
면 얼마나 잘할지 알기 힘든 자리다. 애초에 예측이 불가능한 분야
에서 사람의 미래를 예측하는 것은 편견에 불과하다. 대니얼이 공을
뺏긴 것은 좋은 프로팀 쿼터백이 될 수 없다는 증거일 수도 있고, 앞
으로 고쳐야 할 교훈을 얻은 실수일 수도 있다. 숀카는 탄식처럼 중
얼거렸다.

"저런 모습은 커다란 파이의 한 조각에 불과해요."◆

2008년 12월 15일

◆ 미주리 대학팀은 총 전적 10승 4패를 기록했다. 한때 하이즈만트로피의 강력한 후보였던 체이스 대
니얼은 대회 후반으로 갈수록 부진한 모습을 보였다. 결국 그는 2009년 드래프트에서 프로팀의 선택
을 받지 못하고 워싱턴 레드스킨스(Washington Redskins)에 자유계약 선수로 들어갔다.

03 허상에 불과한 심리수사

프로파일링 기법은 과연 쓸모가 있는가

전설이 된 추리극

1940년 11월 16일, 맨해튼 웨스트 64번가에 있는 콘에디슨Con Edi-
son 빌딩의 청소부가 창문틀에 설치된 파이프 폭탄을 발견했다. 폭
탄에는 "콘에디슨의 사기꾼들아, 너희에게 보내는 것이다"라고 적
힌 쪽지가 붙어 있었다. 1941년 9월에는 콘에디슨 빌딩에서 가까
운 19번가에서 두 번째 폭탄이 발견되었다. 그로부터 몇 달 후 뉴욕
경찰은 '콘에디슨에게 본때를 보여주마. 그들은 비열한 행위에 대
한 대가를 치르게 될 것이다'라는 내용의 편지를 받았다. 1941년부
터 1946년 사이에 모두 16통의 편지가 추가로 배달되었다. 편지는
모두 활자체로 작성됐고 '비열한 행위'라는 단어가 자주 사용됐으며
F. P.라는 서명이 있었다.

1950년 3월, 그랜드센트럴 터미널에서 더 크고 강력한 폭탄이 터
진 데 이어 뉴욕 공공도서관의 공중전화박스에서도 폭탄이 터졌다.

미치광이 폭파범Mad Bomber의 범죄행각은 계속되었다. 그는 라디오 시티뮤직홀Radio City Music Hall을 비롯한 4군데에서 폭탄을 터트렸다.

1955년에도 6건의 폭탄테러가 발생했다. 시민들의 분노는 극에 달했지만 경찰은 아무런 단서도 찾지 못했다. 뉴욕 경찰국 범죄연구실의 하워드 피니Howard Finney 형사는 다급한 나머지 2명의 사복형사와 함께 제임스 브러셀James Brussel이라는 심리학자를 찾아갔다. 프로이드학파에 속하는 브러셀은 한때 연방수사국의 방첩부서에서 일했으며《즉석 심리상담가: 10가지 쉬운 교훈으로 전문 심리상담가가 되는 법Instant Shrink: How to Become an Expert Psychiatrist in Ten Easy Lessons》을 비롯해 여러 권의 책을 썼다. 피니는 브러셀의 책상에 한 무더기의 서류를 내려놓았다. 거기에는 폭탄 사진, 폭발 현장 사진, 폭탄테러범이 보낸 편지 사본 등이 포함돼 있었다. 브러셀은 《범죄심리학자의 사례집Casebook of a Crime Psychiatrist》이라는 회고록에 당시의 일을 기록했다.

"피니와 함께 온 두 사복형사의 표정을 지금도 잊을 수 없다. 육군에서 일할 때 종종 그런 표정을 본 적이 있다. 사실 현장에서 잔뼈가 굵은 사람들은 심리학 나부랭이는 믿을 게 못된다고 생각하는 경향이 있다."

브러셀은 피니가 건넨 자료를 분석하기 시작했다. F. P.는 16년간 콘에디슨으로부터 부당한 일을 당했다는 생각에 사로잡혀 있었다. 편집증 환자가 틀림없었다. 편집증은 시간이 걸리는 병이다. F. P.가 1940년부터 폭탄테러를 했으므로 그는 중년의 나이라고 유추

할 수 있다. 브러셀은 F. P.가 경찰에 보낸 편지의 글씨를 유심히 살폈다. 또박또박 쓴 글씨체로 보아 겉으로는 반듯하고 신중한 성격에 일을 잘하는 사람일 것이다. 편지 내용은 그가 대학 수준의 교육을 받았음을 보여준다. F. P.의 단어 선택과 문장 구사는 다소 과장된 면이 있었다. 그는 콘에디슨을 간혹 '그' 콘에디슨이라고 지칭했다. '비열한 행위'라는 표현도 굉장히 오래된 것이었다. 그런 점에서 F. P.는 외국 출신일 가능성이 컸다. 편지에서 눈에 띄는 점은 유독 'W'자만 이상하게 적었다는 사실이다. 잘못 적힌 'W'는 2개의 'U'처럼 보였다. 범인이 쓴 'W'를 본 브러셀은 유방을 연상했다.

이어 범죄 현장 자료를 살폈다. F. P.는 극장에 폭탄을 설치할 때 의자 밑을 칼로 자른 다음 폭탄을 밀어 넣었다. 그것은 여성의 몸을 관통하거나 남성의 성기를 거세하는 상징적인 행위로 보였다. 그렇다면 F. P.는 오이디푸스기를 벗어나지 못한 것이 틀림없었다. 그는 외로운 미혼 남성으로 어머니 역할을 하는 사람과 함께 살고 있을 가능성이 컸다.

브러셀의 추리는 계속되었다. F. P.는 동유럽 출신 같았다. 교수형이 지중해 출신을 암시하듯 폭탄과 칼의 조합이 동유럽을 연상시켰기 때문이다. 편지의 일부 발신지는 웨스트체스터Westchester 카운티였다. 언뜻 F. P.가 주거지에서 편지를 보냈을 확률은 낮다고 볼 수도 있지만 코네티컷주 남동부에는 동유럽 사람들이 많이 살았다. 또한 코네티컷주에서 뉴욕시로 가려면 웨스트체스터를 지나가야 했다. 브러셀은 잠시 생각을 정리한 다음 심리수사 세계에서 전설로 남아 있는 추리를 시작했다. 다음은 그의 책에서 당시를 회고한 대목이다.

나는 "한 가지가 더 있어요"라고 말한 다음 눈을 감았다. 형사들의 반응을 보고 싶지 않았기 때문이다. 내 마음의 눈에는 범인의 모습이 보였다. 흠잡을 데 없이 깔끔하고 단정한 그는 새로운 유행을 피하고 구닥다리가 된 오랜 옷을 고집했다. 그의 모습은 단서들이 말해주는 것보다 더 명확하게 떠올랐다. 상상력의 영향이라는 것을 알고 있었지만 어쩔 수 없었다. 나는 눈을 질끈 감고 말했다.

"그를 잡으면 틀림없이 단추가 두 줄로 달린 정장을 입고 있을 겁니다."

한 형사가 옆 사람에게 "말도 안 돼"라고 속삭이는 소리가 들려왔다. 나는 그 말을 무시하고 범인이 단추를 끝까지 채웠을 거라고 덧붙였다. 눈을 뜨니 형사들이 서로를 바라보고 있었다. 피니 형사는 "단추가 두 줄로 달린 정장을 입었을 거라고요?"라고 물었다.

"그래요."

"단추를 다 채우고요?"

"맞습니다."

그는 고개를 끄덕였다. 그들은 말없이 떠나갔다.

한 달 후, 조지 메테스키George Metesky가 뉴욕 시 폭탄테러의 용의자로 체포되었다. 그의 본래 이름은 밀로스카스Milauskas였고 2명의 누나와 함께 코네티컷주 워터베리Waterbury에서 살았다. 미혼인 그는 옷을 단정하게 입었으며 미사에 빠짐없이 참석했다. 범행 동기는 1929년부터 1931년까지 콘에디슨에서 일하다 심하게 다쳤음에도 아무런 보상을 받지 못했다는 데 있었다. 그는 경찰에게 문을 열어주면서 "당신들이 왜 왔는지 알아요. 내가 미치광이 폭파범인 줄아는 모양이군요"라고 말했다. 때는 자정이었고 그는 파자마를 입고있었다. 경찰은 그에게 옷을 입으라고 말했다. 잠시 후 그는 말끔하게 빗은 머리에 광을 낸 구두를 신고 나타났다. 물론 단추가 두 줄로달린 정장이었고 단추는 끝까지 다 채운 상태였다.

"혹시 심령술사입니까?"

《양들의 침묵》에 등장하는 잭 크로포드 요원의 모델, 존 더글더스John Douglas는 연방수사국의 탁월한 프로파일러다. 그는 1970년대와 1980년대에 캔자스 주 위치타Wichita를 공포로 몰아넣은 BTK라는 연쇄살인범을 다룬《BTK의 마음속Inside the Mind of BTK》이라는 책을 썼다. 그는 심리분석을 통해 범죄자를 추적하는 프로파일링 기법의 선구자, 하워드 테텐Howard Teten의 제자다. 테텐은 브러셀의 제자로 1972년에 연방수사국 내에 행동과학부Behavioral Science Unit가 설립되도록 도왔다. 프로파일러의 세계는 프로이트로부터 시작하는 계보를 따라 밀접하게 형성돼 있다. 브러셀은 더글러스에게 심리수사의 아버지였다. 그의 책《BTK의 마음속》도 논리와 스타일 면에서 브러셀이 쓴《범죄심리학자의 사례집》에 바치는 경의와 같았다.

  BTK는 '묶고Bind 고문하고Torture 죽인다Kill'의 약자로 범인이 위치타 경찰에 보낸 도발적인 편지에서 자신을 지칭한 말이다. 최초의 살인은 1974년 1월에 벌어졌다. 희생자는 서른여덟 살의 조지프 오테로Joseph Otero와 그의 아내, 아들, 그리고 지하실 파이프에 목이 묶인 채 발견된 열한 살짜리 딸이었다. 여자아이의 다리에는 정액이 묻어 있었다. BTK는 1977년 3월에 젊은 여성을 목 졸라 죽인 후 수년간 최소한 네 번의 살인을 더 저질렀다. 위치타 주민은 공포에 떨었지만 경찰은 아무런 단서도 찾지 못했다. 결국 1984년에 형사 2명이 행동과학부를 찾아갔다.

두 형사가 더글러스를 만났을 때 그는 행동과학부에서 근무한 지 10년이 다 되어가는 베테랑이었다. 그가 나중에 쓴 2권의 베스트셀러 《마인드헌터Mindhunter》와 《강박Obsession》은 아직 세상에 나오지 않은 때였다. 1년에 150건의 사건을 다루는 그는 연일 출장을 다녔지만 BTK 건을 잠시도 잊지 않았다. 때로 그는 밤늦도록 잠을 이루지 못하고 의문과 씨름했다. 대체 BTK는 누굴까? 어떤 이유로 그런 짓을 저지르는 것일까? 그를 자극하는 것은 무엇일까?

두 형사와 마주한 더글러스 옆에는 로이 헤이즐우드Roy Hazel-wood가 앉아 있었다. 마른 몸매에 골초인 헤이즐우드는 성범죄 전문가로 《음울한 꿈들Dark Dreams》과 《인간이 저지른 죄악The Evil That Men Do》이라는 베스트셀러를 썼다. 헤이즐우드 옆에는 공군비행사 출신인 론 워커Ron Walker가 있었다. 더글러스의 평가에 따르면 워커는 두뇌회전이 빠르고 엄청나게 학습 능력이 뛰어났다. 3명의 프로파일러와 2명의 형사는 커다란 오크테이블 주위에 앉았다.

더글러스는 책에서 "회의의 목적은 더 이상 다룰 내용이 없을 때까지 모든 증거를 파헤치는 것"이었다고 썼다. 그들은 《살인자들과의 인터뷰Whoever Fights Monsters》와 《나는 살인자와 함께 살았다 Have Lived in the Monster》를 쓴 동료, 로버트 레슬러Robert Ressler가 개발한 유형학Typology을 활용했다. 유형학을 통해 BTK가 어떤 종류의 사람인지, 어떤 행동을 하는지, 어떤 직업에 종사하는지, 어떤 것을 좋아하는지 추적했던 것이다. 《BTK의 마음속》의 초반부에 그 내용이 자세히 소개되어 있다.

지금은 프로파일링 기법에 익숙해져 그것이 얼마나 대담한 시도였는지 쉽게 잊고 만다. 전통적인 수사는 피해자의 시체를 조사하는 것으로부터 시작해 탐문수사 중심으로 이뤄졌다. 형사들은 단서를 쫓으며 차츰 수사망을 좁혀 나갔다. 집사, 옛 애인, 조카, 정체불명의 유럽인 등 다양한 용의자가 용의선상에 올랐다. 한마디로 수많은 용의자 중에서 범인을 가려내는 추리극처럼 수사가 진행되었다.

반면 프로파일링에서는 처음부터 수사망이 좁혀진다. 범죄 현장은 수사가 시작되는 지점이 아니라 범인을 말해주는 단서다. 프로파일러는 사건 자료를 살펴본 후 먼 곳을 바라보며 범인의 모습을 떠올린다. 브러셀은 책에서 프로파일링을 이렇게 설명했다.

"심리학자는 대개 특정한 사람을 연구해 그가 미래에 할 행동, 즉 이러저러한 자극에 어떻게 반응할지, 어떻게 행동할지에 대해 합리적인 예측을 할 수 있다. 내가 한 일은 예측의 순서를 바꾼 것이다. 나는 행위를 통해 행위자가 어떤 사람인지 추리했다."

그는 프로파일링을 통해 단추가 두 줄로 달린 정장을 입은 동유럽 출신의 중년 남자를 찾아냈다. 프로파일링은 숨바꼭질이 아니라 스무고개다. 프로파일러는 직접 범인을 잡지 않는다. 체포는 형사들의 몫이다. 프로파일러는 형사들과 회의를 하지만 대개는 예측한 내용을 기록하지 않는다. 기록도 형사들이 한다. 프로파일러는 후속 수사에 참여하지 않아도 되고 예측을 합리화할 필요도 없다.

언젠가 더글러스는 할머니 성폭행 사건에 관여한 적이 있다. 그는 경찰서를 찾아가 담당형사들에게 의견을 제시했다.

"범인은 열여섯 살이나 열일곱 살의 고등학생입니다. 옷차림은 단정치 않고 머리는 헝클어졌을 겁니다. 외톨이에 여자친구도 없고 성격이 괴팍합니다. 가슴 속에는 분노가 가득 담겨 있어요. 그는 할머니가 혼자 있다는 사실을 알고 찾아갔습니다. 아마 과거에도 수상한 행동을 한 적이 있을 겁니다."

다음은 그가 그 후의 상황을 책에 묘사한 대목이다.

나는 설명을 마치고 그런 사람이 있다면 그가 바로 범인이라고 말했다. 내 말을 들은 형사들은 서로를 바라보며 웃기 시작했다. 한 명이 "혹시 심령술사입니까?"라고 물었다. 나는 "아닙니다. 초능력이 있다면 일이 훨씬 쉬워지겠죠"라고 대답했다. 그 형사는 "몇 주일 전에 한 심령술사가 여기 와서 똑같은 말을 했거든요"라고 말했다.

어쩌면 더글러스는 그 말에 기분이 상했을지도 모른다. 그는 심리분석을 범죄수사에 응용한 프로파일링의 적통을 이어받았고 수많은 영화와 소설에 영감을 준 사례들을 해결한 최고의 프로파일러였다. 하지만 더글러스는 화를 내지 않았다. 그는 경찰서를 나온 후 설명하기 힘든 통찰의 근원에 대해 생각했다. 그러한 생각은 프로파일링이라는 신비한 기술은 무엇이며 신뢰할 수 있는 것인가에 대한 의문으로 이어졌다. 그는 책에서 자신의 생각을 이렇게 정리했다.

내가 하는 일은 모든 증거를 살핀 다음 범인의 머릿속으로 들어가는 것이다. 나는 범인과 같은 방식으로 생각하려고 노력한다. 오랫동안 나를 취재한 톰 해리스Tom Harris 같은 소설가가 어떻게 등장인물에 생명을 불어넣는지 정확하게 설명하지 못하는 것처럼 내가 범인을 떠올리는 방식도 정확하게 설명하기 힘들다. 만약 거기에 심령적인 요소가 있다고 해도 부정하지는 않을 것이다.

연쇄살인범의 2가지 패턴

존 더글러스와 로버트 레슬러는 1970년대 말에 악명 높은 연쇄살인범을 만나는 일을 시작했다. 첫 목적지는 캘리포니아였다. 더글러스가 말한 대로 캘리포니아는 언제나 기괴하고 이상한 범죄가 많이 일어나는 곳이었다. 그들은 몇 달간 주말과 휴일에 교도소를 찾아가 모두 36명의 연쇄살인범을 면담했다.

더글러스와 레슬러가 알고 싶어 했던 것은 살인범의 삶과 성격은 범죄의 특성과 어떤 연관이 있는가 하는 점이었다. 그들은 심리학에서 성격과 행동 사이의 관계를 가리키는 상동성Homology을 밝혀내려 노력했다. 면담을 통해 알게 된 살인범의 성격과 범죄의 특성을 비교한 결과 특정한 패턴이 발견되었다. 그들은 이러한 결과를 토대로 연쇄살인범을 2가지 범주로 나눴다.

어떤 연쇄살인범들은 논리적이고 계획적이다. 그들은 특정한 환상을 충족시키기 위해 희생자를 고른다. 그런 다음 속임수로 희생자를 끌어들여 범죄를 저지르는 내내 상황을 통제한다. 시간을 들여 환상을 세심하게 충족시키는 것이다. 또한 그들은 돌발 상황에 대응할 줄 알고 계속 돌아다니며 범죄행각을 벌인다. 영악하게도 그들은 절대 범행도구를 남기지 않고 꼼꼼하게 시체를 숨긴다. 더글러스와 레슬러는 그들을 '조직적Organized' 범죄자로 분류했다.

반면 '비조직적' 범죄자는 희생자를 논리적으로 선택하지 않는다. 이들은 무작위로 희생자를 고른 다음 꼬드기거나 뒤를 밟지 않고 순식간에 공격한다. 그러다 보니 부엌에서 식칼을 범행도구로 쓰고 그대로 남겨두기도 한다. 또한 범행이 서툴러서 희생자에게 반격할 기회를 내주는 경우가 많다. 이러한 범죄는 위험지역에서 잘 발생한다. 레슬러는《살인자들과의 인터뷰》에서 "비조직적 살인범들은 희생자를 모르고 전혀 관심도 없다. 그들은 희생자가 누군지 알고 싶어 하지 않으며 대개 재빨리 기절시키거나 얼굴을 덮어버린다"라고 썼다.

이 2가지 유형은 성격과 밀접한 관계가 있다. 조직적 살인범은 지능이 높고 말재주가 뛰어나다. 그들은 자신이 다른 사람보다 우월하다고 생각한다. 반면 비조직적 살인범은 매력이 없고 자존감이 낮으며 장애가 있는 경우도 있다. 그들은 성격이 괴팍하고 내성적이라 이성을 잘 사귀지 못하기 때문에 혼자 혹은 부모와 함께 산다. 그들은 대개 옷장에 포르노를 쌓아 두며 자동차의 상태가 엉망인 경우가 많다.

더글러스와 레슬러는 "가구가 집주인의 성격을 드러내듯 범죄 현장은 범인의 성격을 반영한다"고 지적했다. 연구를 계속할수록 범인의 성격과 범죄의 특성 사이에 명확한 상관관계가 드러났다. 가령 희생자가 백인이면 살인범도 백인일 가능성이 컸으며, 희생자가 노인이면 살인범이 성적으로 미성숙할 확률이 높았다. 조직적인 성향의 성폭행범은 경찰시험에 떨어지고 경비원이나 보안 요원처럼 관련된 분야에서 직업을 구한 경우가 많았다. 조직적인 성폭행범은 통제에 집착하기 때문에 통제를 상징하는 기관에 들어가려 하는 것이다. 이러한 통찰은 일부 성폭행범이 경찰차와 같은 기종의 차를 몬다는 예측을 뒷받침했다.

프로파일링은 수사에 도움을 주는가

스물여섯 살의 특수학교 교사가 브롱크스에 있는 아파트 옥상에서 변사체로 발견됐다. 그녀는 아침 6시 30분에 출근하다가 납치된 것으로 보였다. 살인범은 스타킹과 벨트로 그녀를 묶은 다음 얼굴을 알아볼 수 없을 정도로 폭행하고 성기와 젖꼭지를 훼손했다. 그뿐 아니라 온몸을 물고 배에 욕설을 적고 자위를 하고 시체 옆에 배설을 했다.

이제 우리가 연방수사국에 소속된 프로파일러라고 가정하자. 가장 먼저 풀어야 할 숙제는 범인의 인종이다. 희생자는 백인이었다. 그러면 일단 범인을 백인으로 정하자. 나이는 사례집에 있는 36명의 살인범이 살인을 시작한 20대 중반에서 30대 초반으로 잡자. 범죄의 성격은 어떤가? 명백히 비조직적이다. 그는 오전에 시내 아파트 옥상에서 범행을 저질렀다. 조직적 살인범은 그런 위험을 감수하지 않는다. 그러면 범인은 아침 6시 30분에 왜 거기에 있었을까? 근처에 살고 있을 수도 있고 아침 일찍 일하는 직업에 종사할 수도 있다. 어떤 경우든 아파트 구조를 잘 아는 것으로 보인다. 그는 비조직적이며 안정적이지 않다. 그에게 혹시라도 직업이 있다면 기껏해야 육체노동일 가능성이 크다. 또한 폭행이나 성범죄 전과가 있을 수도 있다. 그는 여성과 관계를 맺은 적이 없거나 문제가 많은 관계를 겪었을 것이다. 사체를 훼손하고 배설했다는 사실은 정신이상이나 약물중독의 가능성을 말해준다.

지금까지의 추리를 어떻게 생각하는가? 나중에 잡힌 범인은 이 추리와 정확히 일치했다. 범인의 이름은 카민 캐러브로Carmine Calabro로 서른 살에 미혼이고 실업자였으며 사회생활에 문제가 많은 배우였다. 그는 정신병원에서 지내기도 했고 범행을 저지른 아파트 4층에서 아버지와 함께 살았다.

프로파일링은 실제 수사에 얼마나 도움이 될까? 경찰은 처음부터 캐러브로를 용의선상에 올려놓고 있었다. 아파트 옥상에서 살인을 저지르고 사체를 훼손한 사건을 수사한다면 프로파일링이 아니더라도 같은 아파트에서 아버지와 함께 사는 정신이상자를 의심할 수밖에 없다.

따라서 연방수사국 프로파일러들은 언제나 조직적 범죄와 비조직적 범죄의 구분에 더해 수사망을 좁힐 수 있는 세부사항을 덧붙인다. 1980년대 초, 더글러스는 마린Marin 카운티에서 지역 경찰과 연방수사국 요원들을 상대로 프레젠테이션을 했다. 그가 분석한 인물은 샌프란시스코 근교에서 등산하는 여성들을 죽인 살인범이었다. 더글러스가 보기에 범인은 전형적인 비조직적 살인범으로 30대 초중반의 백인 남성이고 육체노동자이며 야뇨증(야간에 소변을 지리는 것)을 앓거나 방화 혹은 동물학대를 한 적 있는 것으로 예측됐다. 다음으로 그는 범인의 반사회적인 측면에 주목했다. 범인은 도시에서 멀리 떨어진 숲 속에서 살인을 저질렀다. 더글러스는 범인이 뭔가 심하게 의식하는 장애가 있기 때문에 으슥한 곳을 범행 장소로 삼았을 거라고 추리했다. 그 장애는 외팔이나 외다리처럼 신체적인 것이 아니다. 만약 그렇다면 희생자들을 제압할 수 없었을 터다. 그가 내린 결론은 언어장애였다.

더글러스의 설명에는 수사에 도움이 되는 세부적인 내용이 포함돼 있었다. 그러면 그런 내용이 실제로 도움이 되었을까? 더글러스의 말에 따르면 나중에 검거된 범인은 30대 초중반이 아니라 50대였다. 수사관들은 수사망을 좁히기 위해 프로파일링 자료를 활용한다. 이때 나이처럼 일반적인 내용이 빗나가 버리면 크게 도움이 되지 않는다.

배턴루지Baton Rouge의 연쇄살인범 데릭 토드 리Derrick Todd Lee

의 경우, 연방수사국 프로파일러들은 범인을 육체노동에 종사하는 스물다섯 살에서 서른다섯 살 사이의 백인 남성으로 보았다. 또한 그들은 다음과 같은 세부사항을 덧붙였다.

"범인은 여성에게 매력적으로 보이고 싶어 한다. 그러나 자신보다 사회적 위치가 높은 여성과 말이 통하기에는 지적 수준이 너무 낮다. 여성은 그를 이상한 사람이라고 생각했을 것이다."

리는 프로파일러들의 추리대로 육체노동에 종사하는 스물다섯 살에서 서른다섯 살 사이의 남성이었다. 그러나 그는 매력적이고 활달했다. 그는 카우보이모자에 뱀가죽 구두를 신고 바에 갔으며 많은 여자친구를 둔 바람둥이였다. 결정적인 것은 그가 백인이 아니라 흑인이었다는 점이다.

프로파일링은 정답을 많이 맞히면 합격하는 시험이 아니다. 프로파일링은 초상화를 그리는 일이며 모든 세부사항이 호응해 구체적인 이미지를 드러내야 한다. 1990년대 중반, 영국 내무부는 184건의 범죄에서 프로파일링이 체포에 결정적인 도움을 준 건수가 얼마나 되는지 조사했다. 조사 결과 총 5건으로 2.7퍼센트에 불과했다. 따라서 프로파일러들이 추리한 내용을 참고하는 수사관들의 입장은 모호할 수밖에 없다. 그들은 범인이 말을 더듬는다거나 30대라는 사실을 얼마나 믿어야 할지 알 수 없다. 그렇다고 무시해버릴 수도 없으니 답답한 노릇일 따름이다.

심리분석의 속임수

프로파일링에는 더 근본적인 문제가 있다. 더글러스와 레슬러는 범주별로 연쇄살인범들을 만나 분류체계를 세운 것이 아니다. 그들은 사정이 되는 대로 연쇄살인범을 만났다. 또한 인터뷰를 할 때 표준화된 양식을 따르지도 않았다. 단지 연쇄살인범과 마주앉아 두서없이 대화를 나눴을 뿐이다. 이는 엄밀한 분류체계를 세우기 위한 과정으로는 적당치 않다. 그러니 연쇄살인범을 조직적인 성향에 따라 분류하는 것이 타당한지 의문이 생기는 것도 어쩔 수 없다.

얼마 전, 리버풀 대학의 심리학자들이 연방수사국의 분류체계가 유효한지 연구했다. 먼저 그들은 조직적 성향을 말해주는 단서를 모았다. 성행위를 할 때 희생자가 살아있었던 경우, 사체가 특정한 자세를 취한 경우, 살인무기와 사체가 숨겨진 경우, 고문을 가한 경우 등이 그런 사례였다. 이어 연구팀은 비조직적 성향을 말해주는 단서를 모았다. 희생자가 폭행을 당한 경우, 시체가 고립된 장소에 버려진 경우, 희생자의 소지품이 흩어져 있던 경우, 현장에 있던 물건을 살인무기로 쓴 경우 등이 이런 사례에 속했다.

연방수사국의 분류체계가 유효하다면 이 두 단서들이 서로 뒤섞이면 안 된다. 다시 말해 범죄 현장에서 조직적 성향을 말해주는 단서가 하나 이상 나왔다면 추가로 발견되는 단서는 비조직적 성향과 거리가 멀어야 한다. 그러나 리버풀 대학 연구팀이 100건의 연쇄 범죄를 연구한 결과 연방수사국의 분류체계가 들어맞는 사례는 나오지 않았다. 거의 모든 범죄는 둘 중 하나의 범주로 나눌 수 없었다. 대다

수 사례에서 소수의 조직적 성향과 다양한 종류의 비조직적 성향이
섞여서 발견되었던 것이다. 선임연구원이자《범죄심리학자의 사례
집The Forensic Psychologist's Casebook》을 쓴 로렌스 앨리슨Laurence
Alison의 주장에 따르면 범죄는 연방수사국이 나누는 것보다 훨씬
더 복잡한 양상을 띤다.

리버풀 대학 연구팀은 유형학도 검증했다. 더글러스의 추리기법
이 옳다면 특정 범죄는 언제나 특정 성향의 범죄자와 연관돼야 했
다. 리버풀 대학 연구팀은 100건의 강간 사건을 28가지 변수로 나누
었다. 거기에는 변장이나 칭찬하기, 결박하기, 눈가리개 혹은 입마개
착용, 사과하기, 절도 등의 변수가 포함돼 있었다. 이어 연구팀은 범
죄 패턴이 나이, 직업 유무와 종류, 인종, 교육 수준, 결혼 여부, 전과
기록, 전과 유형, 마약 사용 여부 등의 특성과 연관되는지 살폈다. 피
해자를 묶고 입마개와 눈가리개를 한 강간범은 칭찬하고 사과한 강
간범과 뚜렷이 구분되는 특성이 있었을까? 그렇지 않았다. 두 집단
사이에는 거의 차별성이 없었다.

법의학자로 연방수사국의 프로파일링기법을 비판적으로 바라보
는 브렌트 터베이Brent Turvey는 문제점을 날카롭게 지적한다.

"성향이 다른 범죄자가 완전히 다른 이유로 같은 행동을 하기도
합니다. 공원에서 셔츠로 얼굴을 덮고 성폭행한 강간범이 있다고 칩
시다. 왜 그랬을까요? 그 행동은 무슨 의미일까요? 10가지 추리로
그 행동을 설명할 수도 있습니다. 범인은 피해자의 얼굴을 보고 싶
지 않았거나 자신의 얼굴을 보이고 싶지 않았거나 피해자의 가슴을

보고 싶었거나 다른 사람을 상상하고 싶었거나 팔을 움직이지 못하게 하려 했을 수도 있습니다. 그밖에도 온갖 가능성이 있어요. 단지 한 가지 추리로 행동을 설명해서는 안 됩니다."

몇 년 전, 앨리슨은 브롱크스의 아파트 옥상에서 살해된 여성의 사례를 재검토했다. 그는 연방수사국의 프로파일링기법이 단순한 심리학적 논리에 근거를 두고 있음에도 대단한 명성을 얻은 이유를 알고 싶었다. 그는 용의자의 특성이 제시되는 방식에 허점이 있을 거라고 생각했다. 실제로 프로파일러가 분석한 내용을 문장별로 살펴본 결과 모호하고 상반된 표현이 많아 해석의 여지가 엄청나게 넓었다. 점성술사와 심령술사는 오랫동안 이와 비슷한 기법을 활용해왔다. 마술사 이언 로랜드Ian Rowland는《점술에 대한 모든 사실The Full Facts Book of Cold Reading》에서 초보 프로파일러도 활용할 수 있는 기법을 하나씩 열거했다.

첫 번째는 양면 어법이다. 양면 어법은 상반되는 면을 모두 언급하는 것이다. 가령 '당신은 조용하고 잘 나서지 않지만 때로 흥이 나면 파티 분위기를 이끌기도 합니다'라고 말하는 식이다. 두 번째는 연령대별로 뻔한 특성을 말하는 자크Jacques식 어법이다. 자크는 셰익스피어의 희극 〈뜻대로 하세요As You Like It〉에 나오는 인물로 7가지 나이대에 속한 남자들의 특성을 들려준다. 가령 30대 말과 40대 초에 속한 남자는 젊은 시절에 품었던 그 많은 꿈이 다 어디로 갔는지 의아해한다. 세 번째는 지극히 일반적이라 틀릴 수 없는 말을 그럴 듯하게 꾸미는 바넘Barnum(누구에게나 들어맞을 수밖에 없는 일반적인 정보를 듣고 꼭 내 얘기 같다고 믿으려는 경향을 '바넘 효과'라고 한다)식 어법, 네 번째는 '유럽 쪽으로 인연이 닿을 것 같군요. 영국 같기도 하고 날씨가 따뜻한 걸 보면 지중해일 수도 있고⋯⋯'라는 식으로 범위를 넓게 잡는 모호한 어법이다.

그 외에도 질문 얼버무리기, 다른 답으로 둘러대기, 확률이 높은 예측을 확실하게 아는 내용인 것처럼 제시하기 등 다양한 기법이 있다. 이러한 기법을 능숙하게 조합해서 구사하면 어지간한 사람은 속아 넘어가기 십상이다. 가령 부정 어법을 써서 "직업은 아이들하고는 관계가 없네요, 그렇죠?"라고 물을 수 있다. 이때 상대방이 관계가 없다고 대답하면 "그럴 줄 알았습니다. 당신은 아이들하고는 맞지 않아요"라고 말하면 된다. 물론 다른 대답이 나와도 얼마든지 넘어갈 수 있다. "아이들하고 관계가 있는데요? 파트타임으로 유치원에서 일해요"라고 대답해도 "그럴 줄 알았습니다. 정식 직업으로 가질 인연은 아니에요"라고 둘러댈 수 있다.

브롱크스 살인 사건을 분석한 앨리슨은 일종의 점성술을 시도해 보기로 했다. 그는 영국의 경찰관들에게 사건 내용, 연방수사국 프로파일러의 추리, 범인의 인적 사항을 보여주었다. 그들은 프로파일러의 추리가 아주 정확하다고 보았다. 앨리슨은 다시 다른 경찰관들에게 같은 자료를 주었다. 이번에는 범인의 인적 사항을 완전히 바꿨다. 그가 창조한 가상의 범인은 서른일곱 살의 알코올중독자였다. 이 범인은 얼마 전에 상수도국에서 해고당했으며 과거에 계량기 점검을 다니다가 희생자를 만난 적이 있다. 또한 그는 폭행과 강도 전과가 있다. 두 번째 경찰관들은 연방수사국 프로파일러의 추리가 가짜 범인을 얼마나 정확히 예측했다고 보았을까? 놀랍게도 첫 번째 경찰관들만큼 정확하다고 보았다.

제임스 브러셀은 피니 형사가 가져온 자료를 통해 미치광이 폭파범의 모습을 본 것이 아니다. 그것은 착각에 불과하다. 문학연구가 도널드 포스터Donald Foster가 2000년에 펴낸 《작자미상Author Unknown》에서 밝혔듯 브러셀은 기억을 윤색했다. 그는 범인이 화이트플레인스White Plains에 있다고 지목해 뉴욕 경찰국 폭발물처리반이 헛된 수색작업을 벌이게 만들었다. 또한 그는 범인이 밤에 일하는 40대에서 50대 사이의 남성으로 무기전문가이고 얼굴에 흉터가 있다고 추리했다. 그러나 메테스키는 1931년에 콘에디슨을 그만둔 후 거의 실업자로 지냈고 쉰 살이 넘었다. 그리고 철공소에서 잠깐 일했을 뿐 무기전문가와는 거리가 멀었으며 얼굴에 흉터도 없었다. 무엇보다 회고록에 쓴 바와 달리 브러셀은 범인을 동유럽 출신으로 지목하지 않았다. 정확히 독일에서 태어나 교육받은 사람이라고 말했다. 이 예측은 메테스키가 반발할 정도로 실제 사실과 거리가 멀었다. 메테스키는 〈저널아메리칸Journal American〉에 "나는 아버지가 미국 이민선을 함부르크에서 탔다는 것 외에 독일과 아무런 관련이 없다. 그것도 65년 전에 말이다"라고 기고했다.

메테스키 사건에서 진정한 영웅은 브러셀이 아니라 콘에디슨에서 일하는 앨리스 켈리Alice Kelly라는 여성이었다. 경찰로부터 이전 사원들의 인사기록을 살펴달라는 부탁을 받은 그녀는 1930년 초반에 한 사원이 쓴 경위서를 찾아냈다. 그는 경위서에 뜨거운 가스가 역류하면서 날아온 부품에 맞아 다쳤다고 썼다. 그러나 회사는 사실이 아니라고 결론을 내렸다. 켈리는 그 사원이 이후에 보낸 항의서에서 "내 손으로 정의를 이루겠다"는 표현을 발견했다. 미치광이 폭파범이 경찰에 보낸 협박편지에도 같은 표현이 있었다. 물론 그 사원의 이름은 조지 메테스키였다.

브러셀은 미치광이 폭파범의 정체를 제대로 추리하지 못했다. 그는 수많은 예측을 하면 잘못된 것은 곧 잊혀지고 맞힌 것은 유명세를 안겨준다는 사실을 알았을 뿐이다. 결국 프로파일링은 심리분석의 개가가 아니라 속임수였던 셈이다.

예측을 가장한 예측

《BTK의 마음속》은 연방수사국 프로파일러들이 범인을 추리하는 장면으로 시작된다.

때는 1984년으로 범인의 정체는 오리무중이었다. 더글러스, 헤이즐우드, 워커 그리고 위치타에서 온 2명의 형사는 모두 오크테이블 주위에 앉아 있었다. 더글러스는 상의를 벗어 의자에 걸고 추리를 시작했다.

"1974년에 살인을 시작할 때 범인은 20대 중후반이었습니다. 이제 10년이 지났으니 30대 중후반이 되었겠지요."

다음은 워커의 차례였다. 그는 범인이 정상적인 성관계를 한 번도 갖지 못했으며 미성숙하고 부적절한 성경험이 있을 거라고 예측했다.

"범인은 외톨이 성향이 있습니다. 주위 사람들이 따돌리지 않는데도 스스로 혼자 있는 쪽을 선택하는 성격입니다. 모임에서는 그럭저럭 사람들과 어울리지만 겉으로만 정상적으로 보일 뿐입니다. 또한 동년배 여성을 불편해합니다."

마지막으로 헤이즐우드가 나섰다.

"범인은 자위행위에 몰두합니다. 성관계를 할 때도 위압적인 태도로 여성이 봉사해주길 원합니다."

더글러스가 헤이즐우드의 말을 받았다.

"범인과 만나는 여성은 나이 어린 순진한 여성이거나 경제적으로 의지하는 나이든 여성일 겁니다. 그리고 범인은 눈에 띄진 않지만 깔끔한 차를 몰 것입니다."

프로파일러들의 추리는 회의 중반을 넘기면서 더욱 활발해졌다. 더글러스는 범인이 이혼했고 집을 빌려서 사는 하위 중산층이며 군대와 관계있는 인물일 거라고 예측했다. 워커는 범인이 급여가 낮은 사무직이라고 말했고 헤이즐우드는 중산층에 말솜씨가 좋으며 즉각적인 만족을 추구하는 인물이라고 말했다. 세 사람이 모두 동의하는 부분은 범인의 지능지수가 105에서 145 사이라는 것이었다.

회의가 끝나갈 무렵 워커는 범인을 만났던 사람들은 "그를 기억하기는 하지만 어떤 사람인지 잘 알지는 못할 것"이라고 말했다. 더글러스는 갑자기 떠오른 듯 "거의 확실할 것으로 보이는데 만약 범인에게 직업이 있다면 제복을 입는 일일 겁니다. 범인은 정신병자는 아닙니다. 대단히 교활한 인물이에요"라고 덧붙였다.

회의는 거의 6시간이나 계속되었다. 그동안 연방수사국의 최고 프로파일러들은 위치타에서 달려온 형사들에게 사건을 해결하기 위한 청사진을 제시했다. 프로파일러들이 추리한 범인은 군대와 관련이 있는 남성으로 지능지수가 105를 넘고 자위를 즐기며 고압적이고 이기적인 태도로 성행위를 한다. 또한 깔끔한 차를 몰며 즉각적인 만족을 추구한다. 여성들과 잘 어울리지 못하지만 여자친구가 있을지도 모르고, 외톨이지만 모임에서 크게 어색한 모습을 보이지 않으며, 눈에 띄지 않지만 알 수 없는 구석이 있다. 미혼이거나 이혼했을 수도 있고 결혼했다면 아내와 나이 차이가 많이 난다. 빌린 집이나 자기 집에서 살고 상위 중산층이거나 하위 중산층 혹은 그냥 중산층에 속하며 대단히 교활하다.

이 추리 내용을 로랜드가 설명한 점술기법에 따라 나누면 자크식 어법이 한 번, 바넘식 어법이 두 번, 양면 어법이 네 번, 높은 확률 어법이 한 번 나온다. 검증이 불가능한 예측도 2개나 있다. 결정적으로 범인이 신도회장을 맡은 지역유지고 2명의 자녀를 둔 가장이라는 사실은 누구도 예측하지 못했다.

회의가 끝난 후 더글러스는 자리에서 일어나 상의를 입으며 말했다.

"이 사건은 해결할 수 있습니다. 도움이 더 필요하시면 언제든 저희한테 연락하세요. 분명 범인을 잡을 수 있을 겁니다."

그는 형사들의 용기를 북돋우려는 듯 미소를 지으며 등을 가볍게 두드렸다.

이 기사가 나간 후 나는 공영라디오방송에서 더글러스와 공개토론을 했다. 나는 그가 리버풀 대학 연구팀의 비판에 논리적인 반론을 제기할 것으로 기대했다. 그러나 그는 학계의 비판에 대해 전혀 아는 바가 없었다.

2007년 11월 12일

04 인재경영의 허울

똑똑한 사람들의 가치는 어떻게 과대평가되었는가

인재 천국, 엔론은 왜 무너졌는가

닷컴 열풍이 최고조에 달한 1990년대 말, 미국 최고의 경영컨설팅 회사인 맥킨지가 소위 인재 전쟁War for Talent이라는 프로젝트를 시작했다. 이를 위해 그들은 전국의 기업 간부들에게 설문지를 보냈고, 그중에서 18개 기업이 특별히 주목할 대상으로 선정됐다. 맥킨지 컨설턴트들은 3일간 각 기업의 최고경영자로부터 인사과 사원에 이르기까지 인사와 관련된 모든 구성원을 면접했다. 프로젝트의 목적은 최고의 실적을 올리는 기업이 어떤 식으로 채용과 승진을 실시하는지 조사하는 것이었다.

보고서와 설문지, 면접 내용을 분석한 맥킨지는 실적이 좋은 기업과 부진한 기업 사이에 근본적인 차이가 있음을 발견했다. 프로젝트를 이끈 에드 마이클스Ed Michaels, 헬렌 핸드필드-존스Helen Handfield-Jones, 베스 액셀로드Beth Axelrod는《인재 전쟁》에서 "머릿속에서 전구가 켜지는 것처럼 깨달음이 찾아왔다"고 썼다. 그들은 최고의 기업을 이끄는 경영진은 인재 확보에 주력했다는 결론을 내리고 있다. 그들은 1년 내내 우수한 인재를 찾아 영입하는 일에 열을 올렸으며, 우수한 인재에게는 차별적인 대우와 빠른 승진을 보장했다. 제너럴일렉트릭General Electric의 한 임원은 인재 전쟁 프로젝트팀에게 "우리는 가장 뛰어난 능력을 갖춘 타고난 인재에게 투자합니다. 경험이 부족하더라도 인재를 높은 자리에 앉히는 일을 두려워해서는 안 됩니다"라고 했다. 인재 전쟁 프로젝트팀은 '현대사회에서 성공하려면 모든 직위에 더 나은 인재를 확보해야 경쟁에서 이길 수 있다'는 인재중심의 사고방식을 가져야 한다고 말한다.

인재중심의 사고방식은 기업계의 새로운 정설로 자리 잡았다. 이에 따라 명문 경영대학원을 졸업한 사람에게는 높은 프리미엄이 주어졌고, 유명 경영인에 대한 보상은 천문학적 수준으로 치솟았다.

경영전문가는 현대 기업의 힘은 인재를 얼마나 확보하느냐에 따라 결정된다는 사실을 거듭 강조해왔다. 그중에서도 맥킨지가 인재경영을 전도하는 데 가장 열심이었다. 한 고객사는 맥킨지의 메시지를 열렬하게 신봉했다. 맥킨지는 그 회사를 위해 20건의 프로젝트를 진행해주고 1년에 1,000만 달러를 받았다. 또한 맥킨지의 이사가 그 회사의 이사회에 정기적으로 참석했다. 최고경영자가 맥킨지 파트너 출신인 그 회사의 이름은 엔론이다.

하지만 엔론 스캔들이 터지면서 두 최고경영자인 제프리 스킬링과 케네스 레이Kenneth Lay의 명성은 바닥으로 떨어졌다. 엔론을 담당한 회계법인 아서앤더슨은 업계에서 쫓겨났다. 수사당국은 엔론과 거래한 투자은행도 수사했지만 맥킨지는 엔론 스캔들에서 비교적 상처를 입지 않고 탈출했다. 맥킨지가 엔론의 기업문화를 뒷받침하는 청사진을 제공했다는 점을 감안하면 이상한 일이 아닐 수 없다.

엔론은 극단적으로 인재경영을 추구한 기업이다. 스킬링은 1990년에 엔론 캐피탈앤트레이드Enron Capital and Trade라는 사업부를 신설하면서 명문대학과 경영대학원을 졸업한 최고의 인재들을 꾸준히 영입했다. 1990년대에는 해마다 250명의 경영대학원 졸업생을 받아들였다. 한 전직 간부는 "주로 토요일에 면접을 봤습니다. 일부 하버드 졸업생은 깜짝 놀랄 정도로 똑똑했습니다. 내가 들어보지도 못했던 것을 알고 있었지요"라고 회고했다. 엔론은 우수한 사원에게 확실한 보상을 제공하고 연공서열이나 경험과 상관없이 승진시켰다. 엔론은 말 그대로 인재를 중심으로 돌아갔다. 엔론의 전 회장, 레이는 회사를 방문한 맥킨지 컨설턴트들에게 "우리 회사를 경쟁사로부터 차별화시키는 것은 우리가 보유한 인재들입니다"라고 자랑했다. 맥킨지의 파트너 리처드 포스터Richard Foster는 2001년에 펴낸 《창조적 파괴Creative Destruction》에서 "우리는 아주 똑똑한 사람들을 채용하고 그들이 기대하는 수준보다 많은 돈을 줍니다"라는 엔론 임원의 말을 인용했다.

한마디로 엔론 경영진은 맥킨지가 제시한 성공 요건을 충실하게 따랐다. 그들은 최고의 인재들을 채용했고 후하게 보상했다. 그런데 지금 엔론은 파산했다. 물론 거기에는 복잡한 사유가 있을 것이다. 혹시 엔론은 인재경영에도 불구하고 망한 것이 아니라 인재경영 때문에 망한 것은 아닐까? 똑똑한 사람들의 가치가 과대평가된 것은 아닐까?

재능의 덫

맥킨지가 제시하는 인재경영은 '차별화와 지지Differentiation and Aff-irmation'라는 절차를 통해 구현된다. 이에 따르면 경영진은 1년에 한두 차례 '솔직하고 제한 없는 토론'을 통해 사원들을 평가해 A그룹, B그룹, C그룹으로 나눈다. A그룹에게는 도전적인 과제와 후한 보상을 주고 B그룹은 동기를 부여하거나 격려하며 C그룹은 분발을 촉구하거나 해고한다. 엔론은 이 조언을 따라 성과평가위원회를 만들었고 이들은 1년에 두 번 만나 각 사업부의 구성원들을 평가했다. 평가 요소는 10가지로 1~5까지 점수가 매겨졌다. 이 과정은 '상대평가와 해고Rank and Yank'로 불렸다. 이 평가에서 최고 점수를 받은 사원은 한 단계 아래 등급에 속한 사원보다 보너스를 75퍼센트나 더 받았다. 최하 점수를 받은 사원은 보너스를 전혀 받지 못했고 일부는 해고되었다.

그렇다면 인재를 채용하고 보상할 때는 구체적으로 어떤 기준을 적용해야 할까? 불행하게도 맥킨지는 이 문제에 대해 명확한 답을 제시하지 않았다. 한 가지 방법은 가장 머리 좋은 사람을 우대하는 것이었다. 그러나 지능지수와 직업적 성공 사이에는 큰 연관성이 없다. 0.1 이하는 사실상 아무 연관성이 없고 0.7 이상은 연관성이 높다고 가정할 때(예를 들어 자녀의 키와 부모의 키는 0.7의 연관성이 있다), 지능지수와 직업적 성공은 0.2~0.3의 연관성밖에 없다. 플로리다 주립 대학의 심리학자 리처드 와그너Richard Wagner는 그 근거를 이렇게 설명했다.

"지능지수는 다른 사람들과 협력하는 능력처럼 일반적인 요소를 반영하지 못합니다. 학업 성적은 전적으로 개별적인 능력을 평가할 뿐입니다. 시험을 보면서 다른 사람과 협력하면 커닝이 되지요. 하지만 직장에서는 모든 일을 다른 사람과 함께해야 합니다."

와그너는 예일 대학의 심리학자 로버트 스턴버그Robert Sternberg 와 함께 '암묵적 지식Tacit Knowledge'을 측정하는 방법을 개발했다. 암묵적 지식이란 자신과 주위 사람을 관리하고 복잡한 상황을 풀어 나가는 사회적 능력을 말한다. 다음은 와그너와 스턴버그가 개발한 시험에 나오는 문제 중 하나다.

당신은 얼마 전에 중요한 부서의 책임자로 승진했습니다. 전임자는 덜 중요한 부서로 옮겨갔습니다. 당신은 해당 부서의 실적이 미미해서 그런 인사조치가 내려졌다고 생각합니다. 특별한 문제는 없었지만 해당 부서의 실적은 그저 그런 편이었습니다. 이제 당신은 해당 부서를 새롭게 이끌어야 합니다. 회사에서는 빠른 성과를 기대하고 있습니다. 다음은 당신이 새로 맡은 위치에서 성공하는 데 필요한 전략입니다. 가장 중요한 전략을 고르세요.

(a) 언제나 믿을 만한 최하급 구성원에게 일을 맡긴다.

(b) 상사에게 자주 진척 보고서를 올린다.

(c) 무능력자를 해고한다는 내용을 포함해 대대적인 조직개편 계획을 발표한다.

(d) 직무보다 사람에게 더 집중한다.

(e) 구성원들에게 일에 대한 책임감을 심어준다.

와그너는 이 문제에 어떤 답을 고르느냐가 직장에서의 성과를 말해준다는 사실을 발견했다. 실적이 뛰어난 관리자는 (b)와 (e)를 선택했고 부진한 관리자는 (c)를 선택했다. 그러나 이러한 암묵적 지식과 다른 지식의 관계는 명확히 드러나지 않았다. 이처럼 직장에서 능력을 평가하는 일은 생각보다 훨씬 까다롭다.

기업은 잠재력보다 성과를 평가하고 싶어 한다. 이 일 역시 까다롭기는 마찬가지다. 영국 공군은 제2차 세계대전 동안 조종사들을 A그룹, B그룹, C그룹으로 나누었다. 전투기 조종사를 평가하는 일은 적의 전투기 격추 대수처럼 평가요소가 제한적이고 객관적이라 신임 부서장이 마케팅이나 시장개발을 얼마나 잘하는지 평가하는 일보다 훨씬 쉽다.

평가하는 사람이 누구인가도 민감한 문제다. 연구 결과에 따르면 동료의 평가와 상사의 평가 사이에는 거의 연관성이 없었다. 인사전문가는 성과를 엄격하게 평가하려면 범주를 가능한 구체적으로 정하라고 조언한다. 경영진은 1년 내내 사원들에 대한 구체적인 평가를 접수해 주관적인 평가를 배제해야 한다. 나아가 성과를 평가하려면 성과를 낼 시간을 주어야 한다.

엔론에서는 그런 일이 불가능했다. 인재로 분류된 구성원들은 계속 새로운 자리로 배치되었다. 승진으로 인한 이직률이 연간 20퍼센트나 될 정도였다. 엔론에서 기후파생상품 사업을 개발한 린다 클레몬스Linda Clemmons는 7년 만에 트레이더에서 부장과 이사를 거쳐 사업부 책임자까지 올라갔다. 성과를 확인할 수 있을 만큼 한 자리에 충분히 머물지 않은 사람의 성과는 어떻게 평가할까?

이 경우 성과에 기반을 두지 않은 성과평가를 하게 된다. 경영 컨설턴트 게리 해멀Gary Hamel이 쓴 《꿀벌과 게릴라Leading the Revolution》는 파산 전에 엔론을 칭찬한 많은 책 중 하나다. 해멀은 이 책에서 전력거래 사업을 개발한 루 페이Lou Pai의 이야기를 소개하고 있다. 이 사업은 재난으로 시작됐다. 페이가 맡은 전력거래사업부는 독점이 풀린 전력 시장에서 전기를 판매하는 사업을 하다가 수천만 달러의 손실을 냈다. 해멀의 설명에 따르면 진정한 규제 완화가 이뤄지지 않은 것이 문제였다.

"전력 시장에서 경쟁을 허용한 주정부가 여전히 기존 발전사업자들에게 큰 이점을 주는 규제를 적용했다."

그러나 엔론의 경영진 중 누구도 페이가 사전에 규제 내용을 보다 세심하게 검토했어야 한다고 생각하지 않았다. 그는 다시 상업전력 외주사업을 맡아 몇 년간 운영하다가 2억 7,000만 달러의 손실을 냈다. 페이는 단지 '인재'로 평가받았다는 이유로 사업에서 실패해도 계속 새로운 기회를 얻었다. 해멀은 "엔론에서는 〈월스트리트저널〉 표지에 등장할 정도로 대실패를 해도 경력이 끝장나지 않았다"고 썼다. 사실 재능 있는 구성원의 과감한 시도를 장려하는 기업은 실수를 용인해야 한다. 그러나 실제 성과와 동떨어진 '재능'이 무슨 의미를 지닐까?

사원 떠받드는 회사

《인재 전쟁》의 결론은 한마디로 A그룹에 속한 인재를 잘 대우하라는 것이다. 저자들은 "그들을 끌어들이고 만족시키고 신나게 일하도록 만들기 위해 할 수 있는 모든 일을 해야 한다. 그들이 가장 하고 싶어 하는 일이 무엇인지 파악해 그 방향으로 경력을 쌓도록 해줘야 한다. 그들을 괴롭히는 상사나 무리한 출장 일정처럼 애사심을 해치는 문제는 해결해주어야 한다"라고 썼다. 이 일을 엔론보다 잘한 기업은 없었다. 그에 대한 유명한 일화가 있다.

유럽에서 천연가스 거래 업무를 하던 스물아홉 살의 루이스 키친 Louise Kitchin은 온라인거래 사업을 해야 한다고 확신하게 되었다. 그때부터 그녀는 상사를 비롯한 유럽지부의 모든 사람에게 아이디어를 홍보했다. 6개월 후 마침내 스킬링에게 그 아이디어가 전달됐다. 그때는 이미 서버를 구매하고 22개국에 대한 법률 검토까지 마친 상태였다. 스킬링은 자랑스러운 말투로 "이런 일들이 우리 회사를 앞으로 나아가게 만들지요"라고 했다.

키친이 엔론온라인EnronOnline을 운영하게 된 것은 능력이 우수해서가 아니다. 그녀는 그 사업을 하고 싶어 했고 엔론은 인재들이 하고 싶어 하는 일은 무엇이든 할 수 있는 곳이었다. 스킬링은 인재전쟁 프로젝트팀에게 엔론의 정책을 이렇게 설명했다.

"역동성은 우리 회사에 절대적으로 필요한 것입니다. 우리는 역동성을 강화할 사람들을 뽑습니다. 이러한 채용정책은 각 사업부 책임자가 열의를 갖게 만들고 그들이 가장 열의를 보이는 방향으로 엔론의 사업을 구성해나가도록 도와줍니다. 많은 사원이 신사업부로 몰려드는 것은 좋은 일입니다. 그만큼 신사업에 좋은 기회가 있다는 신호니까요. 신사업부에서 인력을 구하기가 힘들다면 진입하지 말아야 한다는 신호입니다."

사실 최고경영자는 신사업에 대한 사원들의 관심보다 고객의 관심에 더 신경 써야 한다. 또한 기업의 사업 구성은 책임자의 열의가 아니라 수익성에 따라 결정되어야 한다. 그러나 엔론은 고객과 주주보다 사원을 우선시했다.

거짓말을 선택하는 사람들

1990년대 초, 심리학자 로버트 호건Robert Hogan, 로버트 래스킨Robert Raskin, 댄 파치니Dan Fazzini는 〈카리스마의 어두운 면The Dark Side of Charisma〉이라는 뛰어난 논문을 썼다. 그들은 이 논문에서 문제가 있는 경영자를 3가지 유형으로 나누었다.

첫 번째는 어려운 결정을 내려야 하거나 적을 만드는 일을 피해 다니면서 쉽게 조직 상층부로 진입한 호인형High Likability Floater 이다. 두 번째는 앙심을 품고 뒤에서 적들을 물리칠 계략을 꾸미는 음모형Homme de Ressentiment이다. 가장 흥미로운 유형인 세 번째 는 열정과 자신감 그리고 매력으로 최고의 위치에 오른 자아도취형 Narcissist이다. 자아도취형은 형편없는 경영자다. 그들은 약하게 보일까 봐 조언을 받아들이지 않고 다른 사람의 의견을 무시한다. 저자들은 자아도취형 경영자를 다음과 같이 설명했다.

"그들은 일이 성공할 경우 공을 과도하게 부풀려 취하고, 실패할 경우 책임을 회피한다. 그들은 대개 다른 사람보다 자신 있게 판단한다. 따라서 주위 사람들은 그들의 판단을 신뢰한다. 그 결과 그들은 조직 내에서 과도한 영향력을 행사하게 된다. 그들은 넘치는 자신감과 인정에 대한 욕구가 있는 자신이 리더감이라고 생각한다. 그래서 리더의 자리가 비면 적극적으로 달려든다."

타이코Tyco와 월드컴WorldCom은 탐욕적인 기업으로 단기적인 이익에 집착했다. 반면 엔론은 자아도취적인 기업이었다. 그들은 성공에 대한 공을 과도하게 부풀려 취했고, 실패에 대한 책임을 인정하지 않았으며 인재경영이라는 허울에 빠져 원칙 있는 경영을 저버렸다. 해멀은《꿀벌과 게릴라》에서 엔론 계열사의 대표였던 켄 라이스Ken Rice에게 들은 이야기를 전했다. 허풍과 자만이 넘치는 라이스의 말은 인재경영의 허울을 여실히 드러낸다.

켄 라이스는 "한번 핵융합 반응이 일어나면 원자를 통제할 수 없습니다"라고 말했다. 천연가스와 전력거래 시장의 최대 업체인 엔론 캐피탈앤트레이드를 이끄는 그는 검은 티셔츠에 청바지를 입고 카우보이부츠를 신은 차림새였다. 라이스는 화이트보드에 네모를 그리고 자신의 사업부를 원자로에 비유했다. 네모 안에 든 작은 원들은 신사업을 개척하고 계약을 따내는 원자들이었다. 각 원에는 서로 다른 방향을 가리키는 화살표가 붙어 있었다. 라이스는 "우리는 사원들이 어디든 원하는 방향으로 가도록 허용합니다"라고 말했다.

탐욕적인 기업과 자아도취적인 기업의 차이는 매우 중요하다. 성과를 인식하는 방식이 행동을 결정하기 때문이다. 콜롬비아 대학의 심리학자 캐롤 드웩Carol Dweck은 지능에 대해 일반적으로 2가지 믿음이 존재한다는 사실을 발견했다. 하나는 지능을 고정된 특성으로 보는 것이고, 다른 하나는 노력을 통해 향상시킬 수 있는 특성으로 보는 것이다.

드웩은 모든 수업이 영어로 진행되는 홍콩 대학에서 실험을 진행했다. 그녀는 사회과학부 학생들에게 영어시험 점수를 알려주고 실력을 향상시킬 수 있는 보충강의를 듣겠느냐고 물었다. 홍콩 대학은 학사관리가 엄격했고 영어 실력이 뛰어나지 않으면 사회과학부에서 좋은 성적을 내기 어려웠다. 보통은 낮은 점수를 받은 학생은 모두 보충강의를 들을 거라고 생각하기 쉽다. 그런데 실제로는 지능을 계발할 수 있다고 믿는 학생만 보충강의에 관심을 보였다. 지능이 고정돼 있다고 믿는 학생은 열등하게 보일까 봐 보충강의를 신청하지 않았다. 드웩은 논문에서 "지능이 고정돼 있다고 믿는 학생은 똑똑하게 보이고 싶은 마음에 어리석은 결정을 내렸다. 성공에 필수적인 능력 향상 기회를 포기하는 것보다 더 어리석은 행동이 있을까?"라고 썼다.

드웩은 초등학생들을 대상으로 비슷한 실험을 진행했다. 이번에는 어려운 문제로 구성된 시험을 보게 했다. 시험이 끝난 후 한 집단은 열심히 노력했다는 칭찬을 들었고 다른 집단은 머리가 좋다는 칭찬을 들었다. 그 다음에 첫 번째와 마찬가지로 어려운 문제로 구성된 두 번째 시험이 진행되었다. 그러자 머리가 좋다는 칭찬을 들은 학생들은 주저하면서 문제를 풀었다. 결국 그들의 성적은 처음보다 나빠졌다.

이어 드웩은 다른 학교 학생들에게 시험에 대해 설명하는 글을 쓰게 했다. 그녀는 이 글을 보고 놀라운 사실을 발견했다. 머리가 좋다고 칭찬받은 학생 중 40퍼센트가 자신의 점수를 높여 놓았던 것이다. 그들은 원래 거짓말을 잘하거나 머리가 나쁘거나 자신감이 과도한 것이 아니었다. 단지 타고난 '재능'을 떠받드는 환경에 물든 사람들이 흔히 하는 행동을 했을 뿐이다. 그들은 외부의 평가에 따라 자신을 정의했고, 그러한 이미지가 위협받는 상황에 처하면 제대로 대처하지 못했다. 이런 유형에 속하는 사람은 영어 점수가 낮게 나와도 보충강의를 듣지 않는다. 또한 투자자와 대중 앞에 나서서 자신의 잘못을 인정하지 않는다. 그들이 선택하는 일은 거짓말하는 것이다.

사람이 조직을 똑똑하게 만드는가

엔론을 통해 드러난 맥킨지식 인재경영 실패는 잘못된 가정에서 시작되었다. 그 가정은 개별적인 구성원의 지능이 조직의 지능을 만든다는 것이다. 엔론은 시스템이 아니라 인재를 믿었다. 어찌 보면 이해할 수 있는 일이다. 분명 우리의 삶은 천재들의 활약으로 풍성해졌기 때문이다. 집단은 명작소설을 쓸 수 없고 위원회는 상대성 이론을 세울 수 없다. 그러나 기업은 다른 방식으로 돌아간다. 기업은 단지 창조만 하는 것이 아니라 실행하고 경쟁하고 협력한다. 그래서 대개는 인재가 아니라 시스템이 스타로 인정받는 기업이 크게 성공한다.

제2차 세계대전 동안 유보트에 대한 연합군의 대응에서 그 점을 증명하는 훌륭한 사례를 발견할 수 있다. 미 해군은 1942년의 첫 9개월간 심각한 타격을 입었다. 독일의 유보트는 대서양 연안과 카리브 해를 누비며 미국의 상선들을 마음껏 격침시켰다. 유보트 함장들은 손쉽게 올리는 전과에 환호했다. 한 함장은 회고록에서 "빛나는 바다 위로 카탈로그에 실린 상품처럼 방심한 배들의 윤곽이 선명하게 드러났다. 우리가 할 일은 발사 단추를 누르는 것뿐이었다"라고 썼다.

흥미로운 점은 대서양의 반대편에 있는 영국 해군은 유보트를 비교적 수월하게 막아냈다는 것이다. 영국은 음파탐지기, 수뢰, 구축함 등 모든 방어수단에 대한 정보를 미국에 적극 제공했다. 그럼에도 미국은 대서양 연안을 휘젓고 다니는 유보트들을 막지 못했다.

맥킨지 컨설턴트들이 이 문제에 어떤 결론을 내릴지는 쉽게 짐작할 수 있다. 그들은 미 해군에게 인재중심의 사고방식이 결여돼 있었다고 지적할 것이 분명하다. 나아가 루스벨트 대통령이 최고의 인재를 해군의 요직에 앉혔어야 했다고 주장할 것이다. 사실 루스벨트 대통령은 그렇게 했다. 그는 개전 초기에 안정된 관리 능력은 있지만 돋보이지 않은 해럴드 R. 스타크Harold R. Stark를 해임하고 전설적인 어니스트 조지프 킹Ernest Joseph King을 해군사령관에 임명했다. 래디슬라스 파라고Ladislas Farago는 유보트에 대한 응전을 다룬 《제10함대The Tenth Fleet》에서 이렇게 쓰고 있다.

"킹은 천재다운 오만함이 넘치는 대단한 현실주의자였다. 그는 자기 자신과 자신의 지식, 그리고 합리적인 판단력에 무한한 자신감을 보였다. 주위 사람들의 무능함을 참았던 스타크와 달리 킹은 바보들을 용서하지 않았다."

다시 말해 해군 수뇌부에는 인재들이 넘쳐났다. 문제는 조직에 있었다. 존스홉킨스 대학에서 군사전략사를 연구하는 엘리엇 A. 코헨은 《대서양에서의 군사적 비극Military Misfortunes in the Atlantic》에서 다음과 같이 썼다.

대잠수함전을 성공적으로 치르기 위해 분석가들은 추적 수단, 암호 해독, 발견 지점, 피습 지점 등에 대한 정보들을 조합해야 한다. 그래야만 지휘관이 모든 대응 자원을 아우르는 전략을 실행할 수 있다. 이러한 조합은 몇 시간 혹은 경우에 따라 몇 분 내에 거의 실시간으로 이루어져야 한다.

작전체계가 중앙집중화된 영국 해군은 그 일을 잘 해냈다. 지휘부는 장기판의 말처럼 전함들을 움직여 유보트의 집중 공격 전략에 대응했다. 반면 킹은 분산화된 관리구조가 더 효율적이라고 믿었다. 그는 지휘관이 부하들에게 해야 할 일과 방법을 일일이 지적해서는 안 된다고 생각했다. 오늘날의 기준으로 보면 그는 맥킨지의 컨설턴트 토머스 피터스Thomas Peters와 로버트 워터먼Robert Waterman이 《초우량기업의 조건In Search of Excellence》에서 높게 평가한 '느슨하면서도 빈틈없는Loose-Tight' 관리를 신봉한 셈이었다. 그러나 느슨하면서도 빈틈없는 관리는 유보트를 찾는 데 도움이 되지 않았다.

1942년 내내 미 해군은 기술적인 방법론에만 집착할 뿐 영국 해군으로부터 교훈을 얻으려 하지 않았다. 또한 미 해군의 조직구조는 기술적인 지식을 현장에 적용하는 데 적합하지 않았다. 그러다가 모든 대잠수함 작전을 전담할 제10함대가 창설된 후에야 상황이 바뀌기 시작했다. 제10함대가 창설되기 1년 6개월 전인 1943년 5월까지 미 해군이 격침시킨 유보트는 36기였다. 그러나 제10함대는 창설된 지 6개월 만에 75기를 격침시켰다. 코헨은 "제10함대가 창설되면서 과거보다 더 많은 인재가 대잠수함 작전에 투입된 것은 아니다. 제10함대의 구성원들은 전담조직이라는 특성에 힘입어 과거보다 훨씬 더 효율적으로 일할 수 있었을 뿐이다"라고 썼다. 재능의 미신을 믿는 사람들은 사람이 조직을 똑똑하게 만든다고 생각한다. 그러나 현실은 대개 그 반대다.

인재가 아닌 시스템이 스타로 인정받는 기업

미국의 성공적인 기업들을 보면 조직이 중요하다는 원칙을 분명하게 확인할 수 있다. 사우스웨스트항공은 경영대학원 출신을 거의 뽑지 않고 급여를 많이 주지 않으며 연공서열에 따라 급여를 인상한다. 그래도 미국 항공사들 가운데 가장 큰 성공을 거두었다. 경쟁사보다 훨씬 효율적인 조직을 만들었기 때문이다. 사우스웨스트항공의 경우 방금 착륙한 비행기가 이륙 준비를 마치는 데 드는 시간은 평균 20분이며(재이륙 소요시간은 항공사의 생산성을 좌우하는 핵심적인 요소다), 이때 4명의 지상 요원과 2명의 접수 요원만 투입된다. 반면 유나이티드항공의 경우 재이륙 소요시간은 35분이며, 12명의 지상 요원과 3명의 접수 요원이 투입된다.

최대 유통업체인 월마트는 1976년에 샘 월튼Sam Walton이 은퇴를 번복하고 자신이 지명했던 론 메이어Ron Mayer를 쫓아내면서 중대한 전환기를 맞았다. 40대를 갓 넘긴 메이어는 야심 많고 카리스마가 넘치는 인물이었다. 그는 월튼의 전기에서 '젊은 천재 재무전문가'로 묘사되었다. 그러나 월튼은 메이어가 월마트의 포용적인 기업 문화에 어긋나는 맥킨지식 '차별화와 지지'를 무리하게 추구했다고 생각했다. 결국 메이어는 떠났고 월마트는 지금까지 살아남았다. 월튼은 미주리 주립대학과 육군을 거친 데이비드 글래스David Glass를 최고경영자로 영입했다. 현재 월마트는 〈포춘〉이 선정한 500대 기업 중에서 1위에 올라 있다.

P&G도 인재시스템으로 돌아가지 않는다. 사실은 그렇게 될 수

가 없었다. 하버드나 스탠퍼드 경영대학원을 우수한 성적으로 졸업한 사람들이 엔론에서 흥미로운 신사업을 추진하며 3배나 많은 돈을 벌 수 있는데 세제 파는 일을 할 리가 없지 않은가. P&G는 화려한 일을 하지 않는다. 만약 P&G의 최고 인재들과 엔론의 최고 인재들이 퀴즈대결을 벌였다면 틀림없이 엔론팀이 이겼을 것이다. 그러나 P&G는 신중하게 조직된 경영체제와 치열한 마케팅을 통해 인기상품을 연달아 만들어내면서 100년 가까이 소비상품 시장을 지배해왔다.

엔론의 가장 큰 문제는 경영진이 자긍심을 보인 채용정책이었다. 그들은 맥킨지식 용어로 '공개채용시장Open Market for Hiring'을 채택했다. 고정적인 조직을 허물어야 한다는 맥킨지의 철학이 반영된 공개채용시장은 모든 구성원이 상급자의 간섭을 받지 않고 원하는 자리에 도전할 수 있는 제도다. 다른 부서의 인력을 공개적으로 빼와도 아무 문제가 없다.

예를 들어 케빈 해넌Kevin Hannon은 글로벌 브로드밴드 사업부를 시작하면서 신속채용 프로젝트Project Quick Hire를 실행했다. 그는 다른 사업부에서 일하는 100명의 최고 인력을 휴스턴 하얏트호텔로 초청해 신사업을 홍보했다. 회의실 밖에는 채용 부스가 세워져 있었고 결국 50명이 글로벌 브로드밴드 사업부로 부서를 옮겼다. 다른 사업부 책임자들은 공석을 메우느라 애를 먹어야 했다. 경영상의 문제점을 지적해야 할 컨설턴트조차 50명이 갑자기 자리를 비울 경우 해당 사업부의 운영에 지장을 줄 가능성을 염려하지 않았다. 그들은 조직의 안정성이 유연성 못지않게 중요하며, 스타 대접을 받는 인재들의 무리한 자기실현이 오히려 회사 전체의 이익에 반할 수도 있다는 사실을 알지 못했다.

경영 컨설턴트는 이러한 문제에 대해 우려를 제기했어야 했다. 그러나 엔론의 컨설팅업체는 맥킨지였고, 맥킨지는 엔론만큼이나 인재경영의 허울에 사로잡혀 있었다. 1998년, 엔론은 10명의 와튼 경영대학원 졸업생을 고용했고 맥킨지는 40명을 고용했다. 1999년 에는 엔론이 12명을, 맥킨지는 61명을 고용했다. 맥킨지의 컨설턴 트는 자신들의 믿음을 엔론에 역설했다. 젊고 똑똑한 그들은 엔론의 본부를 오가며 2개월이나 4개월에 걸친 프로젝트를 진행했다. 조직 의 틀을 벗어나 사고할 수 있는 인재를 찾으라고 강조한 그들은 모 두가 조직의 틀 밖에서 사고하면 조직에 문제가 생긴다는 사실을 알 지 못했다.

2002년 7월 22일

05 첫인상의 마력
면접의 진정한 가치는 무엇인가

이유 없이 끌리는 '이유'는 대체 뭘까

휴스턴에서 중산층 가정의 2남 중 첫째로 태어난 놀란 마이어스Nolan Myers는 휴스턴 예술고등학교를 거쳐 하버드에 입학했다. 처음에 그는 역사와 과학을 전공하려고 했지만, 기계코드 짜는 일에 재미를 들인 후 컴퓨터공학으로 전공을 바꿨다.

"프로그래밍은 한번 시작하면 중간에 멈출 수가 없어요. 정신없이 코드를 짜다가 시계를 보면 어느새 새벽 4시가 되어 있어요. 그렇게 푹 빠질 수 있는 그 일이 좋아요."

단단한 체구에 잘 웃는 그는 말할 때 팔과 상체를 많이 움직이는 편이다. 성격이 활달해 음악밴드에서 활동하기도 했고 부모와 대화도 많이 나누며 B나 B+ 정도의 학점을 받았다. 4학년 2학기가 되자 그는 기술기업에 입사하기 위해 면접을 보러 다녔다. 그중 한 군데가 텍사스에 있는 트릴러지Trilogy였는데, 면접을 본 후 그는 자신에게 적합하지 않은 회사라고 생각했다. 다른 면접에서는 면접관이 낸 프로그래밍 문제를 풀다 실수를 했다. 면접관은 답지를 돌려주며 그가 작성한 코드는 아무런 쓸모가 없다고 말했다. 마이어스는 그때를 회상하며 얼굴을 붉혔다.

"너무 긴장해서 생각이 나지 않았어요. 면접관의 말을 듣고 심하게 자책했죠."

하지만 그의 말투로 보아 그다지 긴장한 것 같지 않았다. 어쩌면 그가 말하는 긴장이란 약간 동요하는 정도에 불과한 것인지도 몰랐다. 그는 중요한 시험을 앞둔 전날 밤에 불안해서 잠을 못 이루는 친구가 전화를 걸어 의지할 수 있는 그런 사람이었다.

우리는 하버드 대학의 졸업식이 열리던 화창한 오후에 단 한 번 만났고 그와의 대화 시간은 90분을 넘지 않았다. 그런데도 나는 마이어스가 인간적으로 좋아졌고, 그가 어떤 분야에서 일하든 아주 잘해낼 거라는 생각이 들었다. 그를 만나기 전에 3분 정도 통화하면서 인터뷰 약속을 잡았었다. 이후 나는 그에게 이메일로 인상착의를 물었고 그는 짧은 답신을 보냈다.

"173센티미터의 키에 갈색 머리카락이 멋진 대단한 미남임."

그 답신을 보고 마이어스 특유의 당당한 태도를 잘 보여준다는 생각을 했다. 나는 마이어스의 주변 인물과 대화를 나눈 적이 없고 그가 흥분하거나 화를 내거나 침울해하는 모습을 본 적도 없다. 또한 그의 습관, 취향 혹은 성향에 대해 아는 것이 없다. 그런데 왜 나는 그를 좋게 본 것일까? 물론 그는 잘생겼고 똑똑하고 말을 잘하고 재미있다. 그러나 내가 무작정 마음에 들어 할 만큼 잘생기고 똑똑하고 말을 잘하고 재미있는 것은 아니다. 그럼에도 그냥 그가 마음에 들었고 인상이 좋았다. 만약 내가 사장이라면 당장 그를 고용했을 것이다.

나는 하디 파토비Hadi Partovi로부터 놀란 마이어스에 대한 이야기를 들었다. 파토비는 인터넷 전화접속 서비스를 제공하는 실리콘밸리의 유망기업 텔미Tellme의 임원이다. 2000년 봄에 MIT, 하버드, 스탠퍼드, 칼텍, 워털루 대학의 컴퓨터 공학과를 졸업한 사람이 소프트웨어 분야에서 직장을 찾았다면 아마 텔미를 1순위에 올렸을 것이다.

나는 프로그래머와 마케터, 임원들이 뒤섞여 일하는 넓은 사무실 옆의 회의실에서 파토비와 대화를 나누었다. 그는 스물일곱 살로 인터뷰 내내 의자를 45도 각도로 불안하게 기울인 채 앉아 있었다. 대화 중에 좋은 사람을 구하는 일의 고충을 오랫동안 털어놓던 그의 입에서 갑자기 놀란 마이어스의 이름이 튀어나왔다.

파토비는 2000년 1월에 하버드에서 실시한 채용설명회에서 마이어스를 만났다. 그날은 파토비에게 아주 힘든 날이었다. 그는 아침 7시부터 저녁 9시까지 쉬지 않고 면접을 보는 강행군을 했다. 1시간 동안 진행되는 면접을 볼 때마다 먼저 15분간 텔미의 전략과 목표 그리고 사업내역을 설명했다. 그런 다음 간단한 프로그래밍 문제를 내고 몇 가지 질문을 던졌다. 파토비의 기억에 따르면 마이어스는 프로그래밍 문제를 잘 풀었고 대답도 조리 있게 잘했다. 파토비는 3~40분간 대화를 나눈 뒤 마이어스를 뽑아야겠다고 생각했다.

파토비는 나보다 더 짧은 시간 동안 마이어스와 대화를 나누었다. 그는 마이어스의 가족을 만난 적이 없고 마이어스가 흥분하거나 화내거나 침울해하는 모습을 본 적도 없다. 다만 마이어스가 여름에 마이크로소프트에서 인턴으로 일했고 곧 하버드를 졸업할 거라는 사실을 알았을 뿐이다. 텔미가 채용하는 신입사원은 거의 명문대 출신이었으며 마이크로소프트의 여름 인턴 과정에 참여하는 인원은 600명이 넘었다. 파토비는 자신이 왜 마이어스를 그렇게 마음에 들어 했는지 알지 못했다. 그냥 왠지 모르게 마음이 끌렸을 뿐이다.

마이크로소프트의 최고경영자 스티브 발머Steve Ballmer 역시 마이어스의 마력을 물리치지 못했다. 마이어스는 가을에 열린 인턴들을 위한 파티에 참석했다. 발머는 그 자리에서 조직을 특정 사업 방향에 맞도록 정렬하는 일에 대해 연설했다. 연설이 끝났을 때 마이어스는 손을 들어 그 일이 다른 방향에 대한 최고경영자의 시도를 제한하지 않는지, 아니면 작은 규모의 실험부터 시도하는지 질문했다. 파티가 끝난 후 마이크로소프트의 인사담당자가 마이어스를 찾아와 이메일 주소를 물었다. 며칠 후 발머로부터 마이어스가 마이크로소프트에 입사하기를 원한다는 이메일이 왔다. 마이어스는 발머와 연락했던 이야기를 내게 들려주었다.

"저에 대해 조사를 했더라고요. 제가 어떤 회사와 면접을 봤는지도 알고 있었어요. 그는 제가 마이크로소프트로 왔으면 좋겠다고 하면서 궁금한 점이 있으면 자신에게 연락하라고 했어요. 그래서 감사하다고 답신을 보냈죠. 얼마 후에 텔미를 방문하고 나서 그 회사에 관심이 생겼다고 이메일로 알렸어요. 제가 관심을 갖게 된 이유를 설명하면서 아직은 확실치 않으니까 혹시 할 말이 있으면 대화를 하고 싶다고 말했죠. 그랬더니 정말 전화가 왔어요. 그는 마이크로소프트가 제 경력에 어떤 영향을 미칠지, 텔미에 대해 어떻게 생각하는지 말해주었어요. 최고경영자가 아직 입사하지도 않은 사람한테 그렇게 신경을 쓴다는 것이 아주 인상적이었어요. 그는 정말로 저에게 큰 관심이 있는 것 같았어요."

대체 마이어스의 어떤 면이 발머에게 꼭 입사시켜야겠다는 확신을 준 것일까? 발머는 마이어스를 잠깐 보았을 뿐인데 말이다. 질문을 한 번 받았다는 이유로 대기업 회장인 그가 대학졸업반 학생에게 직접 전화를 걸었을 리는 없지 않은가. 아마도 그는 파토비와 내가 그랬듯 마이어스에게 끌렸을 것이다. 하지만 우리가 그에 대해 아는 것은 극히 적었다. 잠깐의 대화로 상대방에 대해 얼마나 알 수 있을까? 객관적으로 우리는 마이어스를 전혀 모르는 것과 같았다.

기업의 성공 여부는 사원의 질에 달려 있다는 것이 신경제의 공리다. 이러한 인식 덕분에 대다수 기술기업의 사원은 과거와 달리 친밀한 분위기 속에서 일한다. 과거에는 휴게실에 국한되던 비디오게임기와 에스프레소 바, 야전침대, 농구대가 지금은 사무실의 보편적인 풍경이 되었다. 원래 이런 환경은 친구들과 함께 지내기 위한 것이다. 그러면 어떻게 친구가 될 사람을 찾을 수 있을까? 채용담당자들은 전국을 누비며 이력서를 수집한다. 그들은 이력서의 내용을 살피고 평판 조사를 한 다음 나와 마찬가지로 전혀 모르는 사람과 대화를 나눈다. 그들은 1시간의 만남에 근거해 그 사람의 지성과 인격을 판단해야 한다. 이제 면접은 현대 경제의 핵심적인 관습이 되었다. 그러나 전혀 모르는 사람과 1시간 동안 대화를 나눠 대체 얼마나 많은 것을 알 수 있을까?

호감은 애초에 비이성적이다

몇 년 전, 하버드 대학의 심리학자 날리니 암바디Nalini Ambady는 로버트 로젠탈Robert Rosenthal과 함께 커뮤니케이션의 비언어적 측면에 대한 실험을 했다. 그들이 실험 자료로 정한 것은 강사들의 강의 장면을 담은 동영상이었다. 그들은 실험대상자에게 음을 소거한 동영상을 보여주고 표정과 몸짓만으로 얼마나 잘 가르치는지 평가하게 할 계획이었다. 암바디는 원래 최소한 1분 분량의 동영상을 실험에 쓰려고 했지만 동영상에서 학생들이 보이지 않는 부분은 약 10초에 불과했다. 학생들의 반응이 보이면 평가에 영향을 미칠 수 있었다. 결국 10초 분량의 동영상만 실험에 쓸 수밖에 없었다. 그녀는 동영상이 평가를 내리기에 너무 짧다고 우려했다.

그러나 그것은 기우였다. 실험대상자들은 10초 분량만 보고도 별다른 어려움 없이 15가지 항목을 평가했다. 오히려 암바디가 5초로 줄였어도 점수는 달라지지 않았다. 2초로 줄였을 때도 마찬가지였다. 나처럼 실제 실험에 사용된 동영상을 보기 전에는 이 사실을 민기 힘들 것이다. 직접 본 결과 가장 긴 동영상에 담긴 8초는 그야말로 여분에 불과했다. 동영상 초반에 순간적인 인상을 받은 이후로는 더 볼 필요가 없었던 것이다. 이처럼 첫인상은 순식간에 결정된다. 또한 첫인상은 아주 명확한 판단으로 이어지 때문에 우리는 첫인상을 어렵지 않게 묘사할 수 있다.

암바디가 실시한 다음 단계의 실험은 더욱 놀라운 결과를 보여주었다. 그녀는 짧은 동영상에서 받은 순간적인 인상에 근거한 평가와 한 학기 동안 수업을 받은 학생들이 내린 평가를 비교했다. 놀랍게도 두 평가 사이에 높은 상관관계가 나타났다. 강사를 전혀 모른 채 2초짜리 동영상을 본 사람의 평가가 한 한기 동안 직접 수업을 들은 학생들의 평가와 크게 다르지 않았던 것이다.

최근에 톨레도 대학의 심리학자 프랭크 베르니에리Frank Bernieri가 비슷한 실험을 했다. 그는 2명의 실험대상자를 선별해 6주일간 면접관 교육을 시킨 다음 연령과 배경이 서로 다른 98명을 면접하게 했다. 면접은 15~20분간 진행됐다. 면접이 끝난 후 면접관은 5가지 부문을 평가한 6장짜리 평가서를 작성했다. 원래 이 실험의 목적은 면접에 임하는 사람들이 면접관의 몸짓이나 자세를 흉내 내는 것처럼 호감을 주는 행동을 하면 평범한 행동을 한 사람보다 나은 점수를 받는지 알아보는 데 있었다. 그런데 결과는 그렇게 나오지 않았다.

베르니에리를 도왔던 트리샤 프리켓Tricia Prickett은 면접 동영상과 평가서를 가지고 다른 실험을 진행했다. 그녀는 면접자들이 문을 노크하고 들어와 면접관과 악수한 다음, 의자에 앉기까지 15초 분량의 동영상을 실험대상자에게 보여주고 면접관과 같은 항목을 평가하게 했다. 이번에도 실험대상자가 매긴 점수는 면접관이 매긴 점수와 비슷했다. 11가지 항목 중에서 9가지 항목이 거의 똑같을 정도로 두 평가 사이에 높은 상관관계가 있었다.

베르니에리의 실험은 암바디가 실시한 실험보다 한 걸음 더 나아간 것이었다. 베르니에리의 실험에서 면접관들은 따로 면접 교육을 받았다. 그들은 강의실을 나가기 전에 급하게 강사를 평가한 학생들과는 달랐다. 더구나 그들은 면접 내용을 최대한 자세하고 객관적으로 정리하도록 만들어진 질문지를 작성했다. 그럼에도 그들이 내린 평가는 짧은 동영상만 본 사람들의 평가와 크게 다르지 않았다.

이러한 사실은 파토비와 발머, 그리고 내가 모두 마이어스에게 마음이 끌렸던 이유를 설명한다. 타인을 판단하는 일에는 많은 시간이 걸리지 않는다. 파토비는 1시간 동안 면접을 했고 발머는 잠깐 질문하는 모습을 보았으며 나는 90분간 인터뷰를 했지만 이것은 별다른 차이를 만들어내지 않았다.

베르니에리와 암바디는 우리에게 첫인상을 통해 타인을 판단하는 선험적인 능력이 있다고 생각한다. 암바디의 실험에서 실험대상자들이 동영상을 보는 동안 일련의 숫자를 기억하도록 해서 사고 작용을 분산시켰어도 평가 결과는 바뀌지 않았다. 반면 점수를 매기기 전에 충분히 생각하도록 했을 때는 결과가 많이 달라졌다. 생각이 오히려 정확한 평가를 방해한 것이다. 암바디는 "첫인상은 두뇌의 아주 원시적인 부분에서 결정됩니다. 타인을 평가하는 감정적인 반응은 모두 그 부분의 통제를 받는 것 같습니다"라고 설명했다.

우리가 첫인상에서 얻는 정보는 상대방의 기본적인 성격에 대한 것이다. 따라서 2초 동안 동영상에 담긴 모습을 보고 내린 평가와 20분 혹은 한 학기 동안 접하고 내린 평가가 같은 것이다. 베르니에리의 설명에 따르면 우리는 상대방이 외향적인지 아닌지 혹은 의사소통 능력이 얼마나 되는지 즉시 알 수 있다. 그 점을 말해주는 단서는 즉각적으로 명확하게 드러난다. 베르니에리와 암바디의 실험은 강력한 형태의 직관이 존재한다는 사실을 보여준다. 어떤 의미에서 이 사실은 우리를 안심시킨다. 낯선 사람을 만나도 즉시 중요한 정보를 파악할 수 있다는 뜻이기 때문이다. 따라서 마이어스에게 호감을 느낀 이유를 설명할 수 없어도 그리 걱정할 일은 아니다. 호감은 애초에 비이성적이라 설명할 수 없는 것이다.

물론 이 사실에는 불안한 측면도 있다. 나는 마이어스가 건실하고 좋은 청년이라고 믿는다. 그러나 잠깐 동안의 만남으로는 그가 얼마나 솔직한지, 자기중심적인지 아닌지, 협력을 잘하는지 등 다른 중요한 성향들은 알 수 없다.

어쨌든 면접자가 악수하는 모습만 본 사람들이 정식 면접을 본 면접관들과 같은 결론을 내렸다는 사실은 첫인상이 얼마나 강력한 힘을 미치는가를 잘 보여준다. 첫인상의 마력은 시간이 지나면서 얻게 되는 다른 인상들을 모두 덮어버릴 만큼 강하다.

나는 마이어스에게 학교를 떠나 직장으로 들어가는 것이 불안하지 않은지 물었다. 나도 첫 직장을 얻을 때 많이 불안했기 때문이다.

마이어스는 전혀 불안하지 않다고 대답했다. 그는 학교에서도 일주일에 80~100시간씩 공부했기 때문에 오랜 근무시간을 걱정하지 않는다고 말했다. 이어 나는 자신 없는 일이 있는지 물었다. 그의 대답은 분명했다.

"제가 잘하지 못하거나 배울 수 없는 일이 있냐고요? 정말 중요한 질문이네요. 제가 전혀 모르는 일도 많지만, 올바른 환경에서 도전할 기회가 주어진다면 충분히 잘할 수 있을 거라고 생각해요."

나는 그의 대답을 받아 적으며 그 옆에 '훌륭한 답변임!'이라고 기록했다. 그 순간 나는 면접관들이 기대를 충족시키는 답변을 들었을 때처럼 가벼운 흥분을 느꼈다. 처음 본 순간 이미 호감을 가졌기 때문인지 그의 대답에서 강인함과 자신감을 보았던 것이다. 만약 첫인상이 나빴다면 그 대답이 오만한 허장성세로 들렸을지도 모른다. 이처럼 첫인상은 자기충족적인 예언이 된다. 첫인상에 따라 기대하는 말만 듣는다는 얘기다. 결국 면접은 형편없을 정도로 인상에 좌우되는 셈이다.

지킬과 하이드를 넘나드는 지뢰밭

파토비와 발머, 그리고 나는 마이어스를 만났을 때 비슷한 판단을 내렸다. 그렇다면 이러한 일반화가 옳은 것일까? 사회심리학자들은 이러한 의문에 많은 관심을 기울였다. 1920년대에 실시된 한 유명한 실험에서 심리학자 시어도어 뉴콤Theodore Newcomb은 여름학교에 참석한 남자 아이들의 외향성을 분석했다. 가령 그는 점심식사 자리처럼 특정한 상황에서 말을 많이 하는 아이는 미래에도 같은 상황에 처하면 말을 많이 한다는 사실을 발견했다. 월요일 날 점심식사를 하면서 호기심을 많이 드러낸 아이는 화요일에도 비슷한 모습을 보였다. 그러나 한 가지 상황에서 보인 행동은 다른 상황에서 보일 행동에 대해 거의 아무런 단서도 제공하지 않았다. 점심식사 자리에서 보인 행동으로 오후 놀이 시간에 보일 행동을 예측할 수 없다는 말이다.

또한 월터 미셸Walter Mischel, 닐 럿스키Neil Lutsky, 필립 K. 피크 Philip K. Peake로 구성된 칼튼 대학Carleton College 연구팀이 조사한 바에 따르면 과제물을 깔끔하게 만들고 착실하게 낸다고 해서 수업을 빼먹지 않거나 방을 잘 정리하거나 외모가 단정한 것은 아니었다. 다시 말해 우리 내면의 나침반은 항상 고정돼 있는 것이 아니라 상황에 따라 다른 방향을 가리킨다.

물론 이러한 결론은 우리의 직관에 어긋난다. 우리는 대개 사람들이 다른 상황에서도 같은 모습을 보일 거라고 가정한다. 환경이 행동에 미치는 영향을 과소평가하는 것이다. 가령 뉴콤의 여름학교 실험은 말수, 호기심, 사교성이 상황에 따라 변한다는 사실을 보여준다. 그는 여름학교 교사들이 현장에서 아이들을 관찰하고 기록한 내용에 근거해 이러한 사실을 밝혀냈다. 흥미로운 점은 여름학교가 끝난 후 교사에게 아이들에 대한 인상을 물었을 때 모두 특정한 성향만 기억했다는 것이다. 미시건 대학의 심리학자 리처드 니스벳Richard

Nisbett은 타인에 대한 판단의 오류를 다음과 같이 설명한다.

"우리는 타인의 성향을 읽어낼 수 있다고 착각합니다. 그래서 어떤 사람과 1시간 동안 이야기를 나누고 나면 그 사람의 성격을 파악했다고 생각합니다. 1시간 동안 본 모습이 그의 일부분에 지나지 않고 때로 가식일 수도 있다는 사실을 간과하는 것이죠. 우리는 홀로그램처럼 작고 흐릿하게나마 전체 모습을 보았다고 판단합니다."

니스벳은 그 사례로 스탠퍼드 대학의 리 로스Lee Ross 교수가 겪은 일을 들려주었다. 로스는 한 학기에는 통계학을 가르치고 다음 학기에는 인본주의 심리학(인간의 변화 가능성과 자유의지를 강조한 심리학의 한 분야)을 가르쳤다. 학기 말에 학생들이 교수를 평가한 내용을 보니 재미있는 결과가 나왔다. 통계학을 가르친 학기에는 냉정하고 완고하고 쌀쌀하고 까다롭고 보수적인 사람이라는 평가가 나왔다. 그런데 인본주의 심리학을 가르친 학기에는 학생들의 내적 성숙과 공동체 문제에 깊은 관심이 있는 따뜻한 사람이라는 평가가 나왔다. 한마디로 학생들이 본 그의 모습은 지킬과 하이드였다. 두 경우 모두 학생들은 자신이 본 모습이 진짜 리 로스라고 생각했다.

심리학자들은 이처럼 환경의 영향을 무시하고 성격의 일면을 확대 해석하는 경향을 '근본적 귀인 오류Fundamental Attribution Error'라고 부른다. 이러한 경향이 첫인상의 힘과 결합하면 면접은 문제의 소지가 더 많아진다. 나는 첫인상을 근거로 마이어스에 대해 알게 된 모든 정보를 판단했을 뿐 아니라 인터뷰 때 보인 모습이 다른 상황에서도 나타날 거라고 가정했다. 그렇다고 인터뷰가 쓸모없다는 얘기는 아니다. 내가 인터뷰를 통해 얻은 호감은 이력서나 주위 사람들을 취재하는 것으로는 얻을 수 없다. 어쨌든 우리의 대화는 생각보다 덜 가치 있고 오판을 초래할 여지도 많다. 그런 의미에서 보면 가장 기본적인 사회적 교류인 '타인과의 대화'는 지뢰밭이나 다름없다.

면접의 두 얼굴

마이어스를 알게 된 지 얼마 지나지 않아 나는 인사컨설턴트인 저스틴 멘케스Justin Menkes를 만났다. 멘케스는 면접을 통해 의미 있는 사실을 찾아내는 방법을 조언했다. 그는 올바른 방식의 면접을 보여달라는 내 부탁을 수락해 단 한 번의 면접으로 내 비밀을 밝혀낼 참이었다. 그는 먼저 "기사에 대해 비판받았던 적이 있습니까? 그때 어떻게 대처했습니까?"라는 식의 일반적인 질문은 하지 않을 거라고 말했다. 그의 지적에 따르면 이런 질문은 대답이 뻔히 정해져 있다. 가령 "프로젝트를 맡았는데 결과가 좋지 않았던 적이 있습니다. 그때 상사가 저에게 건설적인 비판을 해주었죠. 저는 그 말을 참고해 프로젝트를 다시 진행했습니다. 충고를 들으면 속이 쓰리지만 그래도 도움이 됩니다"라는 식이다. "친구들이 당신을 어떤 사람으로 평가할 것 같습니까?"라는 질문 역시 마찬가지다. 모범답안은 의외의 질문이라는 듯 잠시 생각하는 척하다 "사교적이라거나 부지런하다고 할 것 같습니다"라고 대답하는 것이다.

나는 마이어스에게 뻔한 질문을 했다. "제일 큰 약점이 뭔가요?"라는 질문에 그는 이렇게 대답했다.

"1학년 때 어린이축제를 기획한 적이 있습니다. 자선행사를 겸한 축제였죠. 저하고 몇 사람이 함께 일했습니다. 그런데 진행하다 보니 일이 너무 커졌다는 생각이 들었어요. 해야 할 일도 엄청났고 책임질 일도 한두 가지가 아니었습니다. 그래서 고민을 거듭하다 도중에 포기했죠. 돌이켜 보면 그대로 진행해야 했어요. 그랬다면 잘 해냈을 겁니다."

이어 마이어스는 미소를 지으며 "솔직히 말씀드리면 그게 큰 잘못은 아니라고 생각해요"라고 덧붙였다. 그 말은 옳았다. 사실 내 질문은 장점을 약점처럼 포장할 수 있는지 알아보는 것에 불과했다. 마이어스는 면접의 불문율을 잘 따르고 있었던 셈이다.

멘케스는 뻔한 대답이 나오지 않도록 질문 내용을 바꿔야 한다고 말했다. 그는 내게 "주간 팀 회의에서 이사가 갑자기 들어와 팀장인 당신이 최근에 진행한 프로젝트를 심하게 비판했습니다. 어떻게 대응하겠습니까?"라고 물었다.

나도 모르게 긴장감이 들었다. 대답할 말이 얼른 생각나지 않았다. 이전에 나를 괴롭혔던 고약한 상사가 떠올랐다. 나는 "아마 흥분하겠죠. 하지만 대들지는 않을 겁니다. 그냥 자리를 뜰 것 같군요"라고 대답했다. 멘케스는 그 대답이 어땠는지 아무런 반응도 보이지 않았다. 다만 그는 보통은 "나중에 개인적으로 찾아가 왜 팀원들 앞에서 망신을 주었는지 따질 겁니다"라는 식으로 대답한다고 말했다.

내 대답은 적절하든 그렇지 않든 상사의 비판을 속으로 견뎌낼 거라고 말한 셈이었다. 반면 멘케스가 제시한 답변은 적극적으로 대응하는 성격임을 보여준다. 이러한 답변은 직장생활이 인내 아니면 충돌을 요구한다는 사실을 말해준다. 멘케스에게 그 사실은 면접을 통해 얻을 수 있는 시사적이고 현실적인 정보였다.

다음으로 멘케스는 힘든 상황에 대처하는 방법을 물었다. 질문은 "한번에 서너 가지 일을 동시에 했던 경험에 대해 말해보세요. 그러한 상황에 어떻게 대처합니까? 우선순위는 어떻게 정합니까?"라는 식으로 제시되었다. 멘케스는 이것이 대답하기 쉬운 질문이라고 말했다. 가령 이렇게 대답하면 쉽게 넘어갈 수 있었다.

"그럴 때는 조직적으로 일을 처리하려고 노력합니다. 일단 중요도에 따라 우선순위를 정하고 적절하게 권한을 위임합니다. 그리고 상사와 자주 진행상황을 협의합니다."

멘케스는 질문을 바꿨다.

"도저히 기한을 맞출 수 없는 중요한 일 2가지가 당신에게 떨어졌습니다. 현실적으로 2가지 일을 다 하는 것은 불가능합니다. 어떻게 하겠습니까?"

나는 오래 생각하지 않고 대답했다.

"글쎄요. 2가지 일을 살펴보고 잘하는 일을 정한 다음 상사에게 가서 둘 다 망치는 것보다 하나라도 잘하는 편이 낫겠다고 말하겠습니다. 그리고 다른 일은 누구에게 맡길지 상의하겠습니다."

멘케스는 내 대답에 담긴 의미 있는 정보를 즉시 알아냈다. 내가 잘하는 일을 먼저 가려내기보다 회사에 가장 시급한 일이 무엇인지 파악하는 것이 더 중요하지 않을까? 내 대답은 다급한 상황이 되면 자기중심적인 사고를 한다는 사실을 드러냈다. 멘케스는 "당신은 혼자서 일하는 타입이군요. 이것은 핵심적인 정보입니다"라고 말했다.

멘케스는 의도적으로 포괄적인 결론을 내리지 않았다. 사람의 성격이 고정돼 있지 않고 상황에 따라 다른 모습을 보인다면, 다양한 면을 종합적으로 파악해야 비로소 그 사람을 안다고 말할 수 있다. 멘케스는 질문을 통해 그러한 절차를 진행했다. 이런 면접기술을 '구조적 면접Structured Interviewing'이라고 부른다. 연구 결과에 따르면 구조적 면접만이 실제 근무환경에서의 행동을 예측하는 데 도움이 된다고 한다. 구조적 면접의 형식은 상당히 엄격하다. 면접관은 세심한 훈련을 거쳐 일관된 방식으로 모든 면접자를 대하고 정해진 질문을 하며 일련의 고정된 기준에 따라 평가한다.

또한 구조적 면접의 목표는 어느 한 부분에 집중돼 있다. 나는 마이어스를 인터뷰하면서 그가 어떤 사람인지 전체적으로 파악하려 했다. 그러나 멘케스는 나를 전체적으로 파악하는 일에 관심이 없었다. 그는 1시간 동안 이야기를 나누고 어떤 사람에 대해 포괄적으로 판단하는 것이 얼마나 멍청한 짓인지 알고 있었다. 구조적 면접은 전통적인 의미에서 어떤 사람을 알려고 하는 것이 아니기 때문에 정보를 수집하는 것만큼 배제하는 일도 중요시한다.

물론 모든 기업이 구조적 면접을 실시하도록 설득하기는 어렵다. 구조적 면접은 매우 무미건조하기 때문이다. 대부분의 사람에게 채용은 개인과 회사가 인연을 맺는 낭만적인 과정이며 면접은 성적 요소가 빠진 데이트와 같다. 그래서 우리는 마음이 맞는 사람을 찾는다. 설령 그 인연이 잘못된 만남으로 끝날 위험이 높더라도 말이다. 면접관이 듣고 싶어 하는 말은 영원히 사랑하겠다는 헛된 약속과 다를 바 없다. 반면 구조적 면접은 중매결혼을 위한 현실적이고 논리적인 정보만 요구한다.

신경제의 매력이자 오류

놀란 마이어스는 어느 회사에 들어갈 것인지 고민했다. 그러던 중 그는 발머와 30분간 통화를 했다.

"그는 아주 좋은 조언을 해줬어요. 가장 열정을 불러일으키면서도 경력에 도움이 되는 회사로 가야 한다고 말해주더군요. 그는 마이크로소프트로 오면 자신이 멘토가 되어 주겠다고 제의했어요."

마이어스는 매일 부모와 진로 문제를 상의했다. 2월에는 캘리포니아로 가서 하루 종일 텔미 임원들을 만나 질문을 주고받았다.

"제가 알고 싶은 것은 3가지였어요. 첫 번째는 회사의 장기적인 목표였죠. 그래서 5년 후에 회사가 어떤 모습이 될 것인지 물었습니다. 두 번째는 회사에서 제가 맡을 역할이었어요."

이 말을 끝내고 잠시 침묵하던 그는 갑자기 웃음을 터드리더니 "세 번째는 잊어버렸네요"라고 했다. 어쨌든 마이어스는 3월에 텔미에 들어가기로 결정했다. 마이어스는 텔미에서 성공을 거둘까? 나는 성공할 것이라고 생각한다. 솔직히 말하면 전혀 모르지만 말이다. 지금은 그 대답을 찾기가 3~40년 전보다 더 어려워졌다. 1965년이라면 마이어스는 IBM에 들어가 파란 상의를 걸치고 작은 사무실에 앉아 주어진 일에 몰두했을 것이다. 그의 인성은 특별한 고려 대상이 아니었다. 당시에는 회사가 입사지원자를 아는 것보다 입사지원자가 회사를 아는 것이 더 중요했다. IBM에 입사하는 사람들은 어떤 자세로 어떻게 행동해야 하는지 이미 알고 있었다. 그러나 책상 옆에 야전침대를 놓고 일하는 텔미에서는 훨씬 많은 요구를 감당해야 한다. 마이어스에게는 행동 규범도, 파란 상의도, 일정한 직위도 주어지지 않는다. 텔미는 다른 기술기업처럼 위계질서나 관료주의를 배제하고 유동적인 조직을 운영한다. 사무실과 휴게실이 뒤섞인 환경에서는 인성이 대단히 중요한 부분을 차지한다.

이러한 변화는 신경제가 만들어낸 매력 중 하나다. 텔미의 창고형 사무실은 IBM의 벌집형 사무실보다 더 생산적이고 재미있다. 그러나 거기에는 새롭게 중요한 요소로 떠오른 인성을 잘못 판단할 수 있다는 위험이 뒤따른다. 직관에 의존해 근본적 귀인 오류에 빠지면 연줄로 고용하던 과거의 잘못을 마음이 끌리는 대로 고용하는 새로운 잘못으로 반복하게 된다. 신중하게 접근하지 않으면 사회적 진보는 명백한 자의적 선택을 덜 명백한 자의적 선택으로 대체하는 수준에 머물게 된다.

이후 마이어스는 컴퓨터공학 입문 강의에 초청강사로 나서기도 했다. 그는 상당수 학생이 소프트웨어 업계에서 일하려고 강의를 듣는다는 사실을 알게 되었다. 그는 강의에 참여한 이유를 간단하게 설명했다.

"여러 회사에서 면접을 보며 약간의 요령을 배웠어요. 그걸 다른 사람들과 나누고 싶어요. 분명히 면접에서 잘 보이는 방법이 있어요. 그래서 학생들에게 성격적인 면에서 고용주가 선호하는 모습이 무엇인지 말해주었죠. 가장 중요한 점은 자기 자신과 할 일에 대해 자신감을 보이는 거예요. 그러기 위해서는 어떻게 해야 할까요? 웃는 얼굴로 분명하게 말해야 합니다. 의외로 많은 사람이 이 기술을 배우기 어려워해요. 이유는 모르겠지만 저는 처음부터 그게 잘 되더라고요."

2000년 5월 29일

06 핏불을 위한 변호

핏불 사육 금지법이 빠진 일반화의 함정

일반화의 다른 이름

어느 겨울날 오후, 기 클레루Guy Clairoux는 어린이집에서 두 살짜리 아들 제이든Jayden을 데리고 오타와 서쪽 끝에 있는 집으로 걸어갔다. 집에 거의 도착할 무렵 클레루는 제이든이 혼자 뒤처져 있는 것을 보았다. 클레루가 아이에게 달려가는 순간 이웃집의 핏불 1마리가 담장을 넘어와 제이든을 덮쳤다. 클레루의 아내 조앤 하틀리JoAnn Hartley의 목격담에 따르면 핏불은 제이든의 머리를 물고 목을 마구 흔들었다. 그녀가 공포에 사로잡혀 바라보는 동안 2마리의 핏불이 공격에 가세했다. 부부는 급히 아이에게 달려갔다.

클레루는 가장 먼저 달려든 핏불이 떨어질 때까지 머리를 때렸다. 그는 가까스로 핏불을 떼어낸 후 제이든을 하틀리 쪽으로 밀었다. 하틀리는 아들을 보호하려고 위에서 안고 엎드렸다. 그러자 개들은 일제히 하틀리에게 달려들었다. 클레루는 "목을 가려. 목을 가리라고!" 하고 외쳤다. 창문으로 이 사태를 지켜본 이웃 사람이 도와달라고 소리 질렀다. 그녀의 동거인 마리오 고티에Mario Gauthier가 밖으로 달려 나왔다. 이웃집 소년이 하키 채를 고티에에게 던졌다. 고티에는 하키 채가 부러질 때까지 한 마리의 머리를 내리쳤다. 고티에는 나중에 "아무리 때려도 개들은 공격을 멈추지 않았습니다. 그렇게 정신 나간 개들은 처음 봤어요. 마치 괴물들 같았습니다"라고 말했다.

잠시 후 경찰이 도착했다. 개들은 제압됐고 클레루 가족과 이웃 사람 한 명이 병원으로 실려 갔다. 그로부터 5일 후 온타리오주의회는 핏불 사육을 금지하는 법안을 통과시켰다. 온타리오주 검찰총장 마이클 브라이언트Michael Bryant는 "수영장에 백상어를 풀어놓지 않는 것처럼 핏불들이 거리를 돌아다니게 해서는 안 됩니다"라고 말했다.

불독의 개량종인 핏불은 19세기에 소 도살과 개싸움에 사용되었기 때문에 공격적인 성향이 강하다. 대부분의 개는 상대를 노려보고 으르렁거리는 방법이 통하지 않을 때 마지막 수단으로 싸움을 한다. 그러나 핏불은 도발적 행동이나 사전 경고 없이 곧바로 달려든다. 더구나 고통을 견디는 능력이 뛰어나 기운이 모두 빠질 때까지 싸움을 멈추지 않는다. 셰퍼드 같은 감시견은 대개 상대를 문 상태로 꼼짝 못하게 하지만, 핏불은 물어뜯어 최대한 타격을 입히는 공격을 한다. 한 연구서에는 핏불의 공격성을 이렇게 설명하고 있다.

"핏불은 공격을 멈추게 하는 행동에 둔감하다. 가령 일반적인 개는 상대 개가 누운 채 배를 드러내면서 패배를 인정하면 공격을 멈춘다. 그러나 핏불은 계속 공격을 가하는 경우가 많다."

개들 중에서 유독 핏불에게 물려 중상을 입거나 사망하는 사고가 잦은 것도 이러한 이유 때문이다. 이에 따라 서유럽의 몇몇 국가와 중국, 북미의 여러 주에서는 핏불을 애완용으로 기르지 못하도록 금지하고 있다. 위험하기 때문이다.

물론 모든 핏불이 위험한 것은 아니다. 대부분의 핏불은 사람을 공격하지 않는다. 도베르만, 그레이트데인, 셰퍼드, 로트와일러도 종종 사람을 물고 최근에 프랑스에서 한 여성을 공격해 세계 최초로 얼굴 이식수술을 받게 한 개는 래브라도 리트리버였다. 따라서 핏불이 위험하다는 말은 보험사가 젊은 운전자에게 더 많은 보험료를 물리고, 의사가 과체중 중년층에게 콜레스테롤 검사를 권하는 것과 마찬가지로 일반화에 따른 것이다. 사실 대다수 젊은 운전자가 안전운전을 하고 많은 과체중 중년층은 심장질환을 겪지 않는다. 그러나 우리는 어떤 핏불이 사람을 물지 혹은 누가 교통사고를 내거나 심장마비를 일으킬지 알 수 없기 때문에 일반화에 근거한 예측을 할 수밖에 없다. 법학자 프레드릭 샤우어Frederick Schauer가 지적했듯 우리의 의사결정은 때로 불가피하고도 바람직하게 큰 붓으로 그림을 그리는 것과 같다.

문제는 일반화의 다른 이름인 고정관념에 있다. 고정관념은 바람직한 의사결정과 관계가 없다. 개별적인 사례에서 일반적인 관념으로 옮겨가는 과정은 불가피하면서도 위험하다. 의사는 통계적 근거를 내세워 특정 체중 및 연령대의 남성을 일반화한다. 그렇다면 고혈압, 가족력, 흡연 여부 등 다른 특성의 일반화가 더 많은 생명을 구했다는 사실은 어떻게 받아들여야 할까? 일반화에 종류별로 포함되는 요소는 배제되는 요소와 다르다. 이러한 선택은 간혹 매우 복잡하게 이뤄진다. 온타리오 주정부는 클레루 가족이 공격당한 사건을 계기로 핏불을 '키우면 안 되는 위험한 종'으로 일반화했다. 그러나 힘센 개나 소유주, 담의 높이 등 개와 사람 그리고 장소가 관련된 다른 요소를 일반화할 수도 있었다. 그러면 우리가 올바른 일반화를 했다는 사실은 어떻게 알 수 있을까?

명백한 범주 설정의 오류

2005년 7월, 런던 지하철에서 연쇄 폭탄테러가 발생한 후 뉴욕경찰국은 승객의 가방을 무작위로 검색하겠다고 발표했다. 표면적으로는 대상을 한정하지 않고 일반화를 통해 무작위 검색을 하는 것은 멍청하게 보인다. 당시 〈뉴욕〉지의 칼럼니스트는 그것을 꼬집었다.

"서유럽과 미국에서 테러를 자행한 테러범은 대개 젊은 중동인이거나 파키스탄인이었다. 다시 말해 마피아가 어떤 모습인지 알 수 있던 것과 마찬가지로 알카에다 요원이 어떤 모습인지 상당히 정확하게 예측할 수 있다. 물론 이탈리아계 미국인 중에서 마피아는 극소수에 불과하지만 말이다."

하지만 우리가 정말로 마피아가 어떻게 생겼는지 알고 있을까?

대부분의 사람은 〈대부The Godfather〉를 보고 마피아의 모습을 처음 접했을 것이다. 그 영화의 주요 출연진 중에서 말론 브란도Marlon Brando는 아일랜드와 프랑스 혈통, 제임스 칸James Caan은 유태인, 알 파치노Al Pacino와 존 카잘John Cazale은 이탈리아계 미국인이다. 〈대부〉를 보고 마피아의 모습을 일반화한다면 유럽 혈통의 백인이 된다. 그러나 미국으로의 이민이 시작된 지 몇 세대가 지난 지금은 이런 일반화가 아무런 도움이 되지 않는다. 이슬람 테러리스트의 모습을 일반화하는 일도 쉽지 않다. 무슬림은 복장만 보면 알 수 있는 아미시교도와 다르다. 또한 체격만 보고 판단할 수 있는 것도 아니다. 무엇보다 이슬람교는 거의 모든 지역에 신도가 있는 세계적인 종교다. 그런 의미에서 뉴욕경찰국장 레이몬드 켈리Raymond Kelly의 말은 시사하는 바가 크다.

"우리는 인종별 유형화를 반대합니다. 제가 이곳으로 부임한 해 3월부터 우리는 그 입장을 공식화했습니다. 인종별 유형화는 잘못되었을 뿐 아니라 효과도 없습니다. 런던 폭탄테러의 경우 1차 테러는 3명의 파키스탄계와 1명의 자메이카계가, 2차 테러는 3명의 동아프리카계가 저질렀습니다. 2004년 초에 발생한 모스크바 지하철 테러는 체첸 여성이 범인이었습니다. 이런 상황에서 어떻게 유형화가 가능하겠습니까? 뉴욕 시에 사는 사람들을 보세요. 40퍼센트는 외국에서 태어난 사람들입니다. 그만큼 다양한 사람들이 모여 사는 곳에서 유형화는 애초부터 부질없는 짓입니다."

켈리가 지적한 것은 말하자면 유형화의 '범주 문제'다. 일반화를 하려면 특정 범주의 사람들을 특정한 행동이나 성향과 결부시켜야 한다. 가령 의사는 과체중 중년층을 심장마비 위험과, 보험사는 젊은 운전자를 사고 위험과 한데 묶는다. 이러한 절차를 진행하려면 일반화하는 범주를 정의하고 파악해야 한다. 켈리는 일반화의 문제점을 이렇게 지적했다.

"테러리스트도 인종별 유형화를 알고 있습니다. 9·11 테러범들을 보세요. 그들은 미국에 온 후로 면도를 하고 토플리스 바에 드나들었습니다. 마치 미국인과 동화되고 싶어 하는 것처럼 꾸몄던 거죠. 그들은 바보가 아닙니다. 테러범이 유태인 복장을 하고 지하철에서 폭탄을 터트리면 어떻게 해야 합니까? 유형화는 멍청한 짓입니다."

핏불 사육 금지법 역시 범주 문제를 안고 있다. 핏불은 단일종이 아니기 때문이다. 같은 핏불이라도 아메리칸 스태퍼드셔테리어 American Staffordshire Terrier, 스태퍼드셔불테리어 Staffordshire Bull Terrier, 아메리칸 핏불테리어 American Pit Bull Terrier 등 다양한 종류가 있다. 이러한 품종은 모두 네모난 근육질 몸에 뭉툭한 코, 짧은 털을 지녔다. 따라서 온타리오주의 조치는 이 3종의 개뿐 아니라 외모가 비슷한 모든 개를 기르지 못하도록 금지한 것이 된다. 이 사실은 무엇을 의미할까? 아메리칸 핏불테리어와 골든리트리버 사이에 태어난 개는 핏불일까, 골든리트리버일까? 근육질의 테리어를 모두 핏불로 보는 것이 일반화라면 핏불과 비슷한 모든 개를 위험하다고 보는 것은 이중의 일반화다. 펜실베이니아주 동물보호소에서 일하는 로라 브래시어스 Lora Brashears는 "사육 금지법에서 핏불의 범주는 정하기 나름입니다. 대부분의 사람에게 핏불은 그저 크고 사납고 잘 무는 개를 의미할 뿐이죠"라고 했다.

물론 핏불 사육 금지법의 목적은 핏불처럼 생긴 모든 개를 기르지 못하도록 막는 것이 아니다. 법에서 문제 삼는 것은 핏불의 외모가 아니라 핏불의 사나운 기질이다. 그런데 핏불의 기질을 범주화하는 일 역시 까다롭기 그지없다. 겁 없고 끈질기고 고통을 잘 견디는 핏불의 기질은 다른 종에서도 발견된다. 핏불은 사람을 공격하기 위해 개량된 개가 아니다. 오히려 주인이나 조련사 혹은 개싸움 관중을 공격한 핏불은 대개 살아남지 못했다. 즉, 핏불의 세계에서는 사람을 공격하면 죽는다는 것이 규칙이다.

조지아 주에 있는 미국 기질시험연구소American Temperament Test Society는 2만 5,000마리의 개를 대상으로 10가지 시험을 실시해 침착성, 숫기, 공격성, 친화성을 평가했다. 시험방식은 총소리나 갑자기 펴지는 우산 혹은 앞에서 위협적으로 다가오는 낯선 사람에 대한 반응을 보는 것이었다. 그 결과 84퍼센트의 핏불이 시험을 통과했다. 이 기록은 비글, 에어데일(짙은 색 털에 덩치가 큰 테리어종), 비어디드콜리(털이 길고 인내심이 강하며 순종적이다), 한 품종을 제외한 닥스훈트(몸은 길고 다리가 짧은 오소리 사냥개)보다 뛰어난 것이었다. 연구소장 칼 헉스트로터Carl Herkstroeter는 "우리는 약 1,000종의 핏불을 시험했습니다. 제가 시험한 500마리 중에서 공격성 때문에 불합격시킨 개는 1마리뿐이었습니다. 나머지는 사람과 같이 지내는 데 전혀 문제가 없었어요. 성격이 순했고 아이들하고도 잘 어울렸습니다"

라고 말했다.

핏불이 다른 개에게 지나치게 공격적인 이유와 사람에게 다정한 이유는 크게 다르지 않다. 조련사이자 저술가인 비키 헌Vicki Hearne은 핏불의 특징을 자세히 설명해주었다.

"요즘 심리치료용 개로 활동하는 핏불이 많아요. 침착성과 끈기가 뛰어나 다른 쾌활하고 경박한 개들보다 낫기 때문이죠. 핏불은 주인을 편하게 해주겠다고 마음먹으면 싸울 때만큼 최선을 다해요. 그래서 한없이 유순해지죠. 더구나 겁이 없어서 어떤 사람 앞에서도 침착하게 행동할 줄 알아요."

그러면 어떤 핏불이 문제를 일으키는 것일까? 헉스트로터는 번식업자나 조련사 혹은 주인 때문에 공격적인 성향을 갖게 되는 핏불이 많다고 한다. 난폭한 핏불은 덩치가 크고 사람에게 공격적인 셰퍼드 혹은 로트와일러 같은 종과 이종교배로 태어났거나 공격성을 드러내도록 훈련받은 것이다. 원래 성향이 그런 것이 아니라 원래 성향에서 멀어지면서 위험해졌다는 얘기다. 결국 핏불 사육 금지법은 원래 일반적이지 않은 성향에 대한 일반화를 다시 일반화한 셈이다. 이는 명백한 범주 설정 오류다.

효율적인 추론의 조건

신기하게도 뉴욕시는 1990년대 중반에 범죄율이 크게 떨어진 이후 계속 감소 추세에 있다. 2004년부터 2006년 사이에 뉴욕시에서 일어난 살인 사건은 약 10퍼센트, 강간 사건은 약 12퍼센트, 강도 사건은 약 18퍼센트 감소했다. 2005년에는 자동차 절도 사건이 11.8퍼센트 줄었다. 미국에서 10만 명 이상이 사는 240개 도시 중 뉴욕시의 범죄율은 222위로 캘리포니아주 폰타나Fontana, 플로리다주 포트세인트루시Port St. Lucie와 함께 최저 수준이다. 1990년대에 뉴욕시의 범죄율이 감소한 이유는 마약거래가 줄어들고 브루클린이 고급주택단지로 탈바꿈했으며, '깨진 유리창 정책Broken Windows Policy(강력한 경범죄 단속으로 중범죄 예방 효과를 노리는 정책)'이 성공적으로 집행됐기 때문이다.

이 모든 변화는 10년 전에 일어난 것인데 지금도 범죄율이 계속 감소하는 이유는 무엇일까? 이는 치안 전술의 변화와 관계가 있을지도 모른다. 뉴욕경찰국은 실시간으로 중범죄가 신고된 지역을 지도상에 보여주는 시스템을 개발했다. 이 지도에는 대개 수십 군데의 우범지대가 계속 표시된다. 뉴욕경찰국은 최소 두세 블록에 해당하는 이 구역을 '특별관리구역Impact Zone'으로 정하고 경찰학교를 갓 졸업한 경찰들을 집중 배치했다. 일부 지역에는 경찰 인력을 2배로 늘리기도 했다. 켈리 경찰국장은 이전에는 신참경찰을 모든 지역에 고르게 배치했지만 새로운 전술을 택한 이후부터는 3분의 2를 고참 경찰과 짝지어 특별관리구역에 배치했다고 했다. 그러자 특별관리 구역에서 범죄율이 평균 35퍼센트 감소했다.

전문가들은 오랫동안 범죄율이 경찰의 존재와 관계가 없다고 주장해왔다. 그들은 중범죄의 주된 원인은 빈곤이나 정신이상, 혹은 사회적 병리이며 순간적인 동기나 기회가 생길 때 일어난다고 했다. 따라서 우범지대에 신규 경찰 인력을 추가로 배치해도 범죄율을 떨어트릴 수 없다고 강조했다. 그러나 뉴욕경찰국의 사례는 그 주장이 잘못되었음을 말해준다. 경찰 인력이 늘어나면 일부 범죄는 예방되고 다른 범죄는 쉽게 해결되며 나머지는 다른 지역으로 옮겨간다. 그러면 범죄가 싹틀 기반이 약해질 수밖에 없다. 다시 말해 뉴욕시(범주)와 범죄율(성향)의 관계는 고정된 것이 아니다. 이 유동성은 다른 방향에서 일반화의 문제를 드러낸다.

케냐인은 장거리달리기를 잘한다는 가정이 유효한 까닭은 무엇일까? 거의 50년간 케냐 선수들이 장거리달리기에서 좋은 성적을 거둔 통계가 있을 뿐 아니라, 케냐에는 특별한 일이 없는 한 계속 이어질 장거리달리기 전통이 있기 때문이다. 반면 뉴욕시가 위험하다는 일반화는 과거에는 옳았지만 지금은 그렇지 않다. 안전하다는 이유로 포트세인트루시 같은 곳으로 이사한 사람들의 결정은 이제 잘못된 것이 되었다.

범죄수사에 활용되는 프로파일링 역시 유동성 문제에 취약하다. 법학자 데이비드 콜David Cole은 마약수사국이 밀수 용의자에 대해 오랫동안 적용했던 단서들을 종합했다. 다음은 그중 일부다.

- 아침 일찍, 밤늦게, 오후에 귀가함
- 가장 먼저, 가장 나중에, 중간에 비행기에서 내림
- 공항에서 항공권을 사거나 급히 예약함

- 이코노미클래스나 퍼스트클래스를 이용함

- 편도나 왕복 항공권을 구매함

- 현금으로 결제하며 작은 단위나 큰 단위의 돈을 사용함

- 비행기에서 내린 후 시내 전화나 장거리 전화를 검

- 전화 통화를 하는 척 가장함

- 뉴욕에서 로스앤젤레스나 휴스턴으로 여행함

- 짐 가방이 없거나 새 짐 가방을 갖고 다님

- 작은 크기 내지 중간 크기의 짐 가방을 갖고 다님

- 2~4개의 짐 가방을 갖고 다님

- 가방에 신경을 많이 쓰거나 가방에서 떨어져 있음

- 혼자 여행하거나 일행과 같이 다님

- 심하게 긴장하거나 과장되게 느긋한 모습을 보임

- 눈길을 피하거나 피하지 않음

- 비싼 옷과 장신구를 걸치거나 간소하게 입음

- 비행기에서 내린 후 화장실에 가거나 공항 내부를 돌아다니거나 급히 공항을 빠져나감

- 공항을 떠날 때 택시나 리무진, 일반자동차, 호텔 밴을 이용함

이 중 몇 가지는 실제 용의자를 식별하는 데 전혀 도움이 안 될 정도로 불합리하다. 단지 용의자의 행동이 유동적이라는 사실을 파악하는 용도로만 쓸모가 있을 뿐이다. 한때는 용의자가 현금으로 편도 항공권을 구매하고 2개의 큰 짐 가방을 갖고 다니는 경향을 보였

을 수도 있다. 그러나 그들이 반드시 그럴 필요는 없다. 그들은 신용카드로 왕복 항공권을 구매하고 1개의 짐 가방을 갖고 다니면서 얼마든지 마약을 운반할 수 있다. 이 점 말고도 용의자의 행동이 특별히 유동적인 이유가 있다. 용의자들은 수사관이 편도 항공권을 사고 2개의 큰 짐 가방을 갖고 다니는 자신들의 성향을 파악했다는 사실을 알았다. 런던 폭탄테러의 기획자들은 1차 테러 이후 젊은 중동인과 파키스탄인에 대한 검색이 강화되자 2차 테러에는 동아프리카인을 투입했다. 이처럼 범주와 성향 사이의 관계가 유동적이거나 일반화 자체가 성향 변화를 초래할 때는 일반화가 별다른 효용을 갖지 못한다.

켈리는 뉴욕경찰국장으로 옮기기 전에 관세청장을 지냈다. 그는 관세청장으로 재임하는 동안 밀수 용의자를 파악하는 데 적용하는 판단 기준을 뜯어고쳤다. 기존의 판단 기준은 43개 항목으로 구성돼 있었지만 새로운 판단 기준은 6개 항목으로 줄어들었다. 그 내용은 외모에서 의심스런 점이 발견되는가, 긴장하는가, 특정한 용의자에 대한 정보가 있는가, 탐지견이 신호를 보내는가, 신고서나 구두설명에 이상한 점이 있는가, 특정한 용의자와 관련된 밀수품이 발견되었는가였다.

이 항목에는 인종이나 성별, 비싼 장신구 착용 여부, 비행기에서 내리는 순서, 공항을 빠져나가는 속도에 대한 내용이 없다. 켈리는 유동적인 일반화를 배제하고 시간이 지나도 바뀌지 않는 사실에 집중했다. 일부 밀수범은 언제나 긴장하고 허둥대면서 말하며 탐지견은 늘 신호를 보낸다. 그래서 이 항목들을 뒷받침하는 추론은 인종이나 짐 가방 수에 근거한 추론보다 더 유효하다. 켈리가 판단 기준을 고친 후 검색 건수를 75퍼센트나 줄였음에도 적발률은 25퍼센트 상승했다. 밀수 용의자에 대한 세관의 판단 능력이 크게 향상된 것이다. 켈리는 판단 기준을 바꾸면서 한층 효과적이고 효율적인 활동을 할 수 있었다고 했다.

개의 공격성에 영향을 미치는 결정적 요소

핏불은 위험하다는 인식은 유동적인 일반화인가, 비유동적인 일반화인가? 개의 품종에 따른 위험성을 판단하는 최선의 자료는 사망사고 건수다. 1970년대 말부터 1990년대 말까지 미국에서 25종 이상의 개가 사람을 물어 죽였다. 그중에서 가장 많은 사고를 낸 품종이 핏불이다. 그러나 해마다 변동이 심했다. 가령 1981~1982년에 5마리의 핏불, 3마리의 교잡종, 2마리의 세인트버나드와 셰퍼드 교잡종, 1마리의 셰퍼드, 허스키, 도베르만, 차우차우, 그레이트데인, 늑대 교잡종, 허스키 교잡종, 핏불 교잡종이 사망사고를 일으켰고 로트와일러는 없었다. 그러나 1995~1996년에는 10마리의 로트와일러, 4마리의 핏불, 2마리의 셰퍼드, 허스키, 차우차우, 늑대 교잡종, 셰퍼드 교잡종, 1마리의 로트와일러 교잡종, 차우차우 교잡종, 그레이트데인이 사망사고를 일으켰다.

사람을 많이 죽이는 개는 시간이 지나면서 변한다. 특정 품종에 대한 인기가 바뀌기 때문이다. 크게 바뀌지 않는 것은 개에 물려 죽는 사람의 수다. 핏불이 사람을 공격하는 사례가 느는 것은 다른 개들보다 위험해서가 아니라 단지 개체 수가 늘었기 때문일 수도 있다. 미국동물학대방지협회ASPCA의 선임부회장 랜들 록우드Randall Lockwood는 개가 일으킨 사망사고에 대한 얘기를 들려주었다.

"저는 비글과 바셋하운드를 빼고 거의 모든 종의 개가 사망사고를 일으킨 사례를 알고 있습니다. 그중에는 포메라니언이나 맬러뮤트(알래스카 원주민의 썰매를 끌던 대형 애완견) 혹은 허스키가 사람을 죽인 경우도 있어요. 하지만 누구도 이런 품종을 기르지 못하도록 막아야 한다고 주장하지 않습니다. 제가 처음 사고 사례를 조사했을 때 가장 많이 사고를 낸 품종은 셰퍼드, 셰퍼드 교잡종, 세인트버나드였습니다. 그래서 스티븐 킹Stephen King이 《쿠조Cujo》에 핏불이 아닌 세인트버나드를 등장시킨 모양입니다. 1970년대에는 도베르만이 사람을 죽이는 일이 많았지만 최근에는 거의 없었습니다. 1970년대 사람들은 '난폭한 개' 하면 아마 도베르만을 떠올렸을 겁니다. 저는 1980년대 중반까지 핏불이 사람을 죽인 사례를 접하지 못했습니다. 로트와일러도 제가 조사한 초기 자료에는 드물게 나왔습니다. 하지만 지금은 이 두 품종이 다수의 사망사고를 일으킵니다. 제 말의 요점은 사망사고를 많이 일으키는 개의 품종은 시간이 지나면서 바뀐다는 것입니다. 그것은 공격성이 있는 개를 기르는 사람들이 어떤 품종을 많이 선택하느냐에 달려 있습니다."

그러나 위험한 개에 대한 보다 비유동적인 일반화도 상당수 존재한다. 가령 덴버 시는 1991년에 사람을 문 적 있는 178마리의 개와 문 적 없는 178마리의 개를 품종별로 비교했다. 그 결과 사람을 문 개의 품종은 산발적으로 나타났다. 다만 셰퍼드, 아키다, 차우차우가 사람을 문 적이 많은 편이었다(덴버시는 1989년에 핏불 사육을 금지했기 때문에 핏불은 없었다). 그런데 보다 비유동적인 사실들이 발견되었다. 예를 들어 사람을 문 개들 중에서 수컷이 암컷보다 6.2배, 거세하지 않은 개가 거세한 개보다 2.6배, 묶이지 않은 개보다 묶인 개가 2.8배 많았다. 록우드는 "덴버시 조사에서 사망사고를 일으킨 개의 약 20퍼센트가 오랫동안 묶인 채 살았습니다. 그렇다면 그 개들은 공격적이라 묶인 걸까요, 묶여 있다 보니 공격적으로 변한 것일까요? 아마 2가지 이유가 동시에 작용했을 겁니다. 그 개들은 사람과 어울릴 기회를 갖지 못했습니다. 어쩌면 아이는 작은 인간이라는 사실을 모를 수도 있습니다. 그래서 먹이로 착각했을지도 모릅니다"라고 말했다.

많은 경우 사람을 공격한 개는 배가 고프거나 치료가 필요한 상태였다. 또한 그런 개는 이전에도 사람을 공격한 전력이 있었다. 그리고 희생자의 대다수는 어린이, 특히 먹고 있을 때 건드리거나 놀리면서 개를 자극하기 쉬운 남자 아이였다.

개의 공격성과 가장 연관성이 높은 요소는 주인의 성향이었다. 사망사고를 일으킨 개의 주인 가운데 약 25퍼센트가 폭력에 연루된 적이 있었다. 사람을 무는 개는 대부분 주인처럼 사회적으로 고립돼 있었고 주인의 의도에 따라 공격적인 성향을 띠게 되었다. 사람을 당장 물어죽일 것처럼 보이는 폐차장의 셰퍼드와 맹인을 인도하는 셰퍼드는 같은 품종이다. 그러나 둘은 사육방식에 따라 완전히 다른 개가 되었다. 록우드는 개가 왜 그런 성향을 갖게 되는지 설명했다.

"개가 사람을 죽이는 사고는 단순히 개의 성격이 사나워서 일어나는 것이 아닙니다. 대개는 인간과 개의 상호작용이 최악의 상황으로 치달을 때 그런 일이 생기지요. 환경도 무시할 수 없는 영향을 미칩니다. 지금까지 개가 일으킨 살인 사건과 관련한 소송에 많이 참여했습니다. 제가 느낀 점은 관계된 모든 사람이 잘못을 저질렀다는 것입니다. 개를 학대하거나 굶기는 주인, 투견을 즐기는 사람들, 그리고 위험한 개가 있는 곳에 어린이가 혼자 가도록 놔둔 부모 모두 잘못이 있습니다. 개가 갑자기 미쳐서 그러는 경우는 많지 않아요. 대개는 위험을 알리는 신호가 있게 마련입니다."

예고된 사고

제이든 클레루를 공격한 개들은 암컷 핏불테리어와 새끼인 핏불, 불마스티프(초대형 호신견) 교잡종이었다. 개 주인은 직업이 일정하지 않은 스물한 살의 시리데브 카페Shridev Café였다.

사고가 있기 5주일 전에도 3마리는 밖으로 도망쳐 스케이트를 타던 열여섯 살, 네 살 난 형제를 공격했다. 형제는 눈삽으로 개들을 막으며 이웃집으로 도망쳤다. 카페는 벌금을 물고 개들을 열일곱 살의 여자친구 집으로 옮겼다.

이 사건에 대해 자문을 해준 셰릴 스미스Cheryl Smith의 말에 따르면 카페는 성격적으로 문제가 있는 미성숙한 사람이었다. 그는 이전에 두 번이나 폭행을 저지르기도 했다.

처음 사람을 공격했을 당시 개들은 생후 7개월된 새끼 강아지였다. 법원은 외출할 때 입마개를 하고 폐쇄된 공간에서 키우도록 명령했지만 카페는 그 명령을 따르지 않았다. 나중에 그는 입마개를 살 돈이 없었다고 변명했다. 또한 그는 개들을 훈련소에 데려가겠다고 말했으나, 한 번도 실행에 옮기지 않았다. 그럼에도 시당국은 명령을 따르는지 확인하러 나오지 않았다.

목격담에 따르면 두 번째 사고가 있던 날, 누군가가 카페의 여자친구를 찾아왔는데 개들은 낯선 사람을 보고 흥분하기 시작했다. 그런 개들을 그녀는 마당에 그대로 풀어놓았다. 마당에는 담장을 뛰어넘을 수 있을 만큼 눈이 높게 쌓여 있었다. 마침 옆을 지나던 제이든이 멈춰 서서 개들을 불렀다. 이때 상황이 심상치 않다는 것을 느낀 제이든의 엄마가 자신의 남편에게 위험을 알렸고, 그는 급히 달려왔다. 이러한 상황은 사나운 개들을 더욱 자극했다. 결국 새끼 핏불이 먼저 담장을 넘어 제이든의 머리를 물고 흔들었다.

제이든을 공격한 3마리는 이미 오타와 시당국에 수용된 적이 있었다. 그때 시당국은 올바른 일반화를 통해 사고 재발을 방지할 수 있었다. 그 일반화는 품종에 기반을 둔 것 아니라 이미 알려진 위험한 개와 부주의한 주인 사이의 상관성에 기반을 둔 것이어야 했다. 사고 재발을 막으려면 카페가 법원의 명령을 따르는지 확인하고 수

컷인 새끼 핏불을 중성화시키며, 어린이를 공격한 개의 주인으로부터 소유권을 박탈하는 법규를 만들 필요가 있었다. 다시 말해 보다 정확한 일반화를 통해 세운 조치를 엄격하게 집행했어야 했다. 그러나 언제나 그렇듯 품종 자체를 금지시키는 편이 더 쉬운 법이었다.

2006년 2월 6일

추천의 글

말콤 글래드웰의 글을 그토록 흥미진진하게 만드는 것은 뛰어난 스토리텔링과 인간사를 보는 그의 시선이다. 글래드웰의 인기의 핵심은 어조에 있다. 그는 독자들에게 자신이 아는 지식을 나눠준다고 믿는 전문가처럼 행세하지 않는다. 그저 문제들에 관해 다른 사람들보다 더 오래, 더 열심히 생각한 한 명의 '중개인' 같은 인상을 준다.
_에드워드 킹Edward King, 〈선데이타임스〉

말콤 글래드웰을 특별하게 만드는 힘은 불가사의한 일부터 지극히 평범해 보이는 일까지 어떤 주제에 초점을 맞추고, 예리한 지성을 발휘해 전심전력으로 연구한 뒤 서로 무관해 보이는 생각과 주제들을 엮어 그 관련성을 절묘하게 밝혀내는 능력에 있다. 그 결과 어김없이 매혹적인 책이 탄생한다.
_아만다 헬러Amanda Heller, 〈보스턴 글로브〉

말콤 글래드웰은 연필깎이를 흥미롭게 만들라는 과제를 받아도 능히 그걸 해낼 사람이다. 《블링크》에서 즉각적 결정의 구조를 분석하든, 《아웃라이어》에서 성공 뒤에 숨은 원인을 탐구하든 그의 글은 항상 이해하기 쉽고 도발적이었다. 〈뉴요커〉에 기고했던 19편의 글을 묶은 이 책은 그의 재능으로 탄탄하게 뒷받침되어 있다.
_맥스 윈터Max Winter, 〈샌프란시스코 크로니클〉

글래드웰은 좋은 이야기를 보는 안목이 항상 뛰어났지만 〈뉴요커〉에서 그는 이 이야기들을 통해 미국 문화에 대해 중요한 무언가를 이야기할 자신감을 얻었다.

_수전 솔터 레이놀즈Susan Salter Reynolds, 〈로스앤젤레스 타임스〉

체계와 관행에 대한 글래드웰의 보고와 관찰, 사색은 언제나 비즈니스와 깊이 관련 있는 통찰력을 제시한다. 《당신이 무언가에 끌리는 이유》는 흥미진진한 아이디어로 가득 차 있다.

_리처드 패처Richard Pachter, 〈마이애미 헤럴드〉

1996년부터 〈뉴요커〉에 글을 써온 말콤 글래드웰은 특이하고 놀라운 이야기들을 다루어왔다. 이 책은 모든 사람에게는 할 이야기가 있다고 진정으로 믿는다는 것, 그리고 그가 그 이야기들을 흥미진진하고 의미 있게 만들 수 있는 작가라는 것을 보여준다. 이 책은 왜 하인즈 케첩이 경쟁 위협을 받지 않았는지부터 머리 염색제의 역사, 표절과 지적재산권에 이르까지 다양한 주제를 담은 흥미로운 모음집이다.

_〈선데이메일〉

《당신이 무언가에 끌리는 이유》에서 말콤 글래드웰은 독자들을 기분 좋은 여행으로 안내하며 하나의 길이 다른 길과 어떻게 연결되는지를 통찰력 있는 화법으로 보여주고, 또 그 의미를 제시한다. 한마디로 그는 미국 문화를 해석하는 박물학자다.

_앨리스 에번스Alice Evans, 〈오리거니언〉

이 책으로 말콤 글래드웰은 그를 길러낸 고향으로 의기양양하게 돌아간다. 당신 자신을 위해 이번 주에는 웅크리고 앉아 이 책을 읽어보라. 어마어마하게 재미있고 유익하다.

_스콧 코프먼Scott Coffman, 〈루이빌 쿠리어 저널〉

말콤 글래드웰은 어떤 주제에 대해서도 마음을 사로잡는 글을 쓸 수 있다. 위트 넘치고 철저한 그의 기사는 〈뉴요커〉에 반드시 필요하다. 이번에 글래드웰은 〈뉴요커〉에 기고한 기사 19편을 《당신이 무언가에 끌리는 이유》로 묶었다. 한결같이 마음에 드는 글이다. 글래드웰은 성격을 포착하는 재능과 보르시 벨트 코미디와 같은 타이밍 감각을 갖추었으며 반직관적 사고에 소질이 있다. 그는 일반적으로 통용되는 아이디어의 쿠션 위에 당신을 편안하게 앉혀놓고 시작한 다음 그 쿠션을 확 잡아 빼는 걸 좋아한다.
_크레이그 셀리그먼Craig Seligman, 〈블룸버그뉴스〉

말콤 글래드웰의 이론 중 어떤 것은 특히 설득력이 강하다. 하지만 모든 이론은 자연스러운 위트로 가득하고, 당신이 가장 좋아했던 선생님이 넘치는 에너지로 들려주던 흥미로운 이야기와 같다. 교과 내용과는 별 관련 없지만 당신을 사로잡고 교과서보다 더 많은 것을 알려주는 이야기 말이다. 하지만 편안한 태도를 유지하면서도 글래드웰은 명석하고 올곧으며 감성에 치우지지 않는다.
_애덤 리 데이비스Adam Lee Davies, 〈타임아웃〉

짧은 이야깃거리로 가득 찬 이 책은 저자의 강점이 발휘된 책이다. 적당히 특이한 주제들(여성 염색제 광고의 역사, 무적의 하인즈 케첩의 비밀, 심지어 여성들의 변화하는 경력 패턴이 평생의 생리횟수에 미치는 영향)을 발견해 각각을 더 중요한 의미를 도출하는 관문으로 이용하는 글래드웰의 방식을 잘 보여준다.
_재닛 매슬린Janet Maslin, 〈뉴욕타임스〉

글래드웰의 글은 가장 뛰어난 에세이스트의 특징을 보여준다. 허물없이 이야기하고 통찰력이 있으며 짓궂으면서도 싹싹하다. 그의 책을 읽는 것은 굉장히 총명한 사람과 난롯가에서 대화를 나누는 것과 비슷하다. 그는 당신의 선입관에 이의를 제기하며 겉으로 보이는 가치에 신경 쓰기보다 일련의 주제들을 심도 깊게 파고든다.
_필립 워맥Philip Womack, 〈데일리 텔레그래프〉

말콤 글래드웰은 재능이 많은 작가다. 숨은 뒷이야기를 발견하는 그의 후각에 독자들은 '와, 재미있는데!'라는 말을 되뇌게 된다. 그는 진부한 주제와 안이한 설교와 통념을 피하고 독자들에게 다시, 그리고 다르게 생각하라고 격려한다. 이 책은 에세이의 기술적인 면에서 걸작이다.

_스티븐 핑커Steven Pinker, 〈뉴욕타임스 북리뷰〉

말콤 글래드웰은 작은 아이디어를 크게 생각한다. 《당신이 무언가에 끌리는 이유》를 읽어보면 글래드웰이 단순한 설명을 하지 않는다는 것을 분명히 알 수 있다. 대신 그는 반대의견과 반직관적인 의견을 즐긴다. 글래드웰이 가장 잘하는 일은 고정관념을 깨기보다 그 애매한 경계를 탐구하는 것이다.

_조엘 야노프스키Joel Yanofsky, 〈캘거리 헤럴드〉

말콤 글래드웰은 미디어 분야에서 가장 빛나는 별 중 한 명이다. 명쾌한 문장과 사회학 전반의 통념을 뒤집는 그의 뛰어난 솜씨는 《티핑포인트》, 《블링크》, 《아웃라이어》뿐 아니라 쿨헌팅부터 케첩에 이르는 다양한 주제들을 다룬 특집기사들도 필독 목록에 올려놓았다.

_알렉스 알트만Alex Altman, 〈타임〉

말콤 글래드웰은 미국의 가장 독특하고 영리한 기자 중 한 명으로 자리잡았다. 그는 뻔하지 않지만 흥미로운 사건들을 연결하는 데 뛰어나다. 풋볼과 교직 혹은 언론과 대잠수함 전투 간의 연결성을 발견하듯 말이다. 글래드웰의 글을 읽는 것은 십자말풀이와 비슷하다. 도전의식을 북돋는 잘 만든 십자말풀이처럼 정신적 자극이라는 면에서 글래드웰은 좀처럼 실망을 안기지 않는다.

_포러스 P. 쿠퍼Porus P. Cooper, 〈뉴어크 스타─레저〉

이 책은 말콤 글래드웰이 가장 잘하는 분야다. 그는 한 아이디어를 택해 인간 전체의 이야기로 재구성한다. 그리고 결론까지 이끌어가는 동안 기존의 통념을 벗겨낸다. 천재의 본질, 다국적 기업의 결점, 인간의 별난 행위들을 다룬 글래드웰의 자신감 있고 낙관적인 글은 새로운 스승을 갈망하는 사업가들을 사로잡았다. 그의 기술은 무미건조한 학문적 아이디어를 일상생활의 흥미로운 이야기, 가령 우리가 무언가를 사는 이유, 신뢰하기 힘든 생각을 믿는 이유, 인과관계 추론에 형편없는 이유 등으로 바꾸는 데 있다. 그는 우리 코앞의 진실을 지적하는 일에 달인이다.

_**이언 샘플**Ian Sample, 〈가디언〉

MALCOLM GLADWELL

감사의 말

이 글들은 〈뉴요커〉 편집부의 꼼꼼한 교정과
사실 관계 확인을 거친 덕분에 더욱 완벽해질 수 있었습니다.
그들은 모두 편집의 달인입니다. 그들에게 감사의 말을 전합니다.